# Frightened Fan's Regiment

# 惊魂的谜团

## II

### 科学探索怪异神秘的世界之谜

寻大兵 ◎ 编著

图书在版编目(CIP)数据

惊魂的谜团Ⅱ/寻大兵编著.—北京：中央编译出版社，2008.12
ISBN 978-7-80211-788-4
Ⅰ.惊… Ⅱ.寻… Ⅲ.科学知识-普及读物 Ⅳ.Z228
中国版本图书馆 CIP 数据核字(2008)第 172024 号

### 惊魂的谜团 Ⅱ

| | |
|---|---|
| 出 版 人 | 和 龑 |
| 责任编辑 | 冯 章　杜乃建 |
| 出版发行 | 中央编译出版社 |
| 地　　址 | 北京西单西斜街 36 号(100032) |
| 电　　话 | (010)66509360　66509236　(总编室) |
| | (010)66509366　(编辑部) |
| | (010)66509364　(发行部)　(010)66509618　(读者服务部) |
| 网　　址 | http://www.cctpbook.com |
| 经　　销 | 全国新华书店 |
| 印　　刷 | 北京市京东印刷厂 |
| 开　　本 | 787×1092 毫米　1/16 |
| 字　　数 | 400 千字 |
| 印　　张 | 22 |
| 版　　次 | 2009 年 1 月第 1 版第 1 次印刷 |
| 定　　价 | 42.00 元 |

本社常年法律顾问：北京建元律师事务所首席顾问律师　鲁哈达

# 前　　言

　　人类要不断地面对各种各样的疑问,也许是生活琐事,也许是关于伟大命题的探讨。总之,我们不断地解答一个又一个充满诡异的谜团。我们抛弃狭隘的个人利益,展望我们生活的空间,更多有意义的更具悬念的谜团展现在我们面前,令我们惊叹不已。人在这浩瀚的空间之中竟是如此的渺小,不过我们有权利也有能力去慢慢揭开这些惊世之谜。

　　宇宙浩瀚,天地无垠,今天人类的认知水平只揭开了世界的"冰山一角",还有层出不穷、扣人心弦的未解之谜等待人们去探索。科学的发展是没有穷尽的,如果那些许多千万年前的史前文明遗迹,确实是我们的祖先所遗留下来的丰富的历史轨迹,那么针对这些谜团所做的种种探索和研究,不正可以帮助我们解答亘古以来人类从发展,到辉煌再到毁灭的难题吗？这不但能够使我们人类重新认识自己,更能够帮助我们开创人类美好的未来。我们人类对自身的了解并不多,而对大自然的了解就更少,科学给我们带来了便捷、幸福的生活,但还远远没有到达我们所期望的彻底解决问题的地步。

　　爱因斯坦曾经说过:"我们所经历的最美妙的事情就是神秘。它是人的主要情感,是真正的艺术和科学的起源。因为如果不再感到奇怪,不再表示惊讶,那就和死了一样,和一只掐灭的蜡烛没有什么不同。"

本书根据现代科学的最新进展,以人类自身为中心,全方位、多角度地展示出了读者最为关心的政治军事谜团、文化艺术谜团、古代文明殿堂、地外生命大悬疑、最受关注的庞然大物恐龙、人类灾难等六个方面的内容。相对于市场上的同类图书,本书所涉范围更加贴近读者的需求,更偏重展示平凡社会生活中令人惊异和恐怖的一面,是喜欢和热爱未解之谜的朋友们不可多得的一定要据为己有的经典图书!娓娓道来的神秘现象,发人深思的惊世之谜,将你引入一个不同的世界!流畅的叙述语言,逻辑严密的分析理念,图文并茂的编排形式,新颖独到的版式设计,给读者创造了一个轻松、愉悦的阅读空间。

编者在内容搜集时,大量引用了专家学者的研究成果,在此特向为人类解答迷惑的专家学者表示最诚挚的谢意!同时,祝愿读者朋友从这本书中找到自己最想知道的谜底。

# 目　录

## 一、令人惊魂的灾难

### 席卷全球的疫祸

天花大肆虐　/ 003

雅典大瘟疫　/ 006

横扫全球的麻风病　/ 010

可怕的黑死病　/ 016

1918大流感　/ 019

### 惨绝人寰的灾难

5000年前的"核战争"　/ 022

维苏威火山大爆发　/ 024

关中大地震　/ 028

北京城莫名奇妙的灾难　/ 030

芝加哥的通天大火　/ 031

唐山大地震　/ 033

秘鲁大雪崩　/ 037

百慕大"魔鬼黑三角"　/ 038

雾都劫难 / 039

北美黑风暴 / 041

通古斯大爆炸 / 042

大飓风 / 045

9·11惨案 / 048

# 二、百思不解的政治军事谜团

## 政坛名人神秘事件

图坦卡蒙法老之死 / 053

大流士是怎样登上王位的 / 056

汉尼拔兵败之谜 / 059

华盛顿死因难明 / 062

拿破仑死亡之谜 / 064

神秘的亚历山大一世 / 069

"铁面人"之谜 / 072

二战后为何不追究日本天皇的罪责 / 075

斯大林死亡谜团 / 079

英国王妃戴安娜因何意外死亡 / 082

## 中国名人千古悬疑

秦始皇陵的疑案 / 085

项羽因何不渡江 / 090

曹操为何不称帝 / 091

聪明的曹操 / 093

武则天墓中有多少无价之宝 / 095

宋太祖之死 / 097

岳飞到底死于何人之手 / 099
成吉思汗陵墓在哪里 / 101
郑和下西洋之谜 / 104
谁是"红丸案"的幕后主谋 / 106
李自成下落难明 / 107
吴三桂是否真的降清 / 110
西施归宿之谜 / 112
昭君出塞之谜 / 113
貂蝉身世之谜 / 115
杨贵妃下落之谜 / 116

## 无孔不入的暗杀

恺撒大帝的预感 / 118
谜一般的嘉庆遇刺案 / 123
女盲人为何刺杀列宁 / 127
巴顿将军之死 / 130
肯尼迪遇刺之谜 / 133
谁杀害了马丁·路德·金 / 135
谁主谋枪杀了贝尼尼奥·阿基诺 / 137
神秘的指示——萨莫拉总统遇难之谜 / 144
和平卫士——拉宾遇刺之谜 / 146
暗杀东方之女——贝·布托 / 149

# 三、扑朔迷离的文化艺术谜团

## 离奇的名人之死

莫扎特为谁"安魂" / 155

贝多芬猝死之谜 / 158
凡·高为什么自杀 / 161
性感女神为何裸死 / 164
毕加索是纵欲身亡的吗 / 167
功夫之王因何猝死 / 170

## 艺术作品的玄机

质疑《荷马史诗》 / 174
《山海经》之谜 / 176
《蒙娜·丽莎》之谜 / 177
《圣经》中的疑团 / 179
《古兰经》的数字之谜 / 181
普希金一号日记之谜 / 184

# 四、神秘的古代文明殿堂

## 迷雾笼罩的世界奇迹

神奇的金字塔 / 189
巴比伦空中花园 / 196
亚历山大灯塔 / 202
摩索拉斯陵墓 / 205
罗德岛巨像 / 209
奥林匹亚宙斯神像 / 216
阿尔忒弥斯神庙 / 226

## 充满问号的文明古城

来无影去无踪的玛雅古城 / 231
源远流长的罗马古城 / 242
被神秘遗弃的吴哥古城 / 251
沙漠中楼兰古城 / 256

# 五、外星生命大悬疑

## 神秘的天外来客

关于外星人旷日持久的争论 / 263
惊动军队的发现 / 265
最离奇的 UFO 事件 / 268
与 UFO 最惊心动魄的接触 / 271
枪击外星人 / 274
罗斯威尔坠毁事件 / 276
失踪 53 年的美国战机 / 282
神秘信号："请指示我们到第四宇宙" / 283
英国的机密档案 / 286
中央情报局的解释 / 287

## 到底有没有外星人

地球人向外星人伸出了手 / 290
搜寻外星生命 / 292
UFO 绑架地球人 / 296
外星人长什么样 / 299
外星人的衣食问题 / 301

外星人的替身 / 303
外星人生命之谜将在 2020 年前揭晓 / 305

# 六、最受关注的庞然大物

## 恐龙进化之谜

是什么成就了恐龙霸业 / 309
恐龙为什么有那么多种类 / 310
中生代谁在海洋称大王 / 311
敢对恐龙说"不"动物 / 313
谁是霸王龙的"接班人" / 314
天空霸主"翼龙" / 316
为什么有些恐龙个子长得那么大 / 318
恐龙都是呆头呆脑的吗 / 319
恐龙是怎样武装自己的 / 321
恐龙怎样生儿育女 / 322
霸王龙短命之谜 / 324
恐龙消失的秘密 / 326

## 恐龙的日常生活

恐龙是"冷血动物"吗 / 330
恐龙死亡姿势之谜 / 331
恐龙是怎样分享食物的 / 333
恐龙的饭量有多大 / 334
恐龙为什么连石头都要吃 / 335
恐龙"一日三餐"都吃些什么 / 336
霸王龙是食腐动物吗 / 338

惊魂的谜团

# 一、令人惊魂的灾难

天花大肆虐
雅典大瘟疫
横扫全球的麻风病
可怕的黑死病
1918 大流感
5000 年前的"核战争"
维苏威火山大爆发
关中大地震
北京城莫名奇妙的灾难
芝加哥的通天大火
唐山大地震
秘鲁大雪崩
百慕大"魔鬼黑三角"
雾都劫难
北美黑风暴
通古斯大爆炸
大飓风
9·11 惨案

**惊魂**的谜团

# 席卷全球的疫祸

## 天花大肆虐

　　天花是最早被人类文字记载的病毒性传染病。由于天花病毒只是在人和人之间传播，故在人口稀少的旧石器时代不可能有天花，它最早有可能零星地出现在新石器时代结村而居的人中间，而且极有可能同人类历经漫长岁月去驯化动物有关。

　　根据美国专门从事演化生物学和生物地理学研究的生理学家贾雷德·戴蒙德教授的研究成果，人类驯化动物的历史最早可以追溯到10000年前，地理位置恰在他称之为欧亚大陆的"新月沃地"一带，即西亚的两河流域及地中海沿岸。在这里，刚定居下来结成村落不到1000年的人类，开始了对4种大型野生哺乳动物山羊、绵羊、猪和牛的驯化。而正是在对牛的驯化中，极有可能寄生于牛身上的痘病毒在同人类的漫长接触中，"突变而衍生"成后来为人类专有的痘病毒科属天花病毒。从天花病毒所具有的耐干燥、厌湿热这一寄生体外生存习性看，出现人类大规模聚集在一起生活

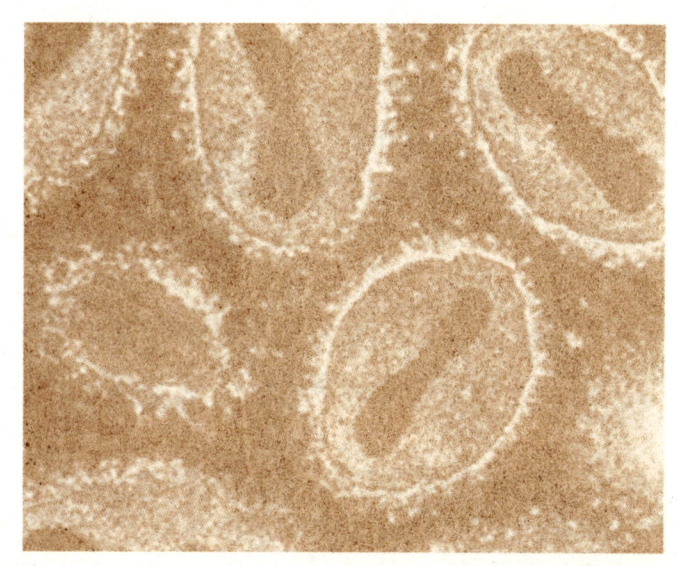

天花病毒

## 令人惊魂的灾难

以前,天花病毒不具备通过大流行方式传播来让自己代代延续下去的条件。那么到埃及发生留有记录的天花瘟疫大流行以前的数千年里,天花病毒得以延续就必须依赖适合于自己存在下去的外界条件了。为此,天花病毒最早发源地应该就是西亚"新月沃地"一带。新月地区毗邻埃及,同埃及有着频繁的人员往来,这也就不难解释为什么同样干燥的埃及出现天花流行记录会比别处早许多。

天花最早流行于人类社会,距今至少有3000年以上的历史。这一点已被考古学家所证实。他们从公元前1157年去世的古埃及法老拉美西斯五世(Ramesses V)木乃伊的脸部、脖子和肩膀上,都找到了患过天花所造成的外形丑陋、皮疹发作过的印迹。

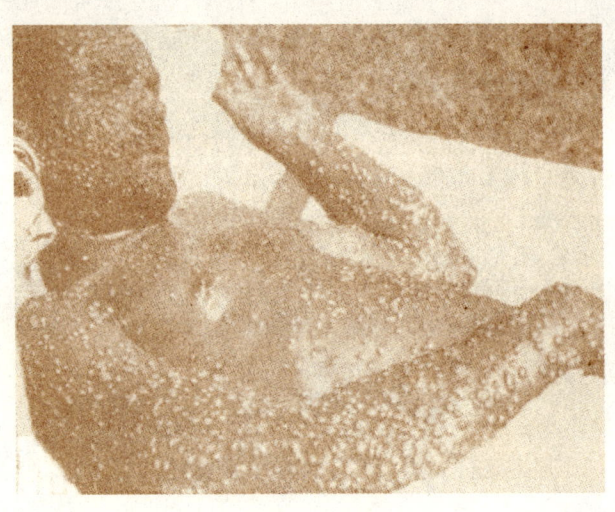

天花病毒患者

经考古学家和古代病理学家研究,认为这就是人类历史上现在所找到的最早的一个天花病例。他们据此推断,可能早在公元前1161年的时候,天花就开始袭击埃及了。公元前430年雅典的那一场由埃及传入的瘟疫,有人猜测就是天花。"在纪元前的古代世界,"美国医学史专家霍华德·马凯尔认为:"大约60%的人口受到了天花的威胁,1/4的感染者会死亡,大多数幸存者会失明或留下疤痕。"

大约公元前1000年,从事贸易的人把天花从埃及带入印度。而天花何时再由印度传入中国的呢?有人提出大约是公元1世纪。这种观点源自于对中国古医书所载内容的推测。在中国,最早有关天花的记载出现于晋代葛洪(281~342年)所著的医书《肘后备急方》。该书描写了天花症状及其流行情况。后来不少研究者根据葛洪在《肘后备急方》中记载的"以建武中于南阳击虏所得,乃呼为虏疮"这句话,推断天花大约是在公元1世纪左右传入中国,因战争俘虏带来,故名"虏疮"。此后,中国历代典籍便以不同病名对天花做了记载。及至唐宋,特别是自明代起,由于交通发达,人员往来频繁,天花在中国的流行更为广泛,以致蔓延深宫禁闱。到了清代,顺治和同治皇帝都因感染天花而死。据史料记载,康熙幼年时

## 惊魂的谜团

也是为了避免感染,才由保姆看护于紫禁城外,不敢进宫看望他的父皇顺治。

就在天花传入古老中国不久,罗马帝国在2世纪和3世纪有过两次瘟疫横行,其中第一次流行期间,罗马皇帝奥里利厄斯病死,则被认为可能就是天花所为,而据说当时是由从西里西亚返回的士兵带入罗马的。到了4世纪时,中国感染天花的迹象增多。6世纪,天花由中国经朝鲜到达了日本。但有人对此提出异议,认为更有力的证据显示出,天花传入日本应该是在8世纪30年代。

有资料显示,846年在入侵法国的诺曼人中间,突然爆发了天花流行。诺曼人的首领为阻止其继续扩散,下令将所有病人和看护病人的人统统杀掉。

然而从西方医学史的角度看,最早提供可靠的天花流行证据的人,则是生活在9世纪的巴格达医生雷泽斯。他把天花和麻疹做了区分,并指出天花是西南亚地区儿童当中一种很普通的疾病。当时的天花,不仅在前面提到的古代文明发祥地横行,甚至可能还侵袭了北欧、撒哈拉以南的非洲和印度尼西亚等地。不过那时的天花尽管广泛传播,但似乎还不是危及人类生存的主要祸害。仅以中世纪为例,天花的杀伤力还仅排在鼠疫和肺结核之后,唯有到了16和17世纪,才成为导致欧洲人口减少的主要原因之一。

上:死于天花的法王路易十五
左:死于天花的英女王玛丽二世

11和12世纪,东征后回国的十字军骑士们使天花在欧洲传播,以致令后来的中世纪欧洲成天花蔓延之势。有人估计,当时天花几乎造成10%的居民死亡,1/5的人脸上留下麻点,即使贵为国王或皇帝也难以幸免。天花流行让声名显赫的法王路易十五、英女王玛丽二世等欧洲的不少皇室成员毙命。

最迟是在1519年,天花随着西班牙人越过大西洋进入"新世界"。首先是西印度群岛感染了天花的阿拉瓦克人成批成批地死去。当西班牙军队入侵墨西哥

令人惊魂的灾难

时,天花这种致命的疾病登上了美洲大陆。墨西哥的居民从未面对过天花,因而也没有机会增强对天花的抵抗力。在以后的三年里,天花传遍了墨西哥各地,致使约300万墨西哥印第安人死亡。接着,西班牙人在攻打印加帝国时又把天花传入南美。天花对美洲印第安人有着巨大杀伤力。西班牙人曾就此估计,美洲印第安人第一次感染天花的死亡率约在1/4至1/2之间,相当于欧洲患病儿童的死亡率。历史学家们对16世纪美洲感染天花的总人口说法不一。最高估计达8000万左右。最可信的估计是2000万至3000万。无论如何,及至16世纪末,生存下来的人口估计刚刚超过100万。

天花的威力对"旧世界"的欧亚大陆来说也不逊色。有人就此估计,16至18世纪期间,每年死于天花的人数,欧洲约为50万,亚洲约为80万。而整个18世纪欧洲人死于天花的总数,则在1.5亿以上。其中1719年,伦敦有3229人死于天花,大部分是儿童。

另有人把天花看成是17～18世纪整个世界最严重的传染病,其死亡率因地区不同而显示出巨大的差别,欧洲为10%,而美洲则是90%。1721年爆发天花流行,美国波士顿的人们轮番遭受天花传染,结果当时约为11000人的总人口中,5980人得了天花,844人死亡,病死率为14%。

## 雅典大瘟疫

公元前430年,也就是伯罗奔尼撒战争的第二年,一场前所未有的凶险的大瘟疫,突然降临到雅典人身上。

直到今天,没有人知道这场发生在2400多年以前的瘟疫从何而来,但可以确定的是,疾病几乎摧毁了整个雅典。

最初,在临近雅典的港口比雷埃夫斯,人们发现有3个人得了一种怪病:先是发高烧,喉部和眼睛出现严重的炎症,然后是抑制不住的腹泻,浑身上下长满了红红的斑点,整个人的身体状况全被摧垮了,或者是腰或者是头部不听使唤了,最后心脏也停止了跳动。这3个人死后,同一个区又有另外11个人死于这种疾病。患病过程中最可怕的是四肢出现的坏疽:这些疽变成深红色,然后转黑,最后开始腐烂,这时身上开始散发出一种不可忍受的臭气,但这时,心脏还在跳动。据说这些可怜的病人也看得见自己在腐烂,蛆虫在这些活人身上的创口孳长。

## 惊魂的谜团

比雷埃夫斯的疫情刚开始时,人们怀疑是斯巴达人在井水中投毒造成的。但是很快又有120个人因为同样的症状死去了,而且区域迅速扩大,一直蔓延到整个雅典。随着因病死亡的人数大大增加,雅典人这才省悟到一场新瘟疫降临了。

起初,人们试遍了各种药方,但是都不对症。相反,受到照顾吃药的人连同没吃药的人都死去了。不论老弱还是年轻,身体强壮还是虚弱的人,只要沾上这种病,就没有生还的可能,甚至是医生,也只能接受与他们的病人同样的命运。开始几天,人们简直不能在雅典城的任何一个居民区睡下去,到处都是喧哗,到处都是不间断的哭嚎声。后来,就连哭丧的人也听不见了,他们中的很多人都被这种病夺去了生命。

当年伟大的希腊历史学家——修昔底德也居住在雅典城内。在瘟疫爆发的这一年,修昔底德约25岁。不幸的是,年轻的修昔底德也感染上了瘟疫。不过对于后人而言,幸运的是这位伟大的历史学家,不顾自己的病痛,以超人的毅力,用自己的笔,真实而详尽地记录下自己的所见、所闻和所感,从而为后人研究这次瘟疫提供了珍贵的第一手资料。

修昔底德写道:"据说,这种瘟疫起源于上埃及的爱西屋比亚,由那里传播到埃及本土和利比亚,以及波斯国王的

修昔底德

大部分领土内。它在雅典突然出现,首先得这种病的是比雷埃夫斯的居民;他们以为是伯罗奔尼撒人在蓄水池中放了毒药。但是后来这种病在上城也出现了,这时候,死亡的人数大大增加。至于这种病症最初是怎样产生的,为什么这种病症对于身体有这样剧烈的影响等问题,我将留给那些有医学经验或没有医学经验的人去考虑……我自己患过这种病,也看见别人患过这种病","这种疾病的实况是难以用语言文字来描述的,它对人类侵害之沉重,几乎不是人所能忍受的,我自己只描述这种病症的现象,记载它的症状;这些知识使人们能够认识它,如果它再发生的话"。

## 令人惊魂的灾难

通过修昔底德的记述，我们得以了解当时瘟疫的基本概况。当瘟疫降临时，很多身体完全健康的人突然开始头部发烧；眼睛变红，发炎；口内从喉中和舌上出血，呼吸不自然，不舒服。其次的病症就是打喷嚏，嗓子变哑。不久之后，病人胸部发痛，出现咳嗽；然后持续腹痛，呕吐出医生都没有定名的各种胆汁，大部分时间是干呕，伴随强烈的抽筋。到了这个阶段，有时抽筋停止了，有时还继续很久。抚摸病人时，可以感觉到他们的体表温度不高，也没有出现苍白色；皮肤略带红色和土色，发现小脓疱和烂疮。但是身体内部却发高烧，所以就是穿着最薄的亚麻布，病者也不能忍耐。修昔底德写道："真的，他们大部分人喜欢跳进冷水中。有许多没人照料的病人实际上也是这样做了，他们跳进大水桶中，以消除他们不可抑制的干渴；但他们无论喝多少水，都于事无补。于是他们长期患着失眠症，不能安静下来。当这种疾病达到顶点的时期，病人的身体并没有衰弱，表现出惊人的力量，能够抵抗所有的痛苦，所以在第七天或第八天的时候，他们还有一些力量留着；这个时候，他们多半因为内部高热而死亡。即使病人能够度过这个危险时期，他们的肠胃也会产生强烈的溃烂和不可控制的腹泻，从而引起衰弱，最终多半也会死亡。"

据修昔底德记载，那些侥幸渡过最后劫难活下来的人，其境况多半也是极其悲惨的。由于这种疾病从头部发起，进而传遍身体各部位，所以一个人即使侥幸存活，其四肢也都留有它的痕迹。"这种疾病常蔓延至生殖器、手指和脚趾，许多人丧失了这些器官的功能，有些人还丧失了视力。还有一些人，在他们开始康复的时候，完全丧失了记忆力，他们不知道自己是谁，也不认识自己的朋友了"。

尽管修昔底德无法给后人留下这次瘟疫所造成的具体死亡人数，但通过他的描述，我们仍能深刻地体会到当时可怕的情形。他还写道："瘟疫的凶险似乎连动物都有所彻悟，它们唯恐避之不及。虽然许多死者的尸体裸露在地上无人掩埋，但食腐肉的鸟兽不是不接近尸体，就是撕咬了尸体的肉后因此而死亡……这类鸟实际上已经绝迹了；在尸体附近或其他地方，已经看不到这种鸟了"。这种瘟疫的威力是如此巨大，以致同人类朝夕相伴的狗和其他家畜都无法幸免。

当瘟疫发展到高峰时，雅典死亡的人数是如此之多，以至于人们已没有足够的时间和精力来掩埋死者了。"城里各个区都设了焚烧点，尤其是那些挤满了难民的地方，甚至连那些神圣的区域也不例外。人们把死尸扔进焚烧炉里，有时因为尸体压着尸体，很多都没有焚烧完全。为了给焚烧点提供足够的木料，专门组成了一些小队。有的焚烧炉彻夜不息，阴森可怖的浓烟和臭不可闻的气味遮

## 惊魂的谜团

住了城市的上空,熏黑了崭新的建筑上洁白的大理石"。

瘟疫爆发后,立即给雅典带来了空前的灾难和巨大的恐慌。因为一旦感染上瘟疫,任何医疗手段都没有什么效果。面对瘟疫,医生们也束手无策,因为他们不知道正确的治疗方法。更致命的是,由于传染性非常剧烈,医生们自己的死亡也是最多的,因为他们和病人接触最频繁。有些人因无人照料而死亡;有些人尽管得到悉心照料,但还是死去了。人们还未能找到一种特效药,因为一种药物对一个患者是有益的,对另一个患者却是有害的。那些身体强壮的人不见得比身体柔弱的人更能抵抗这种疾病,所有病人都同样地死亡,就是那些在饮食上特别注意提防的人也是一样。由于相互看护而染上瘟疫的人,像羊群一样地死去,这种情景是最可怕的,因此而造成的死亡数量也最多。

更严重的是,无法救治这一严酷现实,不但摧毁了人们的意志,同时也瓦解了社会关系。修昔底德记载道:"当人们知道自己身染这种病时,即陷于绝望之中。他们马上就会丧失一切抵御疾病的力量,使自己成为瘟疫的牺牲品"。为了使自己免受感染,人们纷纷背弃了亲情。人们普遍害怕去探视病人,结果不少病人因无人照看而很快死去。事实上,许多人全家都死光了。

据修昔底德记载,这次雅典大瘟疫肆虐了好几年。公元前430年爆发瘟疫一直持续了两年的时间,后来稍有缓解。但在伯罗奔尼撒战争开始后第5年即公元前427年末的冬季里,瘟疫第二次在雅典人中间爆发了,又延续了整整一年的时间。不过奇怪的是,到公元前426年底以后,瘟疫似乎离别了雅典人,无声无息地走了。

什么原因促使来势汹汹的雅典瘟疫悄然终结?许多年来有着各种各样的传说对此加以解释。经过一些历史学家的考证,瘟疫之所以能够逐渐消失,是和医生们的努力分不开的。由于灾难是如此严重,当时人们对瘟疫这一曾经在雅典最热门的话题也不再谈论了。绝望的雅典人开始相信这一切都是宿命,是上天的安排。因为在很久以前,雅典曾流传一句古老的诗句:"人们将会看到多利斯战争爆发,随之而来的是瘟疫。"对于这种迷信的说法,大哲学家苏格拉底等人曾予以驳斥。而另一些不甘命运摆布的勇士,则开始了对瘟疫的宣战。就在人们对瘟疫闻风丧胆时,在希腊北部马其顿王国,有一位御医挺身而出,冒着生命危险前往雅典救治。这位御医到了雅典后,一面调查疫情,一面探寻病因,试图找到一种解救的方法。经过四处查访,御医发现全城只有一种人没有染上可怕的瘟疫,这种人就是每天同火打交道的铁匠。由此他暗自揣测,或许大火可以制止瘟疫的肆虐。由于情况紧急,于是他便让人们在全城各处燃起了火堆。炙热的火焰在阵阵海风

## 令人惊魂的灾难

中卷动,扬起的浓浓烟雾在城内四处飘散。在火与烟的逼迫下,疫情开始缓解,雅典终于得到了拯救。

总之,不管是什么原因结束了可怕的瘟疫,雅典人总算是没有被彻底灭绝,而是又一代一代地繁衍下来。毫无疑问,这场两千多年前的瘟疫对雅典所造成的灾难是致命的。虽然修昔底德对雅典瘟疫本身的记载不详细,也没有推测死亡人数。但据后世历史学家的估计,当时雅典总人口的1/3都在瘟疫中丧生了。更令雅典人悲痛的是,他们尊敬的执政官、雅典"黄金时代"的缔造者伯里克利也染病而死。

两千多年来,对于摧毁雅典的这场瘟疫,人们一直存有许多疑问,尤其是这场瘟疫的元凶到底是什么,至今仍没有定论。

## 横扫全球的麻风病

雅典瘟疫被认为是史书最早详细记载的疫病,但却算不上最早留有记录的疫病。人类文明史上最早留有记录的疫病之一,便是麻风病。

在非洲的埃及,据考证公元前2400年的莎草纸书中"Set"一词,极有可能指的就是麻风;对埃及第四代法老王宫遗址的考古发掘中,出土的陶罐上刻绘有类似瘤形麻风的"狮面"图案,专家分析是对当时麻风病的一种描绘,经考古测定其年代约在公元前1411至前1314年间。

而在亚洲的印度,成书于公元前1500至前800年间的印度《吠陀经》中,《梨俱吠陀》和《阿闼婆吠陀》里都提到的"Kushtha"一词,印度学者认为即指麻风,并且出现时间约在公元前1400年。而《梨俱吠陀》的最终成书时间据考证至少应在公元前1000年以前。也有学者提出,印度到了公元前600年才有了关于麻风的可靠记载,因为当时的《Sushruta Samhita》一书中记录了麻风病临床治疗的情况。

此外在西亚美索不达米亚的一次考古发掘中,人们从古巴比伦王国尼尼微城一个亚述巴尼拔皇宫遗址(建于公元前7世纪)出土瓦片上的楔形文字中,看到驱赶麻风病人远离城市的法律条文。中国的《战国策》写有殷商时期即公元前1066年"箕子漆身为厉以避杀身之祸"的事情,"厉"即麻风,这可能是中国历史上有关麻风的最早文字记载。其后,成书于春秋战国时代的《论语》、战国时代的

## 惊魂的谜团

《战国策》、战国至秦汉期间的中医经典《黄帝内经·素问》等文献当中,都有大量关于麻风病方面的记载。此外,成书于公元前1000年至前200年间的《圣经·旧约》中也有麻风病在西亚和北非感染人类的记录。

鉴于亚非两大洲存在上述大量的远古记录,同时现存文献所能反映出来的欧洲有关麻风病的最早记录,譬如古希腊文献中记载公元前326年亚历山大大帝从印度返回时有人感染麻风病和古罗马文献中提到公元前62年庞贝从小亚细亚率军归来时便有人感染了麻风病,较之亚非两地晚了许多。因此,大多学者认为,亚洲和北非是麻风病的古

现今世界麻风病高发区内分布状况

老发源地。有学者进一步认为,"印度、埃及、中国是麻风三大疫源地",其中个别学者认为"印度是最早的疫源地"。

然而,就在人们早已普遍地接受麻风病由亚洲传至欧洲、再由罗马人带给英国这一说法的时候,1980年专家们通过对在顿巴(Dunbar)意外发掘出的一具童骸进行科学检测发现,该名儿童的骨骼曾遭受麻风杆菌的严重侵蚀,断定其死于麻风病,且死亡时间是在公元前2000至前1600年间。这一发现使英国最早出现麻风的时间比原来的说法提前了1500年,不仅说明麻风病是通过其他未知途径经欧洲大陆进入英国,甚至对麻风病起源亚洲说也提出了挑战。

的确,世界上有关麻风病起源的地点、时间和原因的推测众说纷纭。关于麻风病起源地点和时间的推测,多数认同最有可能源于南亚的印度,因为公元前600年前的古印度文献已经有了明确记载,有人甚至认为最早可前推至公元前15世纪,这一观点的依据主要来自于前面提到的《吠陀经》成书时间。另有一些人认为,麻风病发端于埃及,时间上至少在公元前1552至前1350年,然而这被认为只是一种很具想象力的猜测,因为从前面提到的莎草纸书成书时间来判断,

## 令人惊魂的灾难

似乎也不应如此确定。更有观点将此时间前推得更为久远，认为早在公元前4000年，埃及就存在麻风病了，随后印度和日本才在公元前1000年前出现麻风病。也有人认为，此病约于3000年前来自古代文明的中国、埃及及印度等地，后来传播到欧洲、亚洲其他地方，以及最终遍布世界各地。但不管人们怎样依据文献把麻风病的起源时间前推得多么久远，世界上仍有不少的古生物学家、历史学家和疾病学家们对古文献中所用词汇，譬如埃及的"ukede"、犹太的"zaraath"、印度的"kustha"以及中国的"大风"等，是否实际上都是指麻风病还是指别的疾病提出质疑。

引起麻风病的根本原因至今不详，但已经可以确定：营养不良、卫生状况差、古老的结核病菌感染、酒精中毒，或许还有遗传变异等诸种健康保健和生活环境因素的综合作用，可能助长了麻风病的产生和传播。譬如古埃及公元前16世纪莎草纸书的作者认为，尼罗河水泛滥和人们不洁的饮食是导致感染麻风病的重要原因。当然更有人认为，远古人类同驯养动物密切接触或许是感染麻风病的根本原因。他们通过对北美野牛的研究指出，麻风病来自人们对野牛的长期驯养。《枪炮、病菌与钢铁》一书作者戴蒙德对人类驯化野牛的研究恰恰也对此提供了佐证。他指出："遗传分析表明，现代印度牛的品种和欧亚大陆西部牛的品种在几十万年前就已分化了，比任何地方任何动物驯化的时间都早得多。就是说，在过去1万年中，牛就已在印度和欧亚大陆西部独立驯化了，而它们原来都是在几十万年以前就已分化的印度和欧亚大陆西部野牛的亚种。"由此看来，印度记载麻风病患的历史为何那么久远也就不难理解了。其他地方如北非的埃及，东亚的中国这些有着悠久的野牛驯化历史的国度，同样可以把麻风病患出现的历史追溯得相当久远。

麻风病可以说是人类史上分布地域相当广泛的传染病之一，世界上几乎各大洲都有过麻风病的传播。

亚洲的麻风病传播情况，被认为印度出现麻风病后不长时间，中国便成了下一个受麻风病传染的国家。然后，该病从中国传到日本、越南，并逐渐传遍了东南亚。这是一种流行观点，但对此让人不禁质疑的是，印度同中国间隔世界最高山脉喜马拉雅山，麻风病又是怎样地翻越过这座山脉而在中国内地传播的呢？是翻越山脉的野牛成就了传播链，还是人与人直接感染的呢？没人对此提供确凿答案，不过由印度经尼泊尔传入西藏，这一点似乎已经被肯定。但另一种观点认为，印度传入中国的路径是先向东传入中南半岛，尔后再向北传入中国，随后经朝鲜

## 惊魂的谜团

传入日本。这一观点还认为，就在麻风病由印度传向中国的同时，亦向东向南继续扩散，传至南亚各国；向西则由印度经波斯、阿拉伯传至非洲，再由埃及传至欧洲。但麻风病由印度向西传播，有观点认为在传入中国之前就已经通过商旅传至西亚，并随之传往北非，以埃及为中心进行更大范围的扩散。这种观点多有揣测成分，无从考证。

那么，麻风病如何在北非流传，尔后又怎样传入欧洲的呢？古老传说中称希伯来人是一个麻风病群体，埃及人骑马经过他们的土地而染上了麻风病。因而认为古埃及的麻风病来自希伯来人。另一种传说则描述了相反情景，认为肯定是希伯来人出埃及时因遭到污染物的污染而感染上了麻风病。这些传说从《圣经》中都能找到痕迹。

麻风病传出埃及后的进一步扩散，被认为同腓尼基人有关。腓尼基航海者漂洋过海，把麻风病带入叙利亚及其他与他们经商的国家或地区，所以古希腊名医希波克拉底才把麻风病称之为"腓尼基病"。公元前8至前5世纪，爱琴海地区战争不断，并波及北非和西亚，有大量北非及西亚人沦为奴隶而被带入希腊半岛，因而多数学者认为是希腊人将麻风病由埃及传入欧洲的。当然，也有学者做出与之不同的推断，认为麻风病约在公元前8世纪沿爱奥尼亚海岸传播，而公元前5世纪则在波斯传播，到了公元5世纪后，随着犹太人流落他乡以及罗马军队四处征战，麻风病才传播到了西欧并使之蔓延开来——先是在罗马帝国的征服地西班牙、高卢，尔后英伦三岛也很快被传染。

人类生物学家朱利叶·罗伯茨等多数专家认为，亚历山大大帝远征印度时带回了麻风病。地中海周围地区是欧洲最早受麻风病影响的地区，后从地中海向西传播。后来阿拉伯人的入侵、十字军征伐等都大大加重了欧洲的疫情，无任何地方幸免，甚至于王室也不例外。中世纪西欧宗教教规、教皇的规章和伦巴第国王罗萨尔、矮子丕平、查理曼等君主们颁布的法律，以及一些麻风病屋的建造等，都足以证明当时欧洲麻风病疫情的普遍性和严重程度。

麻风病传入英国，曾一直被认为始于罗马时代，由罗马人带入英国。但前面提到的在顿巴这个地方发现的那具童骸，却把英国存在麻风病的时间提早了1500年，从而使麻风病进入英伦三岛的时间变得无法确定。到了11世纪，英国的麻风病已经发展成为不列颠岛上一场真正严重的瘟疫，以致首任诺曼坎特伯雷大主教不得不于11世纪下半期在赫尔敦建立起一个又一个的麻风病禁锢所。

整个欧洲的麻风病高峰期是在中世纪。13世纪初，蔓延开来的麻风病使这一

时期的欧洲估计有19000个用于隔离的麻风病禁锢所。14世纪中期起，麻风病疫情开始在欧洲中部和西部逐渐消退。16、17世纪之后，麻风病流行现象在北欧国家迅速减少；在南欧部分国家，这种迅速减少的过程则拖延得更长一些。西班牙局部地区、葡萄牙、意大利和位于欧洲最东端的俄国南部地区，以及与欧洲有着历史渊源且部分领土也在欧洲的土耳其，麻风病则依然流行着。到了17世纪末，除少数几个地方外，感染麻风病的现象在欧洲已很罕见。及至18世纪，麻风病除在不列颠一度蔓延外，仅在设得兰群岛徘徊。19世纪挪威又出现过一次疫情高峰，但到了20世纪50年代，那里的最后一座麻风病医院也归于关闭。

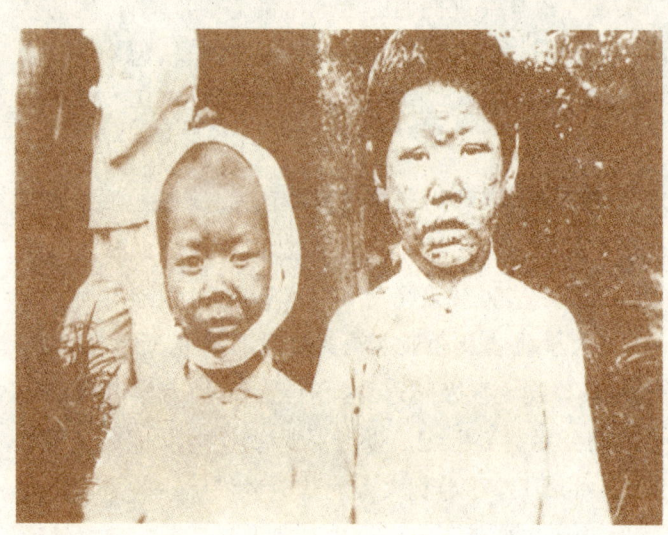

患麻风病的孩子

就在欧洲疫情迅速减少的同时，麻风病在北非和东非、马达加斯加、阿拉伯、波斯、印度、中国、日本、俄国、挪威、瑞典、意大利、希腊、法国、西班牙、印度洋及太平洋某些岛屿，逐渐演变成为地方性流行疫病。其中太平洋一些岛屿遭受麻风病的袭击，是19世纪初开始的。麻风病途经菲律宾，沿着太平洋诸岛向夏威夷挺进，与来自美洲的传染源一同夹击了夏威夷，随后传向新卡里多尼亚，1912年又抵达瑙鲁。在此后12年的时间里，瑙鲁有24%的居民感染上了麻风病。

根据1975年泛美卫生组织的资料记述，美洲土生土长的印第安人原本没有麻风病流行，到了15世纪末和16世纪初，哥伦布发现"新大陆"后不久，才由西班牙人传入南美洲。1543年，哥伦比亚首先发现了麻风病人。此后欧洲殖民者贩卖非洲黑人奴隶至美洲，造成了麻风病在南美传播的扩大。以致美洲大陆中部的墨西哥、西印度群岛等地麻风病也开始盛行。即使位于北美洲偏远地区的加拿大新布伦瑞克，也发现了麻风病。在美国，麻风病的大多数病例发生在路易斯安那和加利福尼亚两地，纽约、俄亥俄、宾夕法尼亚、明尼苏达、密苏里、卡罗纳、得

## 惊魂的谜团

克萨斯等地偶有病情报告。而美国的路易斯安那，麻风病自1758年以后始获落脚点。人们普遍认为，西班牙人是美洲大陆麻风病的最早传播者，其次则是黑奴，因而麻风病向美洲大陆传播的路径，应该同殖民路线基本吻合。

大洋洲澳大利亚和新西兰的麻风病，可能是16世纪经由西班牙和葡萄牙人带入，也可能是由中南半岛、印度尼西亚及波利尼西亚的移民传入。此外，也有由中国移民传入的说法。至于各大洋中那些岛屿上的麻风病最早传播者，则被认为是"地理大发现"时期来自欧洲的所谓"发现者"。

麻风病在中国，其病例主要集中地为沿海地区，以广东、江苏、山东等省的患者最多，其次是浙江、福建、广西、上海、海南，以及云南、贵州、四川、西藏、湖南、湖北、江西等地，而北方地区甚少。1949～1996年，全国累计发现的麻风病案例多达471254例，其中1956年全国约有登记病人38～39万名。全国麻风病发现率，以20世纪50年代中期为最高，达4.2～5.0/10万。"文革"期间，一些地区的病人有所增多。全国麻风病患病率，以20世纪60年代为最高，达0.21‰～0.24‰。20世纪70年代中期起，全国麻风病患病率开始逐年下降。1996年与1986年相比，患病率下降了82.3%，与1995年比，下降了28.15%。但到了1996年底时统计，全国仍有6200余病例。1997年又有1800多名新发现病例，个别地区在实现"基本消灭"后又出现反复。

就世界范围而言，1909年时全球有近20万例麻风病患，其中印度最多，有97340例，美国146例，巴拿马运河区最少，有7例。世界卫生组织提供的一组数字表明，20世纪末麻风病病例呈上升趋势，1997年估计全球约有115万麻风病患者；仅1998年当年就新增了70万麻风病患者，结果使得1999年世界上麻风病患者数量达到200多万；随后，2001年又新发现了近75.5万个病例。到了2002年初，世界各地新报告麻风病例总数就有65万多例，其中印度、巴西、马达加斯加、莫桑比克、尼泊尔等国占90%；进入2003年后，全世界每天仍平均有1600人感染麻风病。

## 可怕的黑死病

黑死病是历史上最为神秘的疾病。从 1348 年到 1352 年,它把欧洲变成了死亡陷阱,这条毁灭之路断送了欧洲 1/3 的人口,总计约 2500 万人!在其后 300 年间,黑死病不断造访欧洲和亚洲的城镇,威胁着那些劫后余生的人们。尽管准确统计欧洲的死亡数字已经不可能,但是许多城镇留下的记录却见证了惊人的损失:1467 年,俄罗斯死亡 127000 人,1348 年德国编年史学家吕贝克记载死亡了 90000 人,最高一天的死亡数字高达 1500 人!在维也纳,每天都有 500-700 人因此丧命,根据俄罗斯摩棱斯克的记载,1386 年只有 5 人幸存!

黑死病肆虐

650 年前,黑死病在整个欧洲蔓延,这是欧洲历史上最为恐怖的瘟疫。欧洲文学史上最重要的人物之一,意大利文艺复兴时期人文主义的先驱薄伽丘在 1348-1353 年写成的《十日谈》就是瘟疫题材的巨著,引言里就谈到了佛罗伦萨严重的疫情。他描写了病人怎样突然跌倒在大街上死去,或者冷冷清清在自己的家中咽气,直到死者的尸体发出了腐烂的臭味,邻居们才知道隔壁发生的事情。旅行者们见到的是荒芜的田园无人耕耘,洞开的酒窖无人问津,无主的奶牛在大街上闲逛,当地的居民却无影无踪。

这场灾难在当时称做黑死病,实际上是鼠疫。鼠疫的症状最早在 1348 年由一位名叫博卡奇奥的佛罗伦萨人记录下来:最初症状是腹股沟或腋下的淋巴肿块,然后,胳膊上和大腿上以及身体其他部分会出现青黑色的疱疹,这也是黑死病得名的源由。极少有人幸免,几乎所有的患者都会在 3 天内死去,通常无发热症状。

## 惊魂的谜团

黑死病最初于1338年中亚一个小城中出现,1340年左右向南传到印度,随后向西沿古代商道传到俄罗斯东部。从1340年到1345年,俄罗斯大草原被死亡的阴影笼罩着。1345年冬,鞑靼人在进攻热那亚领地法卡,攻城不下之际,恼羞成怒的鞑靼人竟将黑死病患者的尸体抛入城中,结果城中瘟疫流行,大多数法卡居民死亡了,只有极少数逃到了地中海地区,然而伴随他们逃难之旅的却是可怕的疫病。

1347年,黑死病肆虐的铁蹄最先踏过康坦丁斯堡——拜占庭最大的贸易城市。到1348年,西班牙、希腊、意大利、法国、叙利亚、埃及和巴勒斯坦都爆发了黑死病。1352年,黑死病袭击了莫斯科,连莫斯科大公和东正教的教主都相继死去。黑死病的魔爪伸向了各个社会阶层,没有人能逃避死亡的现实。

没过多久,这种残酷的现象在欧洲已经比比皆是,法国的马赛有56000人死于鼠疫的传染;在佩皮尼昂,全城仅有的8名医生只有一位从鼠疫的魔掌中幸存下来;阿维尼翁的情况更糟,城中有7000所住宅被疫病弄得人死屋空;巴黎的一座教堂在9个月中办理的419份遗嘱,比鼠疫爆发之前增加了40倍;在比利时,主教大人成了鼠疫的第一个受害者。从此以后,送葬的钟声就不停地为新的死者哀鸣。甚至历史上著名的英法百年战争也曾由于爆发了鼠疫被迫暂时停顿下来。

1348年底,鼠疫传播到了德国和奥地利腹地,瘟神走到哪里,哪里就有成千上万的人被鼠疫吞噬。维也纳也曾经在一天当中死亡960人,德国的神职人员当中也有1/3被鼠疫夺去了生命,许多教堂和修道院因此无法维持。

除了欧洲大陆,鼠疫还通过搭乘帆船的老鼠身上的跳蚤跨过英吉利海峡,蔓延到英国全境,直至最小的村落。农村劳力大量减少,有的庄园里的佃农甚至全部死光。英国中世纪的城

黑死病惨景

镇里,居住的密度高,城内垃圾成堆,污水横流,更糟糕的是,人们对传染性疾病几乎一无所知。当时人们对死者尸体的处理方式也很简单,处理尸体的工人们自身没有任何防护,这帮助了疾病的蔓延。为了逃避死亡,人们尝试了各种方法,他们祈求上帝、吃精细的肉食、饮用好酒……医生们企图治愈或者缓和这种令人恐惧的症状,他们用尽各种药物,也尝试各种治疗手段,从通便剂、催吐剂、放血疗法、烟熏房间、烧灼淋巴肿块或者把干蛤蟆放在上面,甚至用尿洗澡,但是死亡还是不断降临到人间。一些深受宗教束缚的人们以为是人类的堕落引来的神明的惩罚,他们穿过欧洲的大小城镇游行,用镶有铁尖的鞭子彼此鞭打,口里还哼唱着:"我最有罪"。而在德国的梅因兹,有1.2万犹太人被当作瘟疫的传播者被活活烧死,斯特拉堡则有1.6万犹太人被杀。只有少数头脑清醒的人意识到可能是动物传播疾病,于是他们把仇恨的目光集中到猫狗等家畜身上,他们杀死所有的家畜,大街上满是猫狗腐败的死尸,腐臭的气味让人窒息,不时有一只慌乱的家猫从死尸上跳过,身后一群用布裹着口鼻的人正提着木棍穷追不舍。没有人会怜悯这些弱小的生灵,因为它们被当作瘟疫的传播者。

然而,慌乱之中的人们也并非一无所获,人们发现隔离能够有效阻挡瘟疫的蔓延,此外,他们还懂得了消毒的作用。等到300年后黑死病再次在英国爆发时,隔离手段已经发展到相当完善的地步了,这些方法有效地抑制了疾病的传播。

黑死病彻底改变了整个欧洲乃至世界的历史。它毫无偏倚地把死亡带到每个人面前,全家死光的贵族留下了大量的荒芜土地,由于没有劳动力,薪水不得不提高,农民有了收入来买下闲置的土地,结果他们中有很多人成了拥有土地的新贵族,农奴阶层由此瓦解;人们由于黑死病的侵袭懂得了许多卫生习惯,这样,欧洲的下水排污系统才得到了彻底的改善,一直到今天,人们还在为英国伦敦那宽敞有如隧道的下水管感叹;除此以外,火葬开始成为最重要的丧葬方式;原本位于房间中央的壁炉被移到了墙边;房间也变得更加坚固,开始采用灰泥或者石头来代替木版。

黑死病彻底动摇了宗教桎梏,人文主义的思想开始复苏,文艺复兴的萌芽开始孕育。艺术家的作品中不再是宗教形象一统天下,悲观和抑郁的情绪,赎罪和死亡的主题成为这个时期的重要题材,以至后来才发展出歌特式的风格。

更重要的是,由于黑死病肆虐,大学宣布停课,政府不准人们离家远行。正是这个时期,才使一位名叫伊萨克·牛顿的年轻人在此期间由无穷等比级数的解法创立出一门很重要的数学学科——微积分。

多少年来，人们一直没有停止对黑死病的研究，然而，最新的研究结果对于黑死病的起源却有多种说法。英国科学家最新研究结果表明，这场灾难的起源很可能是因为一颗小彗星在进入地球大气层后发生爆炸，造成灰尘遮天蔽日引发全球"核冬天"，并间接造成农作物绝收、饥荒和瘟疫大流行的恶果。而利物浦大学的研究人员认为，通过研究黑死病的传播方式，可以得出结论，它并不是淋巴腺鼠疫，而是由一种类似埃博拉的病毒引起的，并且是在人与人之间直接传染的。这种病毒的感染者有可能在24小时内死亡，其死亡率高达50%-90%。

英国利物浦大学的邓肯教授和斯科特博士提出，黑死病并没有被人类消灭，它可能只是暂时蛰伏，有可能再次爆发。

## 1918大流感

1918大流感的爆发，给人类造成了重大的灾难，这场流感夺去了近5000万人的性命，当时人们闻之色变。

1918年3月的一个平常早上，有一个公司的厨房工人来到美国堪萨斯州范史东营的一家医院看病，医师很容易就诊断出他得的是"流行性感冒"，对医师而言这是很平常的事。然而到了中午时分，医院里一下子挤进了100多名士兵，他们的症状与那位厨工完全一样。灾难才刚开幕，2天之后，500多病人已病危，面临死亡威胁。一周之内，这

研究大流感的科学家

种流感像一阵风似的从堪萨斯州迅速蔓延到美国本土所有的州。接着数周之后，法国告急，病人剧增；再接着似乎毫无阻挡地横扫整个欧洲。流感病毒在集合的人群间，在拥挤的运兵列车上，在学校学生间，快速传播开来，并传向东半球。到

## 令人惊魂的灾难

了5月，病毒在南美和非洲横冲直撞。

1918年5月，英国的格拉斯哥也出现了"大流感"的魔影。当时住在格拉斯哥的医生罗伊·格利斯特描述了受传染者可怕的症状与表现："一开始，病人得的似乎是普通的流感。但是当人们把他们送到医院后，流感立刻会变成一种从没有见过的肺炎。病人送入医院后2小时，颧骨上就会出现红褐色的斑点，再过几个小时，病人的耳朵开始发青，那是极度缺氧造成的。这种青色会从耳朵扩展到整张脸。随即，病人唯一的动作就是拼命地呼吸，直到最后因为窒息痛苦地死去。"

大流感中的护士

仅仅几周的时间，病毒便扩散到英国南部。在接下来的几个月里，全英国有22.8万人被这种病夺去了生命。

同一月，超过800万西班牙病人死亡。由于当时战争尚未结束，各交战国对疫情严格保密，使疫情愈演愈烈，而西班牙是中立国，对疫情不保密，公开宣布，所以各国都把这场灾难套上"西班牙大流感"的名称，实在冤枉。在亚洲，仅印度就死了2000万人。

度过1918炎热的夏季，到了秋天，流感再度发威，卷土重来，它好似脱缰野马，又似燎原烈火，席卷了波士顿港，数千人病死。捱到11月，战争终于结束，庞大的游行队伍不经意间为病毒传播又创造了条件，患者人数急增，有一位医生形容道："病人就像苍蝇一样纷纷落下"。世界各国的公共卫生体系手忙脚乱，难以招架。各城市的殡仪馆人满为患，死人太多，以至一棺难求。各地政府意识到问题的严重性，采取了各项措施，包括：颁布紧急限制令，禁止公众集会；不许商家举办大型活动，丧礼限制在15分钟之内办理完毕，等等。美国所有的电影院、酒吧和舞厅统统被关闭，教会的礼拜被限制或缩短。有的城市规定旅客必须出示健康证明方得入城，未持证明者会被铁路业者拒载。加州的大城市都通过了法令，规

020

## 惊魂的谜团

定居民一律随时随地都必须戴上口罩。瑞士的剧院一律关闭。英国规定每两场音乐会之间要有30分钟的清场时间。流感肆虐,各小学关闭,英国各街道都喷洒了消毒剂。由于宣传普及不力,各种谣言满天飞,麦片粥供不应求,因为有人传言里面有一种可抗感冒的神秘成分;有的工厂和公司原先禁止吸烟,现在却鼓励员工抽烟,因为有人传说香烟可杀死病毒。

1918年的这场大流感危害相当严重,其危害程度甚至超过了14世纪中叶的鼠疫(黑死病)风暴,它轻而易举地使美国和整个欧洲的人均寿命降低了10岁多。其流行面之广,死亡人数之多,涉及国家数量,造成的全球经济损失都是史无前例的。1919年,肆虐已久的"西班牙流感"却突然神秘地消失了。

2005年,像影片《侏罗纪公园》再造恐龙一样,科学家在冷冻的尸体中重新培育了这种恐怖的1918年流感病毒。现在他们已经发现这些重新培育的病毒可以像当年杀死人类那样使很多猴子死去。2007年科学家终于揭开了1918大流感的致命秘密:这种流感病毒至今仍然具有强大的杀伤力和致命性!科学家看到感染1918年流感病毒的猴子体内病毒已经扩散到了心脏和脾部。猴子的肺也遭到了损害,在感染病毒6至8天后,感染病毒的肺部组织覆盖了肺部的60%甚至90%,而且肺部充满了血水之类的黏液。

威廉·夏弗纳是范德堡大学医学院一位教授并兼任该大学医学院预防医学系主任,他说:"1918年流感病毒在人类感染早期就对身体造成了毁灭性的伤害,因为它可以改变人体的免疫反应。面对着这种病毒的来犯,人体的免疫系统显得无能为力。人体的部分免疫系统在病毒来犯时萎靡不振,工作也不努力,但是另外部分的免疫系统则是在没日没夜地拼命御敌。"

换句话讲,1918年流感病毒只是莫名其妙地使人体免疫系统的一部分变得"堕落腐化"而不再抵御病毒侵袭。

2007年10月5日,科学家研究发现,1918大流感实际上就是禽流感的变异。进入21世纪以来,禽流感在世界的蔓延,让人"谈鸡色变",照此发展下去,会不会像1918年大流感那样一发不可收拾?

令人惊魂的灾难

# 惨绝人寰的灾难

## 5000年前的"核战争"

有人曾说,广岛上空的蘑菇云揭开了人类核时代的序幕。然而,在印度竟发现了5000年前核爆炸的痕迹。难道在5000年前人类就掌握了核武器的技术?还是外星人发动了一场针对地球人的核战争?

考古学家始自1922年的发掘表明,约5000年前的印度河流域,曾有一座繁华的城市突然在瞬间被摧毁了。它的遗址被命名为"摩亨佐达罗",这在印度语中即是"死亡谷地"的意思。但当代不少学者都以为不如称它"核死丘"更适宜些。

广岛原子弹爆炸

持续多年的发掘,使掩埋在厚厚土层下的史前文明古城废墟重见天日。在这里,考察人员找到了此地发生过多次猛烈爆炸的证据。爆炸中心1平方公里半径内所有建筑物都成了齑粉。距中心较远处,发现了许多人骨架。从骨架摆放的姿势可以看出,死亡的灾难是突然降临的;人们对此毫无察觉。这些骨胳中都奇怪地含有足以与广岛、长崎核袭击死难者相比的辐射线含量。不仅如此,研究者们还惊奇地发现:这座古城焚烧后的瓦砾场,看上去极像原子弹爆炸后的广岛和长崎,地面上还残留着遭受

## 惊魂的谜团

冲击波和核辐射的痕迹。

美国"原子弹之父"奥本海默认为这分明是史前人类遭受核战争袭击的情形。根据人类现有的史料表明，公元前5000年，人类还过着刀耕火种的生活，怎么可能拥有核武器、发动核战争呢？唯一合理的解释就是地球遭到来自外星的核打击。

无独有偶，考古学家在西亚伊拉克境内的幼发拉底河谷地也曾发现过类似南亚"核死丘"的遗迹。考古学家在这里一层层地挖下去，发现了约8000年的史前文明。在最底下的一层，挖出了类似熔合玻璃的东西。科学家最初并不知道这是什么东西；直到后来美国在内华达州核试爆场留下了与这种完全相同的熔合玻璃的遗物。而这种"核熔玻璃"，人们已在恒河上游、德肯原始森林里以及撒哈拉沙漠、蒙古戈壁滩等地陆续发现了好多。在这些地方都分布着一些焦地废墟。有的废墟大块大块的岩石被粘合在一起，表面凸凹不平，有的城墙被晶化，光滑似玻璃，连建筑内的石制家具表层也被玻璃化了。而造成岩石熔化需要达2000摄氏度左右的高温，自然界中的火山喷发森林大火均不能产生达到这种高温的热能，唯有原子弹爆炸才能提供如此条件。

原子弹爆炸后的广岛

地球上这类史前"核死丘"的发现，究竟意味着什么呢？可怕的核武器是否会再一次造成人类的灾难？

令人惊魂的灾难

## 维苏威火山大爆发

提起维苏威火山,相信知道它大名的人一定不少,它是意大利乃至全世界最著名的火山之一,位于那不勒斯市东南,海拔高度1281米。维苏威火山在历史上多次喷发,最为著名的一次是公元79年的大规模喷发,灼热的火山碎屑流毁灭了当时极为繁华的拥有2万人口的庞贝古城,其他几个有名的海滨城市如赫库兰尼姆、斯塔比亚等也遭到严重破坏。

在公元79年之前的1000多年中,维苏威火山一直与庞贝城相依相伴,静静地沉睡。庞贝坐落在这座火山的南面。流向那不勒斯湾的萨尔诺河绕庞贝而过,连接起古罗马帝国与世界各地的贸易往来。这里土壤肥沃,气候宜人,物产丰饶,在成排的葡萄架和油橄榄间,庞贝人栽种着谷物、蔬菜,还有无花果和迷迭香。

直到灾难发生的那一刻,庞贝人都不知道,他们脚下的沃土其实是不远处那座火山的馈赠。他们在山坡上种植果园、开垦牧场,动物们在山顶的灌木丛中奔走。庞贝人还不知道,这座已经聚集了几百年力量的火山一旦爆发,他们所拥有的一切将在瞬间被摧毁得面目全非——庞贝的灭顶之灾真的来临了。

维苏威火山红色境界区

在维苏威火上苏醒前,它周围的地区已经发生过多次的震颤,水井干涸了,地上的动物焦躁不安,一些经历了公元62年地震的人们,纷纷收拾财物远走他乡。公元79年8月23日深夜到24日清晨间,维苏威火山爆发了。

先是熔化的岩石以超音速的速度冲出温度高达1000度的火山口,当火山内部再也承受不住巨大的压力时,惊天动地的喷发令火红色的砾石飞上7000米的

## 惊魂的谜团

高空，然后，灼热的火山碎屑迅速扩大成一个大云团，随着气流向东南方向移动，很快笼罩了附近的几个城市。

火山喷发出来的大量热蒸汽形成的雨水倾盆而下，山洪冲刷着山石泥土和火山灰，巨大的山石流顺着山谷奔泻而来，空中弥漫着呛人的硫磺和浓烟味。庞贝人开始借助各种工具逃跑，奔跑在街道上的人被砾石击中而倒下，下落的火山碎屑在庞贝城中不断堆积，建筑物因承受不住重压而倒塌。同时，炙烫的岩浆裹挟着碎石冲下维苏威火山，以每小时160公里的速度到达庞贝，覆盖了整座城市的每一条街道，岩浆腾起的气浪烧烤着路边残剩的房屋和依然躲藏在那里的人。紧接着，黑色的火山灰从火山口上空滚滚而来，密不透风地封堵住庞贝城中每一扇门、每一扇窗户，封堵住那些在砾石的袭击中侥幸存活的庞贝人的眼睛和胸腔，令他们最终因为窒息而死——"生命中最悲惨的一刻来临了，他无法呼吸。"

公元79年，维苏威火山爆发18个小时后，火山碎屑将整个庞贝城掩埋，最深处竟达19米，曾被誉为美丽乐园的庞贝从地球上消失了。作为仅供参考的文字资料，置于佛罗伦萨的劳伦琴图书馆内藏有火山爆发见证人小普林尼的原始信件，上面记述了这次灾难的全过程。诗人斯坦图斯曾问："几个世纪过后，当在废墟上播下新的种子之时，人们还会相信整座的城市和其居民就躺卧在他们的脚下，祖辈的土地是在火海中沉沦的吗？"

公元79年8月的第一个礼拜天，正在祈祷的古罗马一位大酒商之妻突然胸口剧痛，咯血不止，女儿索菲亚急得呜呜直哭。正在此时未婚女婿卡洛闻讯赶来，他自告奋勇地骑快马去庞贝老家拿取止血石。罗马距庞贝300余公里，树木茂盛山道崎岖，强盗出没，充满险情，这令多情的索菲亚抉择两难。卡洛明白未婚妻索菲亚的担忧，他说："我已有十几年的骑术，又是强壮的武士，轻车熟路，两昼夜时间我一准赶回来！"未等索菲亚应诺，一身戎装的卡洛带着几名助手绝尘而去！

母亲两天来咯血不止，索菲亚两夜不眠，她心中一直在盘算着卡洛的归程。第二天开始她一直倚门远望，盼着熟悉的马蹄声在她的耳边响起，但不知为什么直到第四天、第五、第六天未婚夫还是没有出现在她眼前。待到圣诞节之后，她才隐隐听到一则凶讯：8月的一夜，维苏威神山张开火口，喷发出冲天的血红岩浆，方圆几百里顿时成了一片火海！

算算灾难发生的时间，正是卡洛赶到庞贝取止血石的那一夜。未婚夫一去不返，从此地中海四处响起了《伤心欲绝的索菲娅》的歌声……

## 令人惊魂的灾难

1594年,人们在萨尔诺河畔修建饮水渠时发现了一块上面刻有"庞贝"字样的石头;1707年,人们在维苏威山脚下的一座花园里打井时,挖掘出三尊衣饰华丽的女性雕像。人们以为这些不过是那不勒斯海湾沿岸古代遗址中的文物,没有人意识到,一座古代城市此刻正完整地密封在他们脚下占地近65公顷的火山岩屑中。1748年,人们挖掘出了被火山灰包裹着的人体遗骸,这才意识到,公元79年维苏威火山的爆发掩埋了一座城市!

电脑模拟的维苏威火山爆发

考古学家一层一层地挖开火山岩屑,深埋在地下的庞贝城"出土"了。正因为事出突然,而且来势急猛,所以这座罗马城市反而能够保持原状,名垂后世。今天我们看到的庞贝城和公元前1世纪当地居民所看到的一模一样。街道上甚至还有明晰的车辙,就像骡车昨天刚走过似的。

这座小城四周有石砌城墙,设有7个城门,14座塔楼,颇为壮观。纵横各两条笔直的大街构成了城内的主干道,使全城呈井字形。全城分为9个地区,每个地区的街巷交织。大街上铺的是十米宽的石板,两旁是人行道。街巷的路面也是用石块铺成的。城市中最宽阔的大街叫丰裕街,石板路面上有被当年车辆碾出的条条车辙,街的两边是酒馆、商店和住宅。人们不难想象出当年的繁华景象:嘶叫的牲口,大声吆喝的马车夫,各式小贩与奴隶熙攘来往,穿着阔绰的商人,趾高气扬的政客,香气袭人的贵妇坐着轿子招摇过市。墙上画的招牌写着:"代人打扫房屋"、"出售陈年美酒"、"政治候选人的美德"等等。

丰裕街直通大广场。大广场三面围墙,是长方形的,广场四周建有许多宏伟的建筑。这里是庞贝政治、经济和宗教的中心。广场上装点着名人塑像,广场的两侧是两座神庙,分别供奉罗马神话中的众神之王朱庇特和太阳神阿波罗两位巨神。

## 惊魂的谜团

广场的东南是一座大会堂，那是庞贝的最高建筑，里面设有法院和市政厅。此外还有一座两层楼商业大厦，当地生产的葡萄酒、玻璃制品、东方的香料、宝石以及中国的丝绸等商品，都在这里交易。

广场的东北是商场。这里店铺林立，商品琳琅满目。有人在墙上涂写着："赚钱即欢乐"。在一间酒吧间里设有L形的大理石柜台，那里出售各种饮料。在小酒店的墙壁上，还可以看到书写的价目表、客人们的欠账数字等。在一家面包房的烤炉里，还发现了一块烤熟的面包，面包外形完好，上面还印着面包商的名字。

在庞贝城的东南角，有两座露天剧场。一座用来演出戏剧，另一座是小演奏厅，专门用于笑剧和音乐演出。这里还有一座宏伟的竞技场，可以容纳两万人。它是角斗士浴血搏斗的场所。在这里发现了精美的剑和头盔，墙上还刻着角斗士明星的名字，如"加拉德斯，大英雄，令人心碎"、"弗里克斯将与熊格斗"，等等。

庞贝城内，富豪的住宅也不少。这些豪宅的大门，大都有大理石圆柱和雕花的门楼。整个建筑围绕一个正厅。正厅很凉爽，高度可达十米。屋顶上有一个开口，雨水从这里流下，流进室内一个大理石盆里。在围绕正厅的屋子当中，有一间特别宽敞，既是办公室，又是起居室，主人在这里接待来客和起居休息。很多房间的墙上绘有栩栩如生的壁画，地板上装饰镶嵌画。在一家豪宅中，发现了一幅闻名世界的镶嵌画：亚历山大大帝与波斯大流士三世战斗图。画宽6.5米，高3.8米，用150块彩色玻璃和大理石片镶嵌而成。

一位庞贝人死在绘有植物花叶的壁画下，当人们于上千年后挖掘出他的遗骨时，同时发现那幅壁画上刻有一句铭文："没有任何东西可以永恒。"——虽然地球史上每一次火山爆发无不令地貌沧海桑田，但公元79年维苏威火山的爆发的确令一座城市获得了永生——庞贝无法躲过火山的劫难，但它被掩埋封存在渐渐冷却、凝固、变硬的火山灰中，最终竟躲过了上千年岁月的侵蚀。也使得人们有机会了解近两千年前的人类生活。

维苏威火山在此后的一千多年中，并没有重归宁静。在过去的五百年里，维苏威火山多次爆发，熔岩、火山灰、碎屑流、泥石流和致命气体夺去的生命不计其数。最为有趣的是据记载，1944年维苏威火山再次喷发，从火山顶部的中心部位流出熔岩，喷出的火山砾和火山渣高出山顶约200～500米，火山爆发的奇妙景观使得正在山下激战的同盟国军队与纳粹士兵停止了战斗，成千上万的士兵跑去观看这一大自然的奇观。

但最令人惊讶的是，2006年意大利研究人员发现，维苏威火山4000年前还

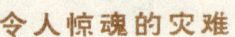

令人惊魂的灾难

曾有一次更具破坏力的喷发,其方圆25公里的村落都被火山喷发物覆盖。根据这一发现,意大利的研究人员警告说,历史悲剧可能重演,维苏威火山可能会毫无预兆地给如今的那不勒斯城带来同样的灭顶之灾。

## 关中大地震

渭河流域的陕西省关中地区,平原沃野,人口稠密,农业发达,是中国古代文化的发祥地之一,也是中国历史地震活动强烈的地区。有文字可考的3000年来,已发生4级以上地震40余次,其中5级以上地震26次,最早的地震记载是公元前1189年。而破坏性最大的则是1556年,这年处于关中地区的陕西华县发生了一次强烈地震,死亡人数超过80万人,是全世界有史以来死亡人数最多的一次地震。史称"关中大地震"或"1556年华县地震"。

1556年1月23日北京时间24时左右(明朝嘉靖三十四年十二月十二日半夜子时)正当人们入睡之际,古今中外地震史上最惨重的地震灾难发生了。据记载,地震时"袤延千里,振撼荡摇,川原拆裂,郊墟迁移,壅为岗阜,陷作沟渠,山鸣谷响,水涌砂溢,城垣庙宇、官衙民庐,倾颓摧圮,十居其半"。以华县为中心,西起陕西渭南,东至山西永济蒲州镇,东西宽90公里,南北长约30公里,包括华县、华阴、大荔、潼关等县在内的2000平方公里,各类建筑物几乎全部倒塌。华县"堵无尺",城垣尽塌,州署与城墙俱圮,庙学倾覆成墟。渭南"公私庐舍、城垣尽圮",县城楼橹墙堞,倾埋殆尽,鼓楼震毁,来化镇等地砖塔倒塌,县署破坏后"莅治者咸席坐棚下"。华阴"垣屋尽倾",县城遭"覆隍之变",砖塔倒毁,儒学殿舍尽圮。历代对华山封禅、祭祠的西岳庙"观宇倾颓"。蒲州镇"城郭宫室,倾覆殆尽",州署、抚、按察院的行台、布政分司、文庙、书院及兵备道衙门等,全部倒塌。

明代蒲州是山西西南部重镇,住有山阴、衷垣二王的皇亲宗室,经过这次地震,"堂堂钜镇,一望丘墟"。创自隋唐以《西厢记》的轶事闻名的普救寺及寺内唐塔,也在这次地震中"摧折无遗"。

在上述极震区内,地表大规模变形,山崩、滑坡、裂缝、地陷、地隆等现象随处可见。华县"原阜旋移,地高不尽改故迹",地裂缝"裂之大者,水出火出,怪不可状,人有坠于穴而复出者。有坠于水穴之下,地复合,他日掘一丈余得之者"。渭南县城内"中街之南北,皆陷下一、二丈许","自县治至西城陷丈余"的故址,至今仍

## 惊魂的谜团

清晰可辨。县城东南的五指山陷入平地,毁削无存。距县城东南9公里的张岑滑坡,长、宽、高各1公里以上,滑坡体所过之处"原移路凸"。县东张家岭滑坡体南北长2100米,东西宽1000米,体积约1000多万立方米。郭家沟滑坡体南北长1300米,东西宽550米,体相约300多万立方米。华阴县城西驻马桥石桥摧裂,城北大员村地裂数丈,水涌数尺。大荔县南的紫微观和朝邑西南的太白池是面积可观的湖沼,"经地震平芜",湖水干涸。黄河南岸的大庆关和蒲州河提,"下钉柏桩,上垒条石,中贯铁锭",十分坚固,地震后"堤岸尽崩"。永济至临潼之间出现近东西向长100多公里的地震断裂带,断裂带以北大面积下降,以南大面积上升,断裂的垂直断距超过5米,其华县地盘下降5～10米,赤水镇下降4米,渭南下降2.5～4米,华阴下降2～3米。

遭受这次地震破坏有文字记载的共计101个县,分布在陕西、山西、河南、甘肃、宁夏等省区,面积约28万平方公里。有感范围很广,有文字记载的有11个省区的227个县,北到山西北部,南达江西、湖南,西至甘肃,东抵山东、安徽,面积约100多万平方公里。

关于这次地震造成的人口伤亡,在世界地震史上绝无仅有。据明史《嘉靖实录》记载"二千里人烟几绝","压死官吏军民奏报有名者八十三万有奇,……其不知名未经奏报者复不可数计"。虽然有的学者认为这个数字可能有夸大之处,但从此亦不难看出当时破坏程度的严重。

亲身经历过华县地震的明朝官吏秦可大在震后的回忆文章《地震记》中写道:"受祸大数,潼、蒲之死者什七,同、华之死者什六,渭南之死者什五,临潼之死者什四,省城之死者什三,而其他州县则以地之所剥剔近远分深说矣"。这样高的死亡率和这样大的分布范围是极其罕见的。明世宗时每十年调查一次人口,但各县人口数字现在尚未查到一处是完整的,只能根据有关记载推算。蒲靖三十八年《蒲州志》载:"弘治五年,户:一千九百六十五,口:八万七千八百九十一。嘉靖二十五年:户:一万一千七百一十三,乙卯冬地震大损,现在止有五千五百五十一"。地震时估计有14万人左右,死亡9万人左右。渭南:清朝光绪《渭南县志》载,明弘治年间"渭南人口有户:一万二千一百五十四,口:十五万三千七百三十八"。嘉靖年间"有户:八千四百八十四,口:七万五千六百六十五"。估计地震死亡13万人左右。明朝天启四年《同州府志》载,嘉靖年间有人口六万三千四百四十一,隆庆年间有人口三万三千二百八十六人,估计地震死亡3万人以上。按类似情况推算,华阴、华县地震死亡10～12万人。死亡人口上万的县西起泾阳,东至安邑,死

## 令人惊魂的灾难

亡人口上千人的县西起平凉,北到庆阳,东至绛县。

明《嘉靖实录》所记载的死亡人数,是地震发生当月根据各州县报以姓名者统计的,"其不知名未经奏报者,复不可数计"是完全可能的。因为清康熙五十二年以前一直以人丁计税,隐瞒人丁者各地均不少,偏僻山区无户口者更多;地震时全家覆没而漏报者不可能没有,至于隆冬地震,灾民冻饿而死和次年瘟疫及其他次生灾害而死者,尚未在统计之中。可见1556年大地震的人口死亡数字确实是十分巨大的。

一次大震造成如此惊人的高死亡率,除了地震强度大、震区人口稠密、地震发生在夜间等因素外,还因当时当地的一些局部因素加重了震害。极震区位于河谷盆地和冲积平原,松散沉积物较厚,地下水位较高,地震时砂土液化造成地基失效普遍,加重了建筑物的破坏,当时居民居住条件简陋,多居住黄土塬的窑洞,地震时黄土大量滑坡,窑洞坍塌造成巨大伤亡;地震发生在午夜时分,地震前又没有明显的地震前兆,人们没有丝毫精神准备;地震前两年间,陕西地区大旱,岁荒粮歉,灾民"天寒露处"、"饥寒交迫",完全失去抗御这种巨大自然灾害的能力。这些以数十万人生命换来的经验教训,值得我们认真分析和吸取。

## 北京城莫名奇妙的灾难

这一天应永远记载在北京的灾难史上。作为皇都的北京紫气不再缭绕,祥瑞不再降临,有的只是血雨腥风和满城惊恐。

1626年5月20日(明熹宗天启六年五月初六),明朝故都北京城西南王恭厂(今宣武门)一带发生了一场破坏惨重的灾变,至今使人闻而骇然,难解事发端倪。当天早上,天色皎洁,忽有声如吼,从东北方渐至京城西南角,灰气涌起,屋宇动荡。倾刻,大震一声,天崩塌,昏黑如夜,万室平沉。若乱丝、若五色、若灵芝状的烟气冲天而起,经久方散。东自顺城门大街,北至刑部长街,长3~4里,周围3里,上万间房屋,2万余人皆成粉碎状,瓦砾盈空而下,人头及臂、腿、耳、鼻等纷纷从空落下。

街面上碎尸杂叠,血腥浓烈;人亡惨痛,驴马鸡犬同时毙尽。在紫禁城内施工的匠师2000余人,被从高大的脚手架上震落,摔成肉饼。成片的树木连根拔起,飘飞远处;石驸马大街一尊2500公斤重的大石狮子也飞出顺城门外。象来街的

030

## 惊魂的谜团

皇家象苑,象房全部倾倒,成群大象受惊而出,狂奔四方。

死难者奇况颇多。承恩寺街上8人抬一女轿正走时,赶上灾变;大轿被打坏放在街心,轿中女客及8名轿夫全都不见了。菜市口有位姓周的绍兴来客正与6个人说话,忽然头颅飞去,躯肢倒地,而近旁6个人则是无恙。

令人咄咄称怪的是,死难者与受伤者以及无恙者,个个在灾变中瞬间剥光了衣服,赤身裸体。元宏圭街的一顶过路女轿,灾变时被掀去轿顶,女客衣饰尽去,赤体在轿,却毫无伤迹。一位当官的侍从在灾变时,只觉棕帽、衣裤、鞋袜瞬间俱无,大惊其妙。有个被压伤腿的人,眼见周围的男女一丝不挂,有的以瓦片遮挡下身,有的用裹脚带缠掩下部,还有的披着床单或半条破裤;相互间皆啼笑,无可奈何。一位官僚爱妾小二姐被埋在瓦砾下,听到有人在瓦砾上叫:"底下有人可答应。"她急应:"救我!"等将她匆匆救出,才发现小二姐原来身无寸缕,救她的那位书手(即文书)赶紧脱下长衫把她裹严,让她骑驴回娘家了。

人们的衣服都被掠到哪里去了呢?灾变后,有人报告,衣服全都飘移到几十里外的西山了、大半挂在树梢上。户部(明朝管民政的机构)张凤奎派长班(即侍从)前往查验,果然如此。只见在西山昌平州教场上衣服成堆,首饰、银钱、器皿无所不有。

值北京城特大灾变360周年之际,北京地质学会等20多家团体于1986年发起了对这场灾变原因的学术研讨。学者们各抒己见,莫衷一是。主要有"大气静电酿祸说"、"地震引发火药爆炸致灾说"、"地球热核强爆作用"等。这些观点虽不乏新奇,但皆难以解释灾变中的低温无火、荡尽衣物等罕见特征。

当时的天启皇帝朱由校认为这场灾难是由自己当政不端的原因,并下"罪己诏"来责备自己。但我们今天重新审视这场浩劫,只能称是一个旷古谜团。

## 芝加哥的通天大火

1871年10月8日,是个星期天,美国芝加哥街上挤满寻欢作乐的人群。天色渐渐昏暗,忽然,城东北一幢房子起火。消防队接到警报,还来不及抬出装备,第二个火警接踵而来,离第一个火警三公里外的圣巴维尔教堂也起火了。立即分拨一半人去教堂。随后,火警从四面八方传来,消防队东奔西突,不知救哪处为好。

## 令人惊魂的灾难

芝加哥号称"风城",火借风势,越烧越旺,全城在第一个火警发出一个半小时后陷入火海之中,任何力量也没法抵抗火神的进攻。惊慌失措的市民逃出房子,在街上瞎跑乱撞,都想找一个没火的庇护所。平民靠两条腿逃离火区。富人弃了马车,骑士骑马向市郊突围,一路踏死了不少人。幸亏火警早,人们均未入睡,全城被烧死和被惊马踏死的有千余人,另有几百人在郊区公路上倒毙。大火延烧至翌日(10月9日)上午,中心闹市化为瓦砾,17000座房屋全毁。据救灾委员会报告,全城财产损失1.5亿美元(相当现在的20多亿美元),12.5万人无家可归。

这场火灾的肇事者是谁呢?报纸说是一头母牛碰翻煤油灯,触燃了牛棚,蔓延于全城。

但是,谁也不相信一头母牛碰翻油灯烧掉芝加哥的鬼话。那么,谁是罪魁祸首呢?美国学者维·切姆别林研究了许多天文档案,比较大气和火灾之间的关系,得出"流星雨引火"的假设。

火灾前的芝加哥

1871年10月8日,慧核之一擦过地球,交会点正在美国。于是,流星雨撒落下来,大部分在大气层中摩擦烧完,残余的陨石落到地面,具有极高的温度,足以使金属、石头熔融。芝加哥首当其冲,即被"天火"焚毁。附近各州亦溅落"天火",引起一些森林、草原同时起火。陨落物含有大量致命的一氧化碳和氰,可以形成小区域的"致命小气候",使人不焚而亡。几百人逃到空荡的郊区公路上,正好进入"死亡区"。

切姆别林的上述假设言之有理,但尊重事实的科学家不以为然,因为至今没有任何实物能够印证切姆别林的假设:例如当时掉在芝加哥的陨石碎屑,遭"天火"污染过的土壤、树木样本,还没有找到一件呢。再说,慧星是极其庞大的"乌有物",大气圈则是地球自我保卫的屏障,即使慧星物质与地球相遇,也不会造成灾难性的事件,不待陨石坠地,早在高空被焚烧净尽了。个别落到地表的陨石不可

## 惊魂的谜团

能酿成火灾,因为陨石擦过大气产生的高温只限于表层,内部仍旧是冰凉的,到达地面哪有发火之力呢?

芝加哥大火至今是世界之谜。切姆别林的"流星雨引火说"尽管没有证据,但人们也拿不出证据把它推翻。人类从这场争论中,起码得出了这样的结论:应当警惕天外之火,提防流星雨、慧星悄悄的袭击。

火灾后的芝加哥

# 唐山大地震

河北省唐山市,建国初期中国较发达的城市之一。1976年唐山市有人口100万,人们分布在各自岗位,辛勤地为自己的新生活而努力奋斗。

谁也不曾想到,若干年来,唐山市脚下的地壳正在发生着可怕的变动。唐山和唐山以西地区,上地幔和下地壳的岩浆和热物质向上地壳加速迁移,引起垂直作用力。地壳运动产生的强大地应力长期集中造成的巨大弹性应变能,正在岩石中积聚着、贮蕴着,岩石痛苦地支撑着自己,直至岩石强度被突破的那个灾难性时刻。

公元1976年7月28日,北京时间凌晨3时42分53.11秒,唐山上空出现几次强烈的蓝色闪光,地上狂风呼啸,惊雷轰响,大地发了疯似的摇撼,几秒钟后,唐山破碎了,一片死寂,灰色的尘雾浓浓地笼罩着唐山,整个唐山,没有一点声息。

就是短短的几秒钟,唐山市区和农村682200多间民用建筑中,有656100多间倒塌和受到严重破坏。除夜班人员和极少数早起者,绝大多数唐山人均在睡眠的情况下遭此浩劫。

唐山人民医院大楼十多米高的高楼竖直叠落,一落到底,所有的一切叠摞在

一起，只形成了几米高的废墟。矿冶学院图书馆藏书楼底层整体向西滑行平移，使上面三层落地，如同陷入地下一截。唐山十中门前水泥马路被拦腰震断，一截向左，一截向右，彼此错开一米多。火车站铁轨扭成蛇形，有些路段俯瞰像扁平的铁葫芦。行驶的 15 节车厢的北齐四十次特快列车 7 节脱轨，1 节颠覆。钢混枕木被辗碎 430 根。载有 10 吨柴油的牵引机车在剧烈的晃动摇撼中燃起冲天大火。雄伟宽阔的湾河公路大桥，几截桥面震落河水，剩下的斜搭桥墩成滑梯状，如同

唐山大地震震后惨景

一长串零乱无序的玩具积木。开滦医院的七层大楼，变成三角形斜塔，阳台全部震塌，三楼阳台直直地砸叠在二楼阳台上，欲坠不坠。市委宿舍楼的一面墙被震倒，暴露出楼内各家各户的家用设备。外宾招待所餐厅只剩下一个空框架。浓浓的灰雾将散之际，两只从动物园里跑出来的狼四处奔窜，跃过断墙残壁、瓦砾堆和尸体，最后冲上凤凰山顶，发出令人毛骨悚然的悲嗥。

由于当时正值夜间，很多人都在梦乡中，只有极少数人提前感受到了地震。

一个值班的护士在那几秒钟看见西北方的天空特别亮，好像失了火，又听不见人喊，到处如同死了一般。这时空气中传来"呜——呜"的巨响，像百八十台汽车在同时发动。房子猛烈摇晃起来。这位护士奋力冲出屋，死死抱住一棵大树，只觉得大地晃悠，人和大树都往一个万丈深渊落下去……

两位早起锻炼者突然听见"呜——呜"的如刮大风的声响，只见东北天边火红一片。大地紧跟着颠簸起来，两人死死抓住公园的铁栏杆，眼看着对面大楼眨眼工夫就倒下来。当他们跑回自己的家——哪里还有家，整个四周已是一片平地！

一位当时在火车站候车室的幸存者永远忘不了地震的那声巨响。3 点多钟，看见天色昏红好像在打闪电，她跑进候车厅。巨响瞬间她还以为是两列高速行驶

## 惊魂的谜团

的火车头对撞了。大厅摇晃起来,不断有东西落下来砸在人脑袋上的声音,被砸中的大人孩子一声接着一声惨叫。接着"轰隆隆"一声,整个候车厅落了架,几百人全被砸在里面,她听见很近的两声惨叫:"哎呀——"、"妈呀——"……

地震后的唐山,惨不忍睹,最令人胆寒的是那些悬挂在危楼上的尸体。有的头被砸裂耷拉着,双手被楼板压住,有的倒悬空中,双脚被坍塌的预制板死死扣住,他们是跳楼时被死神抓住的人。一位年轻的母亲,扯着孩子,从三楼的窗口探出大半截身子,但沉重的楼板无情地把她压死在窗台上。她还保留着死去瞬间护住孩子的姿势,随着余震的震摇,她的头发还在微微拂动。

地震发生在凌晨,人们在酣睡,突如其来的灾难使无数遇难者没有准备,没有反应,更没有弄清是怎么回事,就永远坠入了死的深谷。在解放军二五五医院,一个女兵胸口血肉模糊,粗大的钢混梁柱戳穿了她的胸腔。有的遇难者上半身完好,下半身却血肉筋骨糊成一团。有人目击过这样的遇难者:舌头外伸,眼球外突,死者的头颅被挤扁,成了一块平板。跟历史上多次大震之后一样,唐山也下起了大雨,废墟中开始一片片地渗出血红的水,雨下着,汇成一条条血的小河,这是那些蒙难者残损的尸体流出的血。

而眼见着的、活生生的死更令人欲哭无泪。陆军二五五医院的护士丰承渤,地震发生时正在值班,不幸下半身被死死钳在一块楼板下,她的战友们用锹和镐都无法掀动那块楼板,而整个灾区还没有开进一台吊车。由于没有条件输血,又无法截肢,人们只能眼看着她一点点走向死亡,战友们轮流陪着她,有人送来半个西瓜,用勺子一口一口地让她吃点。她提出的最后要求了是让朋友给自己梳好头发。这位才二十岁的姑娘就这样安静地死去了,像是睡在了废墟之中。

惨白的太阳照着废墟,侥幸活着的人们伫立在废墟旁发呆。有人手里捏着一只死鹅,不知撒手。更多的人赤身裸体,甚至忘了找件衣服遮身。

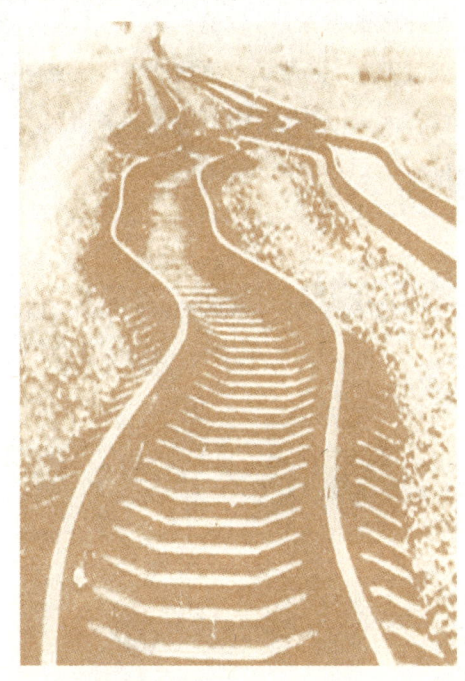

地震后的铁路严重变形

## 令人惊魂的灾难

人们的意识已被噩梦击碎,有人还以为是原子弹爆炸了,因为唐山历史还不曾有过破坏性的地震。一个叫陆实的幸存者,回忆了当时从废墟中爬出来的人们:

因为大都是光着身子从废墟里爬出来的,所以用什么遮体的都有。有相当一部分人(不分男女)都穿着宽袍大袖、长及脚面的外国睡衣,我知道这是从服装厂弄出来的出口服装;几个小伙子穿灰制服,头戴新四军帽,有两个居然戴着日本战斗帽,还有一个光着膀子穿着日本马裤,这一定是京剧团的戏装,因为这都是《沙家浜》里的东西。有个挂棍子的白胡子老头,光着干瘦的身子,下边却围了一条姑娘穿的花布裙。一个十多岁的小孩搀着一个中年人走过来,那人腿受伤,一拐一拐的。他右手搭在小孩肩膀上,左手却紧握着一把鱼皮鞘的宝剑,鲜艳的桔红色灯笼穗飘然地在他腿边荡来荡去。大概是祖传的吧……

正是这种被击碎的心态,使几乎所有的幸存者都盲目地把机场看作是逃生之门,7月28日上午,在那条9公里长的虚妄的"生命线"上,人流如潮地开始大逃亡,赤身裸体的,拄着树棍的,相搀扶的,光着脚的,都在往这股混乱嘈杂、恐慌不安的人流中挤。一位中年妇女,怀抱中的孩子早已断气,仍然死不放手地走着。一个受伤的男子,在地上一寸一寸地爬着,沿途死尸路毙、血泪斑斑。

当时简易手术棚外的土坑里,堆满了截肢截下的残臂断腿,血淋淋一堆。没有冲洗的自来水,仅有一双手术手套,条件极其简陋。抢救者们踩在遍地的血泊中抢救伤员,在汽灯下做开颅、剖腹和截肢手术,由于没有血浆,许多伤员在手术台上死去。运送伤员的汽车上伤员一路惨叫,车下流不完的血洒满路面,汽车常常一路走,一路停,不时抬下具具死尸,又马上拉上伤员。

一个100万人口的城市就这样在瞬间倒塌了,242769人死亡,36万人受重伤,70多万人受轻伤,15886户家庭解体,7821个妻子失去丈夫,8047个丈夫失去了妻子,3817人成为截瘫患者,25061人肢体残废,遗留下孤寡老人3675位,孤儿4204人,数十万和平居民转眼变成失去家园的难民。直接经济损失达30亿元以上……

唐山大地震是世界历史上,伤亡最为严重的地震。被世界称为"20世纪人类十大灾难之一",西方国家一些人士哀叹唐山从地球上"抹掉了"。

**惊魂**的谜团

## 秘鲁大雪崩

秘鲁位于南美洲西部,拥有一望无垠的海岸线,长达3000多公里。它又是一个多山的国家,山地面积占全国总面积的一半,著名的安第斯山脉的瓦斯卡兰山峰,山体坡度较大,峭壁陡峻。山上常年积雪,"白色死神"常常降临于此。1970年5月31日,这里发生了一场大雪崩,将瓦斯卡兰山峰下的容加依城全部摧毁,造成两万居民的死亡,受灾面积达23平方公里。

1970年5月31日20时30分,秘鲁安第斯山脉的瓦斯卡兰山。此时,在寒冷的地区,不少人都已沉睡于梦乡之中。

突然,远处传来了雷鸣般的响声。随即大地像波涛中的航船,顿时失控,在疯狂、猛烈地颤抖着。紧接着,又从远处传来了天崩地裂般的响声,震耳欲聋,把人们从酣梦中惊醒。那些正在夜读、娱乐和工作着的人们,被这突如其来的响声惊呆了。人们不知发生了什么事,房屋便东倒西歪、吱吱作响地坍塌下来。

秘鲁大雪崩

这时,人们才意识到地震灾祸已经降临。

那些还未及逃离屋子的人们,都被压在倒塌下来的乱砖碎石之中。外面,寒风凛冽,漆黑一片,只听到隆隆的崩塌声。

忽然,又一阵惊雷似的响声由远至近,从瓦斯卡兰山峰方向传来。一会儿,山崩地裂,雪花飞扬,狂风扑面而来。

原来,由地震诱发的一次大规模的巨大雪崩爆发了。

地震把山峰上的岩石震裂、震松、震碎,地震波又将山上的冰雪击得粉碎。瞬时,冰雪和碎石犹如巨大的瀑布,紧贴着悬崖峭壁倾泻而下,几乎以自由落体的

## 令人惊魂的灾难

速度塌落了九百米之多。

刚遭受地震袭击的容加依城,人们惊魂未定,又被随之而到的冰雪巨龙席卷,大多数人被压死在冰雪之下,快速行进中的冰雪巨龙,又使许多人窒息而死。

这是迄今为止,世界上最大最悲惨的雪崩灾祸。

## 百慕大"魔鬼黑三角"

在20世纪海上发生的神秘事件中,最著名而又最令人费解的,当属发生在百慕大三角的一连串飞机、轮船失踪案。据说自从1945年以来,在这片海域已有数以百计的飞机和船只神秘地无故失踪。失踪事件之多,使世人无法相信其均属偶然。所谓百慕大三角是指北起百慕大群岛,南到波多黎各,西至美国佛罗里达州这样一片三角形海域,面积约一百万平方公里。由于这一片海面失踪事件叠起,世人便称它为"地球的黑洞"、"魔鬼三角"。

百慕大三角

1971年10月21日,一架满载着冻牛肉的运输机"超星座号",从一艘正在海面工作的探测船上空飞过。船员们眼看它飞了一分钟左右,突然,飞机好像被海水吸住似的一头坠进海里。以后,船员们什么也未看见,既没有发现油迹,也没有找到尸体和飞机残骸。唯一能证实飞机失踪的,只是海面上漂浮的一大块带血的牛肉。

"超星座号"飞机的失踪,只是这片神秘海域许许多多起失踪事件之一。据统计,截止1945年,这片海域上空就有100余架飞机失踪;而这里消失的船只则更多。

**惊魂**的谜团

"超星座号"的失踪,与难以计数的其他失踪事件一样,可以归结为一句话——没有线索。任何船只、飞机和人员,只要是在百慕大三角区失踪的,就再也找不到幸存者和任何残骸,所谓神秘就在这里。

所有试图对百慕大三角地区失踪事件做出合乎逻辑解释的人都遇到了无法摆脱的矛盾。于是就有人提出"超自然"理论,试图揭开这世纪之谜。更有一部分研究者,把百慕大三角区发生的灾难与外星人和飞碟联系起来进行推断。他们的论点是:这里存在一个外星人的海底飞碟基地。因为多年来人们曾在这里观察到数不清的不明飞行物现象。这些失踪的飞机和船只正是被飞碟掠走的。在波恩举行的一次科学会议上,著名太空学家雅佛烈·史杜鲁宾博士透露了他们用太空时代的科技配合古代记录进行研究的情况。他认为现在百慕大三角地区发生的飞机和船只失踪之真相已经大白,是一个400年前的陨石在做怪。

1979年,美国和法国科学家组织的联合考察组,在百慕大海域的海底发现一个巨大的水下金字塔。根据美国迈阿密博物馆名誉馆长查尔斯·柏里兹派人拍下的照片,可以看到这个水下金字塔比埃及大金字塔还要巨大。塔身上有两个黑洞,海水高速从洞中穿过。

水下金字塔的发现,使百慕大三角谜变得更为神秘莫测,它到底是人造的还是自然形成的?它与百慕大海域连续发生的海难和空难有什么关系?这些都有待于人们的进一步探讨。百慕大这个黑洞,至今还没有看见底。

## 雾都劫难

素有世界"雾都"之称的英国伦敦,经常被浓雾所笼罩,像是披上一层神秘的面纱。据统计,伦敦的雾天,每年可高达七八十次,平均5天之中就有一个"雾日"。每当大雾降临,弥漫的大雾不仅影响交通,酿成事故,还直接危害人们的健康,甚至威胁人们的生命。

20世纪50年代的伦敦有不少燃煤发电厂,离市中心不远处有许多工厂。大多数住家用烧煤来取暖。以煤为动力的蒸汽机车拉着一节节列车开进首都。对小汽车和卡车产生的废气几乎没有控制措施。伦敦人的行为终于受到了惩罚。1952年12月4日,伦敦城发生了一次世界上最为严重的"烟雾"事件:连续的浓雾将近一周不散,工厂和住户排出的烟尘和气体大量在低空聚积,整个城市为浓雾所

## 令人惊魂的灾难

雾都景象

笼罩,陷入一片灰暗之中。期间,有 4700 多人因呼吸道病而死亡;雾散以后又有 8000 多人死于非命。这就是震惊世界的"雾都劫难"。

1952 年 12 月 3 日清晨,伦敦气象台报告说,一个气峰在夜间通过,中午气温可达到 5.6℃,相对湿度约为 70%。对于本地来说,这是个难得的好日子——一个可爱的冬日。

这一天,从北海吹来一股风,吹遍了整个英格兰,将英国中部的工厂和城市居民住户中烟囱内冒出来的团团浓雾吹到了九霄云外,因而空气变得十分清新怡人。

然而,谁也不会想到灾难正悄悄地来临。傍晚时分,伦敦正处于一股巨大的高气压气旋的东南边缘,较强劲的北风围绕着这个反气旋顺时针吹着。第二天,即 12 月 4 日,这个气旋中心已到了伦敦以西几百公里处,沿着通常的路径向东南方向移动。上午风速变小,云层几乎遮蔽了整个天空。时至中午,乌云把太阳全部遮住,伦敦上空阴霾弥漫,气象台温度表的读数为 3.3℃,相对湿度上升为 82%。

12 月 5 日,一个异常的情况出现了。伦敦气象台的风速表测出了一个非常奇怪的量度——风速读数完全是静止的。据当时专家的估计,此时风速不超过每小时 3 公里。

伦敦处于死风状态,空气中积聚着大量的烟尘,经久不散,风太弱又无法带走林立的工厂烟囱与家庭排出的各种有害的烟尘。于是,大量的煤烟从空中纷纷飘落,美丽的泰晤士河谷被烟雾笼罩。一位在船上干活的小徒工,烟雾的入侵使他泪如泉涌;烟雾穿门入室,钻进了格林威治区的居民家中,使人们痛苦难忍……伦敦的警察使用燃烧着的火炬,以便在烟雾中能看清别人,并能被人看到。

雾云在城市上空悬浮了 5 天,逐步变得更脏和更毒。伦敦市中心空气中的烟雾量几乎增加了 10 倍。

烟雾使数千受害者患了支气管炎、气喘和其他影响肺部的疾病。这场雾云灾难,造成 13000 多人死亡,又有不计其数的人患上了呼吸道疾病。

惊魂的谜团

## 北美黑风暴

　　黑风暴是一种强沙尘暴，俗称"黑风"，沙尘暴的一种，大风扬起的沙子形成一堵沙墙，所过之处能见度几乎为零。它是强风、浓密度沙尘混合的灾害性天气现象。强风是启动力，具有丰富沙尘源的荒漠是构成黑风暴的物质基础。

　　沙暴发生时，风力多在4～8级，近地面的细沙和粉尘被输送到15～30米的高空，水平能见度可维持在千米以上，卷起的沙尘物质一般在就近的障碍物或绿洲边缘沉积，造成沙埋、沙割之害。还有一种与沙暴不同的尘暴现象——8级以上强风把大量尘土及其他细颗粒物质卷入高空，形成一道高达500～3000米的翻腾风墙。暴风携带的尘土滚滚向前，在高空可飘散到数千公里甚至1万公里之外。在荒漠和半荒漠地区尘暴与沙暴的结合就是沙尘暴，黑风暴是特大的强沙尘暴。

　　1934年5月11日凌晨，美国西部草原地区发生了一场人类历史上空前未有的黑色风暴。风暴整整刮了3天3夜，形成一个东西长2400公里，南北宽1440公里，高3400米的迅速移动的巨大黑色风暴带。风暴所经之处，溪水断流，水井干涸，田地龟裂，庄稼枯萎，牲畜渴死，千万人流离失所。

　　黑风暴一般发生于春夏交接之际，其形成与大气环流、地貌形态和气候因素有关，更与人为的生态环境破坏密不可分，它是沙漠化加剧的象征。人口的快速增长带来不合理的农垦、过度放牧、过度采樵、单一耕种，这些现象必然导致植被和地表结构的破坏，使草原萎缩土地沙化、生态系统失衡。由于这种造沙的速度远快于人们治沙的速度，无疑为黑风暴形成提供条件。

　　北美黑风暴的发生是人口、资源和环境综合作用的结果。北美黑风暴的肆虐在向人类挑战，也在向人类报警；如果人类不能控制发展，如果人类的无边欲望和地球的有限资源互为抵牾，如果人类不能与大自然相濡以沫的话，最终将会自掘坟墓。

　　这是大自然对人类文明的一次历史性惩罚。由于开发者对土地资源的不断开垦，森林的不断砍伐，致使土壤风蚀严重，连续不断的干旱，更加大了土地沙化现象。在高空气流的作用下，尘粒沙土被卷起，股股尘埃升入高空，形成了巨大的灰黑色风暴带。

　　黑风暴的袭击给美国的农牧业生产带来了严重的影响，使原已遭受旱灾的小麦大片枯萎而死，以致引起当时美国谷物市场的波动，冲击经济的发展。同时，

## 令人惊魂的灾难

黑色风暴一路洗劫,将肥沃的土壤表层刮走,露出贫瘠的沙质土层,使受害之地的土壤结构发生变化,严重制约灾区日后农业生产的发展。

人类每一次对自然界的胜利,大自然都要做出相应的反应。继北美黑风暴之后,前苏联未能吸取美国的教训,历史两次重演,1960年3月和4月,前苏联新开垦地区先后再次遭到黑风暴的侵蚀,经营多年的农庄几天之间全部被毁,颗粒无收。大自然对人类的报复是无情的,3年之后,在这些新开垦地区又一次发生了风暴,这次风暴的影响范围更为广泛。哈萨克新开垦地区受灾面积达2千万公顷。

北美和前苏联的黑风暴灾难的发生,向世人揭示:要想避免大自然的报复,人类一定要按客观规律办事。也就是说,人类在向自然界索取的同时,还要自觉地做好人类生存环境的保护,否则将会自食恶果。

## 通古斯大爆炸

一声巨响,山摇海啸,是世界末日降临吗?对于通古斯地区的人来说,这实在是梦魇一场。

1908年6月30日,当地时间7时17分。俄国西伯利亚西部通古斯河畔一片寂静。当朝霞染红林梢,林中百鸟鸣啭,预告新的一天到来时,突然,传来一声山崩地裂般的巨响,紧接着大地抖动起来,随之而来的是一个腾空而起的圆柱状大蘑菇云冉冉升起,一股强烈的热浪席卷而来,一刹那间,林中的鸟兽即刻化为灰烬,那些参天大树或连根拔起或被火烧焦,几千平方千米的森林毁于瞬间。

事后,有一位叫谢苗诺夫的农民回忆说:"我当时正坐在家中,天空突然出现强烈的白光,此后,气温明显感觉上升,空气灼烤着皮肤,我跌倒在地,身上的背心在燃烧。抬头看见一个可怕的大火球映红了半边天。刹那间,火球熄灭了,天空又恢复了黑暗。此时,我听到一声巨大的爆炸声,身体立即被爆炸气浪掀出去几英尺远,顿时失去了知觉。几分钟后,我苏醒过来,听到一阵尖厉的呼啸声,房子剧烈晃动着,几乎要从平地上掀起一样。"

谢苗诺夫的房子距离爆炸中心65公里。另外一位农民当时恰好在谢苗诺夫的房子附近。后来他对前来考察的科学家说,随着爆炸声响,一股热浪扑来。他用双手捂住耳朵,但耳膜的震痛还是使他几乎直不起腰来。

042

## 惊魂的谜团

通古斯地区许多地方的房屋和大地一连摇晃了好几天。瓦纳瓦拉的不少居民被一股股猛烈的热浪刮倒,地里的庄稼毁于分秒,颗粒无收。爆炸点的正下方恰好有一群驯鹿经过,事后它们无一幸存。

这次爆炸引起了强烈的地震波。离震中893千米远的伊尔库茨克,地震仪在爆炸后45分6秒时记录到了地震波,传波速度达330米/秒。爆炸产生的冲击波,一直传到中欧,德国的波茨坦和英国剑桥的地震观测站都用自动测量仪记录下了地球受到强烈震动的情况,甚至远在西半球的美国首都华盛顿和印度尼西亚的爪哇岛也得到了同样的记录。

大爆炸发生后,世界各地均有所感:在伦敦,电灯骤然间全部熄灭,人们沉浸在一片黑暗中;在斯德哥尔摩,很多居民取出照相机,摄下了夜间奇景;在荷兰,夜空出现了白昼般的白光;而美国人则在黑暗中感到了大地在晃动。

值得指出的是,6月30日至7月1日那个夜里,整个西伯利亚西部和欧洲的天空极其明亮。高加索地区和俄罗斯南部的夜空亮得不用点灯,便能进行阅读。最为

**通古斯大爆炸**

奇怪的是,爆炸之后整整三天,通古斯地区没有出现黑夜。人们看到那几天当太阳光穿过云层时,马上射出了怪异的绿光和玫瑰色的光,有时云团还会呈现出银光,并显得边界分明。在以后的数天夜晚,天空仍比平时亮得多。直到8月底,天空才慢慢恢复常态。与此同时,天文学家观察到大气的透明度大大减弱,严重妨碍了他们对星辰的观测。

事情发生后,由于当时的俄国还处在沙皇的统治下,沙俄当局没有对此组织营救或进行任何形式的调查,而通古斯人则以为这场大爆炸是上帝对他们的惩罚。他们将其称为"通古斯大爆炸"。

1921年,年仅38岁的苏联矿物学家库利克率领考察队前往通古斯地区进行

## 令人惊魂的灾难

考察。由于受 20 年代初美国探陨热潮的影响，库利克认为这起没来由的大爆炸的原因是陨石坠落冲击地球造成的，可他们对此却无法提供确凿的证据。他们找遍了爆炸中心方圆几百里的地方，始终没有找到陨星坠落的深坑，也没有找到陨石，只发现了几十个平底浅坑。为了找到证据，以后库利克又先后两次率队前往通古斯考察，并进行了空中勘测。他们发现，爆炸所造成的破坏面积达 20000 多平方公里。同时还发现了许多奇怪的现象：如爆炸中心的树木并未全部倒下，只是树叶被烧焦；爆炸地区的树木生长速度加快；其年轮宽度由 0.42 毫米增加到 5 毫米以上；爆炸地区的驯鹿都得了一种奇怪的皮肤病等等。种种无法解释的现象，使通古斯大爆炸成了世界瞩目的谜题。

不久，二战爆发，库利克参加了卫国保卫战，并在反法西斯战争中牺牲。前苏联对通古斯大爆炸的考察，也被迫中止了。

二战结束后，前苏联物理学家卡萨耶夫访问日本，在广岛他见到了原子弹留下的废墟，那些枯树林立、枝干烧焦的照片使卡萨耶夫想起了通古斯，并由此萌生了一个大胆的想法：那就是通古斯大爆炸是一艘外星人驾驶的核动力宇宙飞船，在降落过程中发生故障而引起的。

此论一出，立即在前苏联科学界引起了强烈反响。支持者和反对者不乏其人。索罗托夫等人甚至进一步推测说宇宙飞船之所以会来到这一地区，是为了到贝加尔湖取得淡水。但终因此种说法也缺乏有效的证据而未能成立。

20 纪 50 年代末，科学家们对收集到的通古斯爆炸区的泥土进行高度放大，结果发现有球状的硅酸化合物和磁铁矿。它们的大小仅有几个毫米左右，其中有些磁铁矿颗粒粘成一串，有些甚至钻进了透明的硅酸盐颗粒里去。而这些颗粒只有在极高温度下才会粘结起来。这种材料无疑是制造宇宙飞船外壳最理想的防爆材料。

不久，科学家们又在通古斯地区的地下和树上，发现了成千上万颗亮晶晶的小球，这些小球像子弹一样深深地嵌入地下和树上。经过精密的专业检测，在这些小球中发现了钴、镍、铜和锗等金属。这似乎更加说明，铜是从假定的那艘太空飞船的仪器导线中来的，而锗可能是来自仪器中半导体器件。

根据以上发现，太空飞船说再次被提出。并对飞船进入地球引发爆炸的原因进行了描绘：那艘飞船以接近光速的速度飞近地球，在将要进入地球轨道时，飞船的推进舱发生了故障，但是飞船继续前进，到了 6 月 30 日凌晨进入到印度洋上空。

飞船进入地球大气层后，速度有所减慢，时速大约为 2000 英里左右，这时防

## 惊魂的谜团

爆的飞船外壳由于与大气剧烈摩擦,温度迅速上升到华氏5000度,船壳由于电离,使整个飞船看上去像一团火球。最后,太空飞船在西伯利亚中部的通古斯上空,终于因核燃料舱的最后一道防护壁被融化而爆炸,发出了震天的巨响,一场热核爆炸使这艘太空飞船顷刻化成了灰烬。

20世纪70年代初期,一些美国科学家对通古斯大爆炸又提出了新见解,他们认为爆炸是宇宙黑洞造成的。某个小型黑洞运行在冰岛和纽芬兰之间的太平洋上空时,引发了这场爆炸。但是关于黑洞的性质、特点,人们由于掌握的知识有限无法予以详细的论证。同时对于"小型黑洞"是否存在尚存疑问。因此,这种见解也因缺少足够的证据被挂在一边。

通古斯大爆炸

最近一些学者又提出了新的假设,认为通古斯大爆炸是太阳日珥对地球的作用引起的。但更多的专家们则认为,这些假设的合理性仍需进一步探讨。直到今天,通古斯大爆炸之谜仍未解开。

## 大飓风

1938年9月21日上午,美国纽约长岛的西安普敦,天气阴沉,微风轻拂,海水拍打着海滩。天空中飞快地滚过一团团高卷云。似乎没有人注意到气压在下降,更没有人想到,一股强飓风正从大西洋上空呼啸着直奔长岛而来。

20世纪30年代,还只能根据来自海上船只的报告来预测海洋风暴。9月16日,一艘巴西货船"亚莱格里特"号曾经向气象局发出报告,那时,旋转的涡流已形成飓风,到达里科港以东100里处。

9月19日,飓风开始向北转移,沿佛罗里达州和佐治亚洲海岸线平行而上。

## 令人惊魂的灾难

当飓风接近卡罗纳以外北纬35度时,当局错误地估计飓风会按常规行动,即来自西方的盛行风将使风暴转向东北方向。

然而,21日飓风却以150里的时速扑向美国东海岸,最可怕的是风暴潮。它是由飓风眼内强大的低压气流把海面向空中提起,强风又把海水堆积起来而形成的。风暴潮袭击长岛西安普敦海滩时,激起了20英尺高的水导流罩,顶上是10英尺高的破碎波。

西安普敦的警察斯坦利·特勒想把临海房子里的居民撤离出去。有人看见他两手紧抱一对双胞胎,从一所房子内出来向他的汽车跑去。海浪袭来时,却把他抛到30英尺高的电杆上,两个孩子也被大浪打散了。一霎时,那所房子也被海浪冲撞到那根电线杆上,特勒被震落到房顶上。

另一名警察罗宾逊和那对双胞胎,被该房子里的居民救到房顶上。两位警察和17个被吓坏了的幸存者手挽手卷缩在房顶上。房子随着海浪东倒西歪地飘向海湾。5个小时后,竟被冲到大陆一侧夸格村中心的场地上。

大飓风

岛西边的法尔岛上,风暴过后,房屋荡然无存。康涅狄格州的新伦敦港的船只也全部被卷走了。经验丰富的"凯特斯基"号船长,果断地把快要靠岸的船只调转船头,迎着风浪驶去。直到第2天早上风平浪静后,船安全靠岸。

风暴潮冲向康涅狄格州的新伦敦港,城内洪水泛滥,致使电线短路,引起火灾。幸而下起了瓢泼大雨,帮助消防队员扑灭了大火。21日下午3:20分,一列向东开的"波士顿人"号客车正在新伦敦城至斯托宁顿之间的一道长堤上缓缓而行。技师享利·伊斯顿发现了信号塔发出的报警信号,指示前面已停有一列火车。

当"波士顿人"号列车停下来时,除了机头和第一节车厢是停在坚实的陆地上以外,其余七节车厢和大约250名旅客仍留在受洪水冲刷的长堤上。时速120里的狂风夹着碎石击毁车窗,海水冲坏了轨道。车厢在洪水的冲击下开始向一侧

## 惊魂的谜团

倾斜。水里的漂浮物打断了输气管,卡住制动闸,眼看"波士顿人"号就要翻入旋涡。列车长约瑟夫·理查德命令全体旅客迅速转到第一节车厢去。

有几名乘客惊慌失措地从车上跳到路堤上,拼命想在没肩深的激流中卷住身体。一名乘客和一名车上的厨师不顾一切地向陆上游去,结果都被洪水淹没了。

列车员比尔·多纳休奋不顾身地跃入水中,钻到水下,把后面的几节车箱从第一节车厢上解开。理查德把他拉回车上后,技师伊斯顿慢慢启动机车,车头和第一节车厢终于脱险。

在威尔波,急流把威卡波小饭馆卷离地面。红十字会的高级救生员亨利·莫里斯听到饭馆内的叫喊声,立即找来一根绳子,一头系在自己腰上,另一头让朋友拉着,游过急流,前去营救。在他的帮助下,饭馆内的5个人全部得救。

大飓风

飓风狂吼着吹过纳拉甘西特角,把防浪堤圆石打得四处乱飞,扫荡着一切所遇到的物体。

高达10英尺的海浪冲击了罗得岛上的普罗维登斯角,泡在水里的汽车顶像一块块踏脚石一样飘浮在水面上,由于车上的电路短路,汽车喇叭不停地鸣响,一直传到城里的大街上。

根据波士顿城外布鲁希尔气象台所测出的结果,当时的风速已达到每小时186哩,风暴潮甚至把塔皮欧河的河水卷到另一条叫米勒斯的河里,使米勒斯河水满为患。

在不到12个小时的时间里,纽约州和新英格兰大约有4万平方英里的地区遭受到这次飓风的毁灭性袭击,有680人丧生,吞没和毁坏汽车26000辆,损坏或摧毁房屋20000座。

由于人们曾以为新英格兰地区不大可能遭受飓风袭击,因此只有不到5%的损失因事先办理过保险而得到补偿,从长岛到科德角沿海出现了新形成的深水域或浅滩,海员们不得不修改海图,重新绘出海岸线。

今天,由于高技术的发展,已没有什么发现不了的飓风了,只要飓风一形成,

## 令人惊魂的灾难

人们就能发现它,利用卫星不停地跟踪,再由气象局的工程师们绘出热带风暴的生成地点和路径。

"飓风追踪器"甚至可以飞到旋风中心,对其进行复杂的测量,再由迈阿密国家飓风中心用电子计算机对测量的数据进行分析,然后向风暴可能到达的地区发出警报。

但预测飓风并不等于能减弱飓风的力量,人们还是健忘的,现在又在东海岸的河丘上建起了众多的楼房,万一再遇飓风,那造成的危害恐怕不会亚于1938年!

# 9·11惨案

2001年9月11日,这是一个永远无法抹去的日子。

纽约的世贸中心姊妹楼在9时前后分别遭恐怖分子劫持的两架飞机撞击,有超过1000人在恐怖袭击中伤亡。第一次袭击始于8时48分,一架由波士顿飞往洛杉矶的波音767型客机被恐怖分子劫持,以令人惊讶的低空飞行撞到了世贸中心南侧大楼,这幢大楼马上起火,并被撞去一角。有人受到惊吓,甚至从窗口直接跳出。

18分钟以后,也就是当地时间11日上午9时06分,一架小型飞机以极快的速度撞击了世贸中心姊妹楼的另一幢。飞机从北侧大楼的玻璃窗冲了进去,并穿过大楼,撞上另一幢大楼。两座大楼爆炸声此起彼伏,引起了民众的极大恐慌。

被袭击后,滚滚浓烟从世贸中心姊妹楼不断涌向空中。建筑物碎片和烟尘弥漫在曼哈顿南部的大街小巷。当第二架客机撞击世贸中心时,玻璃钢筋结构的大楼上冒出一个巨大的火球,喷出股股浓烟,建筑物上露出一个巨大的空洞。

姊妹楼在遭袭后一个半小时内双双倒塌。死伤人数难以估计。人们惊慌失措地冲下楼梯,逃离遭袭大楼。无数办公文件飘落到距世贸中心3公里远的布鲁克林。

在纽约的世贸中心遭到恐怖袭击大约30分钟后,位于美国首都华盛顿的两座标志性建筑,包括国防部五角大楼和美国国会山也分别发生大火。据悉,五角大楼大火也是遭恐怖分子劫持的飞机撞击爆炸所致。五角大楼发出了隆隆的爆炸声,从很远处就可以听到。同时国会山也冒起了滚滚浓烟。

## 惊魂的谜团

为安全起见，美国总统立即从白宫撤离。此外，美国政府宣布全国处于紧急状态。美国所有的机场已经关闭，所有的飞机已经停飞。两亿多美国人民和全世界人民都处在空前的紧张之中。

事后根据美联社对近3000名身份已经得到确认的"9·11"事件中遇难和失踪者进行的分析，在"9·11"恐怖袭击中的遇难者中，3/4是男性，他们的平均年龄为40岁，绝大多数人在30出头或者40出头，正好是为人父母的黄金时期。还有一些人刚刚当上父亲没几天，另外一些人则是妻子刚刚怀孕，正满怀希望和对幸福生活的憧憬等待着做父亲。

在世贸中心大楼遇难的人中，有230人是美国大型金融机构的副总裁。有130人是规模大小不一的证券公司的经纪人，而遇难和失踪者中还有一群特殊的人，他们是343位消防队员。纽约市消防局副局长汤姆·简森说："自从'9·11'以来，我整天不是上班就是参加葬礼。"

遇难者和失踪者中，有推销员、物业管理人员、工程师、门卫，还有几十名厨师，有军队里的会计，有电工、秘书，还有旅行社的雇员。死难者中还有8个孩子，年龄最小的才2岁。这个不幸的小女孩

爆炸后的场景

名叫克里斯廷·汉森，家住麻省的格罗顿，出事的时候她是第一次前往迪斯尼乐园，当时她和她父母一起坐在一架从波士顿起飞的飞机上，他们登机的时候自然不会知道飞机会被劫持而且还会撞向世贸大楼。遇难和失踪者中年龄大的为数不少，总共有51人的年龄在65岁以上，最大的是来自缅因州卢贝克的罗伯特·诺顿，这位82岁的老人和妻子一起乘坐飞机前往加州参加一个婚礼。

在所有的美国城镇中，43个州的近800个城镇有人在"9·11"事件中遇难。还有一些遇难者来自中国、圭亚那、澳大利亚等14个国家。有2/3的遇难者居住在纽约和新泽西，其中纽约市的遇难者最多，有929人。位于世贸大楼顶端的世界之窗饭店也有71名雇员遇难，其中的许多人都是新移民，正在朝着安家立业的方向艰难地奋斗。

## 令人惊魂的灾难

美国总统布什确认这一系列流血事件是恐怖主义分子所为。"人类自由受到重创。"布什在新闻发布会上说。他承诺美国将不遗余力地找出真凶,并对他们进行严惩。美国国内军队和海外驻军已经进入全面战备状态,并下令国内所有的航空公司停飞,所有的机场关闭,指示所有从外国飞往美国本土的飞机折回后,在加拿大、墨西哥或其他国家降落,这在美国历史上绝无仅有。

有专家认为恐怖分子至少在追求3种结果:制造物质上的损失、造成象征性的震动和引起媒体的巨大冲击。恐怖袭击造成了来自62个国家和地区的3225人死亡和2000多亿美元的经济损失。"9·11"恐怖袭击对美国的打击和影响已超过了珍珠港事件。恐怖分子对美国本土的经济(世界贸易中心)、军事(五角大楼)和政治(白宫)象征性建筑进行袭击,直指美国的心脏。美国被恐怖分子在鼻梁上重重地揍了一拳,而美国的情报机构却对恐怖袭击事先毫无察觉。

"9.11"事件以极其残酷的手段和惨烈的结果震撼了美国,震撼了世界。它在21世纪初的出现具有强烈的象征意义,标志着新世纪人类社会面临的新的重大挑战的到来。恐怖主义虽然不是新世纪的专利,但是它在新的世纪却以前所未有的形式出现,使人类社会比以往任何时候都感觉到全球化背景下的全球性问题的突出存在。这一事件对新世纪的美国和世界的影响是深远的,对美国的全球战略也将产生重大而深远的影响。美国以此为借口铲除了令美国头疼的阿富汗塔利班势力和本·拉登的基地组织。并且日益把势力扩展到中亚地区。世界更不安宁了。

飞机轰炸五角大楼

早在1993年2月26日,纽约世贸中心姊妹楼地下停车场就曾发生大爆炸,造成6人死亡,1000多人受伤,当时被称为"美国本土历史上最有破坏性的恐怖主义活动",迫使这两座高100层的大楼关闭数周,经济损失达5.5亿美元。而与"9·11"事件相比,这当初的一幕不过是一场简单的预演。

惊魂的谜团

# 二、百思不解的政治军事谜团

图坦卡蒙法老之死
大流士是怎样登上王位的
汉尼拨兵败之谜
华盛顿死因难明
拿破仑死亡之谜
神秘的亚历山大一世
"铁面人"之谜
二战后为何不追究日本天皇的罪责
斯大林死亡谜团
英国王妃戴安娜如何意外死亡
秦始皇陵的疑案
项羽因何不渡江
曹操为何不称帝
聪明的曹操
武则天墓中有多少无价之宝
宋太祖之死
岳飞到底死于何人之手
成吉思汗陵墓在哪里
郑和下西洋之谜
谁是"红丸案"的幕后主谋
李自成下落难明
吴三桂是否真的降清

**惊魂的谜团**

# 政坛名人神秘事件

## 图坦卡蒙法老之死

从埃及首都开罗南行 700 千米，有一块紧贴沙漠的绿洲，古埃及法老的王墓大都修建在这里。其中有一座神秘的图坦卡蒙法老的王墓。3300 多年前，古埃及第 18 王朝，一个尚不谙世事年仅 9 岁的小王子在宰相的辅佐下接掌已故父王的王权，登基做了该朝的第 12 位法老，他，就是今天知名度最高的古埃及法老——图坦卡蒙。

让图坦卡蒙如此知名的是所谓"法老咒语"。在他陵墓上镌刻着这样一行文字："谁要是干扰了法老的安宁，死亡就会降临到他的头上"。在墓葬发掘的十几年间共有 20 多位与墓葬发掘直接或间接有关的人因疾病甚至是精神错乱崩溃而死，经过电影、电视和小说的大肆渲染，所谓的"法老咒语"越传越神奇，图坦卡蒙也被世人所熟知。

图坦卡蒙法老雕像

图坦卡蒙是在 18 岁的时候突然神秘死亡的。对图坦卡蒙的死，历史上没有任何记录。虽然考古学家在对他的木乃伊进行的检验时，发现他的头上有一处受伤的痕迹，但在他死以前已经部分治愈，可能是意外受伤，但也不排除被暗杀的可能，因为根据 X 光照片显示，他头颅后的下方有一个暗点，表示他的后脑可能

有被重击的慢性创伤。而他的继任者力图抹去历史对他的记载,所以在他坟墓被发掘以前,历史很少有对他的记载。有些考古学家推测,图坦卡蒙是被谋杀的,甚至还推测出来凶手。凶手是他最亲近的人——艾。艾是图坦卡蒙最亲近的侍从,是这个年轻国王的大臣,职务为日轮神牧师。艾谋杀图坦卡蒙,并且利用王后想要孩子的心理,迫使王后嫁给了他。王后当上了法老王,他就成了王室的亲戚,有了继承权。最后,杀掉王后,继承了法老王的地位。

虽然图坦卡蒙被谋杀的说法具有很强的说服性,但在埃及有一个人却并不认同,他就是现任埃及最高文物委员会主席——哈瓦斯博士。

哈瓦斯是埃及现代考古界一名具有传奇色彩的人物。30多年的职业生涯让他成为了当今世界上发掘的古埃及法老陵墓以及接触到的木乃伊数目最多的考古学家。虽然屡屡"惊动法老神灵",可是时至今日他依然"健在"。

复原的图坦卡蒙法老头像

2004年10月,哈瓦斯顶住重重压力,毅然决定对图坦卡蒙的棺木进行第4次开棺,以期彻底揭开困扰世人千年的有关图坦卡蒙死因之谜。2005年1月初,一支由哈瓦斯直接领导,另外4名埃及、2名意大利和1名瑞士的病理学家和人类学家组成的8人专家团成立。他们将图坦卡蒙法老的木乃伊再次从陵寝中取出,利用CT机对木乃伊进行了全身"体检"。检查过程花费了大约15分钟,从头到脚共为木乃伊拍摄了1700多张照片。

历时近3个月的深入研究,哈瓦斯终于在3月8日正式宣布,"图坦卡蒙法老并非被谋杀!"此声明一经传出,立即引起轩然大波。

哈瓦斯指出,图坦卡蒙破裂的头骨可能是负责埋葬制作木乃伊的工人造成的,他们可能在头骨凿了一个孔,以便让尸体防腐技工把树脂和其他液体注入其中,以将尸体做成木乃伊。研究小组的一些科学家还推测,头骨和上颈的损伤可

## 惊魂的谜团

能是卡特所领导的考古队伍的操作失误造成的。在发现图坦卡蒙完好无损的墓室后,他们曾试图将金面具从图坦卡蒙木乃伊上分离下来,结果使木乃伊遭受到一定程度的损坏。

在这次具有历史意义的检测过程中,CT机充当了主要角色。据哈瓦斯博士说,最高文物委员会原计划对图坦卡蒙的木乃伊进行DNA检测,但后来考古专家们普遍认为这对确定法老死因方面并无帮助,而且实验结果的误差率将超过40%,因此最终决定利用CT机首先对木乃伊进行全身扫描。

哈瓦斯介绍说,这是首次使用CT机对木乃伊进行扫描检测,而过去都是通过普通的X射线对木乃伊进行拍摄。但由于普通X射线只能形成二

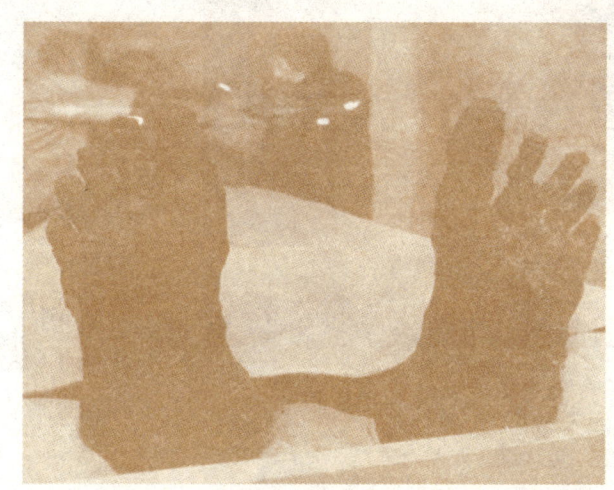

*科学家正在研究法老木乃伊*

维图像,因此根本无法对木乃伊内部进行全方位的观察,而且由于普通X射线拍摄木乃伊,还需要翻转木乃伊,从而在这过程中很容易给木乃伊造成损伤。

而CT机的好处就在于无须翻转木乃伊,其射线就可以完全穿透到木乃伊的每一个部位,将所有拍摄下来的图像输入电脑后,形成精确的三维立体图像,专家们在电脑上就能够清楚地看到木乃伊身体各个部位的情况。"这就好像我们观察一个人,一种方式是拿着照片来看,而另一种方式是让这个人站在我们面前让我们从各个方位来观察。很显然,后一种方式能够使我们更加全面地了解这个人的情况。而此次决定采用CT机对木乃伊进行扫描就是运用的同一个道理。"哈瓦斯打比方道。

如果图坦卡蒙不是被谋杀的,那么他真正的死因又是什么?在研究中,专家们发现在图坦卡蒙的左大腿骨上有一个伤疤。依据这一伤疤的厉害程度,专家们断定图坦卡蒙在死前大腿一定受过重伤,因没得到及时治疗,致使伤口感染发炎。在那个时代,古埃及虽然很富饶,但是也没有能力生产出可以治疗感染的药物,更不会截肢的医学技术,这就可能导致图坦卡蒙的英年早逝。

百思不解的政治军事谜团

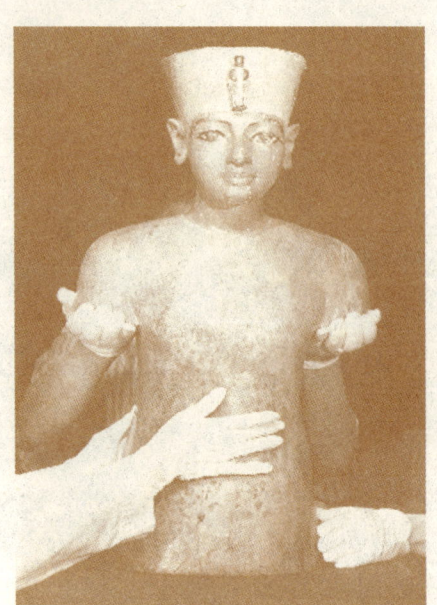

图坦卡蒙法老木制雕塑

哈瓦斯还指出:"除了上述所说的感染以外,图坦卡蒙也可能是死于食物中毒,现在我们正在对其肝脏进行扫描,不过没有任何进展。"

通过CT扫描技术,科学家将这位3300多年前统治古埃及的最著名的法老"活生生"地展现给世人。据扫描结果显示,图坦卡蒙是一个将近19岁的大男孩,这是考古界第一次确信无疑地指出这位法老的年龄。他身高为1.7米,体格非常健壮。但专家们通过1700多幅扫描图片发现,图坦卡蒙患有先天脊柱畸形,这种疾病会限制人体的某些动作。此外,这位年轻法老容貌也不够出色,是一个"大暴牙"!

尽管如此,对于这次CT扫描行动还存在着很多让人不满意的地方,诸如图坦卡蒙究竟有没有法老血统身世的问题并没解决。哈瓦斯说:"法老的木乃伊确实还隐藏着诸多谜团,但是就他被谋杀的种种猜测已经告一段落!希望人们今后别再打开图坦卡蒙的棺材,让这位3000多年前死亡的法老得以安息吧!"

## 大流士是怎样登上王位的

2500年前的波斯帝国,幅员辽阔,横跨亚非欧三大洲,它显赫一时,是当时世界上最强盛的国家。而将这一切变成现实的,是大流士一世。

大流士属于哈豪曼内希王室,其父维希塔斯普曾任帕尔斯行省的省督。居鲁士大帝驾崩后,其子冈比西斯杀了自己的兄弟巴尔第亚登上王位。而在波斯有一名相貌酷似巴尔第亚的术士,名叫高墨达。他因为长得像巴尔第亚,便对外谎称自己就是巴尔第亚。他趁冈比西斯远征在外之机,发动政变,夺取了王位。这是公元前522年的事。冈比西斯闻讯后马上回归征讨,不幸中途暴毙。冈比西斯死后,波斯的大臣们纷纷向那个假扮巴尔第亚王子的拜火教僧侣高墨达投降,以免招

来杀身之祸。

高墨达当了8个月的皇帝，但从不召见大臣，他们都很纳闷：为什么新国王总是深居简出，拒绝召见大臣，也不在公众场合露面呢？有人传说这个巴尔第亚其实是拜火教僧侣高墨达，大臣们都将信将疑。

有一天，冈比西斯过去的一个王妃发现新皇帝没有耳朵。她把这件事告诉了他的父亲，大臣欧塔涅斯。欧塔涅斯马上断定新皇帝不是巴尔第亚，而是僧侣高墨达。因为在居鲁士当皇帝时，这个高墨达由于过失被居鲁士下令割去了双耳。欧塔涅斯马上把真情告诉了另外的6名波斯贵族，其中包括后来的皇帝大流士一世。他们决定也发动一次政变，杀死高墨达，夺回政权。

大流士

这7个大臣先是派人在首都到处散布，新皇帝不是真正的巴尔第亚，而是高墨达的消息。没几天，假巴尔第亚的消息便在京城传开。高墨达知道真相败露之后，惊慌失措，马上逃到米底的一个地方，最后被欧塔涅斯和大流士等人杀死。

根据希罗多德的《历史》记载，当7个起义的贵族把局势平定之后，在讨论波斯的统治权的时候，欧塔涅斯第一个发言说："我认为应该停止一个人的独裁统治，因为这既不是一件快乐的事，也不是一件好事。当一个人愿意怎样做便怎样做而自己对所做的事又可以毫不负责的时候，那么这种独裁的统治有什么好处呢？即使把这种权力给世界上最优秀的人，他也会脱离他的正常心情的……相反，人民统治的优点首先在于它那美好的名声，那就是，法律面前人人平等。其次，那样也不会产生一个国王所易犯的错误……任职的人对他们在任时所做的一切负责，而一切意见均交给人民大众加以裁决。因此我的意见是，我们废掉独裁政治并增加人民的权利，因为一切事情是必须取决于公众的。"美伽比佐斯则主张实行寡头统治而反对民主制。大流士则主张独裁。他说："没有什么能够比一个最优秀的人物的统治更好，他能完美无缺地统治人民，为对付敌人而制定的计划又可以隐藏得最严密。"他接着论证了民主或者寡头制由于互相争斗都会最终导致独裁,结果,大流士的意见以4比3而获得通过,在决定由谁当这个独裁者的时候,7个贵族还约法三章:第一,欧塔涅斯明确表示未来的国王不能支配他及他的后代,相反,每年都要给予其奖赏;第二,7个人不经通报就可以进入皇宫,当然,国王正在和一个女人睡觉时除外;第三,国王必须在同谋者的家族里挑选妻子。他们进行了一次比试,在一个清晨他们来到市郊,据说因为马夫在那个时候把摩擦过母马阴部的手放到了大流士的马的鼻子上,结果大流士的马首先嘶鸣起来。根据约定应由大流士当国王。

大流士当上了皇帝之后,开始的日子很不好过,因为在高墨达死后,全国各地都出现了叛乱。由于叛乱的军队之间缺乏联系,有利于大流士各个击破。大流士先是集中兵力进攻埃兰,擒获了起义军首领。然后又亲自率军攻打巴比伦地区。在底格里斯河附近击败了巴比伦王尼金图·贝尔的部队,巴比伦军队被大流士的部队赶进水中,死伤无数。尼金图·贝尔仅带少数骑兵逃回巴比伦城。不久

大流士

大流士率军攻进巴比伦这座千年古城,杀了贝尔。就这样,大流士费时一年,前后进行了18次战役,终于平定了叛乱。公元前520年9月,大流士功成身就,踌躇满志,并巡行各地。为了吹捧自己,在他巡行到爱克巴坦那附近的一个叫贝希斯敦的小村庄时,他让人在村旁的悬崖峭壁下留下了有名的《贝希斯顿铭文》。

这个铭文的上半部分是浮雕,浮雕上的大流士身罩披肩,气势轩昂,圆睁双眼,目视前方。左脚踏着倒在地上的高墨达,右手指向波斯人崇拜的光明与幸福之神——阿胡拉·马兹达。8名被绳索绑缚着脖颈的叛乱首领被雕刻的很矮小,与高大伟岸的大流士形成鲜明对照。浮雕的下半部是用古波斯、埃兰、阿卡德语

**惊魂的谜团**

三种楔形文字写成的铭文,上面写着:

"我,大流士,伟大的王,万邦之王,波斯之王,诸省之王,叙斯塔斯帕之子,阿尔沙马之孙,阿黑门尼德……按阿胡拉·马兹达的意旨,我是国王。"

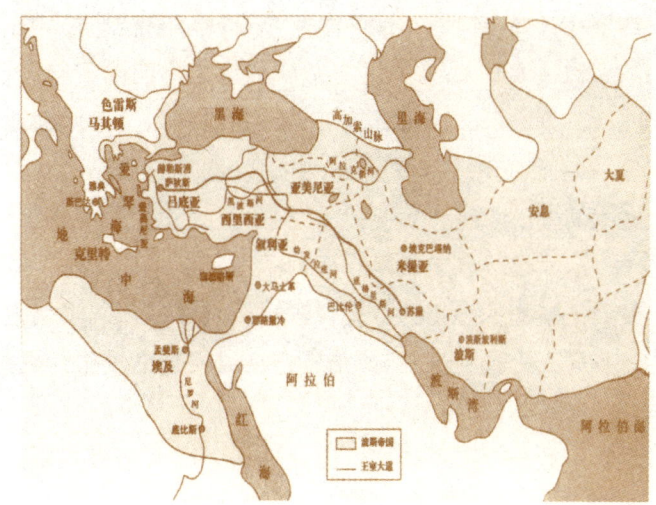

大流士统治下的波斯帝国地图

自从王位坐稳以后,大流士为自己树立了一个石碑,上面大言不惭地刻写道:

"叙斯塔斯帕之子大流士,由于他的马和他的马夫欧伊巴雷的功绩,赢得了波斯帝国。"

和他一起杀高墨达的那几个大臣,此时谁也不敢反对大流士了。其中有个不识时务的叫尹塔普列涅的冲撞了大流士,结果被大流士杀了全家。

公元前500年,大流士发动了对希腊的战争。在公元前490年的马拉松战役中,波斯军队被希腊人打得大败。10年后,大流士的儿子薛西斯再次远征希腊又惨败而归。从此,波斯帝国逐渐衰落。

## 汉尼拔兵败之谜

纵观世界军事史,在诸多著名的军事家中,我们不能不提到一个人——汉尼拔。汉尼拔(约公元前247年—前183年或前182年),迦太基统帅,军事家,迦太基将领哈米尔卡·巴卡之子。

罗马于公元前273年征服整个意大利半岛后,就开始了向地中海周边区域扩张。它首先遇到的劲敌是西部地中海霸国——北非的迦太基。迦太基是公元前9世纪腓尼基人在北非建立的殖民地。到公元前6世纪时,它已成为一个囊括北非西部沿岸、西班牙南部、巴利阿里群岛、撒丁岛、科西嘉岛和西西里岛的帝国。

当罗马兵锋指向西部地中海时,一场残酷激烈的战争不可避免地爆发了。因为罗马人称迦太基人为"布匿",故把他们之间的战争称为布匿战争。战争前后进行了三次。第一、二次布匿战争是作战双方为争夺西部地中海霸权而进行的扩张战争,第三次布匿战争则是罗马以强凌弱的侵略战争。汉尼拔则是"布匿战争"期间迦太基人的主将。

战争最终以迦太基的灭亡而告结束。在第二次布匿战争的最后几年,罗马已经到了崩溃的边缘的时候,却神奇地转败为胜,汉尼拔最终败北了。是什么力量让罗马人力挽狂澜的呢?难道在汉尼拔身上发生什么意想不到的事情了吗?关于这个问题,几千年来,史学界一直存在较多分歧。

后世史学家总结这段历史,认为迦太基最主要的败因在于其国民意志力的薄弱。第一次布匿战争就是因为迦太基人无法忍受战争带来的困苦和负担,主动向罗马求和,殊不知罗马人在战争中遭受的苦难要远远超过他们。由于生活富裕舒适,迦太基人普遍贪生怕死,他们但凡能够出钱收买雇佣军,就决不愿意去吃军旅生活的苦,白白浪费赚钱的时间。法国历史学家米切雷对迦太基人这个特性有一段精彩的描绘:"迦太基人工于算计,他们可以把各个民族一条人命的价值精确计算到个位数,总之希腊人比罗马人值钱,而罗马人又比西班牙人和高卢人值钱。他们认为一个成功的迦太基商人的性命太贵重,不值得去牺牲,打仗这种事只要找西班牙人和高卢人代替就行了。对迦太基人来讲,战争如同商业投机,开战的目的无非是为打开新的市场。打仗的关键是钱,钱越多,能收买的雇佣军就越多,胜算就越大,如此而已。"布匿战争中的迦太基军队,一直是以北非和西班牙各地的雇佣军为主体的。这些乌合之众所操的语言多种多样,所信仰的宗教千奇百怪,所惯用的战术也是五花八门,唯一的共同点就是唯利是图。在布匿战争中这些雇佣军曾经几次哗变,每次都几乎将迦太基推到灭亡的边缘。

反观罗马军队,都是从朴实的罗马农民和城市平民中招募,大家接收严酷的训练。罗马军团组织严谨、战术统一,由强烈的爱国心驱动,单位战斗力要远远强于迦太基军队。但迦太基国民和军队的诸多弊病更衬托出汉尼拔无与伦比的领导才能,他把这支东拼西凑的军队组织起来,灌输以严格的纪律和对统帅的忠诚。经汉尼拔精心调教的这支军队体现出来的战斗力令人叹为观止,使曾经不可一世的罗马军团屡战屡败。在15年的征战中,汉尼拔的军队无论面对怎样的逆境都没有哗变过一次,他们追随着汉尼拔一直到生命的最后一刻。和迦太基人形成鲜明对比的是罗马人在整个布匿战争中体现出的、愈挫愈勇的精神。十年战火

## 惊魂的谜团

使罗马人锐减，国库空虚，从前的盟友也都纷纷倒戈，在这内忧外困的情况下，罗马人的斗志没有丝毫削减，举国上下争先恐后为战争做贡献。有钱的人捐献出自己的财产，所有的成年男人都等待着国家的召唤。虽然十年的战争使罗马丧失十余万人，此时罗马仍然在意大利半岛保持 15 个军团共七万兵力，另外在西班牙、西西里岛和撒丁岛还有三万军队。这样罗马军团几乎囊括了全国所有的青壮年男子，罗马真的是全民皆兵了。

对于汉尼拔最终未能征服罗马的另一种说法，是强调汉尼拔的个人问题。尽管他有着杰出的军事才能，但是他却无法避免战略上致命的错误，他没有适时地将打击重点放在攻占罗马城上。罗马城一直以来是罗马人的"心脏"，如果当时汉尼拔能直接进攻罗马城，那么取得战争最后胜利的机会极大。因为那时的罗马城已经是一座孤城，而汉尼拔军正是士气最旺之时。但是汉尼拔并没有那样做，这便给了罗马人重建军备基地的机会，而其他还没被占领的罗马城市也有了精神寄托，保住罗马就等于保住了意大利，整个战争的天平便偏向了罗马军。因此，汉尼拔和他带领的精锐部队难逃失败的下场。有人认为这场悲剧的根源完全在于汉尼拔个人高傲自满情绪的膨胀和极端复仇思想。就是由于他的狭隘思想，使罗马军队由弱变强，从而导致了他的失败。

但是，上述任何一种看法都没有能够被人们所普遍接受。事实上，决定战争胜负的因素有许多，按照中国兵家的说法，要掌握"天时、地利、人和"。汉尼拔善于利用天时和地利，也善于利用罗马人与其同盟者城邦之间的矛盾坐收渔人之利。但是，他的祖国却没有给他以最基本的支持。因此汉尼拔的失败似乎是因为他在进行"无根"的战争，其失败也的确是不可避免的。

尽管如此，布匿战争在古代军事学术史上写下了重要的一篇。陆上强国罗马为战胜海上强国迦太基而建立了海军；迦太基统帅汉尼拔在不拥有制海权的情况下，从陆上翻越天险阿尔卑斯山深入罗马腹地；汉尼拔以劣势兵力围歼优势之敌和罗马海军所采取的接舷战，都是战术史上的杰作，这些对欧洲陆战和海战产生了深远的影响。罗马在征服迦太基之后，继续向地中海东部扩张，接连征服了马其顿王国和小亚细亚的西部和中部。到公元前 44 年，即至恺撒死，罗马殖民地已扩张到西自西班牙，北到瑞士和法国，东迄叙利亚，南至埃及。到公元 117 年，北到英国，东到波斯湾，以地中海为中心，几乎包括了欧洲全部，和非洲和亚洲很大一部分。布匿战争使得罗马打开了通向并称霸世界的大门。

罗马在长期的掠夺战争中，获得了大批的奴隶。横行于地中海各地的海盗，

也经常把掳掠而来的人口出卖于罗马,大大促进了罗马工业的发展。罗马为方便商品流通和战争,开辟了许多对外通路。有句谚语叫"条条道路通罗马",就表明了这个时期罗马的情况。

## 华盛顿死因难明

被美国人称为国父的乔治·华盛顿,出生于一个富有的大农场主家庭。由于父亲早逝,他在16岁时就开始踏上社会。在历时7年的北美独立战争中,华盛顿担任大陆军总司令,率领民兵打败了装备精良、训练有素的英军,取得了北美独立战争的胜利,建立了美利坚合众国,华盛顿当选为美国第一位总统。当第二届总统任满时,他拒绝继续连任,正式隐退,开创了美国总统不得连任两次以上的先例。

华盛顿

乔治·华盛顿,这位伟大的美利坚的开国元勋,在退休不到3年的一天,竟因偶感风寒不治身亡,他死之后,虽然其主治医生发表了公开声明,向国人交待了医治华盛顿的全部过程,但人们对华盛顿之死,仍心存疑虑。

1799年12月12日,天空阴沉沉的,好像要有一场大雪。对于这天的天气,华盛顿早有预见。但他仍旧骑上马开始巡视,他是上午10点钟出去的,下午3点钟才回来。

第二天早晨,他感到嗓子痛,不能再出去巡视了。下午,他的嗓子开始嘶哑。到了晚上,嗓子哑得更加严重。但到了夜里,他冷得全身发抖,呼吸不畅,凌晨两三点钟,他叫醒了夫人,但又怕她着凉,没让她起床。清晨,女仆进来生火,才把利尔先生叫来。此时华盛顿已呼吸困难,话也说不清了。他让人去把克雷克大夫请来,同时,在医生没来之前,让罗森斯给他放血。

## 惊魂的谜团

　　大约4点30分,他让夫人在写字台中取出他早就写好的两份遗嘱。他看了一下两份遗嘱后,让夫人把其中一份遗嘱烧掉,另一份保留,放到她的密室里。夫人从密室回来后,华盛顿握着妻子的手,说:"这场病可能马上让我离开这个世界,如果真是这样,你要清理一下账目,把款项结清,另外你还要把我那些关于军事的书信文件仔细整理一下。"大约5点钟,克雷克大夫来到房间里。

　　华盛顿说:"医生,我现在很痛苦,从一得病我就知道死神这次是不会放过我的。不过,死对我来说并不可怕。"华盛顿又说:"谢谢你们的照顾,不用替我操心,我很快就要去了。"他接着又躺了下来,大家也都走出了房间,只留克雷克大夫一人照看。

华盛顿纪念碑

　　晚上,又采取了其他的治疗方法,但都收效甚微,这次医生让他服什么药他就服什么药了,利尔先生后来在书中叙述道:"大约10点钟,他几次都要说话,但都无法说出。最后,他终于说了一句话:'我快不行了。我死后的三天再下葬,葬礼要尽量简单。'我这时已难过得说不出话,只好向他鞠了一躬,表示同意。但他没有理解我的鞠躬,说:'我的意思你明白吗?'我说:'明白了。'他说:'那我就放心了。'"在他去世前大约10分钟,他的呼吸通畅了很多。他变得很安详。他还伸手,摸自己的脉。忽然他的脸色变了,我连忙叫克雷克大夫,坐在火边的大夫急忙到了病床边,但一切都结束了:华盛顿的手从腕部垂了下来,停止了呼吸。克雷克大夫蒙着脸哭了起来。华盛顿就这样没有叹息、没有挣扎地离开了我们。华盛顿的死因却一直没有被查实,他得的是什么病、医生为他诊断的结果是什么、给他吃的药对病情有没有作用、药名等都无人知道,而他生前为自己准备两份遗嘱的目的是什么?是不是其中另有隐情?

　　大卫·莫伦斯是美国国家卫生研究所的著名流行病学家,曾对华盛顿的死因作过深入的研究,他对于华盛顿之死提出这样的看法:他因患急性会厌炎而导致气管阻塞,最后窒息而死。会厌炎的典型症状是发作快、高烧、咽喉肿疼、咽食困

难、声音嘶哑、焦躁不安,而华盛顿在生命最后的日子里,就表现出这种病状。在科学高度发达的今天,由会厌炎引起死亡的病例极其罕见。因此,这种说法也让人难以信服。

## 拿破仑死亡之谜

曾经威震整个欧洲的法国皇帝拿破仑·波拿巴,一生充满了传奇,关于拿破仑的突然逝世,历史学家存在着种种不同的猜测。本来,拿破仑虽然身材矮小,但体魄强健。是什么力量能够征服拿破仑的身体?他究竟是病死的,还是被人谋害而死的?尽管当时和后世的专家对此进行了不懈的推断和考查,但至今仍没有一个公认的结论,难怪有人说,在"拿破仑这个名字的后面,总跟着一个问号"。

拿破仑

拿破仑是在公元1821年5月5日傍晚去世的。他在1815年被流放到圣赫勒那岛,被囚禁了6年,去世时也才52岁,正值壮年。而且拿破仑一向以精力充沛而闻名,因何在囚禁几年后便离世而去呢?人们不免有些怀疑。据说拿破仑本人生前也因为身体一天不如一天而怀疑有人谋害自己。他在临终前几天给私人医生安托马什写信说:我的死期不远了。我死后,你要解剖我的尸体检查,不要漏掉任何可疑之处。

遵照这个遗嘱,在拿破仑去世后的第二天,5月6日下午2点,尸体解剖在岛上的弹子房进行。他的私人医生安托马什医生亲自为他解剖了尸体。在整个解剖过程中,共有6名医生和十几个来自英国、法国的官员在场。各位医生都对遗体的病情进行了分析,但最终提交的四份解剖报告上的陈述并不一致。报告中相同的认识只有一点:胃部靠幽门的地方有溃疡。安托马什医生认为有些癌的成分,有的认为已经成为癌。所以后

## 惊魂的谜团

来人们最终的诊断结果是，拿破仑死于胃癌。的确医生发现拿破仑的肝脏肿大，也出现了溃疡。可这份报告送上去后，驻岛的英国总督看了很不高兴。因为这个小岛上气候恶劣，肝病流行，如果拿破仑肝脏有病，就意味着他是来到岛上才得的重病，是英国人造成的。总督命令医生修改报告，删去了这段文字。但后来有个医生离岛后，仍然把此事透露了出去。有人认为拿破仑不是死于胃癌，而是因气候不好，健康恶化而死亡的。

正因为看法不一致，拿破仑的死因便引起了许多人注意，在此后的一百多年里，一直争论不休。20世纪初，法国和德国还掀起了讨论拿破仑死因的热潮，有的人根据考证，提出拿破仑在上岛之前，就患有一种热带病，是他当年远征埃及、叙利亚的时候染上的。所以当他被流放到那个热带小岛上以后，环境引起了旧病复发，并日渐加重，不治而亡。

瑞典哥德堡市，有个牙科医生叫佛苏伍德。他在业余时间也研究生物和病毒学，并且对拿破仑有兴趣，收集了许多拿破仑的纪念品。1955年秋天，佛苏伍德阅读了拿破仑的男仆马尚的回忆录。这份回忆录虽然是很早写的，但直到20世纪初，才由马尚的孙子同意，交付出版。

马尚的回忆录，记载着拿破仑生前最后几个月的生活情景。佛苏伍德注意到书中写道，拿破仑那时候，失眠和嗜睡这两种相反的病症同时发生，交替发作，而且腿也发肿，身体发胖、体毛脱落、牙根暴露，使拿破仑十分痛苦。他曾抱怨说：我支撑不住我的身体了。

"这很像是砷中毒现象啊！"佛苏伍德看到这里，想到了这一点。多年研究病毒学，使他对砷中毒有全面的了解。砷是一种无味也无刺激性的毒药，很容易溶于水和食物中。用砷毒死人在欧洲是常有的作案方法。佛苏伍德于是产生了怀疑：拿破仑是被人毒死的！

佛苏伍德又进一步研究了有关资料，发现拿破仑在死前曾服用吐酒石和甘汞这两种药物，而这两种药物与砷发生作用，将使死者的胃里不会留下任何砷的迹象，而使区别砷中毒和其他病症变得十分困难。这一发现，使佛苏伍德更加有把握地确认自己的推测：如果是胃癌致死，死者生前应很瘦弱，而拿破仑却是更加肥胖，这也是砷中毒的症状啊！

怀疑促使佛苏伍德下决心解开这个谜。如果能化验尸体就好了，可拿破仑已去世一百多年，不可能掘墓验尸。还有一种方法是化验死者的头发。头发可以显示身体里砷的含量，这种方法过去一直使用，但那要用至少5克的头发进行化验

065

才行。5 克头发是多少，起码是 5000 根，上哪里弄这么多拿破仑的头发呢？虽然拿破仑生前也曾向别人赠送头发，可是不会有那么多。

正在佛苏伍德为找头发为难的时候，他从一本叫《分析化学》的杂志上读到一篇报道，说已经有了一种新方法，用一根头发就可以测定砷的含量，发明者是苏格兰人史密斯博士。佛苏伍德兴奋起来，似乎看到了破谜的希望。他很快给拿破仑的后代写信，希望见到他。拿破仑的后代欢迎他提出问题，可当他和妻子在 1960 年一起来到巴黎的时候，对方不愿接见。

拿破仑

佛苏伍德又去求见马尚那本回忆录的编辑，法国残疾军人院军事博物馆董事长拉苏克。拉苏克听他说明来意后，马上说："我有拿破仑的头发，你可以拿去化验。"

于是，拉苏克拿出了马尚后代转送给他的一个木盒，盒子里装着拿破仑在圣赫勒那岛的一些遗物，其中的一个自信封上写着"皇帝的头发"。佛苏伍德的妻子用小镊子从几十根头发中夹出一根。

回到哥德堡，佛苏伍德又与史密斯博士通了电话，希望他能帮助对头发进行测定。史密斯当即同意，佛苏伍德把那根头发精心包好，寄给了史密斯。1960 年 7 月，史密斯用核子轰击的方法测试了这根头发。他写信告诉佛苏伍德：测量结果，每克头发含砷量为 10.8 微克。表明头发的主人受过大量砷的毒害。

每克头发含 10.8 微克砷，意味着拿破仑头发含砷量超过正常人的 13 倍，也意味着佛苏伍德的推测有了初步的证明。但是仅仅依靠这一次化验还不能下结论。"如果这根头发不是拿破仑的，如果经过这么长时间，它已经被污染了，如果砷不是来自身体而是外部的环境，如果……"佛苏伍德尽量做着各种假设，说服自己继续寻查证据，而不是轻易判定。

他决定继续研究，而关键是得到更多的拿破仑的头发。他了解到，有几十个人在拿破仑死后，藏有他的头发，应动员他们献出一些来。

## 惊魂的谜团

要实现这一目标,就要让人们知道他正在做的这件事。于是,他与史密斯博士和另一位瑞典病毒学家瓦森商量决定,公布这次化验的结果。

1961年10月,他们合写的文章《拿破仑一个牺牲者》在英国《大自然》杂志上发表了。文章公布了对拿破仑头发的初测结果,提出了他可能死于谋杀的理由,并希望保存拿破仑头发的人为此作出贡献。

两个星期后,瑞士一个纺织厂的厂主佛利给佛苏伍德打来电话,告诉他自己保存着拿破仑的50根头发,愿意拿出来供化验用。"请问,您的那些头发的来历?"佛苏伍德问。答案令他十分放心,对方说:"这些头发是拿破仑的仆人诺拉兹送给我的。在拿破仑去世后的第二天,他为他剃了头,保留了这些头发。"

头发是真的,而且佛利把它直接寄给了苏格兰的史密斯博士。这年12月初,史密斯向佛苏伍德通报了化验结果:通过140次的化验,可以肯定,拿破仑确实是因为砷中毒而死亡的,砷来自他的身体,而不是周围环境的污染。

结论有了,下一步便是研究谁是投毒者这一关键问题。佛苏伍德分析,能在食物中投毒的,只能是负责拿破仑的饮食起居和医疗保健的那些人,而这些人都是由拿破仑亲自挑选的,是他的亲信。这也就是说,由英国人作案的可能被排除了。

佛苏伍德对拿破仑的随身人员一个一个地进行了审查,又一个一个地排除。最后他的注意力集中在两个人身上,这两个人是拿破仑最忠实亲近的侍从:一个是男仆马尚,就是写回忆录的那个人,另一个是负责拿破仑饮料的军官蒙索隆伯爵。

"马尚不可能做这种事!"经过审查,佛苏伍德把马尚也排除了。因为马尚不到20岁的时候就跟随拿破仑了,是他的贴身仆人,一向忠心。马尚的母亲也在拿破仑宫廷里当保姆,出身低微的他与原来的皇族没有任何联系,也不可能产生谋害拿破仑的念头。

那么蒙索隆呢?他出身旧贵族,虽有军衔却从未上过战场。他早年曾追随拿破仑,而拿破仑第一次退位时,他见风使舵,投靠了复辟的波旁王朝。当拿破仑重返法国并在滑铁卢战役失败后,蒙索隆又回到了他的身边,并心甘情愿地跟随他流放到偏远的小岛上,照料他的生活。有一个可以解释的原因是,蒙索隆的继父是原国王路易十八的兄弟。王朝复辟后,蒙索隆被任命为将军。可是在上任前夕,有人指控他盗用了士兵的军饷5900法郎。他因此失去了职位,但没有受到审判。后来,他就又回到拿破仑身边。但是这个年轻的贵族完全可以留在巴黎等待机

## 百思不解的政治军事谜团

会,重新得到任用。佛苏伍德对这个问题百思不解:为什么拿破仑彻底失败了,原来背弃他的蒙索隆反而回来了?为什么他所属于的皇族重掌了政权,他却去和拿破仑过流放生活呢?而且据记载,拿破仑曾拒绝提拔他,又反对他与女友阿尔比娜结婚,当他不听劝阻坚持结婚后,拿破仑曾辞退了他。拿破仑和他并没有很深的友情,也没有给他任何好处;而他为什么这样心甘情愿侍候拿破仑呢?

据反复考证查实,在圣赫勒那岛的时候,蒙索隆掌握饮料房子的钥匙。酒是桶装的,由他分装成瓶。这就是说,只有他有机会把毒药放进酒里,给拿破仑喝。有些史料也证明,蒙索隆是受了路易十八的弟弟阿图瓦伯爵的指派,回到拿破仑身边,取得他的信任后,往他专饮的葡萄酒中投放三氧化二砷,让他慢慢中毒死去。还有一个事实也证实了这一点,有一次,拿破仑把自己的酒送了一瓶给一个随从,那随从喝后也出现了同拿破仑一样的症状。

佛苏伍德还从史料中得知,1840年,拿破仑的遗体运回法国时,人们打开了棺材,看到遗体的脸色与当年下葬时一样,没有什么变化,虽然时间已经过去了20年。而这正是砷中毒的必然现象。研究至此,佛苏伍德最后确认了自己的推断,拿破仑是被人毒死的,凶手就是蒙索隆。1981年,他与加拿大人威尔德合作发表了《圣赫勒那岛的谋杀案》的论文,公布了研究结果,立刻轰动了全世界。很多专家学者表示支持他的研究成果。

但是,不赞成这个结论的仍然有不少人。有人认为拿破仑确是砷中毒而死,但不是蒙索隆投毒所致,而是他居住的房中贴着含砷的墙纸,他吸入蒸发出来的砷而致死,这种事情早有先例。有人经过化验,认为头发中含砷过高是因为含锑过高干扰的结果,只是假象。还有的人认为拿破仑患有腺功能损害,雄性激素严重失调,他最终死于雄性激素障碍。

化验也好,各种推断也好,因为离拿破仑死的时间过于久远,都很难使所有人信服。拿破仑的死因至今仍是有多种解法的难题。

## 惊魂的谜团

## 神秘的亚历山大一世

亚历山大一世是俄国罗曼诺夫王朝的第13位沙皇,后人称他为"神秘沙皇"、"北方的斯芬克斯"。1825年11月,亚历山大一世在其休养的塔冈罗格去世。这个生前就背负"弑父篡位"之名的沙皇,死后又在全世界引起一阵猜测,一个世纪后,当人们怀着忐忑不安的心情打开他的棺柩,却发现里面空无一物。

亚历山大之所以闻名世界,最大的原因莫过于击败拿破仑入侵,这使他声名远扬。可是,卫国战争胜利不久,他便走向反动。在国内,他任用奸臣阿拉克切耶夫,日益推行极端专制主义的政策,以致国家动乱不已。在国外,他伙同奥、普组织所谓"神圣同盟",充当镇压各国人民革命的刽子手。重用奸佞、穷兵黩武,致使国内民不聊生,民间怨愤极大。他去世前,恰逢莫斯科洪水泛滥,房屋严重损失,500多人因此毙命,与此相似的洪灾,在亚历山大出世那年也曾发生过。这种巧合,使他精神上受到严重打击,视为"上帝对自己的惩罚"。

精神濒临崩溃的亚历山大,为了摆脱内心忧惧,于1825年9月同皇后伊丽莎白到亚速海海岸的一个叫塔冈罗格的小镇去休养。不久,俄国皇室发出讣告:沙皇陛下在休养地因病驾崩,终年47岁。就在为他下葬的挽歌刚结束,就有人认为,灵柩里躺着的不过是沙皇的替身。

亚历山大一世

一时间,俄国国内流言四起,人们对沙皇的死充满了疑问。

第一,休养地。为什么沙皇会选择此处为休养地?这个塔冈罗格的小镇一侧与风沙不断的大草原毗邻,另一侧紧挨着臭气熏人的亚速海。

第二,另一种生活。在皇后到达前,亚历山大什么体力活都干。他说:"要习惯于过另一种生活。"所谓"另一种生活"作何解释?

第三,病因。沙皇驾崩后,有关人员提供的沙皇的病因报告简直是漏洞百出,

## 百思不解的政治军事谜团

矛盾重重。比如,在一份御医报告中写到"沙皇平静地度过了一夜",而另一份御医报告则写到"当夜沙皇睡不稳,病情越来越严重"。被召去治病的10名医生中,只有两名在证书上签字。病情报告中所述亚历山大病况,又多处与实际情况相悖。证明书中说他患的是间歇热,因而肝脾肿大,但沙皇实无此病。

第四,细节。皇后伊丽莎白素有坚持写日记的习惯,可是为什么偏偏少了沙皇驾崩前8天的日记。两天后即21日,人们参加了他尸体防腐典礼,然而,死者的面目已经完全腐烂,人们已无法辨认出这位昔日沙皇的仪容了。次日,棺木便被禁止打开,而且灵柩迟迟不能运回首都。当沙皇家人向遗体最后告别时,普鲁士亲王对死者的模样大吃一惊……种种情形都不合情理,这是为什么?更令人认为事情有蹊跷的是随后继任的尼古拉一世的所作所为,他一上任就下令销毁了亚历山大一世近几年来的大量文件,而那些文件中又隐藏着什么呢?

就在沙皇死后不久,传说和猜测不胫而走:有人称,沙皇已乘一艘英国船去圣地巴勒斯坦朝圣去了;也有人传闻,沙皇被哥萨克人劫走藏匿起来了;还有人

年轻时期的亚历山大一世

透露,沙皇已秘密前往美洲。尽管众说纷纭,但都一致认为沙皇未死。1921年,前苏联发掘亚历山大的棺材,发现里边竟空空然无一物。历史学家设想,这位"替身"的尸体已经被悄悄搬走了。

沙皇死了10年以后的一天,在乌拉尔山区的一个村子里突然出现了一个雍容高雅、仪表超俗,自称费道尔·库兹米奇的老人。他无法证明自己的身份和经历,警察问他,他说对自己一无所知。据说他的外貌极似亚历山大。按法令,他被罚20大板,随即流放西伯利亚。先是不断迁居,最后由于一位富商克罗莫夫的资助才有了自己的小屋。

这位库兹米奇博古通今,对重大政事了如指掌,他常谈论莫斯科大主教菲拉雷特,修道院长福狄斯,历数库图佐夫元帅的赫赫战功,描述俄军开进巴黎的盛况,甚至还记得当时沙皇的左右人员。人们相信,这位名叫库兹米奇的老人一定曾与政界要人有过密切的交往。有人

## 惊魂的谜团

说，他在某一段时间内常收到一个名叫玛丽·菲欧多果夫娜（亚历山大一世的母亲）的女人寄来的钱和衣物。还有一位农民说，伊尔库茨克的主教曾亲自来看望他，并同他作了长时间的交谈。

他的举止也酷似沙皇，喜欢将拇指插入腰带中间。亚历山大一世的长子以及亚历山大三世的幼弟，曾前来拜访这位长者。一位随行的老兵曾当着库兹米奇的面失声喊出：

"这是我们的沙皇。"

还有一件事情，值得人们注意。他收养了一个孤女，很像亚历山大与其情妇的孩子。当村民为她说媒时，总遭到养父的阻拦。他说：你比农民的身份高，将来可以嫁一个军官。

他介绍养女走访名门望族和沙皇尼古拉一世。沙皇接见了她，并询问了养父的情况。后来，这位养女果然嫁给了一位军官。

库兹米奇死于1864年1月20日，直到临终前，他始终没有暴露自己的身份。遇到有人恳求他透露自己的身世时，却总是用"上帝会认出自己的亲人的"这句重复无数遍的老话，来回答别人的期待。

死后，人们为他建了一个小祠堂，墓碑上写着："这里安葬着上帝的选候——费道尔·库兹米奇。""上帝的选候"，正是亚历山大一世战胜拿破仑后正式接受的称号。

此外，还有两个发人深思的问题。

问题一：一位曾参与治疗亚历山大的医生，从不参加每年11月19日纪念亚历山大之死的祷告仪式；而1864年1月的一天，他却亲领人们为亚历山大的亡灵祈祷，他流着眼泪说："沙皇这下可真是死了！"

问题二：在亚历山大二世的办公室的墙壁上，有人看见不知何故，却挂上了库兹米奇的画像。

一切似乎很清楚了，但也有相当多的人持与上述看法截然不同的见解，提出许多疑问。

当时伊丽莎白皇后身患严重的肺病，已离死期不远，亚历山大一世同她重修旧好后，对她一片深情，十分体贴，绝不可能出于一时冲动将她弃之不顾。就算要走，也要等皇后去世后再作打算。

如果沙皇出走是酝酿已久的，为什么未在离去前妥善解决继位人选问题呢？

沙皇如果施行调包计，运回一具与他外表相似的尸体，一定得有许多人相

助,其中必须包括军官、医生、秘书以及伊丽莎白皇后本人,皇后在最后时刻一直守候在病人的床前,沙皇死后,她即给母亲和皇太子等亲人写了悲恸欲绝、令人肝肠寸断的信件。她不可能会如此镇定地演出这样一场令人心碎的闹剧,也做不到仅仅为了避免外人怀疑而整天以泪洗面。

亚历山大一世的侄孙尼古拉·米哈伊洛维奇大公,在仔细翻阅了皇宫秘密档案之后,也断定亚历山大一世确实在塔冈罗格驾崩。他认为,以亚历山大性格特点,他不会有如此雅兴,演出这一闹剧。沙皇当时已经人到中年,如此不计代价,无牵无挂地去苦修苦行,实在与他性格不相符合。

如果调包计纯属奇谈,那么势必要辨明那位突然出现的长者费道尔·库兹米奇究竟是何人。

尼古拉·米哈伊洛维奇大公曾经就此问题进行过研究,他倾向于认为这位长者原是保罗一世的私生子、海军军官西蒙·维利基。但也有一些人认为,他原是禁卫军骑兵队的军官乌瓦洛夫。据说乌瓦洛夫于1827年离家出走,下落不明。还有一些人认为,这位长者只是一个为了改换环境而背井离乡的俄国贵族。

费道尔·库兹米奇果真是亚历山大吗?沙皇灵柩里躺着的只是他的替身吗?这给后人留下了一个千古之谜。

## "铁面人"之谜

"铁面人"是人类历史上最富传奇色彩的人物之一。1789年7月14日清晨,愤怒的巴黎市民,成千上万地向巴士底狱奔去。他们有的拿着火枪,有的握着长矛,有的手举斧头,呐喊着摧毁了巴士底监狱。在监狱的人口处他们发现了一行字,上面写着:囚犯号码64389000,铁面人。可铁面人到底是谁?却无从考证。

最早在作品中提到"铁面人"的,是法国思想家、哲学家伏尔泰,在他的名著《路易十四时代》一书中,有这样的记述:

1661年,圣玛格丽特岛上的一座城堡监狱迎来了一位特殊的客人,那是一个身材颀长、举止典雅的年轻人。之所以说他是特殊的客人,是因为他的头上被罩着一个特制的铁皮面罩。无论是在其被秘密押解的途中,还是在被囚禁期间都被严令禁止摘掉。在面罩的下颌部位,装有钢制的弹簧,用以解决年轻人吃饭、喝水等问题。因此,从来没有人见到过这个年轻人的真正面目。

## 惊魂的谜团

在圣玛格丽特岛上关押了一段时间后，这个年轻人又被秘密押送到了巴士底狱——那个在当时一被提起就令人不寒而栗的巴黎政治犯监狱。在那里，年轻人受到了特殊的待遇：可口的饭菜、精美的衣着、舒适的住所，甚至他还可以自由地弹奏吉他，有专门的医生为他定期检查身体。而年轻人无论怎样都对自己的身世守口如瓶。因此，所有的监护人员对他的了解也仅限于举止典雅，谈吐风趣，再无更多的信息。1703 年，这个在监狱中度过了大半生的神秘人突然死去，当晚便被葬在圣保罗教区。随着他的神秘离世，他原本神秘的身世也似乎更加神秘了。

伏尔泰的记述到此为止。他还说过："这个囚犯无疑是个重要的人物"，"他被送到圣玛格丽特岛时，欧洲并没有什么重要人物失踪。"以上种种对于"铁面人"的描述，为后人留下了无限的想象空间。

神秘的铁面人

1929 年英国的电影公司根据法国著名作家大仲马的小说《布拉热洛公爵》进行改编，首次将"铁面人"的故事搬上银幕，在当时引起了轰动。1939 年和 1998 年美国的电影公司两度将其搬上银幕，电视剧也是拍了又拍。电影中，那个神秘的"铁面人"被扮演成法国国王路易十四。他在残酷的宫廷斗争中，被权臣用一个跟他长相酷似的人"掉包"，过着不见天日的"铁面生涯"。

那个神秘的"铁面人"究竟是谁呢？据说在 18 世纪，法国国王路易十五、路易十六都曾下令调查过"铁面人"，但调查的结果却无人知晓。只是传说路易十六曾明确表示，要严守"铁面人"的秘密。

几个世纪以来，人们对"铁面人"身份的猜测，众说纷纭，概括出来，有以下几种。

第一种猜测认为，"铁面人"是路易十四的生父多热。此种观点的代表是法国

073

社科院院士潘约里,在他1965年出版的《铁面罩》一书中,有详细的论述。

根据史料记载,路易十三与王后安娜一直不合,两人长期分居。为了缓和他们夫妻的关系,当时担任首相的红衣大主教黎塞留曾从中调解,使得路易十三与王后重归于好。但是,在国王与王后分居期间,王后已经与贵族多热有了孩子。孩子出生后,为了避人耳目,多热被迫流落他乡。孩子后来长大成人,并继承了路易十三的王位,成为了路易十四。多热闻讯后悄悄返回,将实情告诉了路易十四。岂料,路易十四居然不认他!面对如此尴尬的局面,路易十四既害怕丑闻暴露,又不好对生身父亲下毒手,只好想了个绝招,给他戴上面罩,送进监狱里度过余生。这种说法在法国大革命后流传甚广且影响深远。但这种说法中也有很多的疑点,根据对当时巴士底狱监狱中犯人材料的原始记载,"铁面人"突然死去时,年纪大约在45岁左右,而当时的路易十四已经是65岁的高龄了,问题是显而易见的。除非为调查所提供的原始材料是当时的监狱按照某些指令故意如此记载的,否则这种说法根本无法成立。

第二种猜测认为,"铁面人"是当时的法官兼警察头子拉雷尼。这种观点是在1934年出版的《皇后的医生》中提出的。该书的作者是维尔那多。

维尔那多在书中写道:拉雷尼的叔叔帕·科其涅是一位著名的医生,在宫中服侍路易十三的妻子安娜。路易十三死后,他奉命解剖尸体,谁知竟然发现死者并非路易十四的生父。他将此事告诉了拉雷尼。路易十四得知后,为防止丑闻外泄,于是下令逮捕拉雷尼并给他带上铁面罩,以防止被人认出来。这种观点也有很多的漏洞:如,为什么只抓拉雷尼而不抓帕·科其涅?即使是抓了拉雷尼,他不过是一个小小的警察头子,没有必要对他好生善待,直接砍头不是更稳妥更保险么?并且,据后来查证,拉雷尼于1680年在自己的故乡善终。

第三种说法认为,"铁面人"是路易十四时期的财政大臣富凯。这种观点早在19世纪就出现了,1970年,法国记者阿列斯再次论证了这一观点。在他出版的《蒙面人——最后揭开的一个谜》中,他运用了大量的材料对这一观点进行了阐述。他在书中分析说,富凯是路易十四的宠臣,因侵吞公款在1661年被捕入狱,后被法院判处终身流放。后来,路易十四下令就地处死富凯,因此富凯于1680年3月23日猝死狱中,尸体被当局秘密处理。阿列斯认为,死者并非富凯本人,而是一个替身。因为虽然富凯犯了罪,路易十四无法公开赦免他,但富凯毕竟是他的宠臣,他不希望富凯受苦,于是给富凯戴上面罩,并在监狱中提供舒适的环境与衣食。富凯则感念主子对自己的特殊恩情,因此,对自己的身世守口如瓶。果真

如此么?如果真是这样,那么这个"铁面人"在死时应该是个老态龙钟的老人了,这可又与当时的监狱记载和有关史料相矛盾。

第四种观点是由法国历史学家托拜恩提出的。他认为"铁面人"是意大利的马基奥里伯爵。

为了对自己的观点进行充分的论证,他曾同巴黎国立图书馆的一位管理员一起查阅了当时巴士底狱囚犯的全部档案资料,根据资料分析认为,当时路易十四曾经企图将意大利曼图亚斯公爵领地的卡赞列要塞据为己有,为此他派人与公爵接触,并答应公爵在事成之后给公爵10万艾克。公爵在慎重考虑之后派自己的亲信马基奥里伯爵前往法国谈判。谈判中,路易十四企图用金钱贿赂马基奥里,没曾想,马基奥里不为金钱所动,反而将此事告诉了公爵夫人。出乎他的意料,公爵夫人居然与路易十四有暧昧的关系,因此路易十四很快就知道了马基奥里的行动,于是他把马基奥里变成了阶下囚。

无论哪种观点,似乎都有一定的道理,但同时也有很多的漏洞。时至今日,"铁面人"的身份依然是个谜,历史为后人留下了太多的难题,也许有些难题将永远无法解开。

## 二战后为何不追究日本天皇的罪责

众所周知,日本是发动第二次世界大战的三大轴心国之一,给亚洲人民带来了深重的灾难。那么为什么日本许多战犯被送到军事法庭审判,而作为日本最高领袖的裕仁天皇会安然无恙呢?

虽然日本天皇对战争负有不可推卸的责任,但是战后对如何处置天皇,作为盟国中头号强国的美国却经历了一个长期的思索过程。早在战争还未结束之时,美国国内在研究如何处理日本天皇的问题上,就出现了很大的意见分歧。以罗斯福为代表的"进步派"认为,只有取消天皇制,才能彻底消灭日本军国主义;而"日本派"则认为,逼迫日本投降,并不意味非要铲除皇室不可,保留天皇制有利于统治日本,日本人"狂热"地拥戴天皇,如果外来势力废除天皇制,将"带来严重后果",即盟国"为防止日本复活天皇制",则需要"无限期地占领日本"。两种意见相持不下。

1945年4月,罗斯福病逝后,杜鲁门继任美国总统。随着共同的敌人行将覆

灭,反法西斯同盟主要盟国开始更多地考虑本国在战后的国家利益和对外战略。杜鲁门逐渐认识到,苏联是其称霸的障碍而不是合作的对象,遂一改罗斯福生前与苏联协调和合作的做法,开始对苏采取冷淡和强硬的态度。奉行"温和"对日政策的"日本派"因而得势,经过反复权衡,美国政府最终接受了日本以保存天皇制作为实行"无条件投降"的条件。

1945年8月11日,美国国务卿向日本转递美国的复照:《波茨坦公告》"不包括任何有损于陛下作为最高统治者之特权的要求",但"自投降之时刻起,日本天皇及日本政府统治国家之权力,即须听从于盟国最高司令官"。"日本政府之最后形式将依日本人民自由表达之意志确定之"。13日凌晨,日本驻瑞典公使冈本发回报告,透露美英经与苏联交涉的情况,实际上已接受日方关于保留天皇制度的条件。天皇据此判断"关于国体问题,……对方具有相当之善意",最终做出了接受《波茨坦公告》的决断,并颁布了"朕于兹得以维护国体"的《终战诏书》。继天皇"玉音广播"诏书后,铃木内阁也发布告示,强调"今国民所应一致努力者在于维护国体"。

天皇裕仁

由此可见,日本最后宣布投降,是由于美国基本上满足了日本的要求,也部分实现了美国的"初衷"。就这样,日本天皇制被保留下来,天皇依旧作为"日本国及国民统治的象征",使日本民族自古积淀的天皇崇拜思想没能得到彻底改造。而这种思想,是一种类似于宗教感召的观念意识,它比一般的政治学说具有更大的煽动性和迷惑力,对日本民族性格的形成和日本历史进程,产生了深远的影响。尤其20世纪二三十年代以来,为了适应政府和军部对外战争的需要,日本逐步确立起军国主义教育体制,向日本民众全面灌输"天皇至上"的思想,培育起了具有愚忠心理的"忠臣良民"。这种天皇崇拜思想和军国主义教育,曾驱使日本民众狂热地盲从和协助政府进行侵略战争。因此,保留天皇制为日本推卸战争责任

## 惊魂的谜团

埋下口实,成为其"彻底反省"的障碍。不仅如此,在战后初期,美国从它的远东综合战略出发,再次偏袒了天皇裕仁和日本。

日本投降后,美国独占了日本。随即,由参加对日作战的11个国家的法官组成远东国际军事法庭,对日本军国主义主要战犯东条英机等28人进行了审判。而且当时参战各盟国也强烈要求公审天皇裕仁,各国政府,如苏联、中国、英国、澳大利亚、新西兰等都已将裕仁列为战犯。美国国内意见不一,有人强烈主张把裕仁押上国际法庭;也有人主张勒令这个发动战争的皇帝退位,由当时12岁的皇太子明仁登基继位,并由裕仁的弟弟高松亲王摄政;还有人主张建立君主宪政,进行民主改革,实行共和等等。就连日本国内,从战争末期到投降时,政府和重臣也普遍认为天皇应负战争责任。

一时间,处决天皇裕仁的舆论沸沸扬扬,天皇陛下或许要被处死的风声甚至都流传到了日本偏远的农村。天皇裕仁也深知自己罪大恶极,表示一旦得到逮捕的通知,他将考虑自杀。

但处置日本战犯的问题,舆论归舆论,真正的生杀大权掌握在驻日盟军最高统帅——美国人麦克阿瑟手里。

麦克阿瑟到东京后不久,他的一些副手就向他建议:立即把裕仁传到司令部来训话,一来显示盟军最高司令部的绝对权威,二来扫扫天皇的威风。麦克阿瑟对此摇头说:"这样做将会伤害日本人民的感情,因为在日本人看来,这样做是折磨天皇!"他知道,天皇是日本国民的精神支柱,即便在战败的日本国内,

裕仁与麦克阿瑟

天皇仍有巨大的号召力和凝聚力,许多老百姓家里仍然高挂着身穿元帅服的天皇肖像。麦克阿瑟想利用天皇对日本人的神秘影响,促使实现他改造日本的宏大蓝图。于是,麦克阿瑟将军与日本天皇裕仁进行了一次秘密会面。

1945年9月27日上午11时左右,麦克阿瑟正在东京第一生命大楼盟军总

## 百思不解的政治军事谜团

部的办公室里批阅文件，一个头戴大礼帽身穿晨礼服的神秘人物来到了盟军总部，来人正是日本天皇裕仁！求见麦克阿瑟，徒步登门拜访一个曾是敌人的将军，向对方深深地弯腰鞠躬，这对于他来讲，不仅是有生以来第一次打破至尊至贵，简直就是屈辱，但是裕仁忍受了。这次秘密会谈持续了一个小时。

事后，裕仁和麦克阿瑟都对此次会谈内容绝口不提。1975年，在裕仁天皇庆祝登基50周年那一天，皇宫里举行了一次记者招待会，会上曾有记者向裕仁提出这一问题。裕仁避而不答，只是说："当时与麦克阿瑟将军有君子协定，永不透露。"这一年，麦克阿瑟已经离开人世11年了，而裕仁仍然守口如瓶，可见其内容的重要和保密程度了。

会见天皇裕仁之后，麦克阿瑟确信，维护天皇是对日本随心所欲地进行统治的最方便的方法。麦克阿瑟和他的副手们权衡各种历史背景和日本的现状，拟出一份处置日本天皇的备忘录，其中强调：战后保留原有天皇制，对裕仁不予战犯罪名起诉，只承认天皇象征性的存在，不赋予他主宰国家的任何权力。同时，麦克阿瑟还建议裕仁改变自己在人民中的形象，并说这在盟国占领期间，对裕仁具有决定性意义。

在麦克阿瑟的授意下，裕仁天皇于1946年1月1日发表《人间宣言》，《宣言》说："千百年来，日本人民把天皇视为神圣不可侵犯的神，把天皇说的话，不论正确与否，一律奉为不可违抗的圣旨。这是封建迷信的表现。当然，责任不在于人民，而在于皇室成员、历届内阁、军事将领为了自身利益而进行的种种欺骗宣传。恳望全国人民切实地觉悟过来，以坚定不移的意志从封建迷信中解放出来，从那些荒诞不经的欺骗宣传中解放出来！我郑重宣告：裕仁我绝不是什么神，而是个实实在在的凡人，一个食人间烟火，结婚生儿育女，犯有许多错误的凡人。现在，我庆幸自己从虚无缥缈的云霄中、神话中解放出来而回到了人间，恢复了我是凡人的本来面貌。"这为保留天皇裕仁创造了必要的舆论基础。

1946年1月，澳大利亚政府提出，裕仁作为战犯应当受审。美国佐治亚州参议员理查德·拉塞尔也有同样的提议。裕仁再次面临危机。然而，美国的既定目标是要恢复日本经济，防止日本崩溃。因此，麦克阿瑟认为，如果天皇作为战犯受审，日本就会分崩离析，他同裕仁之间发展起来的合作就会完结。于是，他电告华盛顿："如果天皇受审，美国的占领计划就要做大幅度修改，这无疑会在日本人民中引起骚乱，废黜了他，日本国定将四分五裂。事实上，所有日本人都把天皇作为社会领袖，不管对不对，他们都把《波茨坦协定》理解为旨在保持日本天皇制。他

们会把废黜天皇看作是盟国对日本历史的背叛,他们由此产生的仇恨情绪,无疑在短期内是无法熄灭的……最终导致山区和边远地区的游击战……一旦结束军事占领,也许奉行共产主义路线的某种严密组织就会从散沙般的群众中出现。"这份电报震动了美国当局,尤其日本将出现"游击战"和"共产主义组织",使美国立即打消了审判裕仁的想法。

揣摩美国政府的心思,英国政府也对天皇裕仁做出评价,说天皇在日本投降时"发挥了作用",起诉天皇,与7000万日本人为敌是"愚蠢的行动"。当时,苏联表示反对,美国则反讥苏联企图把日本纳入苏联的势力范围。在美英两国政府的影响下,1946年4月3日,盟国同意不起诉天皇。这样,美国再一次挽救了天皇和天皇制,并落实于1946年11月3日公布的日本宪法中。作为日本未来的国家框架,宪法允许保留天皇制,不逮捕、也不起诉天皇。但在新宪法中,天皇只能是一种象征性存在。日本天皇就此逃过了一直笼罩在头顶的厄运。

## 斯大林死亡谜团

斯大林少年时代出过天花,患过结核病,但在流放中身体却强壮起来,然而战争损伤了他一直很强壮的身体,他的脑血管开始硬化,经常头痛,血压偏高。1949年,斯大林患脑中风,丧失部分语言能力。他大约7个月没有出现在克里姆林宫,没有在报刊上发表文章,甚至在70大寿庆典活动中都一直很少讲话。

斯大林很少请医生,从没接受过系统的治疗,他的几处别墅里甚至连普通的药柜都没有。到了晚年,斯大林的心理更加孤僻,行为更加乖张。斯大林的疑心越来越重,越来越孤独。1998年3月,苏联女医生切斯诺科娃接受了俄罗斯《共青团真理报》记者帕夫洛夫的采访,她讲述了当年为濒临死亡的斯大林做心脏按摩以及为死后的斯大林修眉理发的经过:斯大林患的是脑溢血,已经昏迷不醒达13个小时了。在临死之前的那一瞬间,一直没有任何知觉的斯大林突然略略抬起了左手,像是有了些知觉,更像是想说些什么。站在斯大林身旁的大人物们顿时紧张起来,我发现贝利亚眼镜片后的眼睛转动得更快了。然而,斯大林很快又放下了手,一句话也没有说。

许多人都说斯大林的死是一个谜,赫鲁晓夫就认为这是在贝利亚指使下的阴谋行为的结果。赫鲁晓夫认为:"唯一希望斯大林死的人是贝利亚,贝利亚公开

嘲弄斯大林。"斯大林不省人事后的第三天,斯大林的女儿斯维特兰娜和哥哥、苏联空军中将瓦西里·斯大林才被通知到孔策沃别墅。瓦西里到场后,过了一会儿就开始大吵大闹,大喊"有人谋杀斯大林"和"阴谋、无耻的阴谋"。他们怀疑的对象就是当时的特殊人物、秘密警察头子贝利亚。

赫鲁晓夫写道:"战后,贝利亚成为政治局委员,斯大林开始担心他各方面的影响,甚至开始惧怕他。那时,我不知道是什么原因,后来,当贝利亚整个的杀人机器被开动以后,一切都清楚了。斯大林达到目的所需要的实际办法都在贝利亚的手中,斯大林意识到:贝利亚能够杀掉他自己所选择的任何一个人。斯大林害怕了,因为他就是贝利亚所选中的第一个对象。"

赫鲁晓夫在回忆录中也是这样记载的:"当确知斯大林去世的消息后,大家非常悲哀,只是贝利亚莫名其妙地哈哈大笑起来。"

看来如果斯大林是死于谋杀的话,那么幕后的指使者只能是贝利亚,行动者很可能是那个斯大林的贴身警卫赫鲁斯塔廖夫,因为是他代替斯大林向另外两个警卫洛兹加乔夫和斯塔罗斯京传达斯大林的命令:"你们都睡吧,我这里什么也不需要。我今天用不着你们了。"这个命令曾使洛兹加乔夫和斯塔罗斯京大惑不解,因为"我们在斯大林身边工作了那么长的时间,还是第一次听到主人让我们在值班时睡觉"。

这位赫鲁斯塔廖夫是在随同斯大林送完马林科夫等客人,又把斯大林送回卧室后,才通知另外两名警卫休息,随后他又"按时"下班了。也就是说,在2月28日夜里,最后与斯大林在一起的就只有这个警卫了。

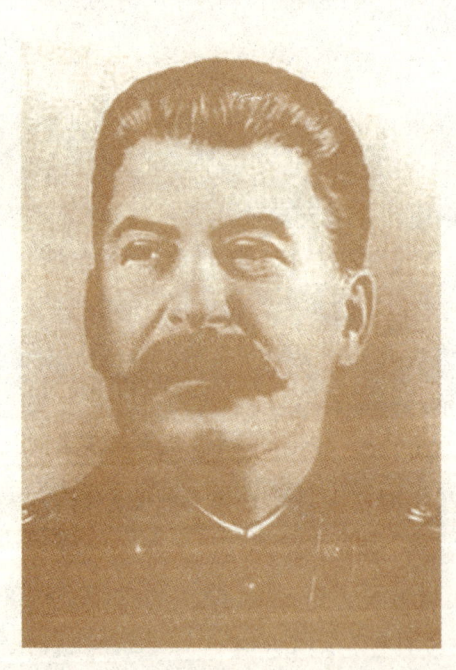

斯大林

苏联的持不同政见者亚历山大罗夫1963年在伦敦出版的《克里姆林宫》一书,认为斯大林是死于"精神谋杀"。他的论据如下:

1952年后,斯大林开始怀疑他周围的一切。他多次对别人说,伏罗希洛夫和莫洛托夫等人是"英国间谍",卡冈诺维奇是犹太人世界谋杀秘密组织的成员,这

## 惊魂的谜团

些人要暗害他。因此,他要先下手清洗中央委员会和政治局。莫洛托夫和卡冈诺维奇等人预感到斯大林将对他们进行"清洗"后,联合起来以激烈的言辞刺激斯大林,从而"谋杀"了他。他在书中披露一个惊人的情况:1953年2月28日,斯大林在孔策沃别墅召开了苏共中央主席团会议,宣布了克里姆林宫"医生谋杀案"的供词。同时,斯大林在苏共中央主席团批准了关于流放所有犹太人到中亚的政府法令草案。莫洛托夫与卡冈诺维奇指出:这种流放犹太人的法令将在世界上造成极坏的影响。斯大林勃然大怒,并谴责不同意他的方案的人。卡冈诺维奇再次发言,尖锐地、不妥协地予以回敬,并且公开撕碎了自己的党证和苏共中央主席团的证件;用力扔到斯大林面前的桌子上。卡冈诺维奇还当着斯大林的面说:"斯大

斯大林

林玷污了我们的国家!"大家都支持卡冈诺维奇与莫洛托夫,愤怒的斯大林突然失去了知觉倒下了。贝利亚高声喊了起来:"暴君死了,我们自由啦!"但是斯大林突然又睁开了眼睛,卡冈诺维奇、莫洛托夫和贝利亚等人又立即跪了下来,请求斯大林宽恕他们的不敬。被激怒而突发脑溢血的斯大林暂时无力对付他们,就让他们回家待命。可是,当天晚上,孔策沃别墅就发生了天大的事件。

这一说法仅见于亚历山大罗夫的书中,无法进行考证,因此也无法得到证实。

阿夫托尔汉诺夫在《斯大林死亡之谜》中提出的"谋杀"原因更加离奇。他推断出斯大林死于"四人团"(贝利亚、赫鲁晓夫、马林科夫、布尔加宁)之手。在"四人团"预感到斯大林将对他们采取行动后,他们便铤而走险,走上准备"弑君"和"政变"的道路。

但是阿夫托尔汉诺夫的推断实在是太离奇了,也实在太不可信了。究竟斯大林是病死还是被暗杀?如果是死于阴谋,又会是谁下的手呢?先于斯大林去世的托洛茨基曾经说过:"死神不宽恕任何一个人,其中包括独裁者。"斯大林死得不明不白,这也算是这个独裁者应有的下场吧。

## 英国王妃戴安娜因何意外死亡

1997年8月30日,颇受人们瞩目的英国王妃戴安娜和她的男友多迪在巴黎车祸中丧命。使得英法两国大为震惊,媒体和记者成了人们指责的对象,并由此引发了一场长达数年的诉讼大战。虽然这位"英格兰玫瑰"香销玉殒已十余年,但她的死因真相至今仍扑朔迷离。

1981年7月29日,美丽的戴安娜与查尔斯王子在白金汉宫结为夫妇。但是婚后,他们发现彼此性格差异太大,并不适合。两人终于在15年后劳燕分飞。后来,多迪出现在戴安娜的生活中,两人一见钟情,很快坠入爱河。事发当天,两人结束在地中海的旅游后返回巴黎,并在酒店共进晚餐,随后两人一同乘车前往多迪在巴黎16街区的豪华住宅。为躲避记者追踪,饭店派保罗为他们开车。保罗把时速提到160公里,在阿尔玛桥下隧道前面发生事故,保罗和多迪当场死亡,坐在后座的戴安娜也身受重伤,终因心肺受损不治而亡。

美丽的戴安娜王妃

关于戴安娜的死因,官方的说法是,她与她的男友是死于司机保罗之手,因为在保罗的血液里发现有大量酒精,这显然是他酒后驾车酿成的大祸。但是威廉王子并不相信这一结论。据美国一家媒体报道称,威廉王子密会英国军情五处探员,暗查其母惨死真相。据威廉的密友透露,威廉相信其母亲之死有太多疑点,最明显的是戴妃平时即使穿上隆重晚礼服也坚持要系安全带,但车祸当晚她却没有这样做。而多迪的父亲法耶兹也称,这是一次有预谋有计划的谋杀。依据他的调查,凶手是用激光手枪射杀多迪和司机的。当时,戴安娜所乘的奔驰车后突然出现两辆摩托车,超车后,这两个人强行截住多迪他们乘坐的车,然后便向车内猛烈开枪。法耶兹否定了司机保罗是酒后驾车,他说:"这血并不是司机保

## 惊魂的谜团

罗的血。当时送交实验室化验的完全是另外一个人的血,在这血液里发现有大量酒精及其他毒物。如果真是保罗的血的话,那他根本就挪动不了几步,更不要说还能去开车了。"另外,法耶兹指出,自案发现场到医院,行车最多只需 15 分钟,可奇怪的是,七拐八绕,整整花了 45 分钟才把王妃送到医院。当时她伤势严重,但不知为什么,在医院又耽搁了差不多 45 分钟才被送进手术室,这就彻底断送了"英格兰玫瑰"生还的希望。一位著名的心脏外科专家克里斯蒂安·巴纳德说:"我认为他们犯了一个非常严重的错误,他们当时应立即将戴安娜送到医院,因为只有手术才能制止大出血。而据我所知,他们在现场磨蹭了一个多小时。"

还有一种较为流行的说法是:戴安娜王妃与男友多迪为摆脱一帮摄影记者的追逐,戴安娜的司机躲闪不及,发生车祸,结果戴安娜王妃与男友多迪双双毙命,司机也当场身亡。这种说法曾一度引起英国民众对记者"狗仔队"的深恶痛绝。而多迪的父亲法耶兹更明确地指出,对戴安娜所乘奔驰尾追、堵截的 4 名"狗仔队"是受英国

戴安娜王妃车祸现场

秘密社会共济会的指派,这样戴妃的死又与英国种族主义分子有了瓜葛。

也有人认为戴安娜王妃是政治斗争的牺牲品。伊拉克《巴格达日报》就声称,戴安娜是被英国特工干掉的,因为她逾越本身的权限,牵涉到政治圈子里去了。该报又指出特工选择在法国下手,目的是为了推卸责任。

还有传言说戴安娜的司机保罗是英国情报人员。法耶兹在英国BBC第五频道披露了一条爆炸性的消息:司机亨利·保罗在车祸之前 3 年一直是英国情报部门军情六处领取薪水的告密者!戴安娜出事那天,他事先就接到英国情报部门的密令,为戴安娜驾驶奔驰车,行车的路线都是严格按照情报部门预先制定的线路

图行进的,包括走哪一条路、从哪个隧道经过、车速是多少等等。为了杀人灭口,英法情报部门故意在保罗经过的隧道路口制造了这起车祸,欲制造假象让人相信这完全是因饮酒过度造成的一起交通事故。车祸发生后,司机的血样已在验尸房被人调换了。

更加让人怀疑的是,戴安娜出车祸后,对这起事故的法庭调查漏洞百出。多迪的父亲法耶兹指出,法国法庭公布的长达32页的调查报告疑点颇多,根本无法让人信服。调查报告并未对下列疑点做出明确交代:那辆一直追逐在后面的神秘的菲亚特乌诺的轿车到哪里去了?那辆用激光枪瞄准司机造成目眩的摩托车到哪里去了?存放在情报机关的司机保罗的档案又在什么地方?

在英国民众的心目中,尽管这朵"英格兰玫瑰"已经凋谢,但她仍是20世纪末最迷人、最有才华、最美丽的女性之一。美国最畅销的《人物》杂志举办的22项世纪人物和事物评选中,已故的她囊括了"本世纪最美丽"和"最具衣着品位女性"两项荣誉,戴安娜留在人间的魅力从不曾改变,她依然是公众心中那个带着腼腆笑容的"平民王妃"!

无论戴安娜意外身亡的真相如何,死者逝矣,愿这个不幸的灵魂能在另一个世界里找到幸福。

英国社会流传的"摆脱"说认为,目前戴安娜仍活在世上,"诈死"是想摆脱传媒的追踪,重新过平淡生活,以逃避世俗的纷扰,现正以另一身份在世界另一边出现。有人称,出事4个小时后才对外界宣布戴安娜死亡,可以有足够的时间隐瞒真相及让戴安娜改头换面。

**惊魂**的谜团

# 中国名人千古悬疑

## 秦始皇陵的疑案

家喻户晓的秦始皇,因完成统一大业而名垂千古,因实施暴政遭千古骂名。秦王朝只存在了 15 年,他的万世皇帝梦也就破灭了。可皇帝制度、皇帝意识影响了中国几千年。不仅始皇帝的身世、生平、功过引人注目,连坐落在陕西西安骊山脚下的始皇陵也因众多未解谜团而备受关注。

坐落在骊山脚下的那座小山包就是秦始皇的坟墓,山包下便是那幽深而神秘的地宫。封土北侧有寝殿礼仪建筑群、饲官建筑群,封土外有两道长 10 千米的内外城垣,封土周围及东、西、南、北侧分布着数百座地下陪葬坑,秦始皇陵园封土、地宫、内外城垣形制及其礼仪建筑和布局都不同于先秦任何一座国君陵园。这座帝陵陵寝规模恢弘、设计奇特。陵园工程之大、用工人数之多、持续时间之久都是前所未有的。

秦始皇

始皇陵是一座充满了神奇色彩的地下"王国"。那幽深的地宫更是谜团重重,地宫形制及内部结构至今尚不完全清楚,千百年来引发了多少文人墨客和考古学家的猜测与遐想。地宫是什么样的结构?地宫内藏匿了多少奇器珍宝?地宫内

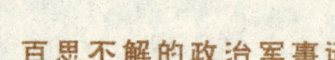

## 百思不解的政治军事谜团

有没有防盗机关？地宫挖了多深？始皇帝是铜棺石椁还是木棺木椁？始皇帝的尸骨是否完好无损？这一系列的悬念无不困扰着专家学者。目前只能根据现有考古材料结合有关历史文献做初步的探讨和推测。

神秘莫测的秦陵地宫在司马迁笔下仅留下极为简略的记载："穿三泉，下铜而致椁，宫观、百官、奇器珍怪徙藏满之。令匠作机弩矢，有所穿近者辄射之。以水银为百川、江河大海，机相灌输，上具天文，下具地理。以人鱼膏为烛，度不灭者久之。"考古专家们以此为线索，努力寻找着能揭开秦陵地宫之谜的种种蛛丝马迹。

### 谜团一：幽幽地宫深几许？

据最新考古勘探资料表明：秦陵地宫东西实际长260米，南北实际长160米，总面积41600平方米。秦陵地宫是秦汉时期规模最大的地宫，其规模相当于5个标准足球场。通过考古钻探进一步证实，幽深而宏大的地宫为竖穴式。

司马迁说"穿三泉"，《汉旧仪》则言"已深已极"。说明深度挖至不能再挖的地步，至深至极的地宫究竟有多深呢？

神秘的地宫曾引起了华裔物理学家丁肇中先生的兴趣。他与陈明等三位科学家利用现代高科技研究，推测，秦陵地宫深度为500至1500米。现在看来这一推测近乎天方夜谭。假定地宫挖至1000米，它超过了陵墓位置与北侧渭河之间的落差。那样不仅地宫之水难以排出，甚至会造成渭河之水倒灌秦陵地宫的危险。尽管这一推断悬殊太大，但却首开了利用现代科技手段探索秦始皇陵奥秘的先河。

国内文物考古、地质学界专家学者对秦陵地宫深度也作了多方面的研究探索。根据最新钻探资料，秦陵地宫并没有人们想象的那么深。实际深度应与芷阳一号秦公陵园墓室深度接近。这样推算下来，地宫坑口至底部实际深度约为26米，至秦代地表最深约为37米。这个数据应当说不会有大的失误，这是依据目前勘探结果推算的。但是否如此尚有赖于考古勘探进一步验证。

### 谜团二：地宫设有几道门？

2002年9月17日，世人通过电视直播目睹了考古学家探测金字塔内部空间的过程。当考古学家从第一道石门洞口将机器人放进去之后，想不到机器人又碰上了一道石门。举世瞩目的金字塔考古工程只好搁浅。金字塔地宫可能不只两道门。那么，秦陵地宫当年建造了几道墓门呢？

## 惊魂的谜团

秦陵地宫门道数量问题,其实《史记》中早有答案。只是未引起学者们的重视罢了。《史记》清楚的记载:"大事毕,已藏,闭中羡,下外羡门,尽闭工匠藏,无复出者。"

棺椁及随葬品全部安置放在中门以内。工匠正在中门以内忙活,突然间"闭中羡门,下外羡门。"工匠"无复出者",也成了陪葬品。这里涉及既有中羡门,又有外羡门,其中内羡门不言自明。地宫三道门似乎无可辨认。值得注意的是司马迁中羡门用了个"闭"字,外羡门则有了个"下"字,说明中羡门是可以开合的活动门,外羡门则是由上向下放置的。中羡门可能是横向镶嵌在两壁的夹槽中,是一道无法开启的大石门。内羡门可能与中羡门相似。三道羡门很可能在一条直线上。

秦始皇陵

### 谜团三:"上具天文"作何解释?

秦陵地宫"上具天文,下具地理"的记载出自《史记》,其含义是什么?著名考古学家夏鼐先生曾推断:"'上具天文,下具地理'应当是在墓室顶绘画或线刻日、月、星象图,可能仍保存在今临潼始皇陵中。"近年来,西安交通大学汉墓发现了类似于"天文""地理"的壁画。上部是象征天空的日、月、星象,下部则是代表山川的壁画。由此推断,秦陵地宫上部可能绘有更为完整的28星宿图,下部则是以水银代表的山川地理。在这座有着象征天、地的地下"王国"里,秦始皇的灵魂照样可以"仰观天文,俯察地理",统治着这里的一切。

### 谜团四:地宫埋"水银"之谜

始皇陵以水银为江河大海的记载见于《史记》,《汉书》中也有类似的文字。然而,陵墓中究竟有没有水银始终是一个谜。

现代科技的发展为验证秦陵地宫埋水银这一千古悬案提供了必要的前提条

百思不解的政治军事谜团

件。地质学专家常勇、李同先生先后两次来始皇陵采样。经过反复测试,发现始皇陵封土土壤样品中果然出现"汞异常"。相反其他地方的土壤样品几乎没有汞含量。科学家由此得出初步结论:《史记》中关于始皇陵中埋藏大量汞的记载是可靠的。现代科技终于解开了地宫埋"水银"的千古谜案。

至于地宫为何要埋入大量水银?北魏学者郦道元的解释是"以水银为江河大海在于以水银为四渎、百川、五岳九州,具地理之势。"原来是以水银象征山川地理,与"上具天文"相对应。

### 谜团五:地宫珍宝知多少?

"奇器珍怪徙藏满之"一语出自司马迁笔下。早于司马迁的大学者刘向也曾发出过这样的深切感叹:"自古至今,葬未有如始皇者也。"那么,这座神奇的地宫珍藏了哪些迷人的珍宝呢?

《史记》明文记载的有"金雁"、"珠玉"、"翡翠"等。其他还有什么稀世之宝谁也不清楚。不过20世纪80年代末考古工作者在地宫西侧发掘出土了一组大型彩绘铜车马。车马造型之准确,装饰之精美举世罕见。之前,考古工作者还发掘出土了一组木车马,除车马、御官俑为木质外,其余车马饰件均为金、银、铜铸造而成。地宫外侧居然珍藏了如此之精美的随葬品,那么,地宫内随葬品之丰富、藏品之精致是可想而知的。

### 谜团六:秦始皇使用铜棺还是木椁?

秦始皇使用什么样的棺椁?(《史记》、《汉书》均未明确记载。司马迁只留下一句"下铜而致椁"的含糊记录。于是有学者据此得出秦始皇使用的是铜棺。但从文献记载而言,秦始皇未必使用的是铜棺。《史记》、《汉书》明文记载:"冶铜锢其内,漆涂其外。""披以珠玉,饰以翡翠","棺椁之丽,不可胜原。"这里"漆涂其外"、"饰以翡翠"的棺椁恐怕只能是木质的了。如果是铜棺或石棺肯定用不着漆涂其外,而只有木棺才可能使用漆。

从先秦及西汉的棺椁制度考察,使用"黄肠题凑"的大型木椁是当时天子的特权。自命功劳大过三皇五帝的秦始皇不可能放弃"黄肠题凑"的木椁而改用其它棺椁。

### 谜团七:地宫有没有空间?

目前考古勘探表明,秦陵地宫为竖穴式。墓内可能有"黄肠题凑"的大型木

椁。如果是竖穴木椁墓,墓道及木椁上部都以夯土密封。这样一来,墓室内外严严实实,不会再有空间。然而,陵墓主持者之一李斯则说:"凿之不入,烧之不燃,叩之空空,如下无状。"

李斯这段话如果记载无误,那地宫明显有个外壳。按理这段话不会有假。因为李斯曾以左丞相身份亲自主持过陵墓工程,对地宫的构造了如指掌。加之这段话是当面向圣上汇报的,应该说不会有掺假嫌疑。如果按李斯所言可以推断秦陵当是一座密封的、真空的大地堡式地宫。不然,怎么会"叩之空空"?又怎么会"烧之不燃"?

按文献记载推理地宫是空的,且有较大的空间,但由于考古勘探尚未深入到地宫的主要部位,所以地宫内部究竟是虚是实目前还是个谜。

### 谜团八:自动发射器

秦始皇在防止盗墓方面也苦费心机。《史记》记载:秦陵地宫"令匠作机弩矢,有所穿进者辄射之。"指的是这里安装着一套自动发射的暗弩。如果记载属实的话乃是中国古代最早的自动防盗器。

秦代曾生产过连发三箭的弓弩。但是安放在地宫的暗弩当是一套自动发射的弓弩。当外界物体碰到弓便会自动发射。2200多年前的秦代何以生产如此高超的自动发射器也是一大谜。

### 谜团九:秦始皇遗体完好吗?

20世纪70年代中期长沙马王堆汉墓"女尸"的发现震惊中外。其尸骨保存之完好举世罕见。由此,有人推测秦始皇的遗体也会完好地保存下来。虽然客观上具备保护遗体条件,但秦始皇遗体是否完好地保存下来呢?

如果单从遗体保护技术而言,相距秦代不足百年的西汉女尸能很好地保护下来,秦代也应具备保护遗体的防腐技术。问题是秦始皇死在出巡途中,而且更糟的是正值酷暑时节,"尸体"未运多远,便发出了熏人的腥味,为了防止腥味扩散,走漏"风声",赵高、胡亥立即派人从河中捞了一筐筐鲍鱼,将鲍鱼与"尸体"放在一起以乱其臭。这样,经过50余天的长途颠簸,九月,尸骨终于运回咸阳发丧。

秦始皇由死到下葬间隔近两个月。根据当代遗体保护经验,一般遗体保护须在死者死后即刻着手处理。如若稍有延误,尸体本身已开始变化,恐怕再先进的技术也无能为力。秦始皇遗体途中就开始腐败,尸体运回咸阳等不到处理恐怕早已面目全非了。据此推测秦始皇遗体保存完好的可能性很小。

以上谜团只是秦陵地宫众多谜团之冰山一角。随着我国考古研究工作的深入和高科技探测技术的实际运用,秦陵地宫终有一天将再次震惊全世界。

## 项羽因何不渡江

"生当做人杰,死亦为鬼雄。至今思项羽,不肯过江东。"这是著名女词人李清照的名作。项羽是秦末农民起义军的领袖,为人刚愎自用,独断专行,因而在楚汉之争中落败,最终落得个自刎乌江的下场。项羽为何不渡乌江呢?两千多年来,人们有种种说法。

有一种观点认为,西楚霸王不过江东,是因为虞姬已死。

项羽

项羽的死与虞姬的死有必然联系吗?两者之间有联系,有学者就认为项羽因"虞姬死而子弟散"心生羞愧,因而不肯过江,拔剑自刎。这样说很有道理,单纯说项羽不肯过江东是因为虞姬之死就显得论据不足。而这与《史记》上说的"项王笑曰:'天之亡我,我以何渡为!且籍与江东子弟八千人渡江而西,今天一人还,纵江东父兄怜而王我,我何面目见之?纵彼不言,籍独不愧于心乎?'"这段话一致。"子弟散",一方面符合他说的"天之亡我",一方面也是"无颜见江东父老"的原因。项羽即便过江,败局已定。因而,他选择了不渡乌江。

但有的学者提出,自固陵战败后,项羽连连败退,退到垓下,垓下突围又逃往东南,一直逃至乌江边。由此可见,他早有退守江东之意,并且是一路逃奔。如果说项羽因失败使江东八千子弟葬送性命而愧对江东父老的话,垓下被围时,"虞姬死而子弟散",他就应羞愧自杀。渡淮之后从骑仅百余人,至阴陵又迷了路,问

一农夫，结果被骗，身陷天泽，被汉军追上。如此狼狈的境遇他也没有羞愧自杀呢！逃至东城，汉骑将之包围数重。尽管他"自度不得脱"，但还是把仅剩的二十八骑组织起来作了一番拼杀，又"亡其两骑"。这时候项羽仍"欲东渡乌江"。因而认为他好不容易逃到乌江岸边时却反而感到羞见江东父老而自杀似乎有些说不通。项羽的羞愧之心来得太突然，也不合情理，很可能是司马迁为使情节完整而下笔渲染的情节。

有人认为项羽不渡乌江是出于一种高贵的品质，是从早日消除人民的战争苦难考虑的。认为项羽认识到了长期内战使人民痛苦不堪，希望这场战争尽早结束。项羽确实曾有结束战争的愿望，也曾想过通过他与刘邦的个人决斗来将战争结束，他觉察到"楚国久相持不决"，"丁壮苦军旅，老弱罢鞍漕"，所以对刘邦说："天下汹汹长岁者，徒以吾两人耳，愿与汉王挑战决雌雄，毋徒苦天下之民父子为也。"最后他甚至不惜违背自己个性，想要牺牲自己的利益通过和谈换取刘邦的让步，以鸿沟为分界。但是刘邦却违约出兵追杀楚军。当项羽失利并且认识到自己无法立即消灭刘邦而又无法谈和的情况下，项羽只有牺牲自己以结束数年的残杀。据说，项羽当时还是有可能与刘邦抗衡的。

项羽为何乌江不渡？两千多年来，无论是文人骚客，还是历史学家都给予极大的关注，但至今难有定论。

## 曹操为何不称帝

"往事越千年，魏武挥鞭，东临碣石有遗篇"，曹操是毛泽东笔下的风流人物。看一下曹操的一生，不管他自己怎么说，他是由不自觉到自觉地在一条通向帝王的道路上一步步前进着。如果说建安元年（公元196年）前曹操在这方面的努力还只是一种不动声色的铺垫，那么从建安元年起，他就开始在这方面迈出了坚实有力的步伐。建安元年八月，曹操亲至洛阳朝见汉献帝。随即挟持汉献帝迁都许昌。将献帝变成了自己手中的一个傀儡和一张王牌，取得了"挟天子以令诸侯"的优势。献帝任命曹操为大将军，封武平侯，后来因为袁绍不满，曹操才将大将军的职位让给袁绍，自己改任司空，兼车骑将军，并从此开始主持朝政。

随着实力的增强，曹操对于朝政的控制也越来越严密，献帝的傀儡化程度也就越来越深了。建安二十二年（公元217年）四月，献帝诏令曹操设置只有天子才

曹操

可使用的旌旗，外出时像皇帝那样，左右严密警戒，不让行人通行。五月，曹操修建了诸侯有权享受的学宫泮宫。六月，曹操任命军师华歆为御史大夫。十月，献帝诏令曹操像天子那样头戴悬垂有十二根玉串的礼帽，乘坐专门的金银车，套六马。同时，封长子五官中郎将曹丕为魏国太子。就这样，曹操完成了夺取帝位和世袭权力的所有准备，在通向帝王的道路上，几乎已经走到了终点。曹操不但早已在事实上控制了朝廷的一切大权，使自己成了一个实际上的皇帝，而且在形式上，他也同皇帝没有什么两样了。曹操唯一没到手的，只不过是一个皇帝的名号而已。

事实上，曹操的代汉意图早就昭然若揭，但至死他也没有迈出最后的一步。他要把这最后一步让给自己的儿子完成。曹操为什么自己不称帝呢？主要考虑到以下几个方面：

其一，从当时形势看，如果贸然称帝，会给政敌和拥汉派势力一个舆论上的借口，使自己在政治上陷入被动。综观曹操的一生，内部的反对和反叛大都发生在他被封为魏公、魏王之后，就是最好的证明。因此，继续维持献帝这块招牌，对于安抚拥汉派，巩固内部，仍有不可忽视的作用。

其二，至少从建安十五年（公元210年）起，曹操一再"自明本志"，说自己绝对没有代汉自立的意图，言辞恳切，说了差不多十年，现在如果突然改变主意，否定自己，对自己的声誉名节必然会造成不利影响，不如坚持把戏演下去。

其三，更重要的是，曹操是一个讲求实际的人，只要掌握了实权，虚名并不重要，"施于有政，是亦为政"一语，是他内心想法的真实写照。

此外，建安二十四年（公元219年）曹操已65岁，年纪大了，估计自己将不久于人世了，这也可能是他不愿称帝的一个原因。

总之，曹操不当皇帝，是从策略上全面权衡得失后所作出的决定，是一种周密而明智的谋虑。曹操自比"三分天下有其二"的周文王，是对自己的自我评定。

## 惊魂的谜团

## 聪明的曹操

中国历代帝王都把陵寝作为社稷江山的象征。他们大多从登基之日起,就下令建造陵墓。这些陵墓工程浩大,费时多年,动用上万甚至几十万民夫,耗费了大量金银,陪葬了数不尽的财宝。

而曹操对自己的身后事,却提出"薄葬"。他是中国历史上第一位提出"薄葬"的帝王。公元218年,他颁布了一道《终令》,明确提出死后不要厚葬,要将自己埋葬在瘠薄的土地上,依照地面原有的高度作为地基,陵上不堆土,不植树。一年后,他为自己准备了送终的四季衣服,并留下遗嘱说:我如果死了,请按当时季节所穿衣服入殓,金玉珠宝铜器等物,一概不要随葬。

当时,曹操虽未称帝,但权力与地位不亚于帝王,为什么他不但提倡"薄葬",而且身体力行呢?推想原因有二:

其一,他一生主张节俭。

据说,他对家人和官吏要求极严。他的儿子曹植的妻子因为身穿绫罗,被他按家规下诏"自裁"。宫廷中的帷帐屏风,破旧之后缝补一下再用,不可换新的。有个时期,天下闹灾荒,资财匮乏,曹操带头不穿皮革制的衣服。冬天,朝廷的官员们都不敢戴皮帽子。

其二,为了防止盗墓。

据说,曹操早年曾干过盗墓的勾当。他亲眼目睹了许多坟墓被盗后尸骨纵横,什物狼藉的场面,他不愿重蹈覆辙,所以一再要求"薄葬"。

在力主和实践"薄葬"的同时,他还采取了"疑冢"的措施。布置疑冢,一方面为了防止盗墓;另一方面,也和他生性多疑有关。生前,他因多疑,错杀了许多人;死后,他的多疑也不例外。传说,在安葬他的那一天,邺城所有的城门全部打开,72具棺木从东南西北四个方向,同时从城门抬出。从此,曹操之墓的千古之谜随之悬设。

这72座疑冢,哪座是真的呢?

千百年来,盗墓者不计其数,但谁也没发掘出真正的曹操墓。

漳河累累漳水头,如山七十二高丘。

正平只有坟三尺,千古安眠鹦鹉洲。

据此,曹操的墓应在古邺城西门豹祠以西的漳河沿岸。南宋诗人范成大

1170年曾在此下马、拜谒曹操陵,但并不知拜的是否是真陵。

传说,军阀混战年代,东印度公司的一个古董商人雇民工挖了十几座疑冢。除了土陶、瓦罐一类的东西外,一无所获。

1988年《人民日报》发表一篇文章《"曹操七十二疑冢"之谜揭开》说,"闻名中外的河北省磁县古墓群最近被国务院列为第三批全国重点文物保护单位。过去在民间传说中被认为是'曹操七十二疑冢'的这片古墓,现已查明实际上是北朝的大型古墓群,确切数字也不是72,而是134。"至此,疑冢之说似乎不攻自破了。

但是,关于曹操尸骨到底埋于何处,至今仍然是个谜。

铜雀宫观委灰叠,魏之园陵漳水滨。

即令西湟犹堪思,况复当年歌无人。

由此推断,曹操墓是在漳河河底。并有两个传说作为佐证。一个是清人沈松的《金健笔录》中说有一捕鱼之人在干旱的漳河床内捕鱼。发现地下的石门,进入石屋见到了曹操尸体及陪葬女。这个说法经不起推敲。另一个是蒲松龄的《聊斋志异》说许昌城外一山洞,内藏曹操棺椁。这也属虚构,难以令人相信。况且,地点也不符。

《彰德府志》载,魏武帝曹操陵在铜雀台正南5公里的灵芝村。据考查,这也属于假设。还有一种说法是,曹操陵在其故里谯县的"曹家孤堆",理由有三:

其一,《魏书·文帝纪》载:"甲午(220),军治于谯,大飨六军及谯父老百姓于邑东。"《亳州志》载:"文帝幸谯,大飨父老,立坛于故宅前树碑曰大飨之碑。"

曹操死于该年正月,二日入葬,如果是葬于邺城的话,那魏文帝曹丕为何不去邺城而返故里?说明他此行目的是为了纪念其父曹操。

其二,《魏书》还说:"丙申,亲祠谯陵。"谯陵就是曹氏孤堆,位于城东20公里处。这里曾有曹操建的精舍,还是曹丕出生之地。曹丕祠谯陵,一是不忘出生地,二是祭先王曹操之陵。

其三,亳州有庞大的曹操亲族墓群,其中有曹操的祖父、父亲、长女等人之墓。推断,曹操之墓也当在此。

这种说法也遭到了质疑。认为曹丕祠谯陵可能是祭祖。不一定是祭曹操。祖先坟在此,不一定曹操墓也在此。

面对"曹墓不知何处去"的感叹,人们对曹操的奸诈多疑可能有了更深的认识。

但是,从另一角度看,曹操一生节俭,带头"薄葬",是有积极意义的。在那战

## 惊魂的谜团

乱不断,社会动荡的时代,身居高位的他,用隐秘的办法处理后事,也是迫不得已。这样做,既保护了自己,也使盗墓者无从下手,这也算是他的明智之举。

一千多年过去了,曹操的真正陵寝还无踪迹,也许永远是个谜中之谜。

## 武则天墓中有多少无价之宝

陕西乾陵素有考古界的"三峡工程"之称。在位于西安西北方向的梁山主峰下,埋着唐高宗李治和大周女皇帝武则天。一对夫妇,两朝皇帝,合葬一室,这在全世界也是极其稀罕的。中国历代帝陵中,乾陵是最特殊的一个。它凿山建穴,规模宏大,收藏丰富,一男一女,两朝皇帝,合葬一室,且1000多年间,原封未动。而武则天名扬天下,妇孺皆知,更使这座陵墓备受国内外关注。

中国政府在1957年,就公布乾陵为"陕西省第一批名胜古迹重点保护单位"。1961年,国务院又公布它为第一批全国重点文物保护单位。40多年来,各级政府不断拨专款进行整个陵园的维护与修葺,到2004年底,共接待国内外游客3800万人次。

然而,人们在乾陵司马道下车,看到的只是一座和山体浑然相融的皇家陵园,地宫在哪里?陵寝又在哪里?几乎所有的访客游完之后,都带

武则天

着一连串的问号怅然而归。人们有理由关注的是,陵墓里究竟都有些什么宝贝?武则天、唐高宗的遗体还能不能见到?会不会出现像湖南马王堆那样的千年女尸?如果就只留下一副尸骨,借用现代化的造型技术复原,能否也让人们重见武则天的真实风采?这其中隐藏的谜团太多了,若能打开,乾陵将会成为世界上最大的最具观赏性的博物馆。

乾陵地宫里,到底有多少文物呢?经过这么多年的探测考察,一位资深的文

物工作者推算：保守一些说，最少有五百吨！这还不包括墓道里的那些条石，而那些造型各异刻有文字的条石，也是难得的文物。

根据考古工作者对乾陵主峰以下，垂直地宫的局部探测，以及对乾陵附近的陪葬墓的发掘，专家们推测乾陵墓室的结构，是由墓道、过洞、天井、前后通道，左右宫殿组成。左边躺着唐高宗，右边躺着武则天。

在前后通道的两侧，又各有四间石洞，洞里装满了盛唐时最值钱的宝贝。在通向金刚墙的近百米过道两旁，摆满了各种金银祭器。而最让世人感兴趣的就是那件顶尖级国宝——《兰亭序》。史书记载，《兰亭序》在李世民遗诏里说是要枕在他脑袋下边。那就是说，这件宝贝应该在昭陵，而不在乾陵。可是，五代耀州刺史温韬把昭陵盗了，但在他写的出土宝物清单上，却并没有《兰亭序》，那么十有八九《兰亭序》就藏在乾陵里面。乾陵一带的民间传闻中，早就有《兰亭序》陪葬武则天一说。

武则天陵墓

细说起来，中国几千年历史上，唯一敢废黜正统，戴上皇帝帽子的女人，只有武则天一人。她66岁时掀翻了李唐龙案，宫门外高悬起武周的旗帜，硬是当了15年皇帝，死后又敢在自己墓前竖起黑色的无字碑，一生功过任凭后人评说。唐高宗李治风流倜傥、病榻上草就遗诏，要把他生前喜欢的字画全部随葬入墓，估计书法大圣王羲之除《兰亭序》之外的精品都被李治带入了棺椁。

而武则天更是才气横溢的一代尤物，可流传至今的《全唐诗》中，只收了她很少一部分诗作。武则天那么多失传佳作哪里去了呢？是否就葬在陵中？

文物专家郭沫若先生曾对周恩来总理说过："毫无疑问：肯定有不少字画书籍保存在墓室里！打开乾陵，说不定武则天的《垂拱集》百卷和《金轮集》十卷可重见天日！也说不定武后的画像、上官婉儿等人的手迹都能见到！石破天惊，一定是

一件石破天惊的大事!"郭老只字未提墓室中那车载斗量的金银珠宝。其实,可以想象,乾陵一开,其间珍宝定会光耀全世界!

漫漫历史,几多沉浮?对乾陵感兴趣的岂止郭老一人?多少代志士仁人,谁不想在有生之年一饱眼福?

## 宋太祖之死

宋太祖赵匡胤,武将出身。显德七年(公元960年)在其弟赵匡义(又名赵光义)的幕后策划和帮助下发动篡取后周皇权的陈桥兵变,黄袍加身,称帝于开封,建宋朝,定都东京,史称北宋。

对宋太祖之死的说法版本很多,《宋史·太祖本纪》一书中对太祖之死的记录只有"……癸丑夕,帝崩于万岁殿,年五十,殡于殿西阶。谥曰:英武圣文神德皇帝。庙号:太祖……"这寥寥数字,实在简略无比。其中有一个说法是976年10月,一个寒冷的夜晚,在宋太祖赵匡胤睡觉的寝宫中,烛光摇曳,阴风森森,房中还不时传出斧劈之声。待一切的声响都消失之后,一个噩耗便迅速传开:皇上昨晚突然驾崩了。这就是历史上所谓"烛光斧影"的疑案。

宋太祖

有人认为,赵匡胤一夜之间暴死,是被他的弟弟赵光义杀害的。赵光义是一位怀有雄韬大略的风云人物。他曾参与陈桥兵变,为大宋政权的建立立下过汗马功劳。虽然他也有治国安邦之才,但碍于兄弟情面,赵光义只好拥戴兄长作了大宋皇帝,期待着有朝一日赵匡胤将帝位传给他。可事实并不如他想象的那样顺利,宋太祖赵匡胤晚年打算把江山传给自己的儿子,这对于觊觎皇位已久的赵光义无疑是当头一棒,于是,他利用宋太祖召他进宫喝酒的机会,

将宋太祖杀害,篡夺了皇帝宝座。

对于上述看法,有人提出了截然相反的意见。他们认为宋太祖赵匡胤是自然死亡,并非宋太宗赵光义所害。因为赵光义已耐心等待皇位达17年之久,而且,宋太祖的儿子赵德昭仁慈宽厚,怯弱无能,根本无力治理天下,也无力与赵光义争天下。赵光义当时挟开国功勋之位,权倾朝野,又有母亲杜太后遗诏要哥哥传位于己的"金匮之盟"作后盾,皇位自然非己莫属。因此,赵光义只要等宋太祖自终,就可顺顺当当继承帝位,用不着去冒杀头之险去杀害亲兄,招天下骂名。

有人从研究宋太祖赵匡胤的健康状况入手分析,认为他是死于遗传性家族病,即死于脑动脉破裂(脑溢血)症。他们通过对赵匡胤、赵光义、赵廷美三兄弟家庭健康状况和死亡情况的调查,发现他们大多短命暴亡,属非正常死亡。于是,他们结合孟德尔遗传分离定律,认定赵氏家族患有狂怒暴躁、忧郁症等家族病,并由此而引起早亡、暴亡。宋太祖赵匡胤也是如此,他在当上皇帝以后的几年中,就有患轻度躁狂忧郁症的迹象。他情绪有时亢奋,有时抑郁,对大臣们猜疑心又很重,健康

宋太宗

一直很差。976年10月,他召赵光义入宫夜宴,便因为心情烦躁,饮酒过度而得了脑溢血暴病身亡,史书上说他与太宗喝酒后解带宽衣就寝时"鼻息如雷",就是脑出血的典型症状。因此,宋太祖之死实属病殁,不足为怪。熟读史书的毛泽东也从《宋史·太祖本纪》中发现了问题,少得可怜的数语只说宋太祖驾崩于皇宫,却未说因何而崩。因为是死于皇宫中,那么大体上应该是病亡,但《宋史·太祖本纪》中没有记录说是病亡的。因而毛泽东批注道:"不书病,年五十",这是毛泽东对赵匡胤之死的分析与判断。

关于宋太祖之死,史书上也还有另外一种说法。据《烬余录》称,赵光义很是喜爱后蜀主孟昶的妃子花蕊夫人费氏,想占为己有。可孟昶死后,费氏被宋太祖赵匡胤纳为妃子,更宠爱有加。赵光义就是胆再大也没胆与之明争。太祖生病,而

## 惊魂的谜团

深更半夜身处皇宫的赵光义以为宋太祖沉睡,便借机调戏费氏,太祖惊醒,用玉斧砍之,太祖体虚力不足,砍赵光义不着。而赵光义奸情败露,料已将会惨死,便狠心弑兄。此即历史上所谓"烛光斧影"的疑案之一说。

上述几种说法虽各有推理,自成一说,但无一种说法能赢得公认。至今为止,宋太祖之死仍然是一个未解之迷。

## 岳飞到底死于何人之手

岳飞(公元1103～1142年),字鹏举,相州汤阴人,出身贫苦农民之家。联金灭辽时应募从军,曾在张所部任统制,并与王彦一起抗金。后随宗泽守东京,任都统。宗泽死后,他投身张浚部,并逐渐成为南宋重要的抗金将领,立下赫赫战功。建炎四年,收复建康(今江苏南京);绍兴四年,大败刘豫齐军,收复襄阳等六郡,封清远军节度使,后封为武昌开国侯,联络两河义军,部署北伐。绍兴八年底,他反对高宗与秦桧的议和,并上表提出"金人不可信,和好不可恃"。绍兴十年,郾城一战,大败兀术统率的金兵主力,收复颖昌、郑州、洛阳等重镇。在抗击

岳飞塑像

金兵的战斗中,岳飞率领的"岳家军"常常以一当十,勇往直前,声威大震,甚至金军中都流传着"撼山易,撼岳家军难"的悲叹。可是,就在收复中原即将实现的大好形势下,宋高宗赵构却连发十二道金牌,下令收兵。岳飞挥泪含恨退兵,不久以"莫须有"的罪名和他的儿子岳云及部将张宪被毒死于"风波亭"。

直到孝宗即位,冤案平反,岳飞墓才迁至景色秀丽的栖霞岭下。岳飞墓前,铸

有两个跪着的铁人,即当时南宋的宰相秦桧夫妇。几百年来,到此悼念岳飞的人们都要唾骂奸臣秦桧。岳飞为秦桧所害,这似乎已成为不容置疑的铁案。

但是,事实上杀害岳飞的元凶并不是秦桧,秦桧只不过是这个元凶手下的一个鹰犬!

第一,秦桧没有杀岳飞的权力。有人指出,当时秦桧虽然很受高宗的信任,但还没到摆布高宗的地步,因此也不能为所欲为地恣意铲除异己。绍兴九年,秦桧正积极对金议和,枢密院编修官胡铨上书反对,并请求皇帝"斩秦桧之头挂诸街衢"。秦桧对此人恨之入骨,但也不敢任意杀害他。由此可知,对战功赫赫的岳飞,他更不可能擅自处置了。

第二年,金兵违背和议,一举攻占了河南地区,秦桧惶惶不可终日,深怕高宗因此迁怒于自己的议和政策,他此时惶恐不安,正是自保不足的时候,因此,他没胆子背着高宗杀害岳飞。需要说明的是,岳飞的狱案又称作"诏狱",程序严密,外人无法插手。这样,即便秦桧权力再大,公开"矫诏"杀人也是不合情理的。

岳飞庙

第二,秦桧及刑部主审岳飞一案,曾上书定岳飞、张宪死罪,但并没有定岳云死罪。可上书赵构后,岳云也没能幸免于难。由此可见生杀大权还是在高宗之手。

第三,秦桧死后,赵构为秦桧制造的许多冤假错案平了反,但唯独对岳飞一案不肯昭雪。而且对许多大臣申请为岳飞平反的奏折不予理睬。

这一切都足以证明,赵构才是杀害岳飞的元凶。

赵构出于什么原因要害死自己倚为军事支柱的岳飞呢?而且宋太祖赵匡胤曾传下秘密誓约,规定后世子孙"不得杀士大夫及上书言事人","子孙有逾此誓

者，天必殛之"。在北宋历朝，这条誓约执行得非常严格，赵构为何敢违约破例？这在认为赵构是杀害岳飞元凶的学者中存在着争议。

有的学者认为"帝之忌兄，而不欲其归"。高宗眼见岳飞一心要"迎二圣"，而徽、钦两帝一旦回来，自己的皇位就不保了。他害怕中原光复，因而杀了岳飞。

另一部分学者则认为并不是"迎二圣"。赵构杀岳飞，主要原因是怕他在外久握重兵，跋扈难制，危及自己的统治，对武将的猜忌和防范，是赵宋王朝恪守不渝的家规。只要武将功大，官高而权重，就意味着对皇权构成威胁。岳飞个性刚强，"忠愤激烈，议论不挫于人"，不容易与人合作。绍兴七年（公元1137年），他上书奏请高宗立储："乞皇子出阁，以定臣心。"同年，他又因守母丧，未经高宗批准便自行解职，把兵权交给张宪。这两件事犯了高宗的大忌。再加上高宗曾在金营作人质，又有从扬州南渡等惊险经历，对金兵始终心存恐惧。对战争前景，他既怕全胜，又怕大败。胜则怕武将兵多，功高而权重，败则怕欲为临安布衣而不能。他想当个安安稳稳的太平皇帝，因此一心求和。所以，秦桧利用岳飞部下的告密来证明岳飞的跋扈，正好迎合了赵构害怕岳飞立盖世之功、挟震主之威的心理，加上岳飞又是反对和议最强烈的主战派，故而下令杀了岳飞。

## 成吉思汗陵墓在哪里

700年来，全世界的考古学家都想知道一代天骄成吉思汗的陵墓在哪里，然而几支世界有名的考古队接连"败走麦城"。带领蒙古铁骑横扫欧亚创立蒙古帝国的成吉思汗究竟埋身何处？是数百年来考古学上的一大悬案。

按照习俗，元代帝王的墓葬都采用"密葬"形式，所以至今仍未发现一座元代皇家陵墓。一位蒙古专家认为：成吉思汗的陵墓里可能埋藏着大量奇珍异宝，里面的工艺品甚至比秦始皇陵出土的兵马俑还要壮观。这并非危言耸听，因为成吉思汗的陵墓里可能埋藏着他东征西讨从20多个王国搜刮而来的无价珍宝，这些都成为吸引私人考古队前赴后继的诱人原因。

成吉思汗曾经统一蒙古各部，入侵西夏，南下攻金，灭西辽，西征中亚，征战多年，建立了一个横跨欧亚的大帝国。1226年成吉思汗再次出征西夏，次年西夏亡，成吉思汗亦病死于灵州（今宁夏灵武县）军中，终年65岁。据说，手下将领遵循遗诏"密不发丧"，由最忠心耿耿的将领把遗体运回故乡，下葬到赶造好的陵墓

中。葬后，又出动上万马匹来回奔跑，将墓地踏平，然后植木为林，并以一棵独立的树作为墓碑。随后，为首的将领命令800名士兵将造墓的1000多名工匠全部杀死，而这800名士兵旋即也遭灭口，最终将这一"天"字号机密带进了坟墓。

关于成吉思汗死后所葬之处，有许多种猜测。传说700多年前，成吉思汗率军远征西夏途经伊金霍洛（今鄂尔多斯高原），目睹这里水草丰美，花鹿出没，心里特别高兴，陶醉之际，失手将马鞭掉在了地上。部将刚要拾起马鞭，却被成吉思汗制止了，并即兴吟诗一首："梅花幼鹿栖息之所，戴胜鸟儿孵化之乡，衰亡之朝复兴之地，白发吾翁安息之邦。"

成吉思汗

后来成吉思汗远征西夏时病死途中。成吉思汗的话不能违背，诸子和诸将据大汗命令，决定将他的遗体葬在萨里川，在伊金霍洛地方葬衣冠。据说，路经伊金霍洛，灵车突然深陷泥潭中，用五匹马拉仍纹丝不动。大家即以此为衣冠冢，并建陵园，那里有八个白色的蒙古包，被蒙古族视为全民族的圣迹，称为"八白室"。留下卫队中的500户在此专门侍奉，称作"达尔扈特"。

鄂尔多斯学研究会秘书长杨·道尔基曾介绍说，坐落在鄂尔多斯高原上的成吉思汗陵，是从窝阔台汗13世纪30年代为其父汗灵寝建造的四白室（四座白色的毡帐）演变而来的，而守卫成陵的达尔扈特人则是成吉思汗8位功臣的后裔。

成吉思汗离开人世已近800年，相应地，达尔扈特人守护他的英灵也经历了近800年。这期间，达尔扈特人历经元、明、清、中华民国到新中国，一直代表全体蒙古族同胞守护成吉思汗陵世代相传到现在。

对于鄂尔多斯成吉思汗陵的历史地位和它的历史价值，各方专家众说纷纭。离成吉思汗最近，最了解这座陵墓价值的莫过于成吉思汗的后人。奇忠义先生是成吉思汗的第34代嫡孙、中国最后一位蒙古王爷。对于鄂尔多斯的成吉思汗陵，

## 惊魂的谜团

他有着这样的理解。

奇忠义老人认为：伊金霍洛旗的成吉思汗陵很重要，并不仅仅是先祖成吉思汗的衣冠冢。成吉思汗的灵棺中有很多秘密，但是不能说。他还记得1954年大祭灵时，曾开过棺，当时的内蒙古自治区主席乌兰夫亲眼看过。里面确实有部分人骨。在奇忠义家中现在还珍藏着一幅成吉思汗全家人画像，画中共12人，成吉思汗的像与现在流传在世面上的形象不同。奇忠义说画像是从成吉思汗的灵柩中取出的。

奇忠义还分析说："从蒙古人的习俗和过去信奉的萨满教讲，祭奠先人主要是祭灵魂，不是祭尸骨。按照蒙古民族的习惯，人将死时，他的最后一口气——灵魂将离开人体而依附到附近的驼毛上。根据史料记载，吸收成吉思汗先祖最后一口气——也就是灵魂的驼毛，几百年来就收藏于鄂尔多斯成吉思汗陵。"

对于成吉思汗骨骸的确切葬地，奇忠义老人认为，"成吉思汗死于现在宁夏回族自治区的六盘山，当时是夏季，气候炎热，遗体不可能运出很远，秘葬在鄂尔多斯境内的可能性很大"。关于这位奇忠义老人的介绍，或许又为我们走近成吉思汗最终的安息之处迈出了坚实的一步。也可以说揭开了成吉思汗陵神秘面纱的一角。

若要研究蒙古历史，《蒙古秘史》是蒙元专家们绕不过的一本奇书。关于蒙古皇族的殡葬《蒙古秘史》是这样记载的：蒙古皇族下葬后，先用几百

鄂尔多斯的成吉思汗陵

匹战马将墓上的地表踏平，再在上面种草植树，而后派人长期守陵，直到地表不露任何痕迹方可离开，知情者则会遭到杀戮。

在《马可·波罗游记》中马可·波罗写道："可汗或汗的称号，等于我们语言中的皇帝。一切鞑靼人的大汗和成吉思汗——他们的第一个主人死后，按例应葬

在一座名叫阿尔泰的山去,无论他们死在什么地方,甚至相距100天的路程,也要把他的灵柩运送到阿尔泰去。在把君主的灵柩运往阿尔泰山的途中,护送的人要将遇到的一切人作为殉葬者。"不知道马可·波罗的这些记述能给我提供多少关于成吉思汗确切埋葬地的准确资料。

再回到成吉思汗陵墓的确切位置问题上来。目前,各国考古专家关于成吉思汗墓地确切位置的圈定,比较认同的有四个地点。一是位于蒙古国境内的肯特山(不儿罕山)南,克鲁伦河以北的地方;二是位于蒙古国杭爱山;三是位于中国宁夏的六盘山;四是位于内蒙古鄂尔多斯鄂托克旗境内的千里山。

对于千呼万唤的成吉思汗陵墓,当年蒙古国总统巴嘎班迪访华时,中央电视台记者水均益在采访中曾特地向他提起这个问题,巴嘎班迪的回答是很巧妙且耐人寻味的:"根据成吉思汗传承下来的一个遗嘱,也就是他去世时所说的一段话,他说,让他的陵墓永远不让世人知道。因此,我们遵循成吉思汗的这一遗嘱。我认为,成吉思汗陵墓在什么地方就在什么地方,这并不重要……让它永远成为一个谜底似的问题,使那些愿意猜谜底的人继续猜这个谜底吧。"

## 郑和下西洋之谜

郑和本姓马,小字三宝,云南昆明人,出生于世代信奉伊斯兰教的回族家庭。郑和长相魁梧,博辩机智,"资貌才智,内侍中无与比者",深得明成祖朱棣的信赖,是成祖的心腹。"郑和下西洋"的壮举使郑和成了家喻户晓的人物。从永乐三年(公元1405年)至宣德八年(公元1433年),他受明成祖的派遣,率领规模庞大的船队驰骋万里海域,先后七次下西洋。郑和航海规模之大,航程之远,所到国家之多,为历史所罕见。对于郑和下西洋的目的,学术界有不同的看法。

郑和像

## 惊魂的谜团

有人认为，郑和下西洋是为寻找下落不明的建文帝。《明史·郑和传》载："成祖疑惠帝亡海外，欲踪迹之，且欲耀兵异域，示中国富强。"从中可知，《明史》的作者将到海外暗中侦察建文帝的踪迹看作是郑和下西洋的动机和目的；而沿途宣扬国威，向外示富，只是个辅助的方面。文中所说的惠帝即明成祖朱棣的侄儿建文帝朱允炆。建文帝刚坐上皇帝宝座时，由于各诸侯掌握兵权，而自己无实权，便想尽一切办法削弱他们的力量。燕王朱棣当时公开反叛，以"清君侧"为理由武力夺取皇位，号称"靖难"。靖难之役后，建文帝朱允炆便不知所终，这"活不见人，死不见尸"的建文帝始终是朱棣的一块心病。为了长治久安，防止建文帝东山再起，威胁自己的统治地位，朱棣便一次又一次地派遣郑和出使西洋，寻找建文帝的踪迹。这是《明史》的叙述，自此以后，编写历史的人大部分归因于此。如范文澜的《中国通史简编》曾明确指出郑和下西洋是假，寻惠帝是真。

也有人认为，郑和下西洋是具有政治和经济的"双重目的"。近人梁启超据"且欲耀兵异域，示中国富强"一语，在其《祖国大航海家——郑和传》中说明成祖野心勃勃，利用郑和下西洋扬名海外，其实只不过是"自我陶醉"罢了。李长傅的《中国殖民史》，称朱棣派遣郑和下西洋称为"炫耀自我"。

还有人说，郑和七下西洋，每次出航，明成祖交给他的任务都是不相同的。尚钺的《中国历史纲要》认为，15世纪，帖木儿帝国出现于中西亚，永乐二年（公元1404年）十一月，帖木儿带领千军万马侵犯明朝，但于永乐三年（公元1405年）二月亡于路上，所以同年六月成祖派郑和远渡重洋，可能是为了联络外邦共同对付帖木儿帝国，使它没有时间入犯，后六次则是为了开辟一条新航海路线，以便容易地与国外进行贸易。李光壁的《明朝史略》赞成郑和后六次的使命如尚钺所述，同时又指

郑和纪念馆

百思不解的政治军事谜团

出郑和首次西下则带有扩大贸易、提高"威望"、联络印度等国的三重任务。郑鹤声、郑一均在《郑和下西洋简论》中认为,郑和前三次下西洋,其目的是同亚非三十多个国家结盟,顺便打听朱允炆的下落,后四次则是为宣扬"国威"。

每派所述,都有一定道理,到底哪种说法才是当时明成祖派郑和西下的真正目的呢?这就不得而知了。

## 谁是"红丸案"的幕后主谋

明代末年,宫廷接连发生离奇的三大案与神宗、光宗、熹宗祖孙三人密切相关,也和朝廷派系斗争紧紧纠缠在一起。三案成为明末政坛关键,各种势力纷纷介入,案件无法正常审理,因此变得扑朔迷离。著名的"红丸案"便是其中之一。

泰昌元年(公元 1620 年)八月二十九日,在乾清宫,明光宗召见辅臣方从哲等 13 员文武大臣。诸臣向皇帝请安过后,皇帝开始询问册立皇太子之事。方从哲说:"应当提前册立皇太子的日期,完成贺礼,皇上也就心安了。"光宗又让皇长子出来见大家,看着他对大家说:"你们日后辅佐他,务必使他成为历史上尧舜那样的圣帝贤君,朕也就心安了。"方从哲等人还想说什么,光宗却开始问道:"寿宫(神祠墓地)修没修好?"辅臣回答说:"先帝陵寝已经修好,请皇帝放心吧!"光宗指着自己说:"那就是朕的寿宫吗?"方从哲等人齐声回答:"祝皇帝万寿无疆。"皇上仍然叮咛不止,反反复复,语无伦次,最后上气不接下气地哭泣着说:"朕已经自知病重,难以康复,或者不久于人世。"说到这里,已是气息奄奄,用颤抖的手勉强挥一下,让众臣退朝,方从哲留下。

皇上问方从哲道:"有鸿胪寺官(掌礼仪之官)要进药吗?人在哪儿呀?"方从哲回答说:"鸿胪寺丞李可灼,说有仙丹妙药,臣下不敢轻信。"皇上听后,命宫中侍人立即传唤李可灼到御前,给皇帝看病诊脉,等他谈到发病的原因以及医治的方法时,皇帝非常高兴,命令进药,让诸臣出去,并令李可灼和御医们研究如何用药,一直定不下来,辅臣刘一说:"我有两乡人同用此丸,一个失效,一个有效,此药并非十全十美。"礼部官员孙如游说:"这药有用与否,关系极大,不可以轻举妄动。"没过多久,又有一位老奶妈来到御前,向皇帝问安。皇上催促众人配药,诸臣又回到御前,李可灼将药物调好,进到皇上面前,皇上从前喝汤都喘,现在服了李可灼的药,就不再气喘了。皇上反复地称道李可灼忠心可鉴。诸臣在宫门外等候。

## 惊魂的谜团

约一个时辰过后,有宫中内侍急报说:"圣上服药后,四肢温暖,想进饮食。"诸臣欢呼雀跃,退出宫外。李可灼和御医们留在宫内。到了傍晚,方从哲放心不下,又到宫门候安,正遇见李可灼出来,急忙打听消息。李可灼回答说:"服了红丸药,皇上感觉舒畅,又怕药力过劲,想要再给服一丸,如果效果好的话,圣体就能康复了。"诸医官认为不宜吃得太急。但皇上催促进药非常急迫,众人难违圣命。众臣即问服药后的效果如何?李可灼说:"圣躬服后,和前一粒感觉一样安稳舒适。"方从哲等人,才放心离开。谁曾想次日早晨,宫中紧急传出圣旨,召集群臣速进宫。一时间,各位大臣等慌忙起床,顾不上洗脸漱口,匆匆地穿上衣服,急奔宫内。但是当群臣将要跑入宫中时,就听传来一片悲哀哭号之声,明光宗于早晨归天了。这是大明泰昌元年(公元1620年)九月初一日。

对于这突如其来的变故,满朝舆论哗然,在感到惊愕的同时,人们联想到新皇帝登基一个月来的遭遇,不约而同地都把疑点转到了郑贵妃身上。郑贵妃给太子献美女,指使崔文升进药,大家有目共睹,但李可灼是否受她指使,却没有实据。本来,光宗当时已病入膏肓,难以治愈,但因为吃了江湖怪药,事情就变得不简单了。最后,此案不但追查到郑贵妃,而且方从哲也被迫辞职,李可灼被充军,崔文升被贬放南京。但究竟幕后有主使吗?到底是谁?现在也不得而知。

## 李自成下落难明

李自成本名鸿基,崇祯二年(公元1629年)参加张存孟的起义军。后义军逐渐壮大,李自成被义军称为闯将,崇祯九年,被推为闯王。1644年,李自成率军攻入北京城,推翻了明朝的统治。而后不久,山海关一战,农民军遭吴三桂部和清兵的夹击,大败而归,李自成匆匆在武英殿举行即位典礼,随即放火焚烧明宫并撤出北京。以后,李自成数战数败,转战南北,于1645年行军至湖北九宫山时,遭地方乡兵袭击,李自成不知所终。直到现在,关于李自成的行踪仍无确切说法。综合而言,大致有两种:"九宫山说"和"夹山说"。对于李自成在九宫山上死亡的记录见于阿齐格向清廷的奏报和南明兵部尚书何腾蛟给唐王的奏报。阿齐格在奏报中写道:"反兵逃窜至九宫山中,我军随后搜遍全山,不见李自成,李自成身边的随从共20人,被困,自缢而死。派遣一见过李自成者,前往辨认,但尸体已腐烂,不能够看清,是生是死,继续追查。"何腾蛟所写的奏报说:"在九宫山已将李自成

斩首,首级不慎丢失。"以后这两封奏报成了多数研究史学人士的根据。

据《明史》、《小腆纪年》、《南疆逸史》等史籍记载,李自成到九宫山后,队伍散去,李自成本人被程九百等乡民所杀,同治《通山县志》、嘉庆《湖北通志》都赞成此说。但是,20世纪80年代在湖北通山县新发现的《朱氏宗谱》、《程氏宗谱》为"九宫山说"提供了新的证据。在新中国刚刚建立之时,曾掀起一场关于李自成葬身何地的争论,最终李文治撰文考证李自成葬身之地为湖北省通山县九宫山,郭沫若赞成此说法,学术界对这一结论也基本认可。因此闯王陵从通城县迁移至通山县九宫山牛迹岭下。但是,九宫山说亦有两点可疑之处,首先是"尸朽莫辨",其次是上呈奏报的阿齐格和何腾蛟两人当时并未在九宫山,是从手下将士嘴里听到消息的。

李自成雕像

首先对"九宫山说"提出疑问的是申悦庐,他认为李自成兵败后并未死于湖北,而是在康熙十三年(公元1674年)老死于湖南省石门县夹山灵泉寺。这个推断主要依据是清朝时期湖南澧州知州何所作的《书李自成传后》一文,何经过实地考察,询问当地老人,认为李自成在九宫山并未死去,而是制造的假象,以迷惑追兵从而摆脱清军。在从湖北公安逃到湖南澧州的过程中,大多数的部下见闯王大势已去,便纷纷另谋生路。到安福县境内,闯王甩开随从十余人,单独来到夹山灵泉寺削发为僧,也就是夹山灵泉寺的祖师"奉天大和尚",法号"奉天玉"。李自成曾经称自己为"奉天倡议大元帅",其中"奉天玉"隐含"奉天王"之义。奉天玉和尚于康熙十三年(公元1674年)死于灵泉寺中。何亲自见到了曾伺候过奉天玉和尚的老僧,据老僧讲,奉天玉和尚在顺治初年来到灵泉寺,说话带有陕西口音。寺内还收藏有奉天玉和尚的画像,与《明史》记载相符。留在澧州的起义军余部一直没有推举新的首领,也是由于李自成还健在的缘故。

清末民初著名学者章太炎赞同"夹山说"。他也到澧州进行过实地考察,还考

## 惊魂的谜团

察出李自成夹山隐居时,曾作诗百首来赞赏梅花,即《梅花百韵》,并搜集到其中的五首作为驳斥"九宫山说"的依据。一些出土的文物成为"夹山说"最具权威性的证据。在澧州发现建有奉天玉和尚的墓地并有骨灰坛出土,20世纪50年代在奉天玉断碑上发现有"子门徒已数千指中兴"等句,完全是一派将领的豪言壮语。重修夹山寺时,又发现刻有《梅花百韵》诗的残版,上面残留九首诗歌;同时还发掘到"永昌通宝"铜币(永昌是李自成大顺政权的年号),刻有"永昌元年"字样

李自成行宫

的竹制扇骨、铜制熏炉等。据史学家称,奉天玉和尚墓出土的符碑上面,刻有四句四言偈语,十分接近于李自成的家乡米脂的传统随葬符碑,其中有三句和在米脂地区出土的一块符碑上的三句完全相同,这与石门的传统发葬的习俗有明显区别。另外,奉天玉和尚有一弟子,法号"野拂",他就是李自成的侄子李过,野拂所撰的碑文为何的说法提供了有力证据。

学术界对李自成结局的研究还会继续,随着研究的深入,或许会发现具有说服力的证据,向人揭示这一谜案的真相。

## 吴三桂是否真的降清

明崇祯十七年（公元1644年）三月十九日，李自成率领的农民起义军攻陷了明朝统治下的北京，崇祯在景山自缢，明山海关总兵吴三桂在增援途中闻讯后，仓皇逃回山海关。李自成亲率大军开赴山海关，想以武力逼降吴三桂，吴三桂非常害怕，便向清朝求援。当李、吴两军在山海关前展开血战之时，清朝的精骑突然杀出，农民军毫无防备，惨败而归，从此一蹶不振。由于史书中的种种记载，史学界一直瞩目吴三桂引清军入关镇压农民起义这一事件，人们一直认为吴三桂此举便是投降了清朝。但近年有人认为，吴三桂引清军入关并不是表明他投降了清朝，并提出了种种证据。这一说法使似乎让本已盖棺定论的问题重又成为历史谜团。

吴三桂

至少还有两点理由可以说明吴三桂投降了清朝：第一，清朝最高统治者视吴三桂为降将，如清摄政王多尔衮就把吴三桂作为部下来驱使，"命三桂兵各白布系肩为号"，"命三桂军先锋"，又"命吴三桂以步骑二万前驱追贼"。清廷为了奖励吴三桂在战争中的功劳，还"授三桂平西王勒印"（《圣武记》）。后来清帝剥除吴三桂爵位时，也把他称为降将："逆贼吴三桂穷蹙来归，我世祖章皇帝念其输未投降，授之军旅。"（《清圣祖仁皇帝实录》）在清朝廷的眼中，吴三桂就是一个明朝降将。第二，吴三桂入关后的所作所为也表明他已真心降清，吴三桂打着为明王朝复仇的旗号引清入关，但是在南明政权的福王多次派人拉拢吴三桂时，吴三桂却断然拒绝。如当福王的侍郎左懋第"谒三桂，出银币且致福藩意"时，吴三桂说"时势如此，我何敢受赐，惟有闭门束甲以俟后命耳"（《明季稗史汇编》）。除了福王之外，还有几任南明王，吴三桂都不曾表示要协同反清复明，与此相反，他竟然亲自出兵缅甸追杀南明永历

## 惊魂的谜团

王。可以看出，不管当初引清兵入关时吴三桂是怎么想的，在清兵入关后，他就投降了清朝，此时，他已经不敢违抗清廷的命令，更不敢有任何反清复明的想法了。为了向清王朝表示他的忠心，他"破流贼，定陕，定川，定滇，取南明王于缅甸，又平水西土司安氏"（《圣武记》），俨然成为清廷平定天下的一把利刃。

否认吴三桂"降清"的人则认为，北京失守后，形成了三股较强的政治势力并存的局面，即吴三桂、农民军、清王朝。而夹在这两股势力中间的吴三桂势力最弱，因此他能走的路只有两条：要么抗清，要么镇压农民军，考虑到其父亲被农民军扣押、爱妾受辱，为报此仇，吴三桂选择了联合清朝的道路，但这并不能说明他投降清朝。主要理由如下：

第一，吴三桂一贯抗清的态度决定了他不会轻易降清。在任辽东宁远总兵期间，吴三桂曾多次参加抗清斗争，甚至在明清松锦战役后，明军明显处于下风的情况下，他的态度仍很坚决。吴三桂对明朝降清者的劝降函都"答书不从"。

第二，多尔衮在山海关战后加强了对吴三桂的控制可以证明吴三桂未降。史载，多尔衮在山海关之战胜利的当天，玩弄权术，封吴三桂为平西王，又将一万步兵交给吴三桂。这说明吴三桂受到了多尔衮的拉拢和控制。

第三，山海关战后发表的檄文证明其未降。清军与吴三桂乘胜追击，吴三桂提出了"周命未改，汉德可恩"、"试看赤县之归心，仍是朱家之正统"的口号，如吴三桂已降，也不会发布这样的檄文，清廷也不会允许他这样做。

第四，在山海关一役后，在攻陷北京前后吴三桂欲立朱明太子的行动证明其未降。李自成败退永平，吴三桂提出"约自成回军，速离京城，吾将奉太子即位"，又"传帖至今，言义兵不日入城，凡我臣民为先帝服丧，整备迎候东宫"，可是"多尔衮命其西行追贼"的策略打乱了吴三桂的如意算盘。吴三桂因其势力太弱，只得听从了多尔衮。

第五，暗中积蓄实力以反清复明也可证明吴三桂未降。他一边广招贤才，暗布党羽，"阴养天下骁健，收忍荆楚奇才"，一边厉兵秣马，为将来的战争"殖货财"。他之所以没有实现反清复明的愿望，是因为清政治统治的日渐强大使"反清复明"的旗帜没有了号召力。而吴三桂是否降清这一历史问题已不能用后来的历史进程说明了。

百思不解的政治军事谜团

# 西施归宿之谜

我国古代"四大美女"之首的西施,是春秋末期越国的一名浣纱女,有闭月羞花、沉鱼落雁之貌,之所以能名见史册,是因为她不幸成为吴越两个国家斗争的工具,吴王夫差对之宠幸有加,也因为她夫差对越国放松了警惕最终被越国打败。

那么,吴国灭亡以后,这位美貌的女子究竟归宿何处呢?早期的史书所记录的,都是一代红颜薄命的下场,立了功却最终被越王装进皮袋沉到江里。《墨子·亲士》篇就说:"西施之沈("沉",古作"沈"),其美也。"《太平御览》引东汉赵晔所撰《吴越春秋》中有关西施的记载说:"吴亡后,越浮西施于江,随鸱夷以终。"这里

西施

的"浮"字也是"沉"的意思。"鸱夷",就是皮袋。这与上述记载相同。另外,唐代诗人皮日休也有《馆娃宫怀古》五首,第五首是:"响廊庭中金玉步,采苹山上绮罗身;不知水葬今何处,溪月弯弯欲效颦。"这些记载均说西施最后被沉于水。但是后人不忍这位绝代佳人有如此可悲的结局,于是流传出西施和范蠡偕隐西湖的美满姻缘的故事。范蠡是当时越国的大夫,帮助越王勾践刻苦图强,灭亡吴国,因深知越王勾践为人"可以共患难,不可以共安乐",于是隐姓埋名出走。本来范蠡和西施没有任何关系,但因有范蠡泛于西湖的传说,后人便给他安排了一个如花

美眷西施为伴,同时也给西施安排了一个虚假的美满的结局。《越绝书》是东汉袁康所撰,记吴越两国史迹及范蠡等人的活动,多采传闻异说。例如《越绝书》就这样记载:"吴亡后,西施复归范蠡,同泛五湖而去。"唐代诗人杜牧在所作《杜秋娘诗》中有句云:"西子下姑苏,一舸逐鸱夷。"这里的"鸱夷"不作皮袋解释,而指的是范蠡。《史记·越王勾践世家》说范蠡亡吴后,"浮海出齐,变姓名,自谓鸱夷子

112

## 惊魂的谜团

皮"。《姓氏书辨证》卷三中也说,范蠡到了齐国以后,自号鸱夷子。

民间还有一些纪念范蠡与西施爱情的场所。说是在范蠡送西施去吴国途中,二人情难自抑,双宿双栖,生下一子。等他们一路磨蹭到吴国时,孩子已能张嘴说话。至今吴越间还有一"爱子亭",用于纪念范蠡与西施的爱情结晶。只不过令人遗憾的是,传说中这个孩子后来送给别人抚养就再也没有找回。

《史记》中《越王勾践世家》与《货殖列传》都提到范蠡却没有提起西施,就更不用说她和范蠡有什么关系。是司马迁没有看到这方面的记载,没有听到这方面的传说,还是司马迁特意不写进去,今天就无从知晓了。因此有关西施的结局众说纷纭。是被沉于水,或者跟随范蠡归隐于西湖,或者还有其他什么结局,这仍是有待探索的谜。

## 昭君出塞之谜

王昭君,中国古代四大美人之一,"昭君出塞"的故事让风华绝代的王昭君在历史上据有一席之位。

这个故事在《汉书·匈奴传》和《后汉书·南匈奴传》等正史中都有所记载。但有关她出塞的原因,至今众说纷纭,莫衷一是。

一种最流行的说法是,王昭君因自傲,未买通画工毛延寿,因而被丑化。未能遭皇上宠幸的昭君觉得在宫中没有意思,于是自请去匈奴。经汉元帝同意,她便出塞去和亲了。

据《汉书·元帝纪》和《西京杂记》所载:"王昭君,西汉南昭秭归(今属湖北)人,名嫱。"晋时为避司马昭讳,她又被称为明君和明妃。相传,她是齐国王襄的女儿,竟宁元年(公元前33年),17岁的王嫱被选入宫中,汉元帝是按画工的画像

王昭君像

选宫女的,为了能被皇上召幸,深居后宫的宫女们,总想让画工把自己画得美点。所以,她们不惜花费重金贿赂画工。

王昭君初入宫廷,第一不懂这些规矩,因而没有准备这笔贿金;二来觉得自己天生美貌,不怕皇上不召见。据说,画工毛延寿在画王昭君的眼睛时,便开口说:"画人的传神之笔在于点睛,是一点千金呀!"对毛的暗示昭君虽心领神会,但没有买他的账,反而讥讽了他几句,毛延寿见她如此傲慢,便把那点该点到昭君眼睛上的丹青点到了她的脸上。多了这么一点,王昭君因而苦守了不知多少时光。

昭君出塞图

这时,恰好匈奴呼韩邪单于来朝,要与汉人和亲。王昭君久居深宫,觉得面见圣上无望,积怨甚深,便主动要求离汉宫去匈奴。汉元帝原想她毫无姿色,因此同意了她的要求。

到了呼韩邪单于与昭君离开的那一天,汉元帝见王昭君丰容盛饰,美冠汉宫,不禁大吃一惊。他本想留下她,可是怕与人失信,只好忍痛割爱,让王昭君出塞和亲。据传,后来汉元帝对画工毛延寿大为恼火,想要杀掉毛延寿等画工。

王昭君到了匈奴,生儿育女,俨然一个贤妻良母。可是好景不长,没几年,呼韩邪单于驾崩。阏氏之子继位。依匈奴习俗,王昭君要嫁给继子为妻。昭君不从,上书汉朝要求回汉宫。此时元帝已死,成帝即位,成帝敕令她从胡俗,无奈之下昭君又成了单于阏氏。又传,王昭君觉得屈辱,最后服药而死。

历史上还有一说,王昭君之所以出塞,是毛延寿设下的救国计策。宫廷画工见王昭君美貌异常,怕汉元帝贪恋其美色而步纣王后尘,于是将昭君有意丑化。后汉元帝见昭君真面目虽想反悔但最终忍痛割爱。历史上一些文人大大赞扬了毛延寿此举,认为他这样做不但使元帝免于沉溺女色之祸,而且昭君出塞确实对边疆的安宁起到了积极的作用。从此,汉匈关系和睦。

## 貂蝉身世之谜

在古代四大美人中,最迷人的当属貂蝉了,因为她竟让英雄豪杰为之神魂颠倒;也数她最不可捉摸,因为人们至今还没有弄清楚她的本来面目。关于她的身世,主要有以下四种观点。

第一种观点认为她是王允的歌妓。王允,东汉太原祁县(今属山西)人,字子师。初为郡吏,灵帝时,任豫州刺史,献帝登基后任司徒。王允为了铲除董卓,想用美人计来达到目的。于是他想到了貂蝉,王允对她说明了其中情由及利害关系,并要求她助一臂之力。貂蝉按王允的要求,以她的美色挑起了吕布和董卓之间的矛盾,最后,利用吕布杀了董卓,为王允排除异己立下了汗马功劳。事成后,貂蝉在花园里为王允祈祷拜月,正巧此时有一片彩云

貂蝉像

遮月。王允见之曰:"貂蝉美色使月亮躲到云后面去了。"据此,后人都传说貂蝉有"闭月"之容。

第二种观点认为她是董卓的婢女。董卓,东汉陇西临洮(今甘肃岷县)人,字仲颖。本为凉州豪强,灵帝时,任并州牧。昭宁元年(公元198年)率兵入洛阳,废少帝,立献帝,专断朝政。曹操与袁绍等起兵反对,他挟献帝西迁长安,自为太师,后来为吕布所杀。据《后汉书·吕布传》载:"卓以布为骑都尉,誓为父子,甚爱信之。常小失意,卓拔戟掷之,布拳捷得免。布由是阴怨于卓。卓又使布守中阁,而私与侍婢情通,益不自安。"这段记载的就是凤仪亭掷戟之事。由此可知,貂蝉是与吕布情通的董卓婢女。

第三种观点认为她是吕布之妻。据《三国志·吕布传》注引《英雄记》载:"建安(汉献帝年号)元年六月,夜半时,布将河内郝萌反,将兵入布所治下邳府,诣厅事

阁外,同声大呼,布不知反将为谁,直牵妇,科头袒衣,相将从溷上排壁出,诣都督高顺营。"又载:"布欲令陈宫、高顺守城,自将骑断太祖(曹操)粮道,布妻谓曰:'宫、顺素不和,将军一出,宫、顺必不同心共守城也,如在蹉跌,将军当于何自立乎?妾昔在长安,已为将军所弃,赖得庞舒私藏妾身耳,今不须顾妾也。'布得妻言,愁闷不能自决。"这里描述的这位科头袒衣的妇人,就是吕布之妻貂蝉。

还有一种观点认为她是吕布部将秦宜禄之妻。据《三国志·关云长传》注引《蜀记》曰:"曹公与刘备围布于下邳,云长启公:'布使秦宜禄行求救,乞娶其妻。'公许之。临破,又屡启于公,公疑其有异色,先遣迎看,因自留之。云长心不自安。"从这段记载中可知秦宜禄的妻子是很有姿色的。另外,因为关羽先想娶其为妻,可是由于曹操"自留之",所以引起关羽的妒忌。他妒火中烧,一刀便把秦宜禄的妻子给杀了。元人杂剧《关公月下斩貂蝉》就是以此事创作而成。因此,秦宜禄之妻也成了传说中的貂蝉。

貂蝉作为四大美女之一,其最后的命运却很悲惨,正应了红颜薄命之说。

## 杨贵妃下落之谜

杨贵妃是中国家喻户晓的一位绝代佳人。她那传奇的一生曾触发无数骚客文人的才情,为之吟诗作赋。然而,这位国色天香的美女究竟归宿如何呢?史书记载天宝十五年(公元756年)六月,洛阳沦陷,潼关失守,盛唐天子唐玄宗狼狈地与众臣逃跑,其爱妾杨贵妃死于马嵬驿。可是,文人赋咏与史家记述是相差十万八千里的,因此杨贵妃的最后归宿,至今还留下许多疑问。

一种观点认为,杨玉环或许死于佛堂。《旧唐书·杨贵妃传》记载:禁军将领陈玄礼等杀了杨国忠父子之后,以"后患仍存"为由,强烈要求赐杨玉环一死,

杨贵妃

## 惊魂的谜团

唐玄宗无奈,与贵妃诀别后只得下令。杨贵妃"遂缢死于佛室"。

也有人认为,杨贵妃也可能死于乱军之中,这可从一些唐诗中的描述看出。杜牧的"喧呼马嵬血,零落羽林枪"、张佑的"血埋妃子艳"、温庭筠的"返魂无验青烟灭,埋血空生碧草愁"等很多诗句,都认为杨贵妃被乱军杀死于马嵬驿,而不是被强迫上吊而死。

一些人称,杨贵妃之死存在其他的可能,比如有人说她实际上是吞金而死。这种说法只出现在刘禹锡所作的《马嵬行》一诗。刘禹锡诗中有段写道:"绿野扶风道,黄尘马嵬行,路边杨贵人,坟高三四尺。乃问里中儿,皆言幸蜀时,军家诛佞幸,天子舍妖姬。群吏伏门屏,贵人牵帝衣,低回转美目,风日为天晖。贵人饮金屑……平生服杏丹,颜色真如故。"从此诗来看,杨玉环是吞金而死的,陈

杨贵妃墓

寅恪先生曾对这种说法颇感新奇,因而在《元白诗笺证稿》中提出质疑。陈氏怀疑刘禹锡听作《马嵬行》一诗,是流于"里中儿",所以会有很多说法。可是,陈氏也没有排除杨贵妃在被缢死之前,也有可能吞过金,所以"里中儿"才一传十,十传百。

还有一种说法是,杨贵妃没有死在马嵬驿,只是被贬为庶人,并被下放于民间。俞平伯先生在《论诗词曲杂著》中对白居易的《长恨歌》以及陈鸿的《长恨歌传》做了考证。他本人认为白居易的《长恨歌》、陈鸿的《长恨歌传》之本意,蕴含着另一种意思。假设以"长恨"为篇名,写到马嵬就不写了,何苦还要在后面假设个临邛道士和玉妃太真呢?从而俞先生认为,杨贵妃并未死于马嵬驿。当时军中正乱,贵妃不明去向,只有金银散落一地。诗中详细说明了唐玄宗"救不得"之因,因此正史所载的赐贵妃一死,当然绝不会有。陈鸿的《长恨歌传》所言"使人牵之而去"是说杨贵妃被使者牵去藏了起来。白居易《长恨歌》说玄宗回长安后要为杨贵妃重造陵墓,结果是"马嵬坡下泥土中,不见玉颜空死处",连尸骨都找不到。这就

更证实了贵妃也许是被人救出。令人深思的是,陈鸿作《长恨歌传》时,恐怕后人不明其故,所以重点突出"世所知者有《玄宗本纪》在",而"世所不知"者,今传有《长恨歌》。这分明是暗示杨贵妃没有在马嵬驿死去。

还有一种说法认为,杨贵妃最后逃亡到日本。1984年出版的《文化译丛》第五期,张廉译自日本《中国传来的故事》一文说,当时马嵬驿被缢死的,乃是个侍女。禁军将领陈玄礼为贵妃美色所吸引,不忍杀之,遂与高力士谋,以侍女代死。杨贵妃则由陈玄礼的亲信护送南逃,大约在今上海附近扬帆出海,经海上漂泊,辗转来到日本久谷町久,最终在日本安度晚年。

但其生死情况究竟如何,至今仍令人难解。

# 无孔不入的暗杀

## 恺撒大帝的预感

盖乌斯·尤利乌斯·恺撒是古罗马历史上的大人物,古罗马共和国著名的政治家、军事家。他的一生充满了传奇色彩,最令人吃惊惋惜的还是他的惨死。在一些古代历史学家的笔下,他似乎早已知道自己大限之期不远,却还是踏进了阴霾四伏的元老院。

公元前44年3月15日,元老院庞培议事厅举行会议,恺撒孤身一人来到会议厅。虽然他事先已经得到警告,说有人这天要谋杀他,但是他仍然拒绝带卫队。他说:"要卫队来保护,那是胆小鬼干的事。"他大步走进大厅,坐到黄金宝座上,笑着说:"现在不就是3月15日吗?"话音刚落便被一群手拿短剑和匕首的阴谋分子团团围住,他身中23剑,倒在了庞培雕像的脚下。在这群刺客中有他一向器重有加、深爱信任的部将布鲁图。

恺撒于公元前100年出生于罗马一个破落的贵族家庭。他是一个既大胆、果断、善于辞令、工于心计、才华横溢,又十分狡猾、很会随机应变的人,他从小就胸怀大志。罗马共和时代的后期,元老贵族和民主派之间的斗争非常尖锐。当时,罗

## 惊魂的谜团

马的属地已经遍及地中海沿岸,可是享有公民权的只是罗马城内的奴隶主和自由民。至于城区以外、意大利各地和海外一些行省的自由民,尽管他们担负着和罗马自由民一样的义务,却享受不到罗马的公民权。他们不甘心处于这种受歧视的无权地位,曾经多次进行反抗和流血斗争,但是一直受到顽固守旧的元老贵族的抵制和压迫。因此,他们和元老贵族的矛盾始终没有得到解决,使得罗马的政局长期动荡不安。恺撒虽然是个贵族,但是他在政治上比较接近民主派,和许多民主派人物有着密切的关系,并进行着反对元老贵族的活动,这就使他在平民群众中赢得了很高的声望。恺撒酷爱权力,有着强烈的个人野心,他接近平民是为了自己向上爬。公元前71年,他当选为罗马保民官,并且还获得了广大平民的支持,成为民主派的领袖人物。

公元前60年,他和罗马另外两个统帅庞培和克拉苏结成反对元老院贵族的秘密同盟,历史上称为"前三头"。公元前58年,恺撒当了高卢(现在的法国)总督。仅仅在三四年的时间里,他不仅征服了高卢全境,而且击退了日耳曼人的入

恺撒大帝

侵,把罗马西北的边界推进到莱茵河岸。不久,他又越过海峡攻入不列颠岛(现在的英国)。恺撒的赫赫战功和卓越的军事才能,越发增加了他在罗马人心中的威望。他从战争中掠夺了大量的黄金、财宝和奴隶。为了收买人心,他向士兵和平民发放粮财,还经常举行角斗一类的公共娱乐。实际上,他的名望已经大大超过同盟中的另外两个人了。

公元前53年,"前三头同盟"之一克拉苏,就是那个镇压斯巴达克起义的刽子手,在远征波斯的时候被打死。因为他爱财如命,波斯人把熔化了的黄金灌进他的口中。于是,"前三头"中只剩下庞培和恺撒两人。庞培早年曾经担任执政官,

当恺撒在罗马帝国西部打仗的时候,庞培在帝国东部(今天土耳其和叙利亚的一部分)也屡建战功。庞培虽然是恺撒的亲密朋友,却十分嫉妒恺撒。恺撒征服的地方越来越多,在士兵中的威信又日益增高,使庞培深感不安。公元前49年,他怂恿元老院解除恺撒的兵权,命令他立即从高卢返回罗马。恺撒接到命令,知道这是庞培的阴谋。他反复考虑,决定带领军队打回罗马,利用这次机会在罗马建立独裁政权。

恺撒带领军队走到一条叫做卢比孔的小河边,罗马法律规定:任何将军没有接到命令,不得带领军队越过这条小河。否则,就要当作谋反来治罪。恺撒当机立断,对着部下大声喊道:"骰子已经掷下去了!"(即中文中"破釜沉舟"、"覆水难收"之意)他跨上战马,跃进溪流,大军紧紧跟随在后,很快就越过了卢比孔河。后来"跨过卢比孔"就变成了一句谚语,意思是说,谁下定决心要去完成一件事,一干到底,谁就好比"跨过卢比孔"。

庞培没有料到恺撒会这样果断地进军罗马,迎战不及,只得带着2.5万人仓皇出逃到希腊。恺撒立即进军希腊,讨伐庞培。庞培被打败,逃到了埃及,恺撒也跟着追到埃及。在公元前45年9月的法萨卢战役中,恺撒"毕其功于一役",终于置庞培于死地。

这个时候,埃及托勒密王朝正发生争夺王位的纠纷,恺撒支持了以美貌闻名的女王克娄巴特拉,并且在她的深宫里住了半年之久。

接着,他的军队又进入小亚细亚,只用5天的时间,就平定了庞培部下本都王子的叛乱。他用最简洁的拉丁文写了一份捷报送回元老院,上面写的是:"Veni,vidi,vici"(意思是"我来了,我看见了,我打胜了。")这个战报充分显示了恺撒用兵神速的特点。又过了两年,恺撒从北非转战西方,在西班牙镇压了庞培两个儿子的反抗。这样,恺撒终于取得了罗马的全部属地。他宽恕了庞培手下的将领,把他们收为自己的部下。其中有个名叫马克·布鲁图的人,特别得到恺撒的信任和重用。

转战埃及等地后,恺撒于公元前45年9月胜利凯旋,回到罗马。恺撒的凯旋受到罗马人的热烈欢迎,有些人想拥戴他当皇帝。从公元前509年塔克文被赶走以后,罗马就没有过帝王。但大多数罗马人仇视帝王,反对恢复帝王的职位。恺撒虽然内心十分想当皇帝,也不敢轻举妄动。在一次节日盛会上,执政官安东尼突然把一顶皇冠戴在恺撒头上。可是只有少数人鼓掌,大多数人都在叹息。恺撒一看这种情况,认定还不到称帝的时候,就取下王冠扔在地上。安东尼连忙拾起皇

## 惊魂的谜团

冠又给他戴上,他又扔掉了。人们看到恺撒一再拒绝戴上皇冠,就欢呼起来,纷纷向他致敬。

恺撒虽然没有当上皇帝,却已经拥有许多尊贵的称号:"终身保民官"、"祖国之父"等等。法律规定他坐在黄金象牙宝座上处理公务,他的画像同天神放在一起,他获得了无限的独裁权力。有些人看出,恺撒的权力愈来愈大,总有一天会戴上皇冠的。况且在公元前44年3月,恺撒对小亚细亚地区帕提亚人发动的一场战争无疑印证了在此之前许多罗马人都信奉的一则预言:只有国王才能打败帕提亚人。于是社会上流言四起,认为恺撒在伺机寻找一个称帝的机会。因此,他们组织了阴谋集团,决心除掉恺撒。这些阴谋者当中,有一个就是那位受到恺撒信任的布鲁图。

公元前44年3月15日的前夜,恺撒到他的部将雷必达家里赴宴。当话题偶然转到怎样的死法是最好的时候,恺撒不假思索地说:"突如其来的!"有人据此认为,恺撒似乎已经感觉到了死神的临近,其实不然。当时罗马人的平均寿命只有30多岁,他们一旦过了这个年龄,大家都毫不讳言的谈论自己的"死亡"。因此50多岁的恺撒谈论的这番话似乎也在情理之中。据说晚上恺撒回到家,半夜的时候突然家里所有的门窗都开了。恺撒惊醒后,发现妻子卡尔普尔尼亚正在睡梦中哭泣,他叫醒她,经询问才得知:妻子做了一个恶梦,梦见自己的丈夫被别人刺死倒在自己的怀里,并且全身都是鲜血。或许这就是所谓的日有所思,夜有所梦。罗马共和后期的政坛风云,也许使做妻子的在冥冥之中有种预感,因为在罗马人眼里,梦是神灵的"启示"。

天亮以后,妻子因梦中出现的"凶兆",坚持不让他出门,恳求他取消当天的元老院会议。在妻子的万般哀求下,恺撒只好派出他的亲信马克·安东尼去通知取消当天的会议。然而就在这时,密谋刺杀恺撒的骨干分子布鲁图来到恺撒家,他居心叵测地劝说恺撒不要使别人认为他高傲,取得攻击他的把柄,要求他亲自到元老院宣布取消这次会议。由于恺撒一向很看重布鲁图并且当时有传闻说布鲁图是恺撒的私生子,所以一经布鲁图游说,恺撒便决定由布鲁图陪同前往元老院。据说在去元老院的路上,恺撒遇到了那位曾给他警告的占卜师。恺撒从不相信所谓的预言,他嘲笑那位占卜师说:"3月15日已经到了!"占卜师反驳说:"是呀,已经到了,但还没过去。"随后一名奴隶模样的人想挤到恺撒跟前来,但被恺撒身边的人挤开了。于是这位奴隶模样的人来到恺撒家中,对恺撒的妻子说,他要告诉恺撒一件很重要的事情。最后恺撒遇到了朋友阿尔提米多洛斯,阿尔提米

121

多洛斯给了恺撒一个纸条,上面记载了阴谋刺杀恺撒的可靠消息。阿尔提米多洛斯千叮万嘱恺撒一定要看此条。尽管恺撒几次都想打开这个纸条,但由于遇到的请求者实在太多,直到走进元老院的议事大厅,他也没来得及看一眼这个和他生命休戚相关的纸条。

恺撒一进议事厅,身藏短剑的阴谋分子们按照预定的计划像朋友一样围在他身边。其中一个人跑到他面前,抓住他的紫袍,像是有什么事要请求他似的。原来这就是动手的暗号。众人一拥而上,用短剑刺向恺撒。恺撒没带任何武器,但仍奋力进行反抗。他的腰部中了一剑,接着一剑又刺进了他的大腿。他看见这一剑正是他最信任的布鲁图刺的,不由得惊呼:"啊,还有你,布鲁图!我的孩子!"他放弃了抵抗,颓然倒下,用紫袍蒙面,听任他的仇敌乱刺、乱砍。他一共被刺23处,其中3处是致命的,而这3处恰恰又是他一向深信不疑的布鲁图刺的。

这个曾雄视一切、傲视万物的奴隶主军事独裁者就这样结束了他的一生。由于种种迹象的巧合,在罗马人眼里他的死又那样富于神秘色彩。谁都无法否认恺撒的一生是传奇的一生,充满了矛盾和悲剧色彩:他仗义疏财,交游广泛,宽容政敌,不计前嫌,可最终却被自己的部下和最亲近的朋友所杀害;他身经百战、所向披靡,然而却在一场没有硝烟的战争中低下了他那高贵的头颅;尽管他生前多次拒绝帝王的称号,但最终他还是被当作逆天而行的暴君而杀害,死后他的名字又被西方的帝王当作一种至高无上的荣誉;他爱好文学、艺术和科学,但他却将一生的精力和追求都献给了永无止境的政治角逐。

然而,今天使人们感到困扰的不是恺撒遇刺的原因和背景,而是在他被刺之前其亲人和密友所能感觉到的种种预兆。也许,冥冥之中真有一种神奇的力量预示了恺撒的死亡,这真是历史学家很难解释的问题。

**惊魂**的谜团

## 谜一般的嘉庆遇刺案

　　北京紫禁城的北门叫玄武门。玄武是八象之一，也是中国古代神话传说中的北方之神，和青龙、白虎、朱雀一起被合称为四方四神。玄武门修建于明朝永乐十八年，也就是公元1420年。

　　清朝时期，康熙皇帝对玄武门进行了重修。康熙皇帝的名字叫玄烨，为了避他的名讳就把玄武门改成了"神武门"。清朝嘉庆皇帝的遇刺案就发生在这里。

　　公元1803年，嘉庆皇帝住在风景如画的圆明园。农历二月二十日这天，嘉庆皇帝要回紫禁城进行斋戒，就骑着马，带着随从和侍卫，离开了圆明园。这一路上平平安安，什么事情也没有发生，皇帝的心情也是非常得愉快。走到紫禁城北门神武门的时候，嘉庆皇帝从马背上下来，乘坐上一顶御轿。没想到，这时候突然从神武门西厢房南墙那里"嗖"地窜出来一条大汉，直朝着嘉庆皇帝的御轿跑了过来。随从和侍卫们根本没有发现这个情况，一直到大汉跑到跟前，才看清楚了。只见那个大汉手里拿着一把明晃晃的短刀，满脸杀气。

　　这时候，定亲王绵恩正走在御轿旁边，他一眼看见了那个大汉，心中

嘉庆皇帝

大吃一惊："哎呀，有刺客！"他立刻一摆手中的大刀，迎了上去。那个大汉来势凶猛，一看见有人出来阻挡，举刀就刺，绵恩的衣袖一下被扎破了。

　　固伦额驸亲王拉旺多尔济、御前侍卫丹巴多尔济和另外三个侍卫来不及多想，举刀一齐挡住了那个大汉，拼死地搏斗了起来。这些侍卫都是紫禁城里精选出来的武林高手，一个个武艺高强，身手不凡。可是，那个大汉的武艺也不错。打着打着，他就把侍卫丹巴多尔济的身上扎伤了三处。但是，侍卫们奋不顾身，打得大汉越来越招架不住了。一个侍卫突然一下踢飞了大汉手里的短刀，另外四个侍

卫同时把刀架在了他的脖子上,把他活捉了。

嘉庆皇帝自从坐上皇帝的宝座,还是第一次碰到有人行刺。

他表面上说他当时坐在御轿里不知道发生了什么事情,可心里却是害怕得要命。

案发当天,嘉庆皇帝立刻下令,让军机大臣和刑部官员一块儿审问刺客,那个刺客却什么也不说。后来经过一番严刑拷打,刺客被打得遍体鳞伤,只好开口说了话。招供说,他叫陈德,今年47岁,是北京人。陈德的父母曾经在一个叫松年的镶黄旗人家里当过仆人。陈德在很小的时候,和父母跟着松年一家搬到了山东省。父母死了以后,陈德也长大成人了,回到了北京。陈德曾经在五户人家当过仆人。后来,陈德和一个女人结婚,生下了两个男孩子,大的叫禄儿,小的叫对儿。这时候,陈德认识了一个叫孟明的人,孟明在一个姓王的大官家里做事。陈德就带着一家人投奔了孟明,在他家当了一个做饭的厨子。几年以后,陈德的妻子得病死了,他只好带着两个十来岁的儿子和一个80岁的岳母生活。今年二月的时候,孟明嫌陈德一家人小的小、老的老,能干活儿的不多,吃饭的人却不少,就把他一家人赶了出来。

陈德又说,他们一家人被赶出来以后,好说歹说才向别人借了一间房子。然后,陈德就开始到处找活儿干,可他找了好几天,什么活儿也没有找着,只能靠亲友们接济过日子。陈德看到自己混成这副模样,简直没办法活下去了,就想到了寻死。可他又一想:自己就这么悄悄地自杀了,谁也不会知道。不值,太不值了!哎,我要是去刺杀皇上,不就可以惊天动地死了吗?对,就这么办!想到这儿,陈德就找了一把短刀。

二月二十日这天早晨,陈德怀里揣上那把短刀,先找了一家小酒馆,喝了两碗酒,然后就混进了紫禁城的东华门。顺着紫禁城里边的夹道走来走去,走到了神武门。接着,就发生了下边刺杀嘉庆皇帝的事情。

陈德交待完了,在供词上画了押。大臣们看完陈德的供词,感到有些问题非常奇怪。他们把陈德的供词交给了嘉庆皇帝,嘉庆皇帝看了也觉得有好些问题弄不明白:这件事情没有主谋也没有帮凶,陈德这么一个被人赶出来的厨子,平白无故就想到了要刺杀皇帝,有点儿让人不怎么相信。再说,陈德从什么地方打听出来皇帝要从圆明园回紫禁城的呢?他又是怎么混进紫禁城的呢?嘉庆皇帝越看陈德的供词,越觉得这里边肯定还有问题。于是,他又命令大臣们继续审问陈德,并且把陈德提到的那些人全都抓起来审问。

## 惊魂的谜团

大臣们首先审问了陈德的两个儿子和借他房子住的那个人，他们都说，他们只知道陈德最近这几天每天都出去找活儿干，很晚才回家，根本不知道他要行刺的事情。接着，大臣们又审问了内务府里一个叫达常索的仆人，因为陈德曾经在他家里干些活儿。达常索说："我在宫里侍候诚娘娘的时候，曾经叫陈德跟着我一块儿到宫里送过一些杂物。陈德还曾经和一个叫杨进喜的太监办理过车轿的事情。可这些事情已经过去好几年了。"大臣们听了，急忙叫来太监杨进喜。杨进喜说："对，是有过这么一件事儿。可我已经有好几年没见过那个陈德了。"

大臣们一看对这些人实在是审问不出来有用的东西，第二天，又开始审问陈德。陈德从监牢被提出来了，大臣们一边命令给他上好刑具，一边问道："刺客陈德！你要如实地招来，你是从什么地方知道皇上昨天要回宫的？你又是从什么地方知道皇上要在神武门前换乘御轿的？"陈德看了一眼大臣们，又低下脑袋一句话也不说了。大臣们大喊一声："来呀！给他用刑！"陈德已经领教了毒刑拷打的滋味，急忙又交待了一些事情。

陈德说："我想要寻死，又觉得这么死了不值得。就在这个时候，我看见有些人在大街上垫土铺路，就问他们这是在干什么。有的人告诉我们说：'咳，这你都不知道，皇上住在圆明园，二十日那天要返回皇宫。'这么着，我才知道了这个消息。可是，我根本不知道皇上到底是从哪个门进宫，在什么地方换轿子。后来，我走进东华门以后向宫里人打听了一下才知道的。我只想到，要是刺杀了皇上，肯定会落得个乱刀砍死的下场，那样死得痛快呀！"

大臣们对陈德交待的供词还是有些不相信，又命令对他进行了毒刑拷打。陈德一遍一遍地交待，还是那些话。大臣们看到这种情况，商量说：这个家伙反反复复就交待了这些东西，如果用更重的刑罚，又担心把他整死了。那么一来，谁也没办法向嘉庆皇帝交差了。最后，大臣们决定，继续审问陈德过去的几家主人，还有他的亲友和两个儿子。

二月二十二日这天，大臣们把这些人一个个带上大堂进行审问。可是，审问了整整一天，也没有从这些人嘴里得到什么新的情况，只是知道陈德在最近几天里，情绪一直不好。有一次，他在酒馆喝酒的时候，跟一个人吵架，曾经动过刀子，还说一定要杀了那个人，大家劝说了半天才算没事了。至于陈德到底是受了谁的指使才去刺杀皇上，他们根本就不知道。没办法，大臣们只好把这些情况向嘉庆皇帝作了禀告。

这两天，嘉庆皇帝为了这个遇刺案真是伤透了脑筋，听完大臣们的禀告，心

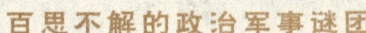

## 百思不解的政治军事谜团

里更加烦恼："难道说，这个陈德真的没有受到什么人的指使？这紫禁城里戒备如此森严，连一只小猫也别想溜进来，可他为什么轻而易举地就混了进来呢？他穿的是一身平民百姓的衣服，却能从东华门一直顺顺当当地走到神武门，难道说就没有碰上巡逻的侍卫吗？他向宫里的人打听的时候，那个宫里的人对他也没有发生一点儿怀疑吗？那个宫里的人是谁呢？"嘉庆皇帝越想越烦，又传下一道圣旨：让九卿科道官员参加审理这个案件。

二月二十三和二十四日这两天，九卿科道的官员和以前的那些大臣们加紧审问陈德和有关的一些人。可是，审来审去，那些人还是说根本就不知道陈德刺杀皇上这件事情。不过，刺客陈德在一番酷刑拷问之后，又招供了一点儿新的情况。他说："我自己做过几次好梦，全都梦见自己发了大财。于是，我想自己有着一身的好武功，要是能够到皇宫里刺杀皇上，皇上看到我这一身的好武功，没准会给我一点儿差事做做。所以，我就来刺杀皇上了。我真的没受什么人的指使，实在是不能胡说八道呀！"

大臣们经过好几天的连续审问，还是没有审问出一点儿名堂来。可是，嘉庆皇帝遇刺的消息却早就在皇宫内外到处传开了。有人开始猜想，朝廷里面哪个大臣是陈德的主谋，哪个大臣是陈德的同党。这时候，审理案件的大臣们也非常担心：对陈德不使用重刑吧，又怕嘉庆皇帝怪罪他们不认真办理案件；要是对他使用重刑吧，万一把他整死了，线索也就断了。那么一来，他们的罪过可就大了。不过，大臣们最担心的是——这个陈德曾经在好几个官员的家里当过仆人，很可能知道一些官员的姓名。如果陈德经受不住毒刑拷打，随便说出几个人的姓名来，事情可就麻烦了，弄不好还会发生一场政治风波呀！这个案件实在是不好再审问下去了。可是不往下接着审吧，拿什么向嘉庆皇帝交待呢？

就在审理案件的大臣们特别为难的时候，一些以前被嘉庆皇帝整治过的大臣也开始坐不住了："万一嘉庆皇帝怀疑到我的头上，我可真是有口难辩了。这可怎么办呢？"

这时候，嘉庆皇帝也听到了一些风声，心想：看起来，这个案件不能再拖延下去了。如果那个刺客陈德实在是不招供，审理案件的大臣们全都会受到办案不力的责怪。可那个刺客陈德真地胡言乱语起来，就会牵连到一些大臣。那样的话，朝廷上下就会产生动荡，甚至还会发生政局不稳呀！想到这儿，嘉庆皇帝立刻传下圣旨：案件停止审理，立刻结案。

二月二十四日当天，嘉庆皇帝又传下圣旨说：所有审理刺客陈德案件的大臣

做到了尽心尽职,忠君为国。嘉庆皇帝自从当上皇帝,虽然没有做出多少仁政,却从来不乱杀人。他不忍心猜疑朝廷里的每一位大臣。至于陈德行刺一事,完全是疯狗伤人,不一定有什么主谋和同党。如果一味追查,恐怕会牵连到一些无辜的人,造成大案。所以现在下令把陈德和他的两个儿子定成死罪,并且奖赏保护嘉庆皇帝有功的随从和侍卫。

嘉庆皇帝的圣旨发下去以后,参加审理案件的大臣们立刻把陈德凌迟处死,把陈德的两个儿子处以绞刑。对于保护嘉庆皇帝有功的定亲王绵恩等人,加封进爵并给予重赏。接着,大臣们对把守宫门的一些人,按照责任的轻重给进行罚。从此以后,皇宫各门一定要加强保卫。就这样,嘉庆皇帝遇刺案终于宣告结案了。

嘉庆皇帝遇刺案虽然是结案了,可是人们对陈德为什么要刺杀皇帝一直特别怀疑,出现了各种各样的传说。有一种传说,大臣们审问陈德的时候,他曾经说,我刺杀嘉庆皇帝没有成功,要是成功了,你们现在坐的地方,就是我坐的地方了。还有一种传说,陈德刺杀嘉庆皇帝,很有可能是跟嘉庆皇帝处死和珅有关系。嘉庆皇帝登上皇帝的宝座以后,和珅根本不把他放在眼里。和珅在乾隆皇帝手下当了那么多年的宠臣,培养了好多亲信。嘉庆皇帝处死和珅以后,和珅手下的那些亲信肯定会为他报仇。所以,陈德一定是和珅那些亲信派去的一个刺客。陈德为什么要刺杀嘉庆皇帝的这些传说到底是真是假,一直就没有人能够弄清楚。所以,嘉庆皇帝遇刺案也就成了清朝历史上的一个疑团。

## 女盲人为何刺杀列宁

1918年8月30日,列宁在做完演讲后离开位于莫斯科大谢尔普霍夫卡大街上的米海利松工厂,他穿过人群,走向自己的汽车,工人和水兵们簇拥着领袖,高声叫喊着,大家都沉浸在喜悦之中。

突然,响起一阵枪声,列宁捂着胸口倒下了!愤怒的工人和水兵们冲上前,将一个女人打倒在地,这个女人就是臭名昭著的芬妮·卡普兰。这是我们许多人所熟悉的一幕,卡普兰也因为谋杀列宁而很快被处决。

然而,俄《共青团真理报》8月29日报道称,当时的情形并非这样。当晚11时左右,列宁来到大街上,暮色已经很深,周围一片嘈杂声,因此,枪响的时候根本没人听见,只是当列宁倒下时,人群才一下子被恐惧所凝固。片刻之后,人们开

始四处逃散,只有一个人十分沉着冷静——苏维埃步兵师政治委员助理巴图林。巴图林环顾四周,发现不远处的一棵树下独自站着一个妇女,只见她一只手拿着个破皮包,另一只手攥着把雨伞。巴图林走过去,搜了搜她的身,这个女人没有反抗。他在这个女人身上没有找到任何可疑的东西,但他最后还是问了句:"您为什么向列宁同志开枪?"这个女人没有否认,准确地说,她是没有任何表示。这个女人就是芬妮·卡普兰。

事发后,司机希尔把列宁抱上车,向克里姆林宫疾驰而去。医生诊断后发现,子弹击中列宁的颈部,没有生命危险。但稍后,治疗医生奥布赫写道:"子弹若是偏离1毫米,弗拉基米尔·伊里奇肯定就没命了。"

打得真准!然而,档案资料显示,开枪的卡普兰几乎是个瞎子。正是这一点让许多历史学家对案件的真相产生了怀疑。

如今俄罗斯绝大多数历史研究学家认为,卡普兰就是刺杀列宁的真凶,是右翼社会革命党委派的恐怖分子。但是,也有一些学者提出了相反的意见,根据他们掌握的历史资料和有效证据看,卡普兰并未直接参加刺杀列宁的行动,因为当时她患有眼疾,视力很差,无法正常开枪射击。这些学者甚至还提出了大胆的假设和

列宁

推理:刺杀列宁的行动成为后来"克里姆林宫大审判"的导火索!但是不论如何,正由于发生了卡普兰刺杀列宁事件,此后与之相关的事件也都成了苏维埃政权延续了将近一个世纪的高级机密,以至于最终成为"20世纪的黑洞",俄罗斯历史永恒的谜团。《芬妮·卡普兰或者谁刺杀了列宁》一书的作者认为,该书的主人公芬妮·卡普兰,现在依然生活在这个黑洞里。

女刺客卡普兰在行刺后被逮捕,迅速遭到处决又是为什么呢?研究卡普兰在刺杀列宁未遂后境遇究竟如何,与俄罗斯那一段历史究竟有何内在联系?

卡普兰的全名是芬妮·耶菲莫芙娜·卡普兰,她1890出生在乌克兰沃伦省一

## 惊魂的谜团

个犹太人家庭。卡普兰的父亲是一个对当时政权很虔诚和忠心耿耿的人,但是他的小女卡普兰后来却成为新生的苏维埃政权的死敌——她竟然开枪击伤了这个政权的领袖列宁!

俄国 1905 年革命以后,卡普兰开始接近无政府主义者,并且开始参加他们的各种活动,她在革命者圈子里活动的时候用"多拉"的化名。卡普兰第一次参加恐怖活动是 1906 年,那年她 16 岁。那次,她策划组织参加对基辅行政长官的暗杀,但是没有成功,她被捕了。基辅当局军事法庭本来判处她死刑,但鉴于她实施的恐怖活动并没有成功,又将死刑改判终生苦役。因此,年纪轻轻的卡普兰很早就开始品尝铁窗生涯的沉重和痛苦。俄罗斯解禁的历史资料披露说,她当时几乎完全失明,她后来虽然被送往教会医院就医才恢复健康。但是,她的视力依旧没有恢复。也正因为如此,俄罗斯和西方的历史专家才提出一个半瞎的女人,是否真的就是刺杀列宁的枪手很值得商榷。

然而这场劳役对卡普兰来说,却毫无疑问地改变了她的政治生活,她在监狱结识了俄罗斯著名的右翼社会革命党活动家玛利亚·斯别里多诺瓦娅,卡普兰最初的思想开始从无政府主义转向社会革命党人的观点。1917 年俄国二月革命后,她被大赦,获释出监,当时她 27 岁。就在那一年,爆发了震惊世界的俄国十月革命,她被迫转移到乌克兰的哈里科夫市,在那里接受了眼科手术治疗。关于这次手术,俄罗斯克格勃档案馆也有零星的文字记载。

后来发生事件的那一天,即 1918 年 8 月 30 日,在俄罗斯被历史学家称为"俄罗斯历史上致命的一天"。那天,位于莫斯科扎莫斯科列茨基区的米海尔松工厂举行工人集会,苏维埃政权的领袖列宁在会上发表讲演。会后,就在这家工厂的大门口列宁遇刺,杀手将三颗子弹射进了列宁的身体!

根据俄罗斯国家档案馆和当年苏维埃安全情报机构的有关档案记载,卡普兰并不是像《列宁在 1918 年》电影里表现的那样,是在向列宁开枪后,向厂区外狂奔的时候被工人和水兵抓获的,而是在厂区之外的谢尔普霍夫大街被拘捕的。

专门研究这段历史的学者尤里雅·史卡列娃女士搜集到的资料显示,当时负责审问卡普兰的苏维埃红军契卡人员一心想撬开她的嘴,留下来的文字记录中,曾经有一段他们事前拟订审讯的宗旨,就是要让卡普兰最终供认出她是英国间谍派来的杀手,并且让她招认出幕后的指使人或者刺杀列宁的策划人是谁。

1918 年 9 月 3 日,卡普兰未经任何审判在莫斯科克里姆林宫大院内的一个角落里被执行了枪决。当年契卡负责人的记录里有这样的文字:"这次,我们没有

将她带到任何地方去,而是就在原地,在距离亚历山大罗夫花园不远的地方(过去这里是那些贵夫人们打着圆形的带花边的遮阳伞散步的地方)将她枪毙了。"

尤里雅·史卡列娃说:"遗憾的是,卡普兰没有来得及将自己的秘密,也许是一个时代的秘密讲述出来,就被枪毙了,这不仅对历史,而且对苏维埃政权也是一个不小的遗憾。因为,事件的真相并没有完全大白于天下,死刑的执行太快了,以至于草率。卡普兰将自己的秘密带进了坟墓,而历史也将这个女人载入史册。因为她的名字后来不仅被写入苏联时期所有的教科书,还拍出一部电影《列宁在1918年》。也就是从那天起,苏维埃国家乃至后来的苏联,所有小朋友的课本里都有这样的文字:'就是这个女人刺杀了列宁爷爷。'"

## 巴顿将军之死

美国陆军四星上将乔治·巴顿在二战时叱咤风云,身经百战。作为一个军人,他没有献身在战场上,却死于战后的一次车祸,真是叫人慨叹造化弄人,然而他的死留给后人的也是一个谜团。

巴顿将军在第二次世界大战中声名远扬,号称"血胆老将"。他于1885年出生于美国一个军人世家,先后就读于弗吉尼亚军校、西点军校、莱利堡骑兵学院及轻装甲部队学院。在第二次世界大战中立下赫赫战功,时至今日还是诸多军人的偶像。战场上,巴顿将军惯用他那极富特性的语言激发士兵的斗志:"混蛋,你们的刺刀应该毫不犹豫地刺向那些杂种的胸膛。"

霍雷斯·伍德是巴顿将军的专用司机,关于这场奇怪的不幸车祸,他是这样描述的:

1945年12月9日,那是一个周日的早晨,巴顿将军要和盖伊少将去狩猎场打猎,我开了一辆1938年出厂的超豪华卡迪拉克送他们去,我已经替巴顿将军开了4个月的车了……

这次出游对将军来说还是相当愉快的。第二天,就是周一早上他将搭乘艾森豪威尔将军的专机离开这里。他的行李都已经运到飞机上了。这将是他最后一次打猎。他每周日都要去打猎。今儿早上他还给我找了份做民用司机的活儿。

我们离开他的司令部前往狩猎场,途中他还参观了山顶的一座城堡,天气很晴朗,但是有点儿冷。往山上走还能看到积雪,这在山下可没有。将军把他的鞋都

## 惊魂的谜团

弄湿了。

从城堡出来,我们驶在高速公路上,在进入曼海姆郊区的 N.38 号公路时,在一个宪兵检查站停了下来,将军上了右后方的座位,他本来在前面和我一起开车的,盖伊少将坐在左后座上。在检查站时,他们的猎狗本来在前面的吉普车上的,也被弄到卡迪拉克上来了,因为天气太冷了。将军们认为要是把它们冻坏了,就不能在打猎时发挥作用了。

在 N.38 公路上,我们在火车道前停下等火车过去。

火车过去后,我们经过了军需仓库,将军观察了一下,评论了几句,这时我注意到离火车道六百码处,有两辆 6×6 的大卡车。

当我把车发动时,其中一辆也从路边开过来,向着我们的方向慢慢接近。将军评价军需仓库时,我看到另一辆卡车由相反方向驶近。

司机没有打任何手势,只是向我的车撞过来,两位将军都在那里打信号……

我只有迅速踩了刹车,就没时间做别的了,因为那车距我们只有不到 20 英

巴顿将军

尺,这辆 2.5 吨的卡车右边的挡泥板结结实实地撞到我们车右边的底盘上了。

将军被惯性向前甩去,头部重重地撞在司机席后面的围栏上,那时隔板玻璃被降得很低,它几乎把将军前额的头皮掀起,创口在眉骨上方大约 3 英寸处,脊椎完全裂开。

车被撞到 10 英尺开外的地方。

当时大约是上午 11:45 分……

将军那时还有知觉,咒骂了几句。

5 分钟内宪兵队赶到了。

……

大约是车祸发生后一个小时,12 点 45 分,巴顿和衣躺在医院里,他那时还比

百思不解的政治军事谜团

较清醒,微微颤抖着,似乎知道自己前景不妙,四肢不能动,脖子以下没有知觉。

一会儿巴顿睁开眼睛,嘴里嘟哝着什么,弗兰克医生上前仔细地听着,问他想要什么。

巴顿说:"放松点儿,先生们,我这会儿感觉还不错。"他轻轻地笑着。

几分钟后,他说:"上帝啊,请指引我离去吧。"

医院的牧师走上前来,巴顿说:"好吧,请开始吧,我想我需要这个。"

牧师说了几句祝福的话,巴顿谢谢他。

两小时之内,11位将军赶到了医院。

令人高兴的是,巴顿将军经过医生精心救治后,情况有了很大好转。很快,他的一条胳膊变得有力,一条腿也有了一些较微弱的知觉。

在巴顿将军受伤住院一周后,医生们认为他已经脱离危险,至少是性命无忧了,但是能恢复到何种程度他们仍然无法预知。他们变得乐观起来。

但是,12月20日下午,血栓突然没有预兆地发生了。巴顿将军的情况急转直下,这令医生们束手无策。12月21日5点55分,巴顿将军停止了呼吸,死因毫无疑问是血栓和心肌梗塞。

巴顿将军去世了,但是,人们没有忘记他。人们感到导致他遇难的车祸非常可疑。首先,当时轿车里共有3人,其他两人皆毫发无损,为何偏偏只有巴顿将军遇难呢?其次,肇事司机居然能够在案发后溜掉,这点尤其让人感到不可思议,而且宪兵们对现场进行的例行调查特别草率,甚至都没有留下任何官方记录。有人指出,宪兵队长巴巴拉思中尉曾经写下一份调查报告,但是后来却不见了,据此,有人认为巴顿将军之死带有一定的政治背景,跟他与艾森豪威尔将军的矛盾有关。二次大战以后,巴顿将军成为"亲德派"。他曾经公开指责盟军的"非纳粹化政策",并曾把纳粹分子和非纳粹分子的斗争极为不恰当地比喻为美国共和党与民主党两党之争。他甚至还考虑过要扶植德国9个未受损失的党卫军部队。他的这种亲德倾向,使艾森豪威尔感到威胁,想除之而后快。

此外,另有一种看法认为,巴顿将军之死与"奥吉的黄金"谜案有关。"奥吉的黄金"是纳粹在二战中埋藏的一批黄金,后来,它被美军某些将领发现后窃为己有。巴顿将军受命调查这起案件,就在真相即将大白之际,巴顿将军遇上了车祸。或许是某些人担心劣迹败露而先下手为强。

巴顿将军到底是因何而死?他的死是否与艾森豪威尔总统有关?时至今日,这些问题依然是个谜。

**惊魂的谜团**

## 肯尼迪遇刺之谜

肯尼迪是美国历史上最年轻、也是最有作为的总统。但不幸英年早逝,成为美国历史上第二个被刺杀的总统。1963年11月22日,肯尼迪在访问达拉斯市时遭到刺杀不治身亡,时年46岁。

1963年11月22日中午,约翰·肯尼迪总统带着妻子杰奎琳在8名保安人员的保护下,乘林肯牌高级敞篷轿车去往德克萨斯州达拉斯市贸易中心,一路上他们不断地向路人招手致意,甚至还下车与人们握手。12点30分,车队由休斯顿街转弯开进埃尔姆街,突然,只听"啪啪"两声枪响,肯尼迪手捂脖子直挺挺地倒在夫人膝盖上。

美国官方一直声称,行刺肯尼迪的是一名精神有问题的男子奥斯瓦尔德。但是,就在11月24日早晨,有个叫杰克·鲁比的人为"给总统报仇",居然在警察总部门口开枪打死了正被押往侦讯机构的奥斯瓦尔德。杰克·鲁比于1964年3月4日被判入狱,1967年1月3日因癌症死于狱中。他们的死,使肯尼迪遇刺案更加扑朔迷离。

在调查当中,有证人提到,奥斯瓦尔德曾受雇于美国联邦调查局,代号为S—172或S—179,每月报酬为200美元。人们由此推测有可能是美国联邦调查局"委托"奥斯瓦尔德刺杀了总统肯尼迪。

肯尼迪遇难40年来,关于行刺凶手一直存在争论。

耐人寻味的是,接替肯尼迪就任总统的副总统约翰逊曾任命以美国首席法官厄尔·沃伦为首的特别委员会负责调查此事。调查结果《沃伦报告》被美国政府封存起来,说是要在2038年,即与此事有关人员全部谢世之后,才能对外公布。

1990年,一个叫珍尼佛·怀特的妇女让其儿子李奇·怀特召开记者招待会,

肯尼迪

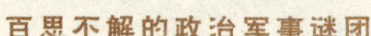

披露出一些鲜为人知的往事：珍尼佛·怀特的丈夫罗克斯曾在美国中央情报局专门担任杀手的任务，与奥斯瓦尔德和鲁比都是好朋友。珍尼佛说，曾经听见他们在一起议论过刺杀肯尼迪之事。1971年，罗克斯称中央情报局出卖了他，不久即在一次奇怪的爆炸中丧生。1982年，珍尼佛的儿子李奇·怀特在家中发现罗克斯日记，详细记载1963年他与另外两名凶手刺杀总统的过程。但1988年，日记被美国联邦调查局拿走并不知下文。

副总统约翰逊的情妇马德莱娜·布朗于多年后向一家美国媒体透露说，刺杀肯尼迪是由得克萨斯州的石油大亨出钱、约翰逊具体策划和幕后指挥的。

在20世纪五六十年代的达拉斯，石油大亨哈罗德森·亨特与老乡约翰逊是好朋友，也是约翰逊的财源。亨特与夜总会老板杰克·鲁比也是好朋友。而鲁比与达拉斯警察局的关系很密切。马德莱娜回忆说，大约在肯尼迪要来达拉斯的消息公布前10天，鲁比便卖弄地向她显示了肯尼迪车队行车路线图。后来正是鲁比枪杀了刺客奥斯瓦尔德，奥斯瓦尔德的母亲曾对人说，她的儿子是美国情报人员，"他替别人顶了罪"。

1963年11月21日，也就是肯尼迪遇刺的前一天晚上，马德莱娜参加了一个为埃德加·胡佛举行的晚会。约翰逊到得很晚，他把亨特等人叫到一个小屋子里开了十几分钟的会，其中一人还参加了后来调查肯尼迪遇刺事件的委员会。当约翰逊走出来的时候，他瞥见了马德莱娜。约翰逊凑到她的耳边小声对她说："从明天起，这个该死的肯尼迪就不会再妨碍我了，这不是威胁，而是说到做到。"马德莱娜回忆说，大约一个月后，她问约翰逊是否介入了刺杀肯尼迪的案件，约翰逊责怪她不该问这个问题，接着又对马德莱娜说："你不是认识我的朋友吗？是他们杀了他。"他还提到了亨特的名字。

美国前总统肯尼迪遇刺案是20世纪最扑朔迷离的悬案之一。尽管美国官方一直声称，行刺肯尼迪的是一名精神有问题的男子奥斯瓦尔德，但一直有人认为凶手不是一名而是两名。

英国法医专家D·B·托马斯在《英国法庭科学周刊》上发表文章称，他的研究证明，当年开枪杀害肯尼迪的共有两名凶手。托马斯的文章为肯尼迪遇刺案的"两名凶手论"增添了新的论据。

托马斯在文章中指出，通过对美国警方提供的刺杀现场录音的回音分析，当时存在第二名凶手向肯尼迪发射子弹的可能性高达96.3%。这名枪手在已知凶手李·奥斯瓦尔德连开三枪的同时，射出了一枚致命的子弹。

## 惊魂的谜团

琼·希尔是"两名凶手论"的代表人物,她宣称自己在现场共听到四声枪声。第一、二、四声枪声来自李·奥斯瓦尔德所在的六层楼,第三声则来自相反方向的附近的几棵树丛中。

当希尔赶到树丛中时,发现有人正准备逃跑,她刚想追上去,却被警察拦住了去路。

1978年,美国众议院组建了特选暗杀委员会展开调查,进而初步判断肯尼迪遇刺案是"一场阴谋"。但此后美国国家研究委员会推翻了众议院的观点,并坚持认为希尔自称听到的来自第二名枪手的枪声完全是噪音。

如今20多年过去了,希尔本人也已去世,但民间各种有关肯尼迪遇刺案的调查仍在继续。托马斯的研究结果给"两名凶手论"的说法增加了新的论据。扑朔迷离的肯尼迪遇刺案一直让人争论不休,也许真要到2038年才会揭秘?

## 谁杀害了马丁·路德·金

马丁·路德·金是闻名世界的黑人领袖,为争取黑人的平等地位做出了卓越的贡献,是诺贝尔和平奖的获得者。在美国黑人中享有崇高的地位。他有一篇著名的演讲词《我有一个梦想》,在世界范围内引起轰动。但他留给黑人最大的梦想便是找到谋杀他的真正凶手。

1968年4月3日,是一个乍暖还寒、阴雨绵绵的日子。马丁·路德·金和他的追随者两次来到田纳西州的孟菲斯市,支持清洁工人争取同工同酬的大罢工。晚上,在教堂的集会上,面对成百上千的、热心的听众,金神情激动地发表了演讲。然而,善良的人们没有料到,就在第二天,死神就不请自来,猝然降临,叩响了金牧师的生命之门。

4月4日下午6时左右,金和几名助手在下榻的洛兰旅馆306房间内进

马丁·路德·金

百思不解的政治军事谜团

晚餐。他们慢慢地品尝着,不时交谈几句无关紧要的话。金始终不多语,似乎在聚精会神地考虑当晚将举行的集会。

晚餐后,金沉思着走到阳台上,把臂肘支在栏杆上面,凝望着远方渐渐消逝的余晖,黑暗即将来临了。突然,一声刺耳、清脆的枪声响起。仅仅响了唯一的一枪。金立刻挺直腰身,用手捂住自己的脖子,扬起充满愤怒的脸,慢慢地仰面倒下了。

几分钟后,一辆白色救护车急驶而来,撕肝裂肺的笛声划破长空。可惜,为时已晚。下午7时零5分,医生宣布:由于子弹炸开了大动脉血管,切断了颈髓,金溘然长辞。金死时还不足40岁。愤怒的人们强烈要求美国司法部门和联邦调查局迅速查明案件的真相,将凶手及时捉拿归案。警察随后逮捕了开枪的凶手詹姆斯·雷。

1969年,雷被判99年监禁,他本人对杀害金一事供认不讳。然而,马丁·路德·金的家人对法院仓促判决非常不满,他们认为杀害马丁·路德·金的不仅仅是凶手一人。果不出所料,雷在判决生效后三天便翻供,称自己是清白的,但法院却对他的翻供根本不理会。在接下来的29年监禁里,雷先后8次申述,但都被驳回。

马丁·路德·金在演讲

为钱谋杀金:1977年,美国众议院一个委员会在经过慎密的调查后提出,杀害金不可能是一人所为,雷的两个胞弟可能同谋,动机是金钱,主要是希望能从圣路易斯的白人至上主义者那里获得报酬。不过,这一说法没有被美国政府采纳。

餐馆小老板10万美金买凶杀人:1993年,孟菲斯一家餐馆的退休老板劳埃德·乔尔斯突然在电视上承认,他是金案的主谋,说有人给他10万美元暗杀金。他描述了金遇刺当天,是他挑好一个射击角度好的房间,并且让一名警官刺杀金。

## 惊魂的谜团

美国黑手党、联邦调查局、中情局和军方阴谋：1995年，一个名叫佩珀的美国人花了近20年时间，悄悄对金案进行调查。首次提出了暗杀阴谋，涉及此案的有黑手党、联邦调查局、中情局以及军方人士。

陪审团的大阴谋论：1999年，美国一个陪审团裁定，1968年遇刺的黑人民权领袖马丁·路德·金的死，是多种势力的惊天刺杀阴谋，不是由枪手单独策划。陪审员默菲说，他相信该刺杀案过于复杂，极难由一个人作案。他说："我们大家都认为这是有预谋的案件。据佩珀提供的证据，许多人都涉及这宗案子，包括中情局和军方的每个人都卷入此案。"

美国牧师暗杀论：2002年4月，美国佛罗里达一名牧师对《纽约时报》记者透露，自己父亲就是杀害金的直接罪魁。这位牧师名叫威尔逊，今年61岁。他介绍说："我父亲亨利是一个三人小组的头目，而1968年正是该小组枪杀了马丁路德金"。威尔逊称，亨利虽然不是种族主义者，但他认为金与共产主义有联系，因此必须要将其除掉。威尔逊指出，父亲已经于1990年去世，但他生前曾经反复强调，杀掉金是一个热爱美国的人应该做的事，"为了挽救整个国家的前途命运"，自己有责任这样做。但威尔逊没有对自己的说法提供任何其他证据。针对上述说法，美国联邦调查局发言人称，有关人员已经在本周二晚间约见了威尔逊先生，并和他进行了"严肃的谈话"，但尚未对此事进行全面调查。一名探员告诉记者："我们不会忽视如此重要的线索"。也许时间不长，很多人相信这件历史悬案终将真相大白。

## 谁主谋枪杀了贝尼尼奥·阿基诺

"风萧萧兮易水寒，壮士一去兮不复还。"这句中国古诗用在菲律宾已故著名政治家贝尼尼奥·阿基诺身上是最好的挽联。贝尼尼奥·阿基诺是前菲律宾总统科拉松·阿基诺的丈夫，他20世纪50年代起就在菲律宾政坛上崭露头角，不久，他就成为一颗令人注目的政治明星。他历任总统特别政治事务助理、市长、省长，34岁时即当选菲律宾历史上最年轻的参议员。从20世纪60年代中后期开始，贝尼尼奥在政坛上声名鹊起，成为反对党的领袖人物，也是当时的总统马科斯强有力的政治竞争对手。但到了70年代，他的政治生涯陷入低谷，被马科斯政府投入监狱长达7年。1980年贝尼尼奥流亡美国，3年后心系祖国的他决定回国。早已

对马科斯政权怨声载道的菲律宾人民期盼着他的回归。

1983年8月21日中午11时,贝尼尼奥·阿基诺在台北中正机场乘坐台航811班机回国,随行者是他的妹夫克恩·卡希瓦哈拉。下午1时,飞机刚着陆,一群荷枪实弹的士兵就包围了飞机。紧接着,三个佩带"机场保安"袖章的人登上飞机,他们把贝尼尼奥单独架下舷梯。不久,一声枪响,人们看见贝尼尼奥·阿基诺倒在地上,血流如注。几秒钟后,又是几声枪响,一具穿着机场地勤服的男尸被从航空安全部队的车上推了下来。贝尼尼奥在刚刚踏上自己国土的时候,就在光天化日之下被枪杀了。

贝尼尼奥·阿基诺夫人就任总统

这桩突发枪杀案激怒了菲律宾人民,也引起了世界各国人民的关注。究竟是谁策划了这样一起快速而神秘的枪杀事件呢?

菲律宾官方的说法是:当三名保安人员护送他走出飞机时,一名身穿机场维修工服装的男子突然向阿基诺开枪射击,凶手是受人雇佣的职业枪手,已被保安人员当场击毙。然而,由12个菲律宾反对党组成的"统一民族主义组织"在8月22日发表的抗议声明中,对事件提出质疑并要求政府调查。该声明认为有三点令人费解:凶手是如何渗透进军警密布的马尼拉机场的安全网,并在距离阿基诺仅46厘米的地方行凶的?凶手如何知道阿基诺会从飞机的侧梯下机而不经由一般乘客使用的通道?三名穿制服的人员在押送阿基诺下机后,其中一人即不见踪影,此人下落如何?

日本《读卖新闻》根据各方报道,刊出了阿基诺遇刺的五大疑点。疑点之一:凶手究竟是谁?菲律宾治安当局说就是那位20岁出头,身穿机场工作人员制服的男子;和阿基诺同机的数名美籍新闻记者,也说是穿蓝色工作人员服装的男人。但是阿基诺的好友则坚称是上机带走阿基诺的三名保安员中的两人。疑点之二:如果确是身穿机场工作人员制服的男子下手,鉴于当时机场戒备森严,三步一岗,五步一哨,连外交官和新闻记者都不准进入停机坪,何以一名凶手竟能通

## 惊魂的谜团

过层层警戒线,在如此近距离对前后都有士兵保护的阿基诺头部开枪?疑点之三:菲当局宣布,阿基诺仅中一枪,阿基诺家属也证实此说。但根据机上乘客和菲律宾电视台报道,枪声一共响了11响。其次序是1响、3响、1响,停了一下又是6响。凶手也许中了很多枪。依常情,为了便于事后调查,当时使凶手没有抵抗能力即可,何以非置之于死地不可?疑点之四:阿基诺在机上曾向同行的妹夫表示,在台北曾获得情报,到达马尼拉后自己会被暗杀,而暗杀者也会被当场射死。所以阿基诺在抵达马尼拉机场前,特地穿上防弹背心。问题是谁在台北向他提供了这项情报?这人是否了解整个计划?疑点之五:事前,菲律宾当局警告被阿基诺杀死的政敌的儿子,说他计划暗杀阿基诺,以报父仇。既然当局已知道有些特定人物将对阿基诺不利,为什么不事前做出防范,却公开宣扬这一情报?

菲律宾人民大多怀疑是当权者为消除政敌威胁而制造了这一事件。为了洗刷政府同谋杀事件有任何牵连的嫌疑,马科斯总统在8月24日下令成立一个特别调查委员会,对阿基诺遭到暗杀一案进行"彻底调查"。不幸的是,这个委员会的组成一开始就难产,五人委员会中的两名成员拒绝参加调查,委员会主席大法官费尔南多因遭到反对派和律师组织的反对而干不下去。9月12日,这个委员会成立不到3星期就宣布无限期停止工作。

8月30日晚,马科斯授权大马尼拉市卫戍司令公布了一个报告。报告说,调查人员已查明凶手是一个穿机场运货人员蓝制服的人,名叫罗兰多·加尔曼·达旺,是一名雇佣枪手,他可能被各种人利用来从事报复性暗杀。

许多菲律宾人不相信官方关于凶手的报告,他们认为加尔曼不是杀害阿基诺的真正凶手,而只是一只"替罪羊"。阿基诺被暗杀是一个经过精心策划的阴谋。

调查工作很难开展。且不说是谁策划了这宗谋杀案,就是目击谋杀事件的证人也很少。

1983年10月14日,马科斯成立新的调查委员会,前上诉法院女法官、67岁的科拉松·胡利亚诺·阿格拉瓦任主席。以阿格拉瓦女士为首的调查委员会在一年的时间内进行了大量的周密调查,搜集到的各种证词、证据汇集在一起,多达2万多页,于1984年10月23日和24日向马科斯总统提出了两个调查报告。报告断定刺杀阿基诺与菲律宾军方有牵连,凶手是押送阿基诺走下飞机的士兵,而不是马科斯总统和军方在事后所声称的所谓"共产党分子"。但两个报告都未具体指出是哪一个士兵开枪打死阿基诺的。两个报告的分歧处是:阿格拉瓦认为,当时负责机场保安工作的空军准将卢瑟·库斯托迪奥是谋杀事件的策划者之一。

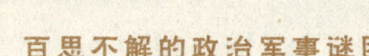

## 百思不解的政治军事谜团

因为如果没有他的参与,在国际机场是不可能策划并进行这样的犯罪阴谋的;阿格拉瓦还认为,在阿基诺走下飞机时,他身边的士兵嫌疑重大。另4名成员则指出,刺杀阿基诺的主要策划者是菲律宾武装部队总参谋长法维安·贝尔,参与谋杀阴谋的还有大马尼拉市卫戍司令奥利瓦斯和负责机场保安工作的库斯托迪奥等20多名军人。

这两个报告在菲律宾国内引起了不同的反应。马科斯总统在收到阿格拉瓦的报告后当天晚上发表了电视讲话,表示同意阿格拉瓦的报告,要求特别法庭从速对被指控人员进行审讯。阿基诺的家属和菲律宾反对派却认为阿格拉瓦的报告掩饰了一些主要罪犯。

10月24日,武装部队总参谋长贝尔和大马尼拉市卫戍司令奥利瓦斯因涉嫌而请求暂时告假,马科斯总统予以接受。10月28日,武装部队中有68名将官在菲律宾发行量最大的英文报《今日公报》上发表整版的联合声明说,他们"宣布和表明毫不动摇地忠于和支持总参谋长贝尔将军";而菲律宾国防部长恩里莱却发表声明说,68名将军发表的声明只是武装部队中一些军官个人的观点,应该尊重他们公开表达他们观点的权利,但是调查委员会调查结果的是非曲直必须交由司法机构去做出最后判断。

马科斯总统命令由1978年成立的专门审理政府官员犯罪的反贪污法院来审理刺杀阿基诺的案件。但是反对派领导人却要求成立一个由独立人士组成的特别法庭来审讯与刺杀阿基诺的阴谋有牵连的所有嫌疑犯。菲律宾政府拒绝了这一要求。

据当时外国报刊分析,调查委员会报告的公布,意味着调查事实真相的工作已告一段落,下一步起诉和审讯将由法庭进行。1985年1月24日,菲律宾反贪污法院以参与暗杀前参议员阿基诺的罪名,向前武装部队总参谋长贝尔和另外25人发出逮捕证。在26名被告中,当时负责机场保安工作的空军准将库斯托迪奥为首的17人被指控为暗杀阿基诺的主谋,贝尔和大马尼拉市卫戍司令奥利瓦斯和另外6名士兵被指控为从犯。另一名商人赫米洛·戈苏伊科被指控为同犯。

贝尔是马科斯的同乡,他追随马科斯30多年,参加过抗日战争。战后,他由马科斯的司机一跃而成为总统侍卫部队司令,后来又当上了总参谋长,是马科斯最信得过的人之一。1985年2月1日,法庭正式开庭审讯贝尔等人。人们只见他微笑着走进审判室,显得轻松自在。他只受了40分钟的审问之后便匆匆离开了法庭。1985年12月2日,菲律宾反贪污法院对阿基诺谋杀案进行了宣判。在长

## 惊魂的谜团

达 90 页的判决书中说,无数"确凿的证据"表明,杀死阿基诺的凶手是一名叫罗兰多·加尔曼·达旺的共产党嫌疑犯,而加尔曼又在机场被值勤的一名士兵当场击毙。这名士兵是"执行公务",不存在任何预谋,因而包括前武装部队总参谋长贝尔在内的 26 名嫌疑犯全部无罪释放。

法院完全否定了以阿格拉瓦为首的调查委员会提出的两个调查报告,其结论和所持的论点又与官方和军方的看法一致。人们从法院在审判过程中对被告的偏袒,很难相信法院的这一判决是公正的。这一判

阿基诺被刺后抬上警车情景

决,不仅在反对派中激起了一阵强烈的抗议浪潮,而且遭到广大群众的谴责。法院判决宣布后,阿基诺遗孀科拉松在记者招待会上说,马科斯是暗杀阿基诺的"最大嫌疑犯"。

马科斯在菲律宾执政达 20 年之久。在这期间,他重用自己的家属,网罗亲信,垄断了全国的经济命脉,形成了一个被称为"亲友资产阶级"的特富阶层。这个阶层人数虽只占全国人口的 2.5%,却掌握着全国 80% 的资产。他们控制了军队和中央到地方的各级政权机构,来为这个特富阶层服务。

然而,1983 年 8 月 21 日阿基诺在马尼拉机场遭暗杀这一事件,却成了菲律宾政局发展的转折点,它敲响了马科斯政权的丧钟。此后,菲律宾国内形成了反对马科斯政权的声势浩大的政治运动,阿基诺遗孀科拉松积极投身并领导这一政治斗争。她在各种集会上发表演说,一次又一次参加示威游行。科拉松被当作她丈夫阿基诺的化身,受到人民的景仰和支持。马科斯的处境日益不妙,他被迫宣布于 1986 年 2 月 7 日举行总统选举,这是战后发生在菲律宾的一场最激烈、最惊险的政治决斗。马科斯自恃执政多年,又牢牢掌握国家机器,操纵全国选举,自认为稳操胜券。但出乎马科斯意料之外,争执多时未能一致的反对党候选人问题,突然以阿基

## 百思不解的政治军事谜团

诺夫人科拉松同统一民族组织主席劳雷尔宣布联合起来参加正副总统竞选而获圆满解决,扭转了反对党四分五裂的局面,为战胜马科斯铺平了道路。

1986年2月7日菲律宾举行全国大选,投票结果本应阿基诺夫人领先。可是在计票过程中,马科斯大作手脚,再三作弊,企图使自己领先。2月15日,马科斯控制的国民议会悍然宣布他领先150万票,当选为总统。这一行为大大激怒了反对党和支持反对党的菲律宾人民,引起了国内外的一致反对。科拉松公开发表声明,不承认马科斯的当选,并宣布她自己赢得了"压倒优势的胜利"。2月16日,在马尼拉举行的几十万人参加的群众抗议集会上,她宣布了反对党的"七点非暴力抗议计划"。2月22日晚,国防部长恩里莱和武装部队代理参谋长拉莫斯联合发动兵变,宣告同马科斯断绝关系,拥护阿基诺夫人。

在人民的一片指责和唾骂声中,马科斯自知大势已去,2月25日晚他协同家人仓皇出走夏威夷,从而结束了在菲律宾20年的独裁统治。科拉松·阿基诺当上了菲律宾历史上第一位女总统。

马科斯出走一个星期后,菲律宾新组成的人权委员会,建议重审阿基诺被谋杀案。1986年6月6日,菲律宾成立了一个以最高法院前法官康拉多·瓦斯克斯为首的三人特别委员会,重新审理阿基诺——加尔曼双重谋杀案。这个委员会经过45天的特别调查之后,于7月31日宣布,菲律宾反贪污法院过去对涉嫌的前武装部队总参谋长贝尔和其他25名嫌疑犯做出无罪的判决无效。9月16日,反贪污法院下令逮捕谋杀阿基诺的全部26名被告。

1987年8月19日,菲律宾反贪污法院重新开庭审理阿基诺被谋杀案。在法庭上,菲律宾职业摄影师亚历山大—洛伊纳斯出示了39张大照片和40张幻灯片。这些照片显示,枪杀阿基诺的子弹是从阿基诺背后射入的,子弹穿过他的头部后从下巴出来,子弹的弹道轨迹是由上至下的。

这些证据表明,阿基诺是在走下飞机时被人从他身后高处开枪击毙的,而当时站在阿基诺身后的都是士兵。

菲律宾首席检察官劳尔·冈萨雷斯说,洛伊纳斯提供的照片实际上推翻了以前的说法,即子弹的走向是由下往上,碰到骨头后才改为向下的。洛伊纳斯说,他是应阿基诺的母亲奥罗拉和当时反对党领导人劳雷尔的请求,在阿基诺遇害几小时后拍摄了他的尸体剖检照片,但他过去从未到庭作证,因为他担心有生命危险。

1988年1月4日,马尼拉特别法庭举行听证会,马尼拉国际机场地勤工人

## 惊魂的谜团

巴塞罗纳在 7 名保安人员监护下出庭作证：1983 年 8 月 21 日，他驾一辆拖车在马尼拉机场停机坪上，眼见阿基诺与三名警卫从客机上下来。他说："我看见穿白服装的人（阿基诺）后面的一名士兵用枪对着他（阿基诺）的后颈开了枪，他向前倒下了。"巴塞罗纳还作证说，在阿基诺倒下后，他又听到了一声枪响，这一枪可能是打死加尔曼的。"我看到一个穿着菲律宾航空公司工人制服的人倒下了，这个人当时在客机舷梯外面。当我离开现场时，我还听到一阵乱枪响。我回到停车场，跑到办公室里躲了起来。"

巴塞罗纳是声称千真万确目击阿基诺遇刺全过程的第一个证人。当被告律师对他进行询问时，他态度坚决，而且还表演了当时他看到的情景。1987 年 12 月，巴塞罗纳已经把情况报告了国家调查局。巴塞罗纳为何在阿基诺案发 4 年之后才出来作证呢？后来，巴塞罗纳的律师公布了他于 1985 年 6 月 11 日写给一位亲友的信，他在信中说明了自己没有及时出庭作证的原因，是因为害怕他的家会遭到不幸，并招徕杀身大祸。"可是我的良心总是不得安宁……我甚至做梦还见到了开枪的情景，我被噩梦惊醒，浑身是汗。"法庭认为他的证词无懈可击。

1988 年 3 月初，应邀到菲律宾辨别声音的日本声纹学专家铃木松美博士，听了日本 TBS 电视台记者录下的在马尼拉国际机场暗杀阿基诺现场的录音磁带。经过声音分析，也证实暗杀阿基诺的凶手是卫兵。这盘磁带清楚地录下了阿基诺走下飞机的脚步声及卫兵开枪前的喊叫声。铃木说，他把磁带上的声音同暗杀事件后录下的卫兵们受审供述时的声音进行了比较。这些卫兵被要求重复磁带中的那些话，通过多次反复比较，铃木最后断定，喊叫"他在这儿"的人是卫兵头子赫劳斯·卡斯托。铃木通过声音做出的判断，为弄清阿基诺案件提供了新的证据。

重新审理阿基诺案件所取得的进展表明，马科斯时代菲律宾反贪污法院关于这个案件的宣判只是一个充满谎言的故事而已。虽然 26 名被告已被收入法网，但是仍然缺乏证据使真正的主谋浮出水面，暗杀事件本身依然笼罩着一层迷雾。

百思不解的政治军事谜团

## 神秘的指示——萨莫拉总统遇难之谜

1986年10月19日晚,莫桑比克总统萨莫拉在结束了同赞比亚、安哥拉和扎伊尔三国总统关于南部非洲局势的会谈后,乘专机星夜赶回莫桑比克首都马普托。这架苏制图一134A喷气式客机在飞行途中,突然与马普托国际机场的指挥塔失去联系,音讯皆无。

第二天,从邻国南非传来消息:萨莫拉总统的座机坠毁在南非纳塔尔省的山区,那里与莫桑比克和南非的边界线相距200米。从失事现场来看,似乎是飞机撞上了一个小山头或是擦到了一棵大树,然后翻着跟斗栽到地面上。飞机残骸碎片撒了一地,包括萨莫拉总统、外交部长卡洛斯·洛博、交通部长路易斯·桑托斯在内的32人不幸遇难,只有4人奇迹般幸存。

萨莫拉总统的座机为什么会坠毁在南非境内呢?本来,这架飞机可以从津巴布韦直接进入莫桑比克领空,然后抵达马普托机场,根本无须飞越南非领空。

5名苏联机组人员中唯一幸存下来的洛沃谢洛夫说:"飞机是被击中的。"另一位幸存者、总统警卫曼努埃尔也认为飞机遭到攻击。他还诉称:当飞机飞到马普托上空时,天气条件很差,飞机降落十分困难。大约过了5分钟,他们听见"嗖嗖"的声音,好像是子弹呼啸的声音,但并没有听到爆炸声。与此同时,飞机上的灯火全部熄灭,发动机停止转动,飞机在滑翔了大约三分钟后就坠毁了。

而另一些人则认为,飞机失事是由恶劣的天气和人为的过错造成的。比如,南非外长博塔就把责任全部归结于苏联飞行员。由于飞行员的疏忽,把南非的科马普特当成了莫桑比克的首都马普特而准备降落,结果飞机在降落时撞上了小山丘,或者是触到了雷电。因为当时科马普特雷电交加,大雨倾盆。一些民航界人士也认为,萨莫拉总统的座机明显是迷失了方向,偏离了航线,不然它怎么会飞到离马普托有65公里之远的科马普特。由于当时科马普特上空乌云密布,能见度很低,飞行员为了摆脱云层障碍、重新确定方位而降低飞行高度,结果不小心撞上了山头或触到了雷电,结果机毁人亡。他们还解释说,曼努埃尔听到的"嗖嗖"声很可能是飞机刮到树枝或擦到山丘所发出的声音。

苏联飞行员的疏忽、恶劣的天气条件,都可能是灾难发生的原因。但有人故意使飞机偏离航线的可能性也不是不存在。

有分析者认为,南非政府在萨莫拉总统座机失事后的所作所为,也不免使人

## 惊魂的谜团

疑窦顿生。由于萨莫拉总统多年来一直支持南部非洲人民争取民族独立的斗争，他成为南非政府的眼中钉。南非当局不仅从经济上向莫桑比克施压，把在南非工作的数万名莫桑比克劳工赶回家，还偷偷地为莫桑比克反政府武装提供金钱和武器。此外，南非当局还曾经多次对萨莫拉总统进行威胁和攻击。就在座机失事前两周，南非的国防部长马格纳斯·马兰和副外长罗恩·米勒还曾当面对萨莫拉总统进行恐吓。萨莫拉总统的座机在19日晚上9点多坠毁在南非境内后，而南非当局直到第二天上午才通知莫桑比克政府。据南非当地的一份祖鲁语报纸报道，第一批赶往现场的一位黑人护士事后回忆说，当飞机在纳塔尔省科马普特坠毁后，萨莫拉总统当时还活着，4小时后才死去。莫通社的报道也指出，南非政府派人赶到现场后，不是先救人，而是急急忙忙搜查公文包、钱包和文件，一些遇难者由于没有得到及时的营救而死去。

更有人怀疑是南非政府在耍阴谋，故意使萨莫拉总统的座机偏离了航线。有人援引莫桑比克的一位高级官员的话，19日晚上，当萨莫拉总统的座机正飞向马普托机场时，突然遇到了南非幻影战斗机的拦截，被迫改变航线而坠毁在南非境内。美国的一位空军专家则认为，可能是南非通过电子干扰使飞机迷失方向而坠毁的。

萨莫拉总统座机"黑匣子"找到后，人们分析了其中记录的重要信息。他们发现，当飞机接近莫桑比克首都马普托时，雷雨天气使飞机难以顺利降落。正在这时，"甚高频全向无线信标"传来了让飞机向西南方向调整37度航向的指示。正是这个指示导致飞机偏离航线而坠毁。可奇怪的是，当时马普托机场的指挥塔并没有发出过这样一条指示。这条神秘的指示从何而来？人们不得而知。

这是一起特殊的空难事故。丧生者并非一般乘客，而是国家总统和政府高级官员。而事件本身又牵涉到两个相邻但并不和睦的国家，甚至涉及种族矛盾和纷争，难怪"迷雾重重"，让人费解。

## 和平卫士——拉宾遇刺之谜

1995年11月4日当地时间11点,以色列总理拉宾在特拉维夫参加完一个大型和平集会,离开会场正准备上车离开,突然一名枪手向他连开3枪,73岁的以色列总理拉宾遇刺身亡。

在4日的集会上,拉宾向自己的国民发表了他一生中最后一次讲话。他说:"我曾经是一个有27年军龄的战士,那时我认为除了战争以外别无选择。但是今天,我相信和平的机会存在着。"总理拉宾的讲话结束之后,拉宾与政府高级官员们一起手拉着手,同国王广场上的16万群众齐声高唱《和平之歌》,随着歌声,群众的情绪达到了高潮。"国王广场"上激荡起汹涌澎湃的和平声浪。

这时,一名枪手也挤在拉宾周围的人群中,在他冷峻的脸上,眉宇间正隐隐透出一股杀气。他的口袋中藏着一把9毫米口径的左轮手枪,枪把早被手心的汗水浸得湿漉漉的。他使劲挤开人群,来到拉宾身旁。而拉宾却浑然不觉危险正一步一步向他靠近,他与妻子还在向欢呼的人群挥手致意,在保镖的护卫下,拉宾正走向自己的座车。一名保镖拉开了车门,拉宾正准备上车,枪手阿米尔已挤过人群。将黑洞洞、闪着寒光的枪口对准了拉宾。

拉宾

"啪——啪——"

拉宾感到胸口被重重捶了两下,剧烈的疼痛,使他不由自主地弯下了腰,凶手又向拉宾背部开了两枪。这位身经百战的职业军人,在硝烟弥漫的战场上,面对呼啸而来的弹雨从未负过伤,而今却在自己倡导和平的土地上倒下了。保镖、司机、拉宾夫人莉赫急忙围上去。拉宾的嘴唇颤动着:"我没事,没事。"他的头无力地一垂,便失去了知觉。

## 惊魂的谜团

在前往特拉维夫伊希洛夫医院的路上,拉宾已进入弥留之际,脉搏不再跳动,血压也没有了。但是,医务人员还是奋力进行抢救,为他输氧、打强心针,做心脏人工按摩,准备动手术,希望能起死回生。一个小时后,即1995年11月4日23时11分,北京时间1995年11月5日凌晨5时11分,浑身浸透鲜血的拉宾,在手术台上逝世。消息播出之后,许多人泣不成声,成千上万的人自发地点燃起一支支蜡烛,悼念拉宾的亡魂,许多与拉宾共事的官员们,禁不住失声痛哭,泪流满面。他们来到内阁会议,用黑纱把拉宾用过的椅子罩了起来,以此表达他们永久的思念,有些反对过拉宾的人,也不得不为此情景所感动,他们称拉宾遇害的这一天,是以色列历史上最黑暗的一天。

拉宾遇刺身亡震撼了世界。世界各国领导人纷纷做出反应,对他的遇刺表示哀悼。40多个国家首脑参加了隆重的葬礼,就连与以色列积怨极深的中东阿拉伯一些国家政府和领导人也对拉宾遇害表示震惊和悲痛,纷纷谴责这一恐怖行径。

许多以色列人在悲痛中为和平之星拉宾陨落叹惜之后,对凶手何以暗杀成功的问题,提出了种种疑问。以色列拥有世界著名的特工组织,他们曾在世界范围内多次组织过出色的行动,但为什么对阿米尔谋杀拉宾这一事情没有任何反应呢?拉宾有23个保镖和保安人员保卫着,为什么阿米尔可以在贴近拉宾仅3米的地方向拉宾开枪呢?为什么阿米尔可以从容地连发3枪,而保安人员毫无反应,没有及时还击,击毙凶手阿米尔呢?在那么大型的群众集会,保安特别难处理的情况下,为什么拉宾没穿防弹背心呢?这里面会不会有政治阴谋?

根据以色列传媒《国土报》分析,暗杀拉宾有三种可能性。

第一,右翼利库德集团的嫌疑最大。

因为利库德集团对拉宾恨之入骨,千方百计想办法破坏拉宾的和平路线计划。警方认为,凶手阿米尔出生于特拉维夫一个宗教色彩十分浓厚的犹太人家庭,从小接受极端的犹太复国主义教育,阿米尔的行刺很可能受极右的利库德集团指使。利库德集团旨在破坏中东和谈进程。《国土报》指出极右的利库德集团主席梅纳赫·沙米尔事先就知道阿米尔谋杀拉宾的,因为利库德集团有一名叫果里达·梅内尔的成员与凶手阿米尔关系密切,梅内尔将阿米尔有可能刺杀拉宾的情报报告了主席沙米尔。沙米尔指示梅内尔用空弹换下阿米尔手枪中的实弹,而不是制止阿米尔的暗杀行动。据说这一换弹计划还得到了以色列情报主管利库·梅厄姆的赞同。沙米尔认为这样做可以一箭双雕,既可以打击拉宾工党的士气,又

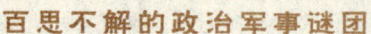

百思不解的政治军事谜团

可以使"土地换和平的计划"落空。如果这一换弹计划被阿米尔发觉,梅内尔必须制止阿米尔的行动。不过,这起换弹计划被拉宾遇刺当日现场拍摄的摄影记者罗尼·肯普勒所否定。事发当晚,罗尼曾在现场拍摄,罗尼跟随拉宾拍摄了一个多小时的画面,包括阿米尔向拉宾开枪过程的一些镜头。事后罗尼又将所拍摄的录像带交给了政府成立的夏姆加尔调查委员会。在调查拉宾遇刺其间,罗尼一直保持沉默。1996年1月3日,罗尼在特拉维夫寓所内被人殴打致重伤造成终身残废,殴打罗尼的动机,警方无法查清,这给阿米尔谋杀拉宾案又添加了神秘的色彩。

第二,谋杀与以色列工党的另一位领导人,时任外交部长,后任代总理的佩雷斯有牵连。

佩雷斯的目的是将计就计,通过阿米尔之手干掉拉宾,以便日后由自己取而代之。然而,以色列政府和夏姆加尔调查委员会排除了这一可能性。拉宾的大儿子伊扎克·尤瓦尔也予以断然否认。当佩雷斯代总理看到以《观察家报》刊登的工党内部斗争的谋杀报道后,随即与以色列新闻媒体见面,指责《观察家报》怀有不可告人的目的,并十分气愤地说:我怀疑这件事背后有人支持,其目的显然是为了搞垮我,警方经过详细调查,也没有发现佩雷斯代总理与谋杀拉宾案有联系。

第三,谋杀拉宾是以色列情报人员玩的政治阴谋。

《法新社》报道说:以色列情报人员是指挥和策划暗杀拉宾的幕后元凶。以色列《星期时报》新闻记者巴利·沙米什通过走访伊奇格夫医院的医生和安全部门后,向《星期时报》透露,拉宾遗体解剖报告表明,拉宾中了3枪,而不是2枪。根据当时4位目击者听见有人喊道:"是空弹、空弹。"拉宾的夫人利娅也反映,当人们匆匆忙忙地把她推上汽车时,在场的保安人员对她说:放心吧夫人,是空弹,一切都很顺利的。记者沙米什写道,以色列政府说:凶手阿米尔从背后向拉宾开了3枪,但根据警方痕迹专家验证,阿米尔使用的枪只有一发子弹在拉宾身上相同。更值得深思的是,将拉宾从被害现场送往伊奇洛夫医院的路程,救护车行驶一般只需4分钟,而拉宾被暗杀这天竟然开了16分钟,比平时多了足足三倍的时间。负责护送拉宾的警官果拉为·佩里和特加利·拉拉巴对记者沙米什说:拉宾上车后,没有发现他身上有严重的伤势。问题出在那16分钟里,拉宾是被送往医院途中被人击中2枪要害而丧命的。沙米什透露,以色列特工人员巴勒·贝特里使用的那支手枪在伊奇洛夫医院里不翼而飞,以致2天时间都没找到。第三天凌晨3时,特工贝特里在值班室的门口被人枪杀身亡,这种迹像表明,谋杀拉宾的案情错综复杂,离奇古怪。

**惊魂**的谜团

经过警方再三调查，夏姆加尔调查委员会得出最后的结论：在谋杀拉宾案中，经法医专家们检验，拉宾身上中的是三发子弹，凶手阿米尔虽向拉宾开了3枪，但只打中拉宾一枪。犯罪嫌疑人贝特里在护送拉宾前往伊奇洛夫医院途中，用自己的佩枪向拉宾开了两枪。特工贝特里谋杀拉宾的动机是阻止拉宾实现土地换和平的计划。与其他任何组织没有牵连。这个解释和结论遭到拉宾遗孀利娅的强烈不满。要求夏姆加尔调查委员会解散，重新调查。但以色列国会作出了肯定维持夏姆加尔调查结论。由于以色列只在1962年审判纳粹战犯时使用了死刑。犯罪嫌疑人贝特里已经死亡。根据以色列刑法，不作追究。阿米尔面临的最高刑罚将是终身监禁。不管阿米尔和贝特里是单独行事还是受他人指使，他们都将作为以色列历史上千夫所指的罪人，被向往和平的人们所唾弃。

## 暗杀东方之女——贝·布托

贝·布托，巴基斯坦人民党创始人佐勒菲卡尔·阿里·布托的女儿，巴基斯坦前总理，人民党主席。贝·布托的人生密布血雨腥风：父亲惨死于绞刑架，两个弟弟死于谋杀，她与母亲都曾遭受长时间的牢狱之灾，两度担任总理，又两次被解职，直至流亡他乡，有国难回……2007年10月18日，贝·布托结束了8年的海外流亡生涯回到巴基斯坦，12月27日，贝·布托在巴东北部城市拉瓦尔品第遇刺身亡。

2007年12月27日下午，巴基斯坦人民党在拉瓦尔品第的一个公园举行上千人集会，贝·布托到场发表讲话，呼吁支持者在次年1月8日议会选举中投票给人民党。集会结束后，当地时间下午5点30分，贝·布托乘车准备离开。据目击者称，就在此时，有两名枪

贝·布托

手分别从不同方向突然接近贝·布托乘坐的汽车并对她开枪射击,二人随后引爆了绑在身上的自杀性炸弹。

贝·布托颈部中一颗弹,头部中两颗子弹,其中颈部的一枪是致命性的。也有报道说,是其后的自杀性爆炸最终夺去了贝·布托的生命。事件发生后,贝·布托立即被送往当地医院,巴基斯坦人民党证实,贝·布托于当地时间下午6点16分在拉瓦尔品第总医院去世。也有报道说,贝·布托到达医院时就已停止呼吸。这名巴基斯坦人民党领袖享年54岁。

据报道,枪手使用的是AK47冲锋枪,二人曾靠近贝·布托乘坐的汽车很近的距离,枪口几乎顶到她的身上,在二人开枪之前,贝·布托还曾试图躲避子弹。由于二人随后引爆了身上的炸弹,所以周围的保安人员在短时间内无法靠近贝·布托乘坐的汽车。

贝·布托被暗杀的消息传出后,在巴基斯坦引起了轩然大波,致使巴基斯坦趋向平稳的政治局势再一次变得混乱不堪,甚至有人怀疑谋杀的主使者就是总统穆沙拉夫。贝·布托被暗杀致使巴基斯坦总理竞选推迟40天。巴基斯坦国内及国际组织都强烈呼吁有关方面迅速破案,英国的警察组织甚至到巴基斯坦国内协助调查。

事发后不久,巴基斯坦政府公布截获的基地组织高层头目巴伊图拉·马哈苏德与另一位基地成员(代号毛拉·萨希布)之间的电话记录,并表示从谈话内容来看,基地组织正是此次贝·布托遇刺案的幕后黑手。以下是这段电话的通话内容:

萨希布:保佑你平安

马哈苏德:也保佑你平安。

萨希布:你怎么样?

马哈苏德:我很好。

萨希布:祝贺你,我今晚才回来。

马哈苏德:也祝贺你。

萨希布:是我们人干的。

马哈苏德:都是谁?

萨希布:是萨义德、巴达尔瓦拉·比拉尔和依克拉姆拉赫。

马哈苏德:是这三个人做的?

萨希布:是比拉尔和依克拉姆拉赫干的。

## 惊魂的谜团

马哈苏德：再次祝贺你们。

萨希布：你现在在哪里？我想见你可以吗？

马哈苏德：我现在在马克恩（巴边境部落地区城镇），在安瓦尔·沙赫的家里。

萨希布：好，我就过去。

马哈苏德：目前不要通知他们的家人。

萨希布：好的。

马哈苏德：这是一项伟大的事业，那些杀死了她的孩子们非常勇敢。

萨希布：感谢真主。我到了以后会和你谈谈细节。

马哈苏德：我等着你。再一次祝贺你们。

萨希布：也祝贺你。

马哈苏德：需要为你们做些什么吗？

萨希布：非常感谢。

贝·布托被刺现场

萨希布：保佑你平安

马哈苏德：也保佑你平安。

但巴基斯坦人民党却认为，马哈苏德暗杀一个反对党领导人的说法并不可信。同时马哈苏德的发言人也称，他们只是反对美国，并没有暗杀贝·布托的计划。

美国中央情报局也根据掌握的情报展开了调查。在《华盛顿邮报》2008年1月18日刊登的访谈中，中央情报局局长海登指出，与巴西北地区部落领导人巴依图拉·马哈苏德有关联的武装分子在基地组织支持下暗杀了贝·布托。海登没有透露这一情报的来源，但表示他的结论是准确的。

2008年3月1日巴基斯坦警方向反恐法庭正式递交了对巴亚图拉·马哈苏德涉嫌谋杀贝·布托的指控。

## 百思不解的政治军事谜团

负责贝·布托遇刺事件调查的负责人卡德哈利·马吉德表示，在反恐法庭和法官们对迈赫苏德和其他四名签署了不能保释的逮捕令，指控他们策划谋杀贝·布托后，警方才做出这项指控，因为警方担心他们可能会获得保释。反恐法院的决定让警方放心。其余四人的名字也已经被警方公布。

马哈苏德被控与基地组织关系密切，是巴基斯坦国内一个亲塔利班和基地组织的极端主义组织的领导人，他之前被怀疑制造了多起巴基斯坦与阿富汗边境袭击事件和策划自杀式袭击，并在2007年谋杀了贝·布托。

马吉德拒绝透露更多详情，仅表示，贝·布托遇难之后，这几名与基地组织有牵连的人就已经潜逃，警方正在全力追捕，已经拘捕了与贝·布托遇刺事件有关的数名嫌疑犯。马吉德称，警方还在全力搜捕一个名叫伊卡拉姆拉的人，该人是策划袭击贝·布托案的主要执行者之一，他的主要任务就是一旦贝·布托能够逃离炸弹袭击的话，他将对贝·布托发动第二次打击，以保证贝·布托不能生还。

已经被捕的一位涉案的15岁少年沙哈称，他曾帮助马哈苏德运送武器。这名少年指称马哈苏德在贝·布托遇刺发生的当天派遣了一个5人小组负责袭击事件，他和伊卡拉姆拉都是"后援"。

至此，贝·布托谋杀案基本上水落石出。贝·布托在天之灵也得到一丝安慰，但巴基斯坦的反恐局势仍然令人担忧。

# 三、扑朔迷离的文化艺术谜团

莫扎特为谁"安魂"

贝多芬悴死之谜

凡·高为什么自杀

性感女神为何裸死

毕加索是纵欲身亡的吗

功夫之王因何悴死

质疑《荷马史诗》

《山海经》之谜

《蒙娜·丽莎》之谜

《圣经》中的疑团

《古兰经》的数字之谜

普希金一号日记之谜

惊魂的谜团

# 离奇的名人之死

## 莫扎特为谁"安魂"

1756年1月27日,萨尔茨堡一片银装素裹的景象。在一所教堂里,一个新生儿的洗礼仪式正在进行着。孩子的父亲是红衣主教西吉斯蒙德手下一个颇有才华的小提琴家和作曲家。仪式庄严、肃穆,牧师给这个婴儿起了个名字,译成意大利语后,称为阿玛杜斯·沃尔夫冈·莫扎特。上帝为我们派来的音乐使者降临了。

1791年12月5日凌晨,同样是在一个寒冷的冬天,穷困潦倒的阿玛杜斯·沃尔夫冈·莫扎特在经历了人生的磨难之后,去找上帝报到了,没有祝福,没有任何仪式,只有一个孤独的掘墓老人顶着凛冽的寒风和飞舞的雪花将他的棺材放进墓穴。老人不知道这个棺木里躺着的是一个多么伟大的人物。

莫扎特是世界音乐史上最伟大的天才作曲家,在他35年短暂的人生中,共创作了50部交响乐,28部室内乐,21部钢琴协奏曲、17部钢琴奏鸣曲和22部歌剧。他4岁正式开始学习音乐,在不到一年的时间里,就显示出非凡的音乐天赋。由于父亲从小就向他灌输不要让"技巧"妨碍"思想"的观念,因此使他在音乐的表现上,不仅仅是演奏技巧的娴熟,更是创作思维的自由奔放、无拘浪漫。他在18世纪的欧洲各国,一边拜师学艺,一边旅行演奏,并得到"交响乐之父"海顿等人的指点。他被冠以"神童"、"18世纪的奇迹"、"上帝派来的音乐使者"和"钢琴协奏曲之王"等美誉。后人对他的音乐评价是"抒情流畅,真挚明朗,充满高尚的美感"。可惜他却英年早逝,实在是世界音乐界的一大损失。

关于他早逝的原因,当时医生的诊断为由肾功能衰竭所导致的尿毒症,人们也毫无疑义地认同了这种观点。但在民间,对莫扎特的死因一直都有一些非议与传说,这些传说暗示莫扎特的死因并非那么简单,是有人嫉妒他的天才和成就,

## 扑朔迷离的文化艺术谜团

用卑劣的手段暗算了他。那个暗算他的人是意大利人萨里艾利。

据说莫扎特当年在创作他最后的绝唱《安魂曲》的时候,身体和精神状况都非常不好。为了让他放松,他的妻子康斯坦茨在一个秋高气爽、风和日丽的日子雇了一辆马车,带他到郊区兜风。他们在草地上拥抱、接吻,说着甜蜜的情话,莫扎特还用樱茸花编成结塞进妻子的胸脯里。突然,莫扎特抽泣起来,并弯下身子卷曲着,双臂交叉胸前,把头深深地埋了进去。康斯坦茨看着他的样子非常吃惊,她关切地询问着莫扎特到底怎么了?莫扎特抬头看着她,眼神异样地说:多年来我的心头老压着一件事,这件事的确有很长时间了。他顿了顿继续说着:康斯坦茨,有人给我下了毒。康斯坦茨追问他"是谁?"莫扎特摇了摇头,暗淡的眼珠表现出奇怪的神情,他对康斯坦茨说,别管是谁,我不会讲出来的。

莫扎特

康斯坦茨在后来的日子里对这件事并没有给予更多的理会,她认为那可能是莫扎特因幻觉而产生出来的臆想,因为他太劳累了。可当这个"臆想"和"传闻"被传到萨里艾利的耳朵里时,这个在当时曾经红极一时的意大利人被吓坏了,他不明白莫扎特为什么要怀疑他,就因为他曾经跟莫扎特作过对么?这个可怕的"臆想"和"传闻"始终缠绕着萨里艾利,直到他临终的时候,还可怜巴巴地对自己的一个老朋友申辩着:上帝啊,我可没有给莫扎特下过毒啊!

关于萨里艾利是否毒死了莫扎特,这还真是音乐史上的一桩悬案。据史料记载,俄国诗人普希金曾根据这个传说写过一首长诗,名字就叫《莫扎特与萨里艾利》。后来,19世纪俄国著名的作曲家里姆斯基·科萨克夫根据这个脚本谱写了同名歌剧。

## 惊魂的谜团

其实,在莫扎特还活着的时候,萨里艾利就用了各种各样的方式对莫扎特表达了他的真诚与敬慕。虽然如此,还是有很多人依然相信那可怕的传闻。

萨里艾利曾是奥匈帝国国王约瑟夫二世的一名宫廷乐长,他出生于意大利一个富商家庭,从小就开始学习音乐,16岁时因父母双亡只身来到维也纳。由于意大利在当时是欧洲的音乐中心,只有在意大利受过训练的人才称得上是真正的音乐家,萨里艾利不久就被任命为维也纳宫廷的歌剧作曲家兼指挥,后来又升为乐长。

莫扎特的到来,给萨里艾利造成了极大的压力。虽然当时萨里艾利已经升任为皇家乐队的首席指挥,无论职位还是薪俸都比莫扎特高很多,但他的声望在维也纳音乐界和公众的心目中,却远逊于莫扎特。尤其是莫扎特创作出著名的歌剧《费加罗的婚礼》和《唐璜》,每一次的演出都掀起一浪高过一浪的热潮。据说布拉格的国家大剧院在连续6个月的时间里,天天上演《费加罗的婚礼》,观众的狂热程度令人吃惊!这些辉煌与萨里艾利无人喝彩的窘况形成了强烈的反差。

《魔笛》在维也纳上演时,情形与布拉格差不多,据说这是萨里艾利一生中最难过的时期之一。在一次演出后,萨里艾利盛情邀请莫扎特到自己家里吃饭,陪同的只有萨里艾利的女友。据说,在那天的晚宴上,萨里艾利几乎没吃什么东西,只是一个劲地劝说莫扎特多吃。他的女友也只是象征性地吃了一点。当天夜里,莫扎特就开始剧烈的胃痛和呕吐,甚至昏厥过去。从此以后,莫扎特的身体就再也没能恢复,并每况愈下。莫扎特曾经为此去看过医生,并向医生询问是否是食物中毒,医生只是说他的病可能是积劳成疾,并没有给他做深入的检查。可见他对自己是否中毒是有怀疑的。

事隔200多年后,英国剧作家雪佛在他的剧本《阿麦丢斯》中再次提起莫扎特之死,引起人们对这桩悬案的再次关注。前西德一位著名的内科医生用现代医学技术手段,分析了莫扎特死亡的症状,得出结论,莫扎特应该是死于二氯化汞慢性中毒。如果该结论能够得到进一步的证实,萨里艾利是脱不了干系的了。

## 贝多芬猝死之谜

伟大的浪漫主义作曲家贝多芬留给后人的不仅是传世佳作,还有诸多不解之谜。他行为偏激的原因、为何失聪及其死因,一直是人们争议的焦点。天才似乎总要受到更多的磨难,贝多芬一生与病痛为伴,饱受折磨,尤其是耳朵失聪几乎断送了他的音乐前程。由此他的精神支柱坍塌了,甚至曾一度绝望得企图自杀,终于,这颗音乐巨星于1827年3月26日下午5时30分陨落,给世人留下无限遗憾。

贝多芬

关于贝多芬是什么原因致死的,人们大都认为:这位作曲家的死是由严重酗酒而引起肝病所致,他在55岁时发现患有严重肝病。但是英国尤维尔区医院风湿科顾问医师帕尔福曼对这种看法提出了异议。他认为折磨这位作曲家的许多病痛是由一种少见的风湿病引起的,这种少见风湿病会使身体的每个器官发炎,并逐渐侵袭全身。贝多芬禁不住要自杀主要是因为这种病痛非常剧烈,最后,贝多芬被这种风湿病折磨致死。他还认为,如果用现代的类固醇给他治疗,给他做肝脏移植手术,贝多芬可以多活许多年,足以让他完成"丢失"的第十首交响曲。

法国著名作家阿尔方斯·卡尔是贝多芬的同时代人,他的《在椴树下》一书为贝多芬之死的原因和具体情况提供了新的线索,并详细介绍了作者自己的观点。他写道:作曲家死前不久的一天,他的侄子来信说自己在维也纳被牵连进一桩麻烦的事件中,只有伯父出面才可以帮他脱离困境。贝多芬接到信后立即徒步上

## 惊魂的谜团

路。夜宿于一家农舍,到了夜里,贝多芬感到浑身发烧,疼痛难忍。他辗转反侧,难以入睡,于是爬起身,赤着双脚到田野里徜徉。由于停留时间太长,夜寒侵骨,回来时他已冷得发抖。主人从维也纳请来一位医生为其诊治。最后医生确诊为肺积水,说他的命已危在旦夕。得知贝多芬病重的消息后,德国著名钢琴演奏家和作曲家胡梅尔来看他,但贝多芬已无法与其交谈,他仅用饱含感激的目光凝视着他。胡梅尔通过听音筒向他表示他的悲伤之情,贝多芬以听音筒依稀听见几句大声的喊叫之后,顿觉畅然,他两眼灼灼生辉,对老朋友说:"胡梅尔,我果真是个天才吗?"说完后,他张大嘴,两眼直勾勾地瞪着胡梅尔,溘然长逝。

另外,还有一些研究专家试图从贝多芬的家庭关系上来揭开作曲家的死亡之谜。我国学者赵鑫珊在《贝多芬之魂》一书中认为:贝多芬侄儿卡尔长期的烦扰,大大损害了他的健康,给他的精神带来了莫大的痛苦,导致他过早地离开了人世。他的侄子在别人面前称呼贝多芬"老傻瓜",而且只要人家看到他同这个"老傻瓜"在一起,他就觉得丢脸。只要贝多芬对他稍加严格,言语过重,这个无赖就会用自杀来威胁。但是尽管如此,贝多芬对他慈父般的爱还是有增无减,并且一再容忍他。1826年12月1日,卡尔不听贝多芬的劝说,一定要去军队服役,贝多芬只好陪他上路。就是在旅途上贝多芬得了严重风寒,从此一病不起。他回到维也纳时,完全是个去日无多的老人。可是卡尔得知伯父卧床不起的消息后,竟无动于衷,依然自娱自乐。严重的肺炎过后,接着便是肝硬化,最后引起水肿。有的学者非常明确地说:实际上,贝多芬是被侄儿气死或逼死的。

近来,关于贝多芬的死又有了新的说法。此前一项研究断言贝多芬死于铅中毒。研究人员先是在他的头发中发现铅含量超标,两年后又在他的头骨碎片中发现了同一情形。上述发现进一步证实铅中毒是这位伟大作曲家早逝的罪魁祸首。

维也纳法医专家克里斯蒂安·雷特在经过数个月的分析后,宣称拥有了更多发现。他采用类似于美国热播电视剧集《犯罪现场鉴证》(CSI)法医使用的技术,对贝多芬的发丝进行了分析。分析结果显示,在贝多芬生命最后几个月,他每次在接受医生安德烈斯·瓦维鲁克的治疗时,体内的铅浓度都出现升高的迹象。

雷特在接受媒体采访时说,致命剂量的铅慢慢渗入贝多芬早已病入膏肓的肝脏,最终要了他的性命。雷特是维也纳医科大学法医学系主任。他说:"不能将贝多芬的死完全归咎于瓦维鲁克医生的治疗,因为他并不清楚贝多芬已经患了严重的肝病。"当时确实没人能预料到这一点。直到贝多芬1827年3月26日死于维也纳之后,医生们通过尸体解剖才发现,贝多芬身患肝硬化和腹部水肿。

## 扑朔迷离的文化艺术谜团

据雷特介绍,为了缓解贝多芬病痛,瓦维鲁克不断刺破他的腹腔,给伤口敷上含铅的药膏。尽管当时医生们对铅的毒性已经有所了解,但如果患者身体健康,药膏中的铅含量"尚不足以让他毙命。瓦维鲁克医生显然不知道,他的治疗手段是在攻击已经生病的肝脏,最终杀死了这个器官。"

即便在水肿扩展前,瓦维鲁克医生在其日记中写道,自己在贝多芬死前数个月用含铅盐水给他治疗过肺炎,研究人员相信这使得贝多芬的病情加重,最终因铅中毒而死。雷特认为,瓦维鲁克医生在贝多芬生命最后几周用含铅药膏给他治疗,并且剂量不断增加。对贝多芬的几根头发丝分析结果表明,"从1826年12月5日到1827年2月27日,贝多芬体内的铅浓度有四次出现了急剧上升的迹象,这段时间,贝多芬本人留下的文字记录证明瓦维鲁克医生一直在给他治疗水肿。""每次他腹部被刺穿,他头发的铅浓度就出现升高的趋势。"

这一说法激起了其他研究贝多芬死因的研究人员的兴趣。美国能源部阿贡国家实验室研究人员比尔·沃尔什说:"雷特的数据明确表明,在生命最后的111天里贝多芬深受有毒的铅含量过高之苦,这些铅可能来自于医生所用的药物。"两年前,沃尔什领导的一个研究小组发现,贝多芬的骨骼碎片中含有大量铅。这项研究证实了贝多芬的死因,但并没有将他的死与瓦维鲁克这位医生联系起来。沃尔什说:"我相信贝多芬是死于含铅药物,他本来已经深受严重的铅中毒之苦,再用含铅药物治疗,只能加速他的死亡。"

沃尔什还表示,来自头发分析的样本通常被认为没有来自骨骼的样本可靠,而贝多芬骨骼的样本显示,他体内的铅浓度偏高这种状况持续了几年,而不仅仅是几个月。沃尔什解释说,在对头发样本进行分析时,"外部物质的污染、洗发香波、风化等问题会稍微影响最终判断。头发外面的膜通常会退化。"他建议,要想确定贝多芬生命中最后几个月所接受药物治疗的准确构成,则必须进行更多研究。

至于瓦维鲁克对贝多芬治疗之前是何原因引起贝多芬铅中毒,研究人员也是莫衷一是,有的说可能是贝多芬饮用了含铅的葡萄酒,也有的说是他年少在温泉玩耍时喝了铅浓度高的水。雷特说:"我们尚不能确定最终的原因。他在去世前多年便身患重疾。"

不管怎样,伟大的作曲家已经离我们远去。就让我们在欣赏他作品的同时,祝愿这位伟人在天堂里健康幸福!

## 惊魂的谜团

### 凡·高为什么自杀

1890年6月的一天下午,在一片寂静的田野里,面对着灿烂的阳光,一个男人用手枪朝自己的胃部开了一枪。随后,平静地收拾起画具像往常一样走回旅店。他一声不吭地熬了两天,尽管痛楚难忍,但他始终未喊叫一声,也没有告诉任何人。就在临终前,他还在不断吸烟,和弟弟提奥谈论着艺术,当他29日去世时,嘴里还叼着点燃的烟斗,时年36岁。他被埋在奥维尔,他的挚友和医生加歇在他的墓边种了他最喜爱的向日葵以安息他的灵魂。他就是西方近代绘画艺术的杰出代表,"现代艺术之父"——凡·高。

近年来,随着对凡·高所代表的现代印象派绘画艺术理解和欣赏的人越来越多,对他的生平的研究也越来越深入,人们不约而同地把关注的目标对准了这位艺术家的死。是什么原因使他以自杀的方式离开这

凡·高自画像

个世界呢?有一点似乎很明显,是他的精神失去了控制,是一种失常情况下的非理智行为。可是,凡·高为什么会精神失常呢?艺术界、文化界乃至医学界、化学界的专家和学者们都纷纷参与对这个问题的探讨。

凡·高1853年3月30日出生于荷兰北部布拉邦特省的一座小市镇,父亲是牧师。他其貌不扬,秉性孤僻,急躁易怒,但却有一颗仁爱之心。笃信宗教的父母期望他承继父业,因此送他去邻近城镇的一所寄宿学校上学。学校的生活虽然十分清苦,但他从不戚戚于粗粝薄衫的生活,喜欢独自一人收集植物和昆虫标本,或躲在一旁发呆。同学视他为"小野兽"而对他避而远之。

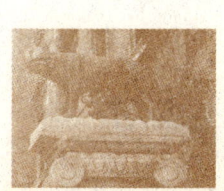

## 扑朔迷离的文化艺术谜团

1869年秋天,因家境日趋贫困,16岁的凡·高不得不独自谋生。在伦敦,他对房东太太的女儿厄休拉一见钟情却遭到了拒绝,使款款深情的凡·高初恋破灭,精神非常痛苦,他满怀忧伤地离开伦敦去到巴黎。在巴黎,他依然过着穷困潦倒的生活,1876年春,他返回伦敦,痴情的凡·高再去找厄休拉,发现她已出嫁。绝望的凡·高接受了一位教士的邀请到怀特柴泊贫民窟从事慈善工作,这份工作使他目睹狄更斯笔下所描绘的贫苦人的悲惨处境,他第一次萌生了想利用绘画表现心中感受的愿望。

凡·高作品

1880年,27岁的凡·高在忠实的弟弟的帮助下,决心去学画,从此开始了他坎坷的绘画生涯。在他生前,他一直默默无闻,过着朝不保夕的窘迫生活,直到37岁他在艺术上达到最高峰时,用手枪结束了自己的生命——"一条具有无法预测深远意义的生命"。在他死了很多年后,他才被人们公认为"欧洲最杰出的艺术家",他的作品《鸢尾花》和《向日葵》1978年3月3日在伦敦克里史名画拍卖中分别以5330万美元和3885万美元的高价拍出,高居榜首。而他在临终前完成的《加歇尔医生的画像》更是以8250万美元的天价,在1990年5月15日纽约的一次拍卖会上拍出,创下了名画拍卖史上的最高记录。凡·高若是地下有知,不知会作何感想?

而对于凡·高的悲惨命运和自杀动机,长久以来人们也一直表现出极大的关注。尤其是对凡·高死因的探讨已经成为一个国际性的问题。迄今为止,对于他自杀原因的分析主要有以下几个方面:

一、神经系统损坏。凡·高的一些不良生活习惯严重地损害了他的神经系统,最后导致他失去控制而自杀。他们指出凡·高生前嗜饮艾酒成瘾,艾酒中含有对

## 惊魂的谜团

神经组织极为有害的物质岩柏酮,这使他的神经系统受到摧毁性伤害。有足够证据表明,凡·高体内的岩柏酮含量达到了相当惊人的高浓度。他死后不到一年,种植在他坟墓上的一棵喜欢岩柏酮的小树的树根就把他的棺椁紧紧包裹起来,使后来为他移坟的人不得不连此树一起移走。也有人认为,凡·高患有癫痫症,为了治疗而长期使用洋地黄,这也是麻痹神经系统的药物,他的神经损坏是因这种药物中毒所致。

二、凡·高因精神失常而死。这一论调也是大

凡·高作品

多数研究凡·高人士的主要看法。如权威的《不列颠百科全书》对"凡·高"条目的叙述"最后因精神绝望自杀";中国的权威工具书《辞海·艺术分册》也认为凡·高"因精神病自杀"。而支持这种观点的证据是1914年由凡·高的弟媳约翰娜公开出版的凡·高写给他最挚爱的弟弟的部分信件内容。这些信件告诉人们,凡·高是一个为病魔缠身的艺术殉道者。

凡·高在1889年曾为自己画了一幅自画像,画面以黄色和绿色为主要色调,通过强烈的色彩表现画家内心的躁动和不安,画面上的他缺一只耳朵,而那只耳朵是他在逛妓院时受到羞辱,在半醉的情况下,抓起一把锐利的剃刀割下的。而画像中那对闪着绿光的眼睛,则很容易让人感到画家的精神失常状态。美国当代艺术家阿纳森就在《西方现代艺术史》中说:"仿佛凡·高完全清醒的时候,就能记下他精神病发作时的样子。"他们认为凡·高是由于生前贫困,长期生活在恶劣的条件下,不仅使他的健康受到影响,也使他的精神始终处于忧郁、愁闷的状态,因此极其容易产生幻觉和噩梦,最终导致精神失常。

三、凡·高因无法忍受孤独而死。凡·高在他短暂的生命里,一直没有得到过

幸福,天生孤僻、敏感、内向、神经质的性格使他从小就不合群,亦不能很好地与周围人相处,特别是在爱情方面,虽然他也有过几个恋人,但没有一个是真正的两情相悦,水乳交融的。这也注定了他生命的孤独状态,他曾说过:"只有通过绘画才能表达自己。"他以自杀的方式结束了自己孤独的生命之旅。

四、凡·高死于对生活的绝望。凡·高自从出生以后,一直挣扎在饥饿的生活线上,他一生颠沛流离,穷困潦倒,尤其是在生命的最后10年,一直是靠弟弟的接济生活。而更令他沮丧和绝望的是,虽然他极富艺术天分,也创作了很多的作品,可在他的生前只有《红色的葡萄园》一幅被卖掉,这意味着他不被世人所接受和欣赏,对一个艺术家来说这是一件多么令人难以接受的事情啊。冷酷无情的现实,使他压抑、绝望、矛盾,为了摆脱这一切,他终于选择了自杀。

实际上,这些不同的观点,都各有自己的道理,但是,无论哪一种观点又都经不起推敲。如果把各种观点综合到一起,倒不失为对凡·高死因的最好解释。

## 性感女神为何裸死

提起玛丽莲·梦露,人们眼前立即会浮现出一个金发碧眼的好莱坞影星形象。玛丽莲·梦露是公认的美女,具有无可挑剔的天生丽质。她出身下层社会,有幸步入影坛后一路走红,在银幕上演绎悲欢离合,塑造了许许多多普普通通而又光彩夺目的女性形象。成功带给她金钱、荣誉和数不尽的风流韵事。她结交无数社会名流、政坛要人,出尽了风头。但是她也难逃红颜薄命的下场。最终一丝不挂地裸死在床上?官方给出的结论是自杀,真是这样吗?

1962年8月5日清晨,洛杉矶警察局接到了玛丽莲·梦露私人医生惊恐万状的电话,电话的内容同样令人瞠目结舌,他说梦露死了。在死寂的两秒之后,凶案组急速赶往梦露的寓所。随即,眼前的一幕令所有人大惊失色:玛丽莲赤裸地平躺在床上,脸部盖在枕头下,手里还握着电话筒,两条腿直伸着,床边散放着一些安眠药药瓶。药瓶的出现仿佛暗示着这是一场典型的自杀事件,但其中的细节却让警官杰克·克莱蒙产生了怀疑。凭着丰富的办案经验,克莱蒙知道自杀者在服药过量后会有一系列反应,包括恶心、呕吐、痉挛,最后会痛苦难忍地死去,可从现场梦露的死状来看,她似乎并未经历痛苦的过程。此外,她手中的电话表明,她在死前正在打电话,而且死得很突然,连电话都没来得及挂上。这

## 惊魂的谜团

不可能是一个蓄意自杀者的行为,总之,现场情形有很多可疑之处。而当他问及梦露的护士何时发现梦露死亡时,得到的答案是:午夜24点整。那么在梦露死后的4个多小时的时间里,都发生了什么呢?据梦露的心理医生格林森所说:之所以没有报案,是因为他们先向20世纪福克斯公司通知了这件事,并在等制片厂广告宣传部的"绿灯"。接下来的发现却让克莱蒙对格林森所言的真实性产生了怀疑:梦露文件柜中日记、备忘录和书信消失不见了,死前3小时的通话记录和部分电话簿也不翼而飞。这些缺失的内容足以让人对那几个小时中所发生的事浮想联翩。难道不是吗?整件事越来越不像所谓的自杀事件,而更像是一起严密策划的谋杀。

梦露在自己洛杉矶郊外贝弗利山地豪华别墅自杀身亡的消息被媒体报道后引起轩然大波。甚至有人认为是肯尼迪总统派人杀了梦露,一时间肯尼迪成了最大的怀疑对象。关于梦露的死因,曾流传这样的说法:肯尼迪和梦露有着说不清的关系,但后来总统对这位好莱坞明星就开始疏远了。为此,梦露威胁总统要向媒体披露他们之间的交往。肯尼迪无奈之下,找来弟弟罗伯特当说客。不料罗伯特与梦露一见钟情,梦露对外宣布她要与罗伯特结婚。可是不久他们的关系出现裂痕。梦露通过劳福德找到罗伯特,威胁他要召开记者招待会,告知全世界她在肯尼迪兄弟手中遭到的罪。罗伯特警告梦露不许再写信、打电话给他们。失去理智的梦露一边骂脏话,一边扑上去用拳狠打罗伯特,

玛丽莲·梦露

甚至操起厨刀朝罗伯特砍去。劳福德从旁阻止,并打电话通知梦露的心理医生格林森大夫设法使梦露平静下来,梦露当天夜里想不开就服毒自杀了。

事情真的如此吗?1985年,据默里太太讲,1962年8月4日,罗伯特曾来贝

## 扑朔迷离的文化艺术谜团

弗利山庄看过梦露,两人大吵一架,梦露变得歇斯底里,罗伯特的随从人员不得不"介入"进来。最先到达梦露死亡现场的洛杉矶市中心警察分局杰克·克来蒙斯警官证实,梦露尸体上有乌青块,尸体也曾被移动或重新布置过。

一直坚持认为梦露是他杀而非自杀的还有老私家侦探史毕葛罗。史毕葛罗从事私家侦探的生涯长达41年,2000年4月30日因肺癌在洛杉矶过世,享年62岁。他在生前曾写下三本相当有名的著作,主题都是以实例一一驳斥关于玛丽莲·梦露真正死因的"官方说法"。史毕葛罗花了二十几年的时间追查梦露之死的真相,在他的书中有这样的结论:玛丽莲·梦露绝对不是自杀身亡,而是当年肯尼迪家族某位人士下令,指示芝加哥黑帮分子把她给"作掉"。

史毕葛罗认为,梦露其实是个活生生的牺牲者,而不是一般大众通过媒体所了解的自杀身亡。

萨斯曼在20世纪60年代当宣传人员时曾为梦露打工。他在一个节目中大肆抨击梦露的坏脾气,形容她"不可理喻"、"傲慢"、"简直是婊子"。萨斯曼说,当年美国传媒无人不知总统约翰·肯尼迪及他的弟弟罗伯特·肯尼迪都与梦露有染,但没有人会将这种事公之于世,所以肯尼迪兄弟根本不把梦露当成一种威胁,更谈不上买通凶手杀害她。

梦露一位朋友在节目中说,她死前曾打电话给他说:"如果他(约翰)周末还不找我,我星期一就开记者会,将我与他们两兄弟的事都爆出来,看看事情闹到华盛顿后会怎样。"

萨斯曼虽然不相信肯尼迪家族会派人杀梦露灭口,但认为梦露自杀的说法同样不可信,不过他形容梦露"每个行动都是自我毁灭的",他认为梦露希望以此作为对肯尼迪兄弟的报复。

好莱坞原制片人唐·沃尔夫出于对梦露死因的怀疑,经过7年的艰苦调查,会见了多个关键性的证人,唐·沃尔夫与一些专家研究了梦露的毒物报告。在她的血中含有4.5毫克戊硫巴比妥和8毫克水合氯醛。这个剂量足能杀死15至26个人。但她胃里却没有留下任何痕迹。显然是别人强行给她进行了致命的静脉注射。唐·沃尔夫精心撰写了《对一个谋杀案的调查》,于1998年10月15日分别在美、英、法三国同时出版,认定梦露的死是由于她与肯尼迪兄弟的特殊关系,是她知道太多的国家机密,对美国的安全已经构成威胁。

梦露的死亡就像她的一生一样,给人们太多谈论的话题,她的香消玉殒真正应验了中国"红颜多薄命"的古话。

## 惊魂的谜团

### 毕加索是纵欲身亡的吗

跟一生穷困潦倒的凡·高不同，毕加索的一生辉煌之至，他是有史以来第一个活着亲眼看到自己的作品被收藏进卢浮宫的画家。在1999年12月法国一家报纸进行的一次民意调查中，他以40％的高票当选为20世纪最伟大的十个画家之首。

他的作品既继承传统艺术，又具有独创性，成为世界性的艺术瑰宝。这位具有无穷创造力的人，有着鲜明的个性。毕加索为了躲避人们对他的热情追访，隐居在坐落于山顶的一所别墅里，而且，他只接待他愿意会见的人。他一生之中，特别喜爱恶作剧和离奇古怪的花招，这些使他的死亡蒙上了一层神秘的色彩。

希腊女记者阿里亚娜·斯特拉辛奥波洛斯·赫因汤于1988年6月在美国出版了《毕加索——创造和破坏者》一书，书中向大家揭示了这位艺术大师的一些奇闻逸事。她认为毕加索性格专横粗暴、不负责任、自私自利、诡计多端。书中曾写到毕加索与一名年轻的茨冈人搞同性恋。后来，因为茨冈人离开了他，他发誓要报复。阿里亚娜还写道："毕加索在巴黎大街上与一名17岁的少女玛丽·特里萨·沃尔特相遇，并对她说：'我是毕加索，您和我在一起会成为名人的。我们在一起一定会快乐的。'"在他与妻子奥尔加科拉瓦一起度假时，他也把玛丽安排到附近。白天，他让玛丽当模特儿；一到晚上，他就找借口溜出去与玛丽幽会。至此以后，毕加索就开始纵欲，成了一个可怕的男人。后来，毕加索又抛弃了玛丽。于是很多人认为长时期的

毕加索

纵欲,是毕加索死亡的一个极为重要的原因。

在《住宅与庭院》杂志上,艺术史学家和传记作家约翰·查理森曾披露:在1915~1916年间,毕加索曾与一位名叫加布里埃尔·德佩尔·莱斯皮纳斯的巴黎妇女有过一段鲜为人知的罗曼史。查理森说,最令人惊奇的是毕加索曾在一张纸上写道:"我已请求善良的上帝允许我向你——莱斯皮纳斯求婚。"此事也为纵欲一说提供了有力的证据。

毕加索作品

还有的学者试图从艺术规律、艺术与女性的关系对毕加索之死进行探讨。毕加索在其一生的创作当中从无数个女人身上得到过灵感。如果艺术家的爱情、婚姻和家庭状态处在比较和谐美好的阶段,便会给艺术家创造良好的创作环境。感情因素在促成艺术家创作力爆发的各种因素中是一根"导火线",毕加索的创作在与他的最后一任妻子雅克琳结婚之后又重新焕发了青春的活力。从毕加索最后10年的作品中我们可以看出,结婚后生活的安谧以及妻子的激励与迫近的死神之影相互交错。但是据学者、专家的考证,在毕加索生命的最后一年,毕加索钟爱的雅克琳"神经不正常",使他感到无限痛心,这不能不影响到他的生活和创作。另外,从艺术创作规律来看,高峰期过后,便是无可挽回的衰退期,任何一位艺术家都无法摆脱这一命运,当然毕加索也不能例外。而毕加索最后几年的创作实际也充分证明了这一点。这两个原因,对毕加索的打击是很大的,毕加索就是在这种氛围下抑郁而死的。

但我们又可以从毕加索的晚年的病史看出一些端倪。1965年84岁的他突然患上了溃疡病,而且膀胱和前列腺也出现了问题。他被秘密地送往巴黎医院,做

## 惊魂的谜团

了前列腺切除手术。尽管手术有生命危险,但他拒绝立遗嘱。"毕加索是不会订立遗嘱的。他不会让自己写遗嘱,因为那意味着承认死亡这一事实。"

毕加索急于表明自己并没有丧失创造力。几个月之后又开始工作。他开始认真审视自己的内心世界,他的过去,他的情人以及他的艺术。传记作家、毕加索的朋友约翰·理查森说:"在他事业晚期,当他隐退之后,就在画室重新创作表现他过去生活的作品。过去的幻影又回来了,父亲再次在画中出现。父亲喜欢去妓院,于是就在那儿看着妓女,替她们画画,当然这些纯属虚构。他当时的妻子杰奎琳也成了其中一个妓女,荒唐的借喻只是艺术创作的需要。"

毕加索康复了,但他失去了性功能。对一个利用性来进行艺术创作和建立自我的男人来说,性能力的丧失使他完全崩溃。他的新作表现得比以往更渴望性爱。艺术评论家,希尔顿·克雷默说:"他用了一个比喻,他失去性能力就像一个老烟民被迫要戒烟。他说,即使功能消失,但对性的欲望仍然存在。我想,他已经察觉到自己的艺术创作也是如此。欲望和野心仍然存在,但创作的能力渐渐丧失。"

毕加索作品

有的学者则对这种观点提出了疑问,他们认为证据不足。由于毕加索性格非常古怪,喜欢独居,对许多事情避而不谈,这使得人们无从知道其死亡真相;再加上又没有详细的关于他死亡的报告,人们就会发挥想象纷纷去猜测了。也许感情生活曾经在画家的创作中占据着十分重要的位置,但画家是因纵欲身亡吗?我们不得而知。

169

扑朔迷离的文化艺术谜团

## 功夫之王因何猝死

李小龙,以精湛的武功威震搏击界,并首次将"功夫"做为影片的中心构成因素,发中国功夫片之韧,并成功打入世界电影圈。尽管过世已久,李小龙依然是功夫代的名词,即便红透整个世界的成龙都很难超越。他的才华,他的正气,他的辉煌,都已成为一份无法拷贝的神话。

1973年7月20日,李小龙逝世于中国香港伊丽莎白医院。他生前多次说过:"我首先是一个武术家,然后才是演员。"李小龙盛年猝然离世,留下无数疑问,会有什么事情可以使他在一夜之中死去呢?一时之间对李小龙的死因是众说纷坛,莫衷一是。

李小龙

有的报刊将李小龙"暴毙"之因以谋杀之疑披露,香港警方也介入调查。李小龙在被送入医院后,警方曾专派警员于急诊室内看守。特别是在李小龙死后,港台等地放映的影片《一代猛龙》,进一步宣扬了怀疑谋杀之说,使李小龙被谋杀致死的说法达到了顶峰。各报刊也转载、编写了有关报道,更给人以扑朔迷离之感。时至今天,李小龙被谋杀致死的说法一直在海外华人中流传不衰。

实际上,李小龙于1973年7月20日猝死后,当天香港各报以头条新闻报道时,均未直接出现"谋杀"字样,而大多以"暴毙"为题报道。当时医院并未证实死因,因为当时未开尸剖验。但第二天,《新星日报》赫然出现这样的大字标题:"本报独有可靠消息,李小龙死前昏迷地点,是在丁姓明星香闺内!"随即英文《星报》

## 惊魂的谜团

等诸多报刊大肆披露,其中包括警方发言人、警员和医救人员的证词。然而,丁佩对报界矢口否认,小龙之妻莲达及其他有关人员也证明李小龙非死于丁寓。后来据香港警方调查及尸体解剖证明:李小龙实死于脑肿疡病,没有被谋杀致死的铁证。但是,即便如此,仍有人认为丁佩否认与李同住,是出于她尚未结婚的原因。所以后来不少报社记者每每对其步步紧逼,以求挖出线索。而李小龙之妻的证词也有人分析完全是为了维护其夫名誉。后来港报曾刊登过李、丁两人的合影,但警方认为不足为凭,这就又引来人们指责警方不负责任,袖手旁观。

但从以后事实来看,李小龙确实死于丁佩寓所。当日下午2时李小龙与邹文怀(《死亡游戏》制片人)至丁佩家中。其间三人前往一家餐馆进餐后又归来。李小龙即感头痛,丁曾给他几片阿斯匹林。李服后躺下休息,晚10时左右邹、丁均发现不妙打电话叫医生,送往伊莉莎白医院,抢救无效而于11时半死亡。人们分析这其中有很多疑点。一种说法是当日下午李小龙他独自留在公寓,6点有人听见他大叫并撞击大门,晚7时好友陈正从李家知悉李小龙已死亡。而守在李小龙身边之人却说是9点半发现昏迷,2个小时后即死去。那么按陈正之说即可见李小龙并未外出吃饭。可见最关键之疑点即4时至7时、7时至10时是非常可疑的空白点,但当时香港警方并未传唤陈正出庭。很多人认为莲达、邹文怀、丁佩三人证言有可疑之处,尤其7时通知李小龙噩耗那个"当事人",当时控方、法庭、律师均不置可否。这就留下了一个巨大的谜团。

1995年,一本名为《李小龙之死》的出版物在曼哈顿上市,作者声称对李小龙之死负责,即投毒致李小龙于死命,书中所讲药性与病理均与李小龙之死症状相同。但可惜相关人士多认为此说荒诞不经。其实要证实此书所说真伪很简单,只要到曼哈顿查一下是否真有原作者其人,便可真相大白。奇怪的是,李小龙的亲属弟子竟没一个人去做这不过是举手之劳的事。这件事交给私人侦探,其实也花不了几个钱。问题很明白,有人宁愿留存一个谜,而不愿知道一个事实。其实,当年李小龙死后,美国人艾伯嘉即认为是投毒谋杀,凶手所用草药在人体死亡后迅速分解,警方尸检亦不会发现。另外,李小龙极力倡导中华武功,在美国得罪很多武林中人,多次遭人暗算,到香港后与武林中人亦交恶有加,因而亦不排除遭黑道用非常手段暗杀。

可资证明李是因病猝死的,最有说服力的材料是:李小龙死前的照片证明他情绪很复杂,脸色阴沉,愀然不乐。很多人还发现他死前性情暴戾,反复无常。他在美国签约拍片受阻,返港后又与"嘉乐"公司拍片发生矛盾,曾持利刃欲刺导

演,后受警方干预才告了结。后来为此事在电台解释时,又不慎(有人说是故意)将电视台记者撞倒,时值香港推行"反暴力运动",遂引起轩然大波。李小龙精神极度压抑,临死前几天又与一位记者发生争执,又欲拿刀"斩你几刀再说",记者当然狼狈而逃,然而又是满城风雨,沸沸扬扬而不息。几天之后,李小龙便猝然死去。由此看来,从表面上看李小龙还是不能认定死于谋杀。关键是李家属并未提出诉讼和控告,而最有权威盖棺定论的仍然是香港警方的检验结果,这实际等于是警方出面否认了"谋杀"之说。

当然,关于他的死因,有伤患复发、练功过度、精神压抑、心脏病和脑病(李小龙在洛杉矶体检,初诊为"脑部有问题",但李拒绝复检)等说法,当时尸检还发现李小龙体内存在大麻,但用量不多,这种慢性杀手般的药物据说是促使李小龙精神压抑的原因之一。李小龙生前还使用过日本制造的肌肉振荡机,即用高压电对肌肉进行强迫性震荡,实际破坏了神经系统和生理系统的平衡与协调。

虽然如此,广大香港居民及海外华人,出于对这位为炎黄子孙赢来巨大荣誉的一代巨星的爱戴,仍然认为他的猝死是可疑的。李小龙逝世时,他的儿子李国豪才7岁。李小龙从他刚学会走路就开始教他武术和跑步、跳绳。李国豪5岁那年曾跟随李小龙到香港电视台作过武术表演。在"脚踢木板"的精彩节目中,李国豪把一块悬

李小龙

挂得几乎和他一样高的木板踢成两半。十多年后,李国豪长大成人,也进入了演艺界,并有了一定的影响。这一度让很多人有"李小龙复活了"的错觉!

1986年,李国豪在于仁泰的片子《龙在江湖》中第一次出演,一举获得成功。

## **惊魂**的谜团

李国豪在香港电影界获得成功后，转而重返美国好莱坞，从此片约不断。1993年4月1日，西方国家的愚人节。这一天，李国豪正在片场拍电影《乌鸦》的枪战镜头。《乌鸦》的主要情节是：李国豪所饰的摇滚乐歌手与他的女友双双被毒枭杀害，李国豪从阴间里还魂而出，为其女友复仇。

砰——

从片场传来一声枪响。李国豪在戏中的对手迈克尔·麦西用道具枪向他射了一枪，他应声倒地。片场的人都愣住了（按照剧情，李国豪应该马上还击），继而震惊哗然——假戏真演，李国豪真的中弹了！众人急忙将他送往医院。12个小时后，医院抢救无效，宣布李国豪死亡。李国豪从中弹直到死亡，一直处于昏迷状态，未留下一句遗言。李国豪逝世的消息一传出，世界震惊，尤其是港台、美国及世界各地的华人社团反应强烈。传媒纷纷报道这一噩耗，并追踪及探讨李国豪的真正死因。

第二天，医生在检尸后，宣布李国豪是被一颗零点44的子弹击中的。因此最先的传闻是谋杀，"第一嫌疑犯"理所当然是开枪的演员迈克尔·麦西。24小时后，谋杀的说法被推翻了。迈克尔·麦西很无辜地说，他是按剧情开枪的，他认为他拿的枪里装的是"空弹"根本就没有子弹，怎么会射出去呢？而最重要的是，迈克尔·麦西的枪是道具总管交给他的。道具总管自然成了"第二嫌疑犯"，这位总管很坦然地：自己只保管枪支，装弹药的是特技人员。特技人员则称：他装的确实是"空弹"，装完后，就交给了道具总管。三个人都有作案的可能，却都又证据不足。虽然很多人在事发后一再怀疑是谋杀案，但以高科技著称的美国警方却放过了嫌疑人，以"死于非命"仓促了案。早有人指出：破案"其实很简单，任何一个武器专家都可以轻而易举地解决这些难题。只要计算一下射程和穿透效果，就可以判断这是不是一颗常规子弹。只要检验一下枪膛药痕和弹道擦痕，就可以判断枪膛里是不是先有一颗子弹；只要检测一下弹头旋转系数，就可以判断弹头是不是从枪口塞进去的。只要对现场枪声进行声纳比较，即可判定这一枪击发的是真子弹还是空弹。只要校对一下弹头的射入角度，就可以判断李国豪是不是真的死于持枪者开的那一枪……"李国豪之死使很多人怀疑警方无意追究事实真相！更让人怀疑李小龙是为人所害。

不管怎样，逝者已斯！李小龙作为武术家、功夫巨星的地位在人们的心中永远存在。

扑朔迷离的文化艺术谜团

# 艺术作品的玄机

## 质疑《荷马史诗》

荷马是一位传说性的人物,大约生活在公元前9世纪到前8世纪之间,很可能是小亚细亚地方爱琴海一带的人。据说他是一个双目失明的职业乐师,同时又是一位大诗人。

他背着希腊古代的七弦竖琴,四处漂泊,把自己的诗吟唱给人们听。他的诗在七弦琴的伴奏下,美妙动听,情节精彩,深受人们的欢迎。

古希腊流传最久的两部史诗《伊利亚特》和《奥德赛》就是他的作品,因此,历史上称为"荷马史诗"。古希腊历史从公元前11世纪到前8世纪习称为"荷马时代",就是由荷马史诗而得名的。

现代研究表明:目前还无法肯定这两部史诗是否为一位诗人独立创作完成,也无法肯定"荷马"是单独一个人还是一个团体。

关于荷马的生平事迹,只有这两部史诗可以引以为据,但其中线索也少得可怜。不过,有一

荷马

## 惊魂的谜团

点今人是可以确定的，荷马是古代希腊在公众场合表演吟诵诗歌的人，即古希腊人所称的"吟唱诗人"。对这一点我们之所以这么肯定，是因为希腊人恰好在荷马时代之前不会使用文字。在公元前8世纪中叶，地中海东部的腓尼基人教希腊人学习字母之前，希腊人根本无法书写记载。在荷马以前，故事传说只是凭借口头传播，之所以采取歌谣形式，是为了使"吟唱诗人"容易记诵，较有才能的吟唱者也可以当场即兴发挥，并且，每次表演的细节都不完全一样。每个吟唱者把一首诗歌以自己的方式进行修改，一首诗经过日积月累，就不断有各种发展。《伊利亚特》和《奥德赛》这两部史诗最终写成时，肯定是已历经润色增补的最后的定稿。

读荷马史诗中一些段落，很有短诗的味道；而且诗中若干事件，发生的时代似乎比其他部分更早，充分表明荷马史诗是经过很长一段时间，由很多"作者"创作完成的。

因此，经过推测得出的结论是：就在希腊人从腓尼基人处学会字母，知道如何书写时，一个天赋极高的吟唱诗人出现了，他汇集了大量累积下来的口传诗歌，把它们整理成两部具有丰富内涵的史诗，并用文字记述下来。

对这两部史诗的起源和写作过程产生这样的假想，应该是极为妥当的，但又有新的疑问：因为除了《伊利亚特》某些用语似乎比《奥德赛》时代较早之外，这两部史诗的语调与主题的差异也很大。比如，《伊利亚特》描写的主要是发生在几日内的事，并且对战阵军功极为强调；《奥德赛》所述事迹则长达10年之久，同时专写幻想和神仙魔鬼。因为《奥德赛》内容几乎没有涉及到战争残酷的一面，所以19世纪英国小说家巴特勒指出：《奥德赛》作者应该是女人而不像是男人！

无论如何，这两部史诗写成之后，并非一成不变，而以后的吟唱诗人又在已写下的史诗上做了新的补充及润色。虽然在留存至今的这两部史诗以书写形式出现的手抄本中，没有早于公元前3世纪的，但是两部史诗呈现出相仿的风格，足以表明某一个时期确有一个统摄的力量，促成了这两部史诗。但这统摄力量源于何处？是个人还是某个集团？为什么找不到任何记载？也许这些疑问还将长期困扰着文学界。

扑朔迷离的文化艺术谜团

# 《山海经》之谜

《山海经》是一部记录中华民族地理大发现的伟大著作,它记述着那个时代的远古自然地理和人文地理,它记述着中华民族文明与文化的起源和发展,以及这种生存与发展所凭依的自然生态环境。自古相传《山海经》的作者是大禹和伯益,大禹是治服水土的一代圣王,伯益是当时的山林环境大臣。近代多数学者则认为《山海经》不是出自一人之手,也不是创作于一时,其成书年代或谓在春秋战国时期,或谓在秦汉之际,亦有相信其资料源于帝禹时代。至于《山海经》的作者更是众说纷纭,但作者是谁,至今疑莫能定。自汉代以来,大致有四种说法。

一、作者不明说。最早介绍《山海经》一书的,是西汉的司马迁。他在《史记·大宛传》中说:"至《禹本纪》、《山海经》所有怪物,余不敢言之也。"司马迁未说明其作者情况,表明该书作者不明。

二、大禹、伯益说。大禹、伯益是离今四千余年,即公元前二十一世纪的人物。最早提出这一说法的是新莽时的刘歆,他在《山海经表》中说:"已定《山海经》者,出于唐虞之际……禹别九州,任土作贡,而益等类物善恶,著《山海经》。"接着,《列子》中记载说:"大禹行而见之,伯益知而名之,夷坚闻而志之。"东汉王充在《论衡·别通篇》中说:"禹主行水,益主记异物,海外山表,无所不至,以所记闻作《山海经》。"《隋书·经籍志》云:"萧何得秦图书,……后又得《山海经》,相传以为夏禹所记。"记述虽有差异,但认为《山海经》系夏禹或与之同时的伯益所作,却成为历来的普遍看法。

三、出于众人之手,作于战国,成于西汉说。宋代的朱熹在《楚辞辨证》中首先提出,中国古代的神话集中于《楚辞》的《天问》篇中,《山海经》是根据《天问》而作。王应麟进一步引述朱熹的观点,认为"《山海经》记诸异物飞走之类,多云东向,或曰首,疑本因图画而述之。古有此学,如《九歌》、《天问》皆其类"。(古代《山海经》确有图画,晋郭璞曾为《山海经图》作《赞》,今《赞》尚存,图已佚。)明人胡应麟说:"余尝疑战国好奇之士,本《穆天子传》之文与事,而佁大博极之,杂传以《汲冢纪年》之异闻。"以成此书。《四库全书总目提要》认为:"观书中载夏后启、周文王及秦汉长沙、象郡、余暨、下嶲宿地名,断不作于三代以上,殆周秦间人所述,而后来好异者又附益之。"今人袁珂则确切地说明:"以今考之,实非出一时一人之手,当为战国至汉初时楚人所作。"并且提出:"除《海内经》四卷是作于汉代初年而外,其余均作于战国时代。"应当是一部长时期的集体合作的著作。

四、近代许多学者提出《山海经》作者的新假说。卫聚贤《山海经的研究》和蒙文通《略论＜山海经＞的写作时代及其产生地域》等文认为，根据书中地名、物名、神怪图象，以及称书为"经"、"藏"等的说法，推断此书很可能是从印度至中国各地的一路记录。而这一记录者，就是战国时墨子的学生，印度人随巢子。这样，又为《山海经》的研究，开辟了新的探索思路。

然而，《山海经》的作者究竟是谁？仍有待新的论证。

## 《蒙娜·丽莎》之谜

意大利文艺复兴时期的艺术大师达·芬奇的《蒙娜·丽莎》以其画中人神秘的微笑牵动了世界各地人们的关注目光。

达·芬奇（1452－1519）是世界史上一位传奇式人物，他是画家、雕刻家、建筑师、诗人、哲学家和音乐家，对解剖学、数学、透视学、工程学也很有贡献，同时在航空、天文、地质、流体动力学方面亦有独到见解。文艺复兴时期的传记作家瓦萨里曾这样评价达·芬奇："上天有时将美丽、优雅、才能赋予一人之身，他之所为，无不超群绝寰，显出他的天才来自上苍而非人间之力，达·芬奇正是如此。"

达·芬奇的人物肖像画《蒙娜·丽莎》问世几百年来，引起人们越来越浓的兴趣。几百年来人们讨论最多的，是画中人的笑容。这种笑有时看起来温柔舒畅，有时又显得严肃哀伤，有时甚至还带有讥嘲与揶揄。真是人性丰富内涵与多方面性格心理特征的

蒙娜·丽莎

完美结合体。

但自《蒙娜·丽莎》问世以来，疑问也非常多。这幅画来历如何呢？一般认为，在公元1503年3月，佛罗伦萨银行家乔康多请来画家达·芬奇为其妻子丽莎画像，1505年完稿，1506年达·芬奇离开佛罗伦萨时从银行家手中拿回了这幅作品，并一直将其珍藏在身边，直至去世后，这幅画被巴黎卢浮宫收藏。但还有另外的说法，认为《蒙娜·丽莎》的模特儿是佛罗伦萨一位官员的第三位妻子。当时她刚刚死了小孩，内心非常痛苦。画家专门为其请来乐队弹琴唱歌，还请来滑稽家为她表演，使她能流露出开心一点的表情。

但是有人对《蒙娜·丽莎》模特儿的真实身份提出质疑，例如，美国艺术作家麦可莫伦认为，这幅画没有署名，没有绘制日期，也没有订购线索的记载以及画款支付记录，因而此画来历显得十分古怪。

另外，据史载，画中的丽莎应在24—27岁之间，而人们仔细观察这幅画，发觉女主人公应该在37—43岁之间。是因为文艺复兴时代的人们比我们现在的人看起来年轻得多？问题很难回答。有些专家推测：蒙娜·丽莎绝不是某个人的写真，而是若干妇女形象的综合。有名妓的影子，也有孕妇的影子存在。

1986年，美国《艺术与古董》杂志披露了一个更让人震惊的说法：《蒙娜·丽莎》是达·芬奇的自画像。理由是：人们将达·芬奇的自画像与《蒙娜·丽莎》按一定比例合并相叠，以画中眼睛瞳孔一致为准，结果发现这两幅画的眼睛、发脚线轮廓、双颊和鼻子均一模一样。不过这种说法新奇归新奇，大胆归大胆，没有多少人附和它。也许不过是一种巧合？

通观《蒙娜·丽莎》这幅画像，吸引人的并不仅仅是画中人那神秘的微笑。画中人的右手，被誉为美术史上最美的一只手。比起现代摄影技术，这只手更具体积感，更有重量，也更富于生命力。达·芬奇把艺术创作生动性的要求提到更高的水准。

《蒙娜·丽莎》问世以来，命途多舛。1911年8月21日，3名窃贼扮作清洁工的模样，趁卢浮宫清理内务的日子，将这幅名画从容携出卢浮宫，继而逃之夭夭。《蒙娜·丽莎》被盗成为震惊世界的新闻，此后其真迹何在便成为历史之谜。就在它被盗不久，至少有6位美国人声称买到了所谓的"真迹"。孰真孰假，众说纷纭。目前，全世界的《蒙娜·丽莎》有200幅之多。1955年，在法国巴黎举行了"国际美术及历史伪品展览会"，展出了十几幅极好的《蒙娜·丽莎》摹本。此外，世界各地的一些私人收藏家、博物馆和银行保险库中也藏有一些精摹本，还有不少不愿公

## 惊魂的谜团

开身份的人士不断声称他们所藏才是达·芬奇的真迹。

目前关于《蒙娜·丽莎》有三个版本特别值得一提，一是1954年荷兰画商赫金与其子购得的"赫金本蒙娜·丽莎"，二是藏于英国的"普里兹本乔康多"，三是1797年由威尔农带至美国的"威尔农本蒙娜·丽莎"，画中人物年纪较轻，并富于活力，背景精细完美，体现了达·芬奇作画的风格；尤其是此画经鉴定为左手所画，体现了达·芬奇的创作习惯，因此不少人认为此画的含金量远远高过他本。

关于《蒙娜·丽莎》比较新的一个传说是：有一位意大利年轻画家从小崇拜达·芬奇，对于其传世名画《蒙娜·丽莎》流出故土，被法国巴黎卢浮宫收藏一直感到愤愤不平。有一天，他借到卢浮宫临摹之机偷走了这幅传世名作，尽管偷的时候很顺利，可是当他面对到手的世界名画时，却又不知所措，以一己之力何以保护如此伟大的作品？他只好又向法国警方投案自首了……

## 《圣经》中的疑团

《圣经》可以说是世界上发行量最多、流传最广泛的书籍之一。它是基督教的宗教经典著作，其《旧约》部分，则几乎是古代中东地区特别是犹太民族的一部详细的编年史。"圣经"这个名词，英文 Scripture 来源于希腊语，原意为"手稿"；其另一名词：Bible，亦来自于希腊语，意为"书卷"（复数形式）。有学者认为，公元4世纪时，君士坦丁堡大主教圣金口约翰（约翰·克里索斯通）之后，将犹太人和早期基督教徒所遗留下来的手稿，统称为"书稿"（Scripture），传至中国以后，就译为《圣经》。近代以来，圣经学者和社会科学领域的一些学者，注意到了围绕《圣经》的种种疑团。

《圣经》之所以称为"圣经"，据说是因为编写《圣经》的人受到了上帝的旨意，因此，它是"天启"经典。在《圣经》中保留了众多的犹太民族远古时代的历史传说，这些传说往往带有某些神话色彩，人们曾经以为那是古代人想象力的产物。但随着科学的深入发展，人们重新审视《圣经》，竟发现在这些神话和传说之中，包含着某些超越时代视野的真实记载。这些令人不解之处始终萦绕在科学家的脑海中，具体说来，主要存在以下疑团：

疑团之一是"约柜"。《圣经》中写了许多希伯来人的历史，在《圣经·旧约·出埃及记》第25章中，记录了上帝令摩西制造"约柜"的指示，不仅规格、尺寸详尽，

## 扑朔迷离的文化艺术谜团

甚至琐细到连杠和环安装在什么地方,什么零件用什么金属制造等等,都有严格的规定。可见,上帝对此极为重视。最后上帝又叮嘱说:"要谨慎做这些物件,都要按照指示的样式。"约柜原物现在已见不到了。根据《圣经》的记载,柜内装有两块上帝赐给摩西的法板。摩西可以通过约柜和上帝通话。同时上帝还指示,约柜不可以倾斜,也不可以翻倒,任何人不得靠近。但在一次搬运过程中,牛失前蹄,赶车的乌撒连忙伸手去扶约柜,不料,立刻倒地身亡,如遭雷击。

有的人认为,约柜实际上是一种类似无线电话或手机之类的高科技通讯设备,其外壳是带电的。这就是摩西能够与上帝通话的秘密,也是上帝规定任何人不得靠近以及乌撒暴毙的根本原因。而上帝给摩西的法板,是不是现在我们所说的机芯或能源装置之类的东西呢?这其中的疑团,至今尚无定论。

疑团之二:在《圣经·旧约·创世纪》第19章的记载,上帝要毁灭所多玛和峨摩拉这两座罪恶之城。为了拯救住在所多玛城中唯一的"义人"——罗得的性命,上帝派了两名天使来通知罗得带着全家逃亡。天使带领罗得一家人出了城,对他们说:"逃命罢,不可回头看,也不可在平原站住,要往山上跑。"当时耶和华将硫磺与火从天上降到所多玛和峨摩拉,把那些城市和平原,连同城里的居民,地里的一切,都毁灭了。罗得的妻子回头一看,就变成了一根盐柱。亚伯拉罕清晨起来,到了他从前站在耶和华面前的地方,向所多玛、峨摩拉及平原观看,不料那地方烟气上腾,如同烧窑一般。

那两名天使为什么要对罗得的家人强调,不可以回头看,也不可以在平原上站住?上帝为什么能够在瞬间把两座城市彻底毁灭?用的是什么武器?为什么罗得的妻子回头一看灾难立至?那两座被毁灭的城市为什么会烟气升腾?这些疑团至今毫无答案。

直到1945年,广岛和长崎被美国的原子弹炸成废墟,一时间其情景广为传播。至此才有人顿悟:原来如此。只有原子弹才能一下子毁灭整座城市,只有原子弹爆炸的光辐射时才能对看它的人造成致命的杀伤力,只有逃离平原才能避开原子弹爆炸时冲击波的危害,只有原子弹的爆炸才能形成那冲天而起、从遥远的地方都能看到的烟云。但是如果说毁灭所多玛与峨摩拉用的是核武器,那么,这个能够使用核武器的神上帝,又该是谁呢?

疑团之三:《圣经》上说,上帝是独一无二的神,然而《旧约·创世纪》第1章却写道:"上帝说,我们要按照我们的形象,按照我们的样式去造人。"上帝说这句话时,为什么要用复数人称?为什么他说"我们",而不是"我"?过去,人们总是认为,

## 惊魂的谜团

独一无二的上帝启示人类的讲话应该用单数人称,不该用复数人称。因此有人认为,正确的解释应该是,上帝并非一个孤独、唯一的神灵,而是从外星球来到地球的一群外星人。他们对居住在地球上的猿人进行了一次基因改造,使之进化成真正的"人"。这就是《圣经》中上帝创造人的神话的真正起源,这也是上帝在谈到自己的形象时对出现"我们"之类这样的词藻的根本原因。

另外,《圣经·创世纪》第6章第4节又说:"当人在世上多起来,又生女儿的时候,神的儿子们看到美貌女子,就随意挑选,娶来为妻。"那么,"上帝的儿子们"来自何方?《圣经·创世纪》第6章第4节又说:"那时候有伟人在地上,后来,神的儿子们和人的女儿们交合生子,那就是上古英武有名的伟人。"

我们又一次读到"上帝的儿子们"与人之美女交媾。这里还首次给我们提到伟人。"伟人"的踪迹在地球各个角落随处可见。在东西方的神话中也好,在中国人的古书中,在南美蒂亚瓦纳科的玛雅人的英雄传奇中也好,甚至在爱斯基摩人的史诗中也好,都有所述。几乎所有的古籍无不连篇累牍地记载着"伟人"们的业绩。古埃及的伟人建造了金字塔那样巍峨巨大的建筑,不费吹灰之力搬动那些巨石。而中国的夸父则驾着天车追赶太阳,女娲炼石补天,嫦娥飞进月球……那么,这些伟人到底是神?是我们的祖先?还是来自别的星球比我们技术更精湛的天外来客?

近年来,有人认为,《圣经》中的上帝,实际上是掌握了高度科学技术与文明的外星宇航员。但是外星宇航员们对最早改造出的人类并不满意。为了预防这些原始人类倒退回兽类的危险,他们多次采取措施,淘汰恶劣品种,保留优良品种。用核武器毁灭所多玛和峨摩拉,就是优胜劣汰的一种方式。事实真的是这样吗?《圣经》给我们留下了太多太多的疑团,我们期待着真相大白的那一天。

## 《古兰经》的数字之谜

《古兰经》又称为《可兰经》,它是伊斯兰教的最高经典文献,也是阿拉伯人历史上的第一部书籍。"古兰"是阿拉伯文的音译,是"诵读"或"读本"的意思。《古兰经》是先知穆罕默德于公元610年至632年传教过程中作为真主"安拉"的"启示"而陆续颁布的经文,为伊斯兰教的最高经典文献和最根本的立法依据。

《古兰经》在阿拉伯文学史和伊斯兰教文化史上,都有着极为重要的地位和

影响，长期以来，吸引了无数的学者、专家以各种方法从不同的角度对《古兰经》进行了深入而持久的研究和分析。近年来，随着计算机科学技术的迅猛发展，有人把《古兰经》的原文译成代码输入电脑进行分析，结果发现了许多令人惊叹不止的奇特之处。其中最为奇妙而有趣的，就是《古兰经》与阿拉伯数字"19"居然有着不解之缘。许多对此感兴趣的学者、专家百思不得其解，长期以来一直致力于研究其中的奥秘，但至今未果。那么，《古兰经》与阿拉伯数字"19"究竟有哪些不解之谜呢？

举个例子来说吧，《古兰经》全书总共有114章，而114恰好就是19的6倍。巧的是《古兰经》经文正文的第一句话也由19个字母组成，这19个字母依次形成"名——安拉——大仁的——大慈的"这四个单词。其中：《古兰经》的"名"这一单词在经文中总共出现过19次；"安拉"这一单词在《古兰经》中总共出现过2698次，这个数正好是19的142倍；"大仁的"这一单词出现过57次，它是19的3倍；"大慈的"这一单词出现过114次，它恰好是19的6倍。这四个单词出现的次数，都恰好是19的倍数。

还有，《古兰经》的第96章是最早颁布的《古兰经》经文，而此章按《古兰经》的章次编排顺序来算，是倒数第19章，而且是由19节经文组成的，总共有285个字母，而这285又是19的15倍。此外，第96章的第5节经文，是由19个单词组成的，这19个单词，根据《古兰经》的奥斯曼原本，则是由76个阿拉伯文的字母组成的，而76也是19的倍数。

《古兰经》第50章的第一节是以"戛弗"这个字母开头的，这个字母在这一章里总共出现过57次，而57是19的3倍；第68章第一节是用"怒呢"开始的，这个字母出现了133次，这个数字是19的7倍；第7章、第19章、第38章，这三章的章首皆用"萨德"这个字母开始，而这个字母分别在这三章中都各自出现了152次，而且每次都是19的8倍。这一切难道仅仅是巧合吗？

巧合的地方还有很多呢！《古兰经》中曾提到很多数字，如"40天"，"12道泉水"，"7重天"，"1000年"等等，全书总共出现过285个这样类似的数字，285这个数字就是19的15倍。把《古兰经》中提到的285个数字的每个数目字所包含的数目加起来，其总和为174591，这个数恰好等于19的9189倍⋯⋯这样看来，巧合未免也太多了吧。

许多人把上述数字同原文进行了验证和核查，结果发现就是如此，毫无例外。联合国工业发展组织技术专家、美国亚利桑那州瑞斯海德·柯哈尔发博士所

著的《古兰经的奇迹》一书中也提到了这一奇迹。《古兰经》和19这个数字居然有着如此密切的关系,其原因究竟何在,任何人也不能做出明确的答复,对于今天的学者专家来说,这仍然是个谜。

但不管怎么说,伊斯兰教最大的奇迹,便是《古兰经》的产生。这部经典文献的内容主要包括:(1)伊斯兰教的信仰和制度;(2)对当时存在的社会问题的各项主张和伦理规范;(3)关于《古兰经》本身的一些说法以及穆罕默德为传教的需要而引述的各种神话、故事、传说等;(4)同多神教徒、犹太教徒和基督教徒进行辩论的记述;(5)关于穆罕默德私人生活和轶事的记述。先知穆罕默德在世时,《古兰经》只有一些零散的记录,并未成册。后来穆罕默德的继任者艾卜·伯克尔令人重新整理、编辑并妥善保存,直到第三代哈里发奥斯曼时期终于正式形成,并规定以后都要以此为标准本,又称为"奥斯曼定本",一直流传至今。《古兰经》的原文为古阿拉伯文,总计有30卷、114章、6200余节。目前全世界已有多种文字的译本。

《古兰经》这部经典文献本身就蕴藏着无穷的奥妙。单单就数字而言,就是一个奇迹。如果是一个作家在写作,而有意地在作品中安排了一些戏剧性的数字,那么他肯定会顾此失彼、损害作品的思想性和艺术性、以词害义了。然而,《古兰经》里面这些奇妙的数字,既没有影响文字的流畅,又不失内容的庄严典雅。穆斯林认为,它的完备与崇高的文章体裁,没有人类以至于精灵能做出最短的一章来与之媲美;尤其是它的预言每每兑现,更是令人惊奇。《古兰经》永存性的奇迹,是它本身的明证,证实了它确是真主的启示,而绝非人力所能为的经典。

《古兰经》的真谛,当然不只是数字上的奥秘,更为重要的是它概括了宇宙万事万物的原理法则,是指导人类的至理名言。

类似上述《古兰经》与阿拉伯数字"19"的不解之缘,经电脑分析不胜枚举。这些奇妙而有趣的现象,是纯粹的巧合抑或还有别的其他神秘的原因?人们还不得而知。世界上已有众多专家、学者对此发生了浓厚的兴趣并进行了深入的研究。但结果如何仍无人知晓。看来,《古兰经》与19的不解之谜的神秘面纱还有待于后人的继续努力了。

扑朔迷离的文化艺术谜团

## 普希金一号日记之谜

亚历山大·谢尔盖耶维奇·普希金是俄国著名诗人，俄罗斯近代文学的奠基者和俄罗斯文学语言的创建者。他1799年诞生在莫斯科的一个贵族地主家庭，少年时代就从事文学创作活动。诗人青年时代又深受启蒙思想的影响，憎恶沙皇的农奴专制制度。在短暂而辉煌的一生中，他以诗歌为武器，热情讴歌进步和自由，并向贵族传统文学提出挑战。如在《致普柳斯科娃》一诗中，诗人写道："我只愿意歌颂自由，只向自由奉献诗篇；我诞生到世上，不是为了用羞怯的竖琴（诗歌）讨取帝王的欢心。"他在《自由颂》中更是大胆地谴责暴君："你专制独裁的暴君，我憎恨你，憎恨你的宝座！"1820年，普希金根据俄罗斯民间故事和传说，写成第一部长篇叙事诗《鲁斯兰和柳德米拉》，这被看作是近代俄国诗歌转变的开始。19世纪30年代，普希金的创作更加成熟，写出许多丰富多彩、形式多样的诗篇。普希金1831年完成的诗体小说《叶甫盖尼·奥涅金》，为他赢得"世界第一流大诗人"的崇高荣誉。作品通过主人公青年贵族奥涅金，生动地刻画了俄国贵族的典型，辛辣地讽刺和揭露了贵族社会的腐败和丑恶。俄国文豪高尔基称赞这部作品"真实地描绘了时代的面貌"，著名文学批评家别林斯基把它称誉为"俄罗斯生活的百科全书"。

普希金

普希金给后人留下了无数的文学财富，因而在俄罗斯和全世界享有崇高的声望。所有有关他的一切，都极为引人注目。1920年，定居法国的普希金的孙女叶莲娜突然向外界宣布：祖父的部分日记现正由她收藏着，这就是神秘的"一号日记"。普希金"一号日记"终于有了

## 惊魂的谜团

下落,这一度引起不小的轰动。

众所周知,普希金于1837年死于决斗。就在他去世后不久,杜贝尔特奉沙皇之命整理查封了普希金的手稿。他们在诗人的卧室里找到一些日记,因为疑有缺漏,就在日记扉页上注明编号为"二",这样,被怀疑"散失"的那部分普希金日记,就顺理成章地被称为"一号日记"。但是,到底有没有所谓"一号日记",如果有的话,又流失到了哪里,这些长期以来都是一个谜。

一些专门研究普希金的学者断言:的确存在"一号日记",这些日记可能就在客居国外的普希金后代手中。他们认为,普希金因为思想进步,早在1830年就受到沙皇当局的监视;为预防万一,他极有可能把自己的一部分日记藏匿在其他房间里或者其他什么地方,而不是放在自己的卧室里。这些有着"大逆不道"内容的日记逃脱了宪兵的搜查,然后由普希金的几位至亲好友代为收藏起来。

根据这种观点,"一号日记"突然出现在普希金的孙女叶莲娜手中,是毫不奇怪的。有人设想,普希金的这份手稿最早可能在他的长子亚力山大手中,尔后几经辗转又到了叶莲娜的手中。普希金的孙女叶莲娜生于1889年,自小聪颖过人,受过良好的教育,懂得波斯语、土尔其语等多种欧洲语言。1918年,叶莲娜随同母亲一起来到土耳其,后与一位骑兵大尉结婚,并迁居法国。

但另一些人则持异议,他们认为根本就不存在什么"一号日记"。叶莲娜的一位兄长就认为,叶莲娜凭空臆造出关于普希金日记的故事,其目的仅仅是为了提高自己的地位和身价。他甚至写信给自己的一个外甥女说,他被妹妹炮制的神话击怒了,准备与她绝交。而这位外甥女在很大程度上赞同舅舅的论断,说:"莲娜姨妈(指叶莲娜)根本不可能有我曾祖父的日记,因为(普希金的)全部资料都保存在祖父那儿……我在童年时代也读过其中的几篇日记,但是祖父从未讲过曾祖父在19世纪30代写的日记。我百分之九十相信,现在和过去都没有这种传说中的日记,但是我百分之十相信它还是存在的,因为希望总令人愉快。"

1922和1923年,叶莲娜先后写信给苏联驻巴黎的商务代表——普希金手稿的著名收集者奥涅金及苏联的普希金学家戈富曼,称她拥有祖父的日记及其他各种没有发表的手稿、祖母的照片及普希金带徽章的印章。为此,戈富曼专程来探望叶莲娜,希望从她手中买到普希金的遗物。但据说由于戈富曼讲话直率,刺伤了对方的自尊心,叶莲娜不愿以一千法郎把手稿卖给戈富曼;与此同时,外国博物馆却准备向叶莲娜高价购买这批手稿。不久,叶莲娜又主动写信给奥涅金,提出借款二万法郎的要求,并说否则她全家将活活饿死,或者只得把这批手稿转

## 扑朔迷离的文化艺术谜团

让给外国的博物馆。但在1923年3月,奥涅金又收到叶莲娜拍来的电报:"请不要汇款!"从此,他中断了同叶莲娜的联系。

后来,为了使普希金珍贵的文稿不致落入外国人的手中,苏联"普希金故居"负责人曾经动用一切手段,竭力寻找叶莲娜。苏联的各驻外使馆也为此而紧张工作,但始终没有任何结果。在这种情况下,寻找活动只得于1930年9月宣告结束。

就这样,普希金"一号日记"之谜在刚要揭开真相时,再度蒙上了一层神秘的面纱。时至今日,一些俄罗斯学者还在孜孜不倦地寻找着"一号日记"。

惊魂的谜团

# 四、神秘的古代文明殿堂

神奇的金字塔

巴比伦空中花园

亚历山大灯塔

摩索拉斯陵墓

罗德岛巨像

奥林匹亚宙斯神像

阿尔忒弥斯神庙

来无影去无踪的玛雅古城

源远流长的罗马古城

神秘遗弃的吴哥古城

沙漠中楼兰古城

惊魂的谜团

# 迷雾笼罩的世界奇迹

## 神奇的金字塔

被列为世界"七大奇迹"之一的埃及金字塔以其神秘色彩一直吸引人类不断探索,其中尤以胡夫金字塔最为神秘。胡夫金字塔大约建造于公元前 2700 多年。塔高 146.5 米,相当于一座 40 层高的摩天大楼。塔基成正方形,每边长 230.6 米,占地约 52900 平方米。大金字塔由大约 230 万块大小不等的石块砌成。最轻的石块 1.5 吨,最重的达 60 顿,平均重量约 2.5 吨,总重量约 684.8 万吨。如果用载重 7 吨的卡车来装载,需要 978286 辆。

### 运输之谜

2.5 吨到 160 吨的巨石怎样才能运送到工地?用车载?用马拉?不行!那时的埃及没有马,也没有车。车和马是公元前 16 世纪,也就是建筑胡夫大金字塔以后 1000 年,才从国外引进的。这一切看起来只有在现代社会用最先进的工具才能完成,古埃及人究竟是

金字塔

## 神秘的古代文明殿堂

用什么方法完成的呢?有人认为是用撬板圆木棍运法。但是这种方法需要消耗大量的木材,而当时埃及的主要树木是棕榈,无论是数量,生长速度,还是木质硬度,都远远不能满足运输的需要,而进口木材几乎是不可能的。于是又有人认为是水运法。1980年,埃及吉萨古迹督察长哈瓦斯进行岩心取样,挖到100多英尺深时,发现了一个至少50公尺深的岩壁,这可能是埃及第四王朝时开凿的港口。后来,又有人发现了连通港口的水道。但是,没有滑轮,没有绞车,没有足够先进的起重设备,让这样笨重的巨型石块,下坡、上船、起岸,比陆地撬运还难。何况,水面和岩岸至少有50英尺以上的落差!而尼罗河西岸的金字塔又非得尼罗河东岸的石料不可!除了陆运、水运,难道是空运?这真是一个谜。

法国一位工业化学家,从化学和微观的角度对金字塔进行了研究,他认为,这些石块并不是浑然一体的,而是石灰、岩石、贝壳等物质的粘合物。因为使用的粘合剂有很强的凝固力,所以人们几乎无法分辨出它到底是天然石块,还是人工石块。这当然可以恰当地解决运输困难的问题。但是作为旁证,在石块中发现的2.5厘米长的人发,还嫌太少;而这种杰出的粘合剂,不仅在古籍中没有记载,而且,这位化学家用了现代化的手段,也还没有分析出来。难道古埃及人掌握了比现代人更为发达的化学技术,还是有外星人帮助运输?这依然是一个不解之谜。

### 建筑之谜

据说:金字塔的设计师和建筑师,是历史上的第一个超越时代的天才伊姆·荷太普。但是,他的"天才"超越时代太远太远,引起了我们理所当然的惊讶和怀疑。

把一块块巨大的凸形岩石平整成为52900平方米的塔基,是相当困难的。在没有水平仪,没有动力设备,没有现代化测量手段的情况下,竟然完成了塔基的勘测和施工。它的四条底边相差不到20厘米,误差率不到千分之一。它的东南角和西北角的高度,相差仅1.27厘米,误差率不到万分之一,它的东西轴和南北轴的力位误差,也不超过5弧秒,古埃及人没有"尺",仅会用胳臂作丈量单位,叫做腕尺(300腕尺约等于155公尺),怎么能把塔建得这样精确?真叫人百思不得其解!

为了确保金字塔万古长存,设计者还不用一根木料,不用一颗铁钉,因为,木质易腐,铁质易锈,都是坚固的隐患。石块与石块之间没有任何粘接物,然而却拼合得天衣无缝,甚至连最薄的刀片也插不进去。

## 惊魂的谜团

怎样把石块一层层垒上去,更是一个引人猜想的神秘课题。有人说是运用一种木制船形工具,利用杠杆原理,将巨石逐步举高,一层一层垒砌而成。但是,能吊起几吨,几十吨,乃至100多吨的支架、绳索从何而来?有人说是运用填沙法,沿着塔基填沙。沙围随着塔基升高,充当脚手架,塔成之后,清除沙子。现在,让我们来做一道数学题:埃及金字塔是一个下方上尖的方锥体,高146米。塔基呈正方形,边长230米,问:它的体积是多少?如果在它的外围围上沙子,形成一个可以运送石块的斜坡,斜坡的角度至少为30或25度,那么,它的底边将各是多少米?设:它们的高度也是146米,各需多少方沙子?这样多的沙子从哪里来?而且,先填后毁运输量还要增加一

金字塔内部

倍。有人说是运用填盐法,方法同上,用后,只需用水将之溶解,无需搬走,但是,这么多的盐比沙子更不易得。何况,一场暴雨,就会溶掉整个盐坡。有人认为是运用尼罗河泥砖砌成盘旋斜道,逐层上升,其结果与沙坡相近,只是,泥砖比沙子更不容易取得罢了。

塔北距地面13米处有一个入口,从公元9世纪开始,盗墓者、探险者、考察者接踵而来,然而,它的塔内结构仍然是个谜。塔内有迷宫一般的通道和墓室。墙壁光滑,饰有浮雕。通道有整齐的台阶,脉络一样地向墓室延伸,直到很深很深的地下。墓室另有通气孔通到塔外。据说死者的"灵魂"可以从这些小孔里自由出入。奇怪的是,这两条气孔,一条对准天龙座(永生),一条对准猎户座(复活)。大概是灵魂飞升的处所。这样的墓室已发现三个,而考古学家认为,至少还有4个未被发现,这样精巧的设计和构思,4000年前的古人能完成吗?最令人感到奇怪的是,无论哪座陵墓,都没有用火把之类的东西来照明的痕迹,考古学家动用现代化的仪器,分析了积存4600年之久的灰尘,没有找到炱,也没有找到刮掉烟炱

的蛛丝马迹。要知道，这些仪器可以分析每一粒灰尘中的百万分之一的化学成分。那么，他们雕饰浮雕、清扫墓室、或者搬入国王尸体，决不可能在黑暗中进行，他们使用了什么照明手段呢？我们至今尚未发现。

## 数据之谜

假如有人对你说：某个现代建筑不但包含了天文学和数学公式和定理，而且用工程学术语表达了对上下六千年人类发展历程的预言，你会相信吗？也许你会认为这根本就是胡说，但金字塔就是这样的奇迹。

等式一：（金字塔）自重×1015＝地球的重量

等式二：（金字塔）塔高×10亿＝地球到太阳的距离1.5亿公里

等式三：（金字塔）塔高平方＝塔面三角形面积

等式四：（金字塔）底周长：塔高＝圆周：半径

等式五：（金字塔）底周长×2＝赤道的时分度

等式六：（金字塔）底周长÷（塔高×2）＝圆周率（π＝3.14159）

美丽的金字塔

谁能相信，这一系列的数据，仅仅是偶然的巧合？

还有，延长在底面中央的纵平分线，就是地球的子午线，这条线正好把地球的大陆与海洋平分成相等的两半。

金字塔的塔基正位于地球各大陆引力中心。

大金字塔的尺寸与地球北半球的大小，在比例上极其相似。因此，有人推断埃及人在4000年前就已经计算出了地球的扁率。

地球两极的轴心指向天空的位置每天都在变化，经过2.5827万年的周期，绕天空一周回到原来位置，而金字塔对角线之和，就正好等于25826.6，奇怪吗？

## 惊魂的谜团

人们知道在金字塔建成 1000 年以后，才出现毕达哥斯拉定律；3000 年后，祖冲之才把圆周率算到如此精确的程度，而西方直到 16 世纪，才有比较精确的计算；在金字塔建成 4000 年以后，哥伦布才发现"美洲"，人们对世界的海陆分布才有初步的了解；在金字塔建成将近 5000 年的今天，我们才能测算出地球的重量、地球和太阳的距离……然而，4500 年前的古人，怎么能有如此精确的计算呢？

### 万古长存之谜

古代世界有七大奇迹，随着岁月的流逝，有的倒塌了，有的消失了，只有金字塔岿然傲立，万古长存。其中的奥秘又是什么呢？先让我们来做一个实验吧：把一定数量的米、沙、碎石子，分别从上向下慢慢的倾倒，不久就会形成三个圆锥体，尽管它们质量不同，但形状却异常相似。假如你愿意测量一下，他们的锥角都是52度。这种自然形成的角是最稳定的角，人们把它称为"自然塌落现象的极限角和稳定角"奇怪的是金字塔正好是 51 度 50 分 9 秒。说明它就是按照这种"极限角和稳定角"来建造的。沙漠的风是暴烈的。由于金字塔独特的造型，迫使凌厉的风势不得不沿着塔的斜面或梭角缓缓上升，塔的受风面由下而上，越来越小，在到达塔顶的时候，塔的受风面趋近于零，这种以逸待劳、以柔克刚的独特造型，把风的破坏力化解到最小程度。人们还知道，磁力线的偏向作用可以使地面建筑，甚至高山崩溃，而这座金字塔塔基正好处于磁力线中心，它随着磁力线的运动而运动，随着地球的运动而运动，因此，它所承受的振幅极其微弱，地震，对它的影响也就不大了。52 度"角"，方锥体的"形"，与磁力线同步运动的"位"，是金字塔的稳定之谜。但是，有谁能告诉我们，4500 年前的古人，怎么知道 52 度角是稳定角？怎么知道用方锥体来化解沙漠风暴？又怎样知道把庞大的塔基奠定在磁力线中心？这仍然是一个难解之谜。

### 金字塔之力

人总是要死的，但是，为什么要花费这样多的劳力，消耗这样多的钱财，为自己建造一个尸体贮存所呢？除了国王们势在必然的豪华奢侈外，有没有其他的原因呢？

科学家们研究表明，金字塔的形状，使它贮存着一种奇异的"能"，能使尸体迅速脱水，加速"木乃伊化"，等待有朝一日的复活。

最初发现金字塔具有神秘之力的是法国人，名叫鲍比。鲍比进入大金字塔里考察时，发现塔内温度很高，但残留于塔内的生物遗体却不腐烂，反而脱水变干，

保存久远。因此,鲍比推测塔内可能有某种不可思议的力量在起作用。

鲍比的发现引起了许多国家学者的兴趣。美国加利福尼亚大学也派出人员前去考察。他们进入塔内之后,发现所携带的各种电子仪器,大都失灵。因此,他们推测塔内某处可能埋藏有巨大的磁石,磁石发出的磁力使仪器失灵。据说古时修筑金字塔的奴隶们每天都吃大蒜,吃大蒜就是为了抵消塔内磁力对人体可能产生的危害,但这种说法并没有得到证实。

意大利的学者还发现长时间在塔内停留,会使人的精神失调,意识模糊。为了证明这一点,有人在胡夫大金字塔里睡了一夜,第二天早晨果然头脑发昏,幸而被人救出。不少游客到塔内参观,时间一长,也有这种感觉。学者们认为这就是所谓金字塔之力在发生作用。其效用可能是:防腐和麻醉。

到埃及去考察金字塔,千里迢迢,极为不便。能不能在实验室里研究呢?于是,有的研究人员就别出心裁地制作出金字塔模型来进行研究,结果发现按金字塔实体比例缩小的金字塔,同样也能产生金字塔之力,也能产生与实体内部相类似的那种效应。

金字塔壁画

最早做这项实验的还是鲍比。他用薄木板裁成底边为1米的三角形,4块三角的薄板组成一个金字塔模型,然后把动物的内脏、加工过的肉和生鸡蛋等放入模型内部,几天后拿出来一看,并未腐败,依然保鲜。鲍比以此证明金字塔确有一种特殊的力量存在。

鲍比的模型实验进一步引起了各国学者的兴趣。后来美国的研究人员又做了一项模型实验。他们把1000克牛肉分成两份,500克放在自制的金字塔模型之内,另外500克放在模型之外进行对比实验。在相同的室温条件下,放在模型内的牛肉5天后完全脱水,变成了牛肉干。而放在模型外的牛肉,不到4天,就变

## 惊魂的谜团

质发臭了。

接着,日本的研究人员也做了几项实验。他们把相同的牛奶分装两杯,一杯放在自制的金字塔模型之内,另一杯放在模型之外,经过50小时,模型内的那杯牛奶干得像奶酪一样,但未变质,而在模型外的那杯牛奶已经变质了。

后来又用鲜鱼和生贝做了对比实验,模型内的鲜鱼坚持了13小时,生贝坚持了20小时不腐,而模型外的鲜鱼和生贝在较短的时间内就变质了。

研究人员后来改变了实验方法。把金字塔模型再加以缩小,把很多个模型并排摆列在桌上,然后把实验物品放在模型的顶部,而不是放在模型的内部,再观察实验结果。首先放上去的是瓶装威士忌酒,8小时后瓶装酒味道变甜,更加醇香可口了。再把烟卷放在模型顶部,1小时后抽起来气味更加芬芳了。然后再放上橘子汁做实验,3小时后开始发生变化,5小时后橘子汁脱酸变甜,72小时后橘子汁分成较明显的3层,上层透明,中层半透明,下层有沉淀物。而另外一瓶橘子汁所放位置远离模型,72小时后仍然发酸,表层透明,中下层浑浊变腐。

经过许多实验之后,研究人员确认了金字塔力的存在,并把特别的实验用的金字塔模型称之为"金字塔力发生器"。有了这种发生器就使这项实验的实际用途更广泛了。后来又有人用发生器滤过的清水洗头,可使头皮止痒;用来洗脸,可使面部皮肤感到滑腻。由上述实验证明金字塔力有明显的防腐效应。

金字塔力可否用于临床医学呢?对此,美国牙科医师派力司·盖费斯博士也做过一项实验,他用铝合金做了72个小型金字塔模型,挂在自己诊疗所的天棚上,在这些模型下方给牙病患者做手术,效果较明显,患者感觉疼痛较轻,术后恢复较快。盖费斯博士把这项实验写成学术报告,发表在《齿科学术》杂志上,指出可能是金字塔力的防腐效应对牙科手术起了一定作用。

但是,至今科学家们尚不明白"金字塔之力"的形成原理。不知道在这个金字塔的结构中,究竟会产生什么样的物理、化学反应,能有如此大的魔力。如果真如科学家研究的那样,不妨把电冰箱、医院等都改成金字塔结构,这样会让人们得到更多的好处。

### 法老诅咒和核辐射

如果仅仅以为金字塔是生命和能量的源泉,那就错了,金字塔又正以它神秘的恐怖手段,阻止人们进一步入侵。1922年,人们发掘了公元前18世纪去世的图坦卡蒙国王的陵墓,墓穴入口处赫然写道:"任何盗墓者都将遭到法老的诅咒!"科学家理所当然地蔑视"法老的诅咒",然而厄运和灾难却一再证明法老诅

神秘的古代文明殿堂

金字塔壁画

咒的效力。先是发掘的领导人之一卡那公爵被蚊虫咬了一口,突然发痫去世。接着,参观者尤埃尔因落水溺死,参观者美日铁路大王因肺炎瘁死,用x光照相机给国王木乃伊拍照的新闻记者突然休克而死,另一名发掘者肯塔博士的助手麦克·皮切尔去世,死因不明,皮切尔的父亲跳楼自杀,送葬汽年又压死了一名八岁儿童。在发掘后三年零三个月的时间内,先后有22名与发掘有关的人神秘地去世。胡夫金字塔上也有一段可怕的铭文:"不论是谁骚扰了法老的安宁,死神之翼将在他的头上降临。"开罗大学伊瑟门·塔亚博士认为:木乃伊体内存在着一种曲霉细菌,感染者导致呼吸系统发炎,皮肤上出现红斑,最后呼吸困难而死亡。美国《医学月刊》曾刊登一篇调查报告:100名曾经到过金字塔观光的英国游客,在后来10年内死于癌症的,竟达40%,而且,年龄都不大。而那些胆大妄为,胆敢爬上金字塔顶的人,都很快出现昏睡现象,无一生还。最近,迈阿密贝利大学的化学教授达维多凡从金字塔中检验出衰退的幅射线,很显然,这正是英国游客致癌的主要原因。但是,金字塔外却没有。可见,金字塔的结构可以防止放射线的外泄。

## 巴比伦空中花园

### 空中花园的缔造者

对于空中花园的探索,有许多的未解之谜。首先一直缠绕着人们的便是"谁才是空中花园的真正缔造者"。

历史文献记载,亚历山大大帝伯诺索斯在公元前280年写下的一本名为《巴

## 惊魂的谜团

比伦王国》的书,其中一部分意在向希腊及使用楔形文字的人们介绍美索不达米亚文化,这一部分准确详实地记述了巴比伦城。文中伯诺索斯把巴比伦的空中花园归功于尼布甲尼撒二世。后来的一位名为约瑟夫斯的作者在记述犹太人的历史和文化的时候,与伯诺索斯的思想大体相同。他曾经两次这样描述尼布甲尼撒二世的功绩:

"在他(尼布甲尼撒二世)的宫殿里,建有山丘,还有各种各样的树木,他还为妻子建造了空中花园,建造空中乐园是他们家乡的习惯。"

"在宫殿里,他建造了高高的石头平台,里面仔细布置了山景,种植了各种各样的树木,同时还建造了空中花园,因为他的妻子来自米底,喜欢山景。"

原来的资料上并没有提及尼布甲尼撒

传说中的空中花园

二世,但在历史上巴比伦人同米底人之间的皇族婚姻是很有可能的。伯诺索斯告诉人们这位米底公主的名字叫做阿米提斯。

戴德罗斯·斯卡拉斯在公元前一世纪中的作品中这样写到:在围城外还有一座空中花园,此花园是一位叙利亚国王为取悦于他的一位爱妾而特意建造的,据说这位爱妾为波斯人,渴望自己的山上能有草木,于是要求国王仿照波斯那种特有的风景建造了空中花园。

通过上述的两段资料我们可以发现,两位作者对于空中花园的缔造者产生了最大的分歧,究竟是尼布甲尼撒二世为米底的公主阿米提斯建造的,还是叙利亚国王为取悦于波斯爱妾而建造的呢?

学者们认为从戴德罗斯以上的记述中,可知失踪的《亚历山大的历史》中的一些东西,此书的作者为亚历山大人,生活在公元前4世纪后期,生于亚历山大击败波斯之时,作者即使没有真正到过巴比伦城,却也可以从那些在亚历山大服

197

役,并且去过巴比伦城的一些士兵口中得到一些关于空中花园的情况。

进一步的资料来自希腊的一名叫盖斯特的医生,他曾经在公元前400年左右于波斯宫廷中当御医。

下面有关的记述取自于拉弗斯写的《亚历山大的历史》:

传说,这座花园是亚述国王在被巴比伦攻灭前,为满足其王后的要求而建造的,王后喜爱森林风光,于是便极力劝说她的丈夫仿照自然风景而建造了如此富丽堂皇的花园。

另一本已经失踪的由万斯克瑞特斯写的著作——这本书也是亚历山大大帝统治时期撰写的,在他的描述中并没有提及空中花园的缔造者,只是对空中花园的景观描写十分详尽。

空中花园现在早已湮没无踪。据史料记载,它是一座依次向上递减的平台式建筑,高达110米,每层之间有巨大的廊柱支撑,平台顶部先铺上用沥青粘合的芦苇,再在其上砌以烧砖,最后铺上泥土,种植各种花草树木。人们还用巧妙的机械从幼发拉底河中将水抽到空中。这些水不仅用于灌溉,还形成了溪流、瀑布等水景,可见规模之大。有关空中花园的故事流传了几千年,但从现今发现的巴比伦楔形文字文献中,却并没有发现有关的任何记载。只是到了公元前280年后才有零星记述。倒是被巴比伦攻灭的亚述王国有建造花园的传统。亚述首都尼尼微王宫遗址的一幅壁画上,还描绘了建在城堡上的花园形象。然而巴比伦人既然占领了亚述,从亚述人那里学会修筑空中花园也并非不可能,而历史上巴比伦也确实曾与米索国联姻。很多人相信,空中花园的遗址就躺在幼发拉底河底。

由于空中花园早已经随着巴比伦城的消亡而毁灭,至于谁才是空中花园的真正缔造者,考古学家的观点比较倾向于尼布甲尼撒二世,但是这些也都只是猜测而已,真正的

空中花园全景

## 惊魂的谜团

历史是怎样的,只有等待进一步的研究。

### 寻找神秘水源

在空中花园众多的神奇奥秘中最让人觉得不可思议的要算是花园的水源和防止高层建筑渗水及供应各平台用水的供水系统了。

19世纪末,德国考古学家发掘出巴比伦城的遗址。他们在发掘南宫苑时,在东北角挖掘出一个不寻常的、半地下的、近似长方形的建筑物,面积约1260平方米。这个建筑物由两排小屋组成,每个小屋平均只有6.6平方米。两排小屋由一走廊分开,对称布局,周围被高而宽厚的围墙所环绕。西边那排的一间小屋中发现了一口开了三个水槽的水井,一个是正方形的,两个是椭圆形的。根据考古学家的分析,这些小屋可能是原来的水房,那些水槽则是用来安装压水机的。因此,考古学家认为这个地方很可能就是传说中的"空中花园"的遗址。当年巴比伦人用土铺垫在这些小屋坚固的拱顶上,层层加高,栽种花木。至于灌溉用水是依靠地下小屋中的压水机源源不断供应的。考古学家经过考证证明,那时的压水机使用的原理和我们现在使用的链泵基本一致。它把几个水桶系在一个链带上与放在墙上的一个轮子相连,轮子转动一周,水桶就跟着转动,完成提水和倒水的整个过程,水再通过水槽流到花园中进行灌溉。这种压水机现在仍在两河流域广泛使用。而且,考古学家也的确在遗址里发现了大量种植花木的痕迹。然而,到目前为止,在所发现的巴比伦楔形文字的泥版文书,还没有找到确切的文献记载。因此,一些考古学家认为巴比伦空中花园的水源来自地下,而考古学家有关空中花园的水源的解释是否正确仍需进一步研究。

另一种观点则认为空中花园的水源来自河水,他们认为空中花园建在河边,这样空中花园的一切用水就可以就近取材。

然而关于水源及到拱形建筑之间的距离始终是一个棘手的问题。斯伯特的观点是花园位于河边,但是另一种观点认为,这个水源的位置应该能与南宫成为一个整体,如果有人要从埃布查内萨宫殿到花园将不得不横穿庭院及花园,这样将会影响国王和王后的休息,更不用说是后宫了,最后学者们为了寻找水源的位置问题找遍了巴比伦城的各个角落。但是答案却是十分令人失望的,他们没有得到任何收获。

巴比伦空中花园最令人称奇的地方是那个供水系统,因为巴比伦雨水不多,而空中花园的遗址相信亦远离幼发拉底河,所以研究人员认为空中花园应有不

## 神秘的古代文明殿堂

少的输水设备,奴隶不停地推动连接着齿轮的把手,把地下水运到最高一层的储水池,再经人工河流返回地面。另一个难题,是在保养方面,因为一般的建筑物,要长年经受河水的侵蚀而不塌下是不可能的,由于美索不达米亚平原没有太多石块,因此研究人员相信空中花园所用的砖块是特制的,它们被加入了芦苇、沥青及瓦。更有文献指石块被加入了一层铅,以防止河水渗入地基。

然而,到目前为止,在所发现的巴比伦楔形文字的泥版文书,还没有找到确切的文献记载巴比伦空中花园的水源问题。因此,考古学家的解释是否正确仍需进一步研究。总之,传说中的"空中花园",它的真实面目依旧隐身于历史的迷雾之中。

### "巴比伦之囚"与"空中花园"

据资料记载巴比伦王国国王尼布甲尼撒曾两次攻打耶鲁撒冷,将犹太王室和大部分的能工巧匠带回了巴比伦城,而那些乐于把空中花园的功绩归属于尼布甲尼撒的考古学家们便将"巴比伦之囚"和传说中的"空中花园"联系在了一起。

空中花园一角

"巴比伦之囚"缘起于公元前601年。这一年尼布甲尼撒再度与埃及交战,结果折翼而返。3年来一直臣服于尼布甲尼撒的犹太国王约雅敬,便趁机脱离新巴比伦,投向了埃及的怀抱。尼布甲尼撒在听到犹太国王投降的消息之后,大发雷霆,发誓要踏平

耶路撒冷。公元前598年底,投降埃及的犹太国王约雅敬死去,他的儿子约雅斤即位。尼布甲尼撒认为进攻犹太王国的时机已到,亲自率领大军攻向耶路撒冷。经过两个多月的围攻,在犹太内部亲巴比伦派的推动下,犹太国王带着所有的大

## 惊魂的谜团

　　臣一起出城投降。尼布甲尼撒废黜了约雅斤，封约雅斤的叔叔为犹太王，并为其改名西底家，让他宣誓效忠新巴比伦王国，不得反叛。然后下令将犹太王室的大部分成员和犹太的能工巧匠一起押往巴比伦。临行前，又下令部下对耶路撒冷的神庙进行洗劫。

　　公元前588年，埃及向巴勒斯坦地区发动了进攻。犹太国王西底家和这一地区其他臣服于新巴比伦的小国，这时纷纷起来响应埃及人。不久，尼布甲尼撒又一次率新巴比伦军队对耶路撒冷发动了第二次围攻。这次围攻历时18个月。由于饥荒和内部分裂，耶路撒冷终于在公元前586年陷落。尼布甲尼撒对一反再反的犹太国王无比痛恨，下令在犹太国王西底家的面前杀死他的几个儿子，然后又剜去了西底家的眼睛。当已经双目失明的西底家押到尼布甲尼撒面前时，尼布甲尼撒对他说："这就是你们背叛我的下场！"然后下令用铜链锁着西底家把他带到巴比伦去示众。耶路撒冷全城被洗劫一空。城墙被拆毁，神庙、王宫和许多民宅被焚烧。全城活着的居民几乎全被掳到巴比伦。这就是历史上有名的"巴比伦之囚。"

　　如果巴比伦空中花园的缔造者是尼布甲尼撒，这样空中花园的建造时期就和有资料记载"巴比伦之囚"的时间相同，所以考古学家不免就有了这样的推测，"空中花园很可能就是这时期被尼布甲尼撒带进巴比伦城的能工巧匠的杰作。"

　　对犹太人来讲，沦为"巴比伦之囚"是一次惨痛的经历。犹太的先知文学，对尼布甲尼撒对耶路撒冷的围攻和"巴比伦之囚"的记述，都保存在《圣经·旧约全书》中，尼布甲尼撒在那里被说成是上帝惩罚犹太人罪恶的工具。但是如果巴比伦空中花园是巴比伦之囚的能工巧匠建造的，那么他们理所当然的为后世留下了奇迹和惊叹。

　　公元前538年波斯王居鲁士下令在幼发拉底河中修筑了一座水坝，把河水放到坝的一边去。他的军队从另一边放干水的河床中偷偷进入城里，未经交战就占领了巴比伦。从此巴比伦城就走向了灭亡，随着以后的和历史变迁，巴比伦城埋在了黄沙中，同时一度让人们惊叹的空中花园也深埋滚滚黄沙之下。历史究竟怎样，没有人知道。但是可以确证的是，法典老了，血汗干了，花园塌了。此后2000多年，波斯人来了，马其顿人来了，阿拉伯人来了，蒙古人来了，土耳其人来了……谁都想在这里重新开创自己的历史，也就使得空中花园这样的奇迹消失了，而现在也就只有一些偶然遗落的资料和黄沙下的砖瓦去供后世的考古学家拿着放大镜细细寻找。

201

神秘的古代文明殿堂

# 亚历山大灯塔

## 亚历山大灯塔雄姿

埃及最大的海港城市亚历山大,公元前332年是希腊马其顿国王亚历山大的都城,公元前304年又是统一埃及的托勒密王国的国都,公元前30年成为罗马行省的首府。当时人口曾达40万,与罗马、君士坦丁堡(今伊斯坦布尔)并称为世界三大城市。

奇怪的是,古希腊、古罗马时代的文物荡然无存,连遗址也找不到了。硕果独存的庞贝大石柱(因建于罗马庞贝大帝时代而得名),高28米,底径2.8米,顶径2米,孤零零地竖立在一人高的石座上。其他文物在哪里?特别是闻名世界的最高灯塔和历代王宫,怎么找不到一丝痕迹呢?

亚历山大灯塔

翻开埃及的历史,便会得到合理的解答。亚历山大处于地中海地震带上,城市多次毁于地震,最近的一次发生在14世纪。几次沉陷性的地震,不仅摧毁了地上建筑物,而且将部分城址推入海中。

脍炙人口的亚历山大灯塔,真面目如何?到底是怎样失踪的?最权威的记载应数公元前二世纪罗马哲学家安蒂培特的著作。他亲睹过灯塔的盛况,将当时埃及、希腊、巴比伦的七个建筑并称为"世界七大奇迹"。后人对亚历山大灯塔又有进一步的描述,并画出精细的图样。灯塔总高134米,比现代最高的日本横滨港灯塔还高28米。塔分四层(四大截),全部以纯白色大理石砌成,缝隙用熔化了的铅液浇铸,坚如磐石。底层是四方形的基座,高约69米;第二层是八角形塔身,高

## 惊魂的谜团

38米,每面有精美的雕刻;第三层是圆形环廊,中间置一大铜盘,燃烧柴火,靠大陆一侧廊边架设一面大铜镜,将火光反射到海洋上;第四层是雕像,用圆柱在环廊上托着塔盖,顶端屹立海神波谢伊顿的全身像。塔身外围筑环形驰道盘旋到炉室,供马车拉运燃料。这灯塔实际上也是一座摩天大楼,内设300间厅室,供管理人员和卫兵居住。

灯塔建造年代约为公元前285年到公元前247年,督造人是托勒密国王普图莱梅·菲莱代夫。建此空前绝后的灯塔,一是航海的需要,一是显耀亚历山大王的赫赫战功。自从亚历山大海角尖端的法罗岛有了它以后,塔顶的薪柴燃烧不息,地中海航船有了正确的指引,夜航海难事件大大减少。它一直工作了15个世纪,即使亚历山大城多次地震,大部分房舍坍毁,灯塔仍岿然屹立。公元1302年的大地震,亚历山大毁灭,灯塔也没能幸免,顶截坍落。1375年又一次猛烈地震,全塔毁坏。随着地层沉陷,法罗岛连同附近海岸地区慢慢沉入海底,千古奇观从此烟消云散。

谁敢相信二千多年前能够造出那样庞大的灯塔?许多历史学家、考古学家、海洋学家不断追寻灯塔的踪迹。1978~1979年,美国和埃及的考古专家历尽艰辛,在当地年迈巫师的帮助下,终于从城东海港的水下找到灯塔的遗骸。经过大规模的清淤、发掘,渐露端倪,证明历史上记载的亚历山大灯塔绝无夸大不实之辞。

### 建造者之谜

到底是谁建造的亚历山大灯塔和它是什么时候建成的,一直是两个颇有争议的问题。对于亚历山大灯塔最早的记述出于公元前的几位古典学者,我们试图从几位学者的记述中找到蛛丝马迹。

灯塔大概是从公元前297年开始修建的,虽然后来的编年史学家塞布留斯——古罗马的主教在他所编著的编年史中说灯塔是建于公元前283年或者前282年。有一点可以肯定,它的修建者不是人们通常所猜测的托勒密一世,而有一个叫色斯揣斯特的人与灯塔的修建关系密切。据皮特·法兰斯的推测,他不仅是灯塔的建筑师,还是灯塔的捐资者。据说他是亚历山大城的一位富有的外交官。斯特伯记载说,铭刻在灯塔上的献辞说:"色斯揣特斯是卡尼亚人,神圣君主的朋友,捐献此物,为了保佑那些海上航行者的安全。"兰西亚有过以下记载:"色斯揣斯特,德塞弗恩斯的儿子,卡尼亚人,将此物献给救世的诸神,为了那些航海

## 神秘的古代文明殿堂

亚历山大灯塔雄姿

者的利益。"

老普林尼在书中明确指出:"在此,托勒密国王表现出他的宽宏大量,他允许建筑师色斯揣特斯把自己的名字镌刻在建筑上面。"我们知道有一名叫色斯揣斯特的外交官,他是托勒密二世的特使,公元前270年时在狄勒斯,把他和那个与亚历山大灯塔建造者有密切联系的色斯揣斯特视作一人,当时是比较稳妥的设想,拉卡亚提到卡尼蒂斯的色斯揣斯特是一名著名的建筑师,并把他和阿卡迈蒂斯联系起来,说他曾利用使尼罗河改变河道帮助托勒密捕获马姆福斯。这件事不可能发生在亚历山大去世和托勒密完全掌控埃及之后。因此,这位在公元前330年左右为托勒密工作的著名建筑师不可能与灯塔有密切联系的人是同一个人。普林尼和其他一些人将这位工程师色斯揣斯特的功绩归功于后者,可能是由于对灯塔铭文的误解或者对两个人物的混淆。那位与灯塔有密切联系的人可能是工程师色斯揣斯特的孙子,他于公元前3世纪生活在埃及。

显然,灯塔是始建于托勒密一世,落成于托勒密二世。它应该是由卡尼蒂斯的色斯揣斯特,一个富有的外交官捐奉的,至于建筑师的名字,还是不得而知。

### 灯塔因何而亮

约瑟夫斯在他的《犹太战争》中说,灯塔的火光从300斯塔达(一种犹太人古代长度计量单位)以外的海面上就能看到。色姆色塔的兰斯恩(公元115—80年)更把距离加长到300公里!抛开灯塔照明的距离不说,人们都同意灯塔的火焰来自于燃烧在灯塔基座的一堆巨大的火堆,通过高悬在灯塔上的镜子将火光反射出去。

普林尼记述说:"现在(公元1世纪上半叶)许多地方都建有类似的灯塔,比

204

如在奥斯达河瑞瓦纳。唯一的危险是,当火焰不停燃烧时,它会被误认为星星,因为从远处的海面上看,火焰和星星非常相像。"从这个角度来看,那它可以比得上一座现代灯塔了。

还有一个问题就是,灯塔从哪里获取足够的燃料。当时的埃及是一个林木资源匮乏的国家,生长的树木只有相思树等寥寥几种,而且这些树种比平常的树种矮小的多。有人认为可能是利用动物的粪便,因为在当地这种方法一直在应用。但从数量上讲,仍然很困难。人们推测,经过镜子的反射后,光亮的强度要比原来的火光强大的

亚历山大灯塔燃料炉

多。用作反光镜的器材应该是一种光洁度很高的金属片,很可能是磨光的青铜。白天,利用太阳的光线,灯塔可以反射出强烈的光芒。中世纪早期,人们就是利用太阳反射信号,把船只靠近的消息从费罗斯传到亚历山大城。自从古代开始夜间航海以来,对于一个位于港口的灯标来说,为夜间航行的船只引航,已经成为它进入亚历山大港指引道路以外的最重要的任务。

## 摩拉索斯陵墓

### 摩拉索斯为什么建墓

公元前 4 世纪,在今天的安纳托利亚高原西南部有一个卡里亚帝国,在摩拉索斯国王统治下,卡里亚盛极一时,罗德斯港就曾是卡里亚帝国的一部分。摩拉索斯还在世的时候,就开始为他和他的王后——阿尔特米西娅二世(同时也是他的妹妹)修建陵墓了。如今,卡里亚帝国已不复存在,只有王陵的遗迹向世

## 神秘的古代文明殿堂

人讲述着帝国的传说。

古往今来,历代君王为自己建造辉煌的陵墓以图不朽,早已是司空见惯之举。但摩拉索斯充其量不过只是一个强大的波斯帝国任命的地方长官,为何要建一座只有埃及法老的金字塔才可与之媲美的安息之所呢?

摩拉索斯陵墓

有人对此做出了解释。摩拉索斯虽然在名分上低于波斯帝王一等,但他毕竟是一方之主,即便波斯帝王也要让他三分。况且他又是多么地怀念往昔埃卡多米尼迪王朝的凛凛雄风啊!尽管那已不可挽回地成为过去,但他每时每刻都在告诫自己:我是太阳神之子(尽管没有人这样认为),我不能平庸!然而,他很清楚地知道自己不会在军事上取得卓越成就,也不可能成为杰出的诗人和哲学家而青史留名。为了令别人对他的小国刮目相看,公元前4世纪他将都城迁往新建的哈利卡纳苏斯(今土耳其的博德鲁姆),从此地中海岸边的一座美丽城市崛起了。紧接着他又下令在那里修建自己的陵墓,企图进一步展示自己的权力。

也有人说,这座巨大的坟墓是摩拉索斯与王后阿尔特米西娅爱情的见证。据说,这位王后同时又是他的妹妹(兄妹婚姻大概是卡里亚王国的既成传统,以防止王权他落)。两人青梅竹马,感情甚笃,"在天愿为比翼鸟,在地愿为连理枝",幻想着死后永不分离。摩拉索斯王死后,王后阿尔特米西娅悲痛不已,肝肠寸断。她化悲痛为力量,独立执政并完成了丈夫的遗志。

然而历史对人们的嘲弄始终没有停止。摩拉索斯不仅生前未能亲眼目睹耗尽24年心血建造的长眠之所,而且死后做也未能如愿地安葬在那座高大雄伟的陵墓里。据说摩拉索斯王死后,深爱他的王后将他的骨头碾磨成粉末,溶解在葡萄酒里供自己饮用。此举对身体有何妙用不得而知,但国王和王后之间纯洁动人的爱情故事无疑因此传说而失色不少。英国考古学家查尔斯·牛顿从1856年起

## 惊魂的谜团

便在摩拉索斯陵墓内进行发掘工作,但时至今日,人们仍不清楚摩拉索斯的石棺究竟是在神像室里,还是放在建筑物下面地基内部的墓穴中。或许他真的没有被安葬在里面。

也有人指出,摩拉索斯陵墓是一座家族的坟墓。这些人猜想,这里可能并不止是一位国王的墓葬,而是为了纪念和缅怀整个埃卡多米尼迪王朝修建的陵墓。新近发现的雕塑又为这个新的推测增添了佐证。这些塑像大体有三种规格:与真人相仿的自然型、2米左右的英雄型和3米左右的巨型。摩拉索斯和阿尔特米西娅二世(已受损)的雕像属于最后一种;另外10座巨型塑像的残片也被辨认出来了。1966～1977年,一支由土耳其和丹麦联合组成的考古队首次发掘出了陵墓的地下墓室,发现它是由一个位于中央的房间和前面两个门厅构成的。这个墓室并没有和建筑物中心连接在一起,而是位于地基的西北角,入口被一块几吨重的巨石封闭。后来根据进一步调查研究,终于证实了这座陵墓原来是建在直到公元前6世纪还在使用的一片墓地里。这似乎又为上述猜测提供了证据。

摩拉索斯王

令人百思不得其解的另一个问题是,为何将一座陵墓建在生气盎然的地中海城市的中心?对此,有人从古希腊人的价值观角度来解释。在古希腊的文化氛围里,这种坟墓并没有不体面与阴森之嫌。在希腊人看来,死者的世界黑暗而寂静,出没着恐怖的幽灵,人死后就会过着暗无天日的生活。解脱之法只有一个:尽可能地为自己赢得死后的荣誉,这样亡灵就会依然存在于活着的人的意识之中;这样才能超越死亡,赋予生命永恒的意义。

也许摩拉索斯王就是这个意图,他也的确因此而名垂青史了。然而,他的躯体所依赖之物却在公元15世纪前的一次大地震中受损。但人祸甚于天灾,陵墓最终彻底毁于人类之手。1402年,汪达尔人圣·乔万尼率领的骑兵征服了哈利卡纳苏斯,征服者对于这座异教徒的艺术之殿非但毫无仰慕之情,反而深恶痛绝。

## 神秘的古代文明殿堂

自从 1494 年,为了加固要塞,统治者们毫不留情地把陵墓当成了采石场,甚至连很小的碎片都被送进了石灰碾磨厂,摩拉索斯的陵墓就这样渐渐被毁掉了。所幸有少量浮雕幸免于难,其中包括那件由大理石雕成的亚马孙族女战士的浮雕,现今仍保存在英国博物馆内供人们观瞻。

呼啸而过的历史之风会留住永恒吗?面对摩拉索斯陵墓的残砖碎瓦,不知人们会做何感想;面对褒贬不一的说辞,不知人们会如何评断;面对各种似是而非的断言,不知人们能否最终将谜底揭开。

### 摩拉索斯陵墓的谜团

期盼永恒与不朽的东西,往往偏偏过早地就会烟消云散。曾经辉煌的摩拉索斯陵墓以及显赫一时的陵墓主人,虽然名垂青史,但也备受世人与历史的嘲弄,至今其中还包含着许多解不开的谜团。

"摩拉索斯陵墓"散发着一种神秘的气息,围绕它流传着许多似是而非的故事。这座陵墓刚一建成就声名远扬,让人惊叹不已。古希腊——罗马时代的旅行者安提巴特将其与古埃及的胡夫金字塔相提并论,一起列入"世界七大奇观"之列。即使在其建成 1500 年之后,目睹这一建筑物的拜占庭人、帖撒罗尼迦的优斯塔修斯主教还写道:"摩拉索斯国王的陵墓过去曾是,现在仍是一个真正的奇迹。"

究竟它有什么值得称道之处呢?

这座陵墓是由摩拉索斯委托当时的建筑行业权威萨蒂洛斯和皮塞奥斯为自己修建的,用来自帕罗斯岛的雕饰华丽的白色大理石建成,堪称希腊古典时代晚期陵墓方面最著名的建筑。陵墓是一座神庙风格的建筑物,造型并不完美,但规模十分宏大。根据拉丁史学家大普林尼描述,这座建筑由三部分组成:地基是高 19 米、长 39 米、宽 33 米的平台;地基上是由 36 根柱子组成的爱奥尼亚式连拱廊,高 11 米;拱廊上是金字塔形屋顶,由 24 级台阶构成,象征着摩拉索斯的执政年限。陵墓的顶饰是高达 4 米的摩拉索斯和王后阿尔特米西娅二世的乘车塑像,驷马战车疾驰如电掣,人物雕像惟妙惟肖,是典型的希腊作品,也是世界艺术史上著名的早期写实肖像雕刻作品之一。这座底边长约 39 米、宽 33 米的长方形陵墓一直向空中延伸至约 50 米,相当于 20 层楼的高度。抬头仰望,只见陵墓高耸入云,气势蔚为壮观,犹如悬在空中。有人说,这位太阳神赫利俄斯之子要效法高贵的埃及法老,去触摸太阳。

除了恢宏的外表之外,陵墓内部非常精美的装饰、雕塑和众多的雕像,也为

## 惊魂的谜团

这座宏伟的建筑物增添了不少光彩。史学家认为这些杰作均出自当时著名的艺术家之手,包括斯科巴斯、利俄卡利斯和提摩西阿斯等。内室的三处浮雕装饰尤为引人注目:第一处表现的是马车,第二处是亚马孙族女战士和希腊人作战的情景,第三处是拉皮提人在和半人半马的怪物争斗。由于岁月的侵蚀,如今游人只能欣赏到浮雕中亚马孙族女战士和希腊人作战场景的残片,但管窥见豹,仅此一点就足以令人想象出这座宏大的纪念性建筑的非凡风貌。

对于这座非凡的摩拉索斯王陵墓,有人竭尽赞美之能事,有人则嗤之以鼻。公元前1世纪,罗马作家瓦列里乌斯·马克西莫斯用自己那支犀利的笔,借哲学家第欧根尼之口对摩拉索斯进行了一番"口诛笔伐":

在阴间,一贫如洗的第欧根尼对陵墓主人说:"听着,你有什么可自负的,要拥有比我们大家都优越的地位?"摩拉索斯理直气壮地答道:"首先因为我的统治地位!其次,我很英俊,身材高大,而且身体强壮,适合统帅军队。但最重要的还是,我在哈里卡纳苏斯城有一座非常宏伟的陵墓。难道你不认为我有权利为此感到骄傲吗?"第欧根尼不屑一顾地说道:"但是,我最亲爱的朋友,我没有看出你从中获取了什么好处。你不得不承认,由于你躺在这么巨大的一堆石头下面,所以承受着比我们更沉重的负担,难道不是这样吗?"

## 罗德岛巨像

### 罗德岛巨像的由来

罗德岛上的太阳神巨像被喻为世界七大奇迹之一。它从建立到被毁只有短短的56年,但有关它的传说却远播四方。这座神奇的雕像是如何建成的?它的形状怎样?倒塌之后又去了哪里?

罗德岛位于爱琴海与地中海交界处,西距希腊大陆450公里,北距土耳其大陆19公里,面积1400平方公里,人口7万。关于罗德岛,有一个美丽的神话传说。在远古时代,希腊诸神为争夺主神之位展开了大战,宙斯最后获胜,成为万神之王。志得意满的宙斯登上宝座后开始论功行赏,分封诸神,但独独忘了给当时正出巡天宫的太阳神阿波罗留下一块封地。阿波罗回来后大为不悦,宙斯乃施展神力,指着隐没于爱琴海深处的一块巨石分封给阿波罗,巨石欣然浮出水面,欢迎阿波罗的到来。这块晚到的封地被蔚蓝色的海水所围绕,风光秀丽,气候温暖,

神秘的古代文明殿堂

阿波罗颇为满意,便用爱妻罗德斯(爱神阿芙罗狄蒂之女)的名字,命名为罗德岛。他的三个儿子卡米诺斯、莫诺利索斯和林佐斯被分封在岛上各处,各自建立起自己的城邦。

这虽然是神话传说,但在罗德岛确实存在过三个城邦,即卡米诺斯、莫诺利索斯和林佐斯。它们凭借罗德岛处在东西方交界处的地理优势,以及岛上肥沃的土壤,良好的气候,逐渐发展起来,成为地中海上重要的商务中心。公元前408年,由于一些人们至今还不太清楚的原因(可能是由于商业的繁荣),这三个城邦联合成统一的罗德国,并在岛的北端建立联邦首都,这就是后来的罗德市。

罗德岛的繁荣富庶,吸引了希腊大陆上的人们争先恐后地到这里经商、定居或办学,岛上的文化也很快繁荣起来。正是在这个时候,岛民皮桑德罗斯写下了史诗《伊拉克利亚》,其后希腊的大哲学家亚里士多德也曾来罗德岛招收弟子,讲授哲学;雅典的大演说家艾斯霍尼斯也在岛上办过学校。罗德岛文风极盛,成为当时著名的文化中心之一。

罗德岛巨像

公元前4世纪前半期,希波战争进行得如火如荼,作为希腊世界的一员,罗德国自然不能置身事外。公元前377年,罗德加入了雅典组织的第二次提洛同盟,共同抵御波斯的侵略,但是在别人的煽动下,罗德不久后(公元前356年)又退出同盟。希波战争后,希腊内部发生了旷日持久的伯罗奔尼撒战争,在内讧中实力大大削弱,为随后兴起的马其顿亚历山大所征服,希腊世界从此衰落。小小的罗德国在亚历山大势力如日中天之时勉强维持了独立,但它的富裕却令周边大国虎视眈眈,必欲据之而后快。亚历山大、波斯都曾入侵过罗德,罗德国势岌岌可危。

亚历山大不幸英年早逝后,他的部将们争权夺利,帝国最终一分为三,安提柯、塞琉古、托勒密各据一方。罗德由于在经济上与埃及联系密切,乃与托勒密一

## 惊魂的谜团

世保持了良好的关系。公元前305年，对罗德垂涎已久的马其顿国王安提柯一世派儿子达摩瑞斯率领4万军队，大举入侵罗德岛。强敌压境，全岛居民撤守至岛东端海岬上的林佐斯城堡，进行殊死抵抗。林佐斯城堡建在突入海中的山丘上，三面陡崖高达100米，城墙依崖而建，城垛上有炮台镇守，易守难攻。这样，全岛居民凭借天险同仇敌忾，终于击败了入侵者。马其顿军队丢盔弃甲，大败而走。公元前304年，双方签署和约。

罗德居民为纪念这次胜利，把马其顿军队丢弃的铜制枪械收集起来，统统予以熔化，由雕刻大师哈列塔斯负责铸造一座太阳神阿波罗（罗德居民也称为赫利阿斯）神像，因为传说中阿波罗是罗德岛的保护神，当地居民以此来感谢阿波罗对他们的保佑。哈列塔斯用了整整12年时间（公元前294年至公元前282年）才把巨像塑成。

据记载，此神像高约33米，重12.5吨，手指比人高，大脚内部可作居住的窑洞。雕像是中空的，里面用石头和铁的支柱加固，外包青铜壳。传说太阳神雕像头戴太阳光芒的冠冕，左手执神鞭，右手高擎火炬，两脚站在港口的石座上，船只可以从其胯下进出。太阳神的台座上还镌刻着一首赞美诗：

我们竖起你，赫利阿斯。

直达奥林匹亚山巅。

多利斯山区的罗德人敬仰太阳神，

你使小岛免遭横蛮。

世界如此瑰丽，

自由不容涂炭。

在古希腊，建造10米左右高的雕像并不罕见，但建造如此巨大的神像却是空前绝后的。怪不得巨像建成之初，便被同时代的罗马哲学家安蒂培特誉为"世界七大奇迹之一"。

### 罗德岛雕像原址在哪里

关于罗德岛像安放的位置在所有的古籍里都没有记载，这引起了许许多多的猜测，盖保瑞尔对这些猜测进行了详细的分析。

对于巨人像是位于曼著克港口东南方的第哥玛或市场中心的说法人们可以不予重视，因为这种说法是基于一种对古籍的误读。还有记载说，在这个低陷的小城里曾有过一座中世纪的教堂，是为了供奉圣约翰像而修建的，那里曾经矗立

## 神秘的古代文明殿堂

过巨人像。但是，盖保瑞尔已经向我们表明在小城的那个地区并没有那座教堂。

关于巨人像是立在曼著克港口的说法，最初来自于一个名叫第·马特尼的意大利朝圣者，他于1394年和1395年游历过罗德斯，他引用的是一种传统的传说，说雕像一只脚踏在曼著克港的东口，当时圣耐克勒斯像矗立的教堂（现在矗立在那里的是圣耐克勒斯城堡），另一只脚跨向港口的另一端。当然，正像盖保瑞尔指出的，雕像的两条腿跨越400米（约1300英尺）是不可能的，但这种说法与巨人像高举火炬充当灯塔的观点正相符合，在中世纪非常流行，在许多书籍和绘画里都出现过。实际上莎士比亚让凯休斯谈及尤利西斯·恺撒时，脑子里也必曾出现过这样一幅画面：

人啊，为什么，你要跨立在这狭小的世界上，
像巨人像一样，让我们这些卑微的人，

罗德岛巨像复原图

在你的巨腿下行走，窥探……
（《尤利西斯·恺撒》第1、2幕）

这种流行的说法可能还被一首遭到误解的古诗所加强，它收集在一本古希腊诗集中，很可能是一首为巨人像所做的颂歌：

为了你，啊，太阳神，罗德斯人建造了这座巨大的铜像，直指奥林帕斯山脉（希腊东北部一山脉），当战争的风波平静，他们用敌人围城的武器装点他们的城市，不仅在海上而且在陆地高举起独立自由的火炬。因为对于赫利阿斯的后代，海上和陆地的霸权永远属于他们。

正是这种由来已久的传统观念，引发了一个可以追溯到公元15世纪的观点：巨人像被放在曼著克港的东口，即第·马特尼所说的那个巨人像右脚的踏足地，这里在中世纪是一个教堂，然后成为一个要塞（它现在还保留着），教堂是为了供奉圣·耐克勒斯建造的。这个位置是盖保瑞尔提出的并详细介绍过。毫无疑问，在中世纪有许多石造物是连接在城堡上的，盖保瑞尔已考证过这一点，

## 惊魂的谜团

也正是由于这个原因,这些石造物在被毁坏以后没有沉入海底而仍残存在地面。这种安装方法是很具有权威性的。人们还知道在巨人像建成以后,在海港口建筑巨型的雕像已经成为一种传统,这在有关对罗马的港口奥斯达,巴勒斯坦的凯撒瑞的记载中可以看到。对后者的记载出于朱斯浦斯的《犹太战争》:"港口面向北方,每侧都有三个巨型的雕像矗立在石柱上。"港口是由哈瑞德大帝在公元前22一前20年建造的。雕像是港口的一项重要标志。一些作为港口灯标的雕像要有很大体积,大多数位于一个很高的基座上,像美国的自由女神像。尤其是那些在伯罗奔尼撒的毛色恩、派吹斯、俾斯尼亚(古国名,今小亚细亚西北部)的凯撒亚·德门卡的色利·皮姆斐普利斯矗立的雕像都告诉人们,在罗马时代于港口建造大型的雕像是多么普遍的一件事。

罗德岛巨像远景复原图

但是,关于巨人像是矗立于海港的入口的这个观点也有两种反对意见。首先,罗德斯人似乎难以容许让一个如此重要的位置被一座公元前226年就已坍毁的雕像长久占据下去。其次,一位古代作者说,巨人像倒塌时砸坏了许多房屋,如果它是位于海港的入口,那将是不可能的。

这引导人们走向最后一种设想,这也是最倾向得出的结论。在骑士街的顶端有一所古老的土耳其学校,它是19世纪建在一座修女院的礼拜堂的遗址上的,这座礼拜堂是1310年为了供奉圣·约翰雕像而建造的,1856年时在一次意外的火药爆炸中倒塌了。在谈及圣·约翰雕像之前,首先要指出的是,多亏了这座著名的雕像,才使巨人像的形容词形式"雕像的"在中世纪的罗德斯城得到普遍运用。

不过,从在这里发现的大量考古材料来看,古代在这里或在这附近确实曾经建立过太阳神庙。希腊人经常把他们的感恩物供奉在神庙里,所以像底尔菲和奥林匹亚这样恢宏的圣所都成了供奉物的珍藏室。人们知道巨人像是罗德斯人为

## 神秘的古代文明殿堂

了感谢太阳神而用达摩瑞斯遗弃的器械制造的供奉物,它放在太阳神庙里应该是顺理成章的事。如果巨人像是矗立在圣耐克勒斯像原址的可能性被排除掉的话,这个地方倒很值得考虑。并且,这里有挖掘物不断被发现。目前,在学校的地基四周发现了许多石造物,或许它向人们显示这里正是曾建筑过古代建筑的方形广场。在校门外面人们还可以依稀看到一些古代围墙的遗迹。

### 罗德岛雕像建造之谜

如此巨大的雕像是如何铸成的?在缺乏起重设备的远古时代又如何把它竖立起来的?这些都是令人难以想象的事,也是太阳神巨像让人迷惑惊奇的原因之一。

巨神像体积太大,无法像建造一般雕像那样,先制出模型,然后分成几部分铸造,最后再进行整合和竖立。据文献记载,巨人像是分步建造起来的:首先,在建好白色的大理石基座后,把已铸好的脚到踝关节这一部分安装固定好。由于神像体积高大,所以神像的脚设计得比较大,使它能承受上部神像的压力。完成这一步后,雕像家指挥工匠在已完成部分的周围堆起巨大的土堆,然后站在上面接着做下一部分工作,这样一步一步向上发展。在每一步进行之前,雕塑家都先用

罗德岛巨像遗址　　　罗德岛巨像遗址复原图

一种铁制的框架和一些方形的石块从内部加固雕像,以保证雕像的稳定。就这样,在耗费大量人力、物力、财力后,哈列塔斯创造了一个与真神相似的神像,"给了世界第二个太阳"。

然而,罗德岛巨大铜像只矗立了50余年就惨遭不测。公元前227年至公元

## 惊魂的谜团

前226年（一说公元前224年），罗德岛连续发生毁灭性的大地震，岛上的城市建筑遭到严重破坏。太阳神像也从它最不牢固的地方——膝盖处断裂开了，倒塌在地，只留下台座和两条小腿。古罗马著名的自然学家普林尼在《自然史》一书中赞叹道："即使躺在地上，它也仍是个奇迹。"埃及法老托勒密三世向罗德岛人伸出了援助的双手，准备提供一笔巨额款项帮助罗德岛人修复太阳神巨像，但罗德人谢绝了托勒密三世的好意。

神像巨大的身躯横在地上，任凭风吹雨打，秋去春来。约900年后，即公元653年，阿拉伯人入侵罗德岛，发现了躺在地上的巨像残骸，他们费了九牛二虎之力把残骸运送到叙利亚，卖给了一位商人。据说那个商人用了880头骆驼才把残骸运完，以后巨像就不知去向。又有人说，巨像倒塌不久后就被人盗走，但贼船在海上遇风暴沉没，铜像埋在深深的海底。铜像究竟去了哪里？恐怕是无从知晓的了。

罗德岛的太阳神巨像已不复存在，但有关这个神奇雕像的传说和猜测却经久不衰。人们以史书中的简略记载为根据来构思它的规模，再加上自己的揣测，"设想"出了一个又一个的"太阳神巨像"的形象。

早在公元11世纪，人们就对传说中的罗德岛神像外形作出这样的推测：巨像右手举着投枪，左手按着长剑，柱脚是很高的圆柱，四周环绕着起伏的海浪。但有人提出异议，说太阳神阿波罗像应该是头戴太阳光环，驾驭着马车，马车上载着一轮鲜艳的红日，而且传说中巨像的胯下能进出轮船。由于谁也拿不出确凿的证据驳倒对方，争论不了了之。

到了文艺复兴时期，灿烂辉煌的古希腊文明使处在沉闷黑暗时代的人们目眩神迷，罗德岛的太阳神巨像又一次激起人们强烈的好奇心。他们找出那些尘封已久的古代文献，仔细研究后认定：罗德岛的太阳神巨像两脚宽宽地叉开，横跨在罗德港的两岸。阿波罗手持火把，威严地注视着往来船只。在这里，罗德岛巨像被设想成灯塔，它为进出罗德港的船只起着导航和保护作用。

这个设想在崇尚科学、理性的近代遭到质疑。理由是：罗德岛巨像高达33米，按力学原理，巨像两脚间间隔最多只有10米宽，这样的跨度，稍具规模的船只进出都有困难；而且若是这种姿势，巨像的整体格局就会失去平衡。而据普林尼的记载和人们的传说，罗德岛太阳神巨像布局合理，气势非凡。

进入20世纪，史学家对罗德岛巨像的推测和争论还在继续。1919年，法国史学家弗·普洛萨提出，罗德岛巨像应该是太阳神驾驭二轮四马车，矗立在罗德

神秘的古代文明殿堂

港口。反对意见称，据现有的残迹看，太阳神绝非驾车姿势，而且从力学角度看，这个底座根本无法支撑没有根基的四匹飞马的重量。

1932年，另一位名叫阿里别尔·加布里埃尔的法国史学家宣称模拟出了罗德岛的太阳神巨像：巨像为立正姿势的裸体像，右手高擎火炬，左手紧贴体侧夹着长矛。这不由让人联想起纽约港口的自由女神像姿势，据说法国雕塑家奥古斯都·巴托尔迪正是受到罗德岛太阳神巨像的启迪，创作了举世闻名的自由女神像。此外，有人提出疑问：罗德岛巨像作为世界七大奇迹之一，难道就是如此简单的浇铸而成吗？而且，这种立正姿势，也完全与原始的脚的站立姿势相矛盾。

争论还在继续。1956年，英国历史学家盖尔别尔特·马力安根据他在罗德岛找到的一块浮雕，把巨像设想成这个形象：太阳神站在地上，右手挡在前额，双目远眺，左手背搭着一件长衫，长衫一直拖到地上，形成巨像的另一个补充支柱。但有人嘲笑说，马力安把太阳神当成了一位角斗士，或者干脆是牧羊人，哪里有神的气势和威严？

考古学家的努力似乎为了解真相带来了一线希望。随着对罗德岛考古发掘的深入，越来越多的文物被发掘出来。一枚出自公元前3世纪的钱币引起了人们的注意，这枚钱币上有太阳神赫利阿斯的头像，经专家鉴定，这个头像正是太阳神巨像作者哈列塔斯作品的临摹画。但遗憾的是，铜币上只有赫利阿斯的头像，没有身体，巨像的姿势依然无法推测。也许将来有一天，考古学家们能为我们解开这个千古之谜。

小小的罗德岛，如今游客众多，罗德岛居民依然享受着太阳神带给他们的恩泽。只是，满怀憧憬的旅客总是乘兴而来，败兴而归。不久的将来，世人也许能重新看到几千年前曾屹立在这里的太阳神巨像，领略巨像的雄伟风采。

## 奥林匹亚宙斯神像

### 建造宙斯神像

公元前457年，在第1届奥林匹克运动会（公元前776年）的举办地——希腊奥林匹亚城，完工了一座巨大的雕像，这就是宙斯神像。宙斯是古希腊神话中的众神之神，为表示对他的崇拜而兴建的宙斯神像也是当时世界上最大的室内雕像。

## 惊魂的谜团

宙斯是古希腊神话中最高的神,罗马神话中称朱庇特(拉丁语:Jupiter),为克洛诺斯与雷亚所生的最小儿子。宙斯的父亲克罗诺斯通过推翻他的父亲乌拉诺斯获得了最高权力,他得知他会和自己的父亲一样被自己的孩子推翻,于是把他的孩子们吞进肚子。他的妻子瑞亚因为不忍心宙斯也被吞进肚子,于是拿了块石头假装宙斯给他吞下。宙斯长大后,联合兄弟姐妹一起对抗父亲,展开了激烈的斗争。经过十年战争,在祖母大地女神盖亚的帮助下战胜了父亲。宙斯和他的兄弟波塞冬和哈底斯分管天界、海界、冥界。从此宙斯成为掌管宇宙的统治者。

在旅行家沙尼亚斯巴(Pausanias)的《希腊游记》一书中,曾对宙斯神像做了详细的描述,书中记载:"宙斯神主体为木制,身体裸露在外的部分贴上象牙,衣服则覆以黄金。头顶戴着橄榄枝编织的皇冠,右手握着象牙及黄金制成的胜利女神像,左手则拿着一把镶有各种金属的权杖,杖顶停留着一只鹫"。至于他的宝座,神像头上与头后,雕着"雅典三女神"和"季节三女神"(春、夏、冬)雕像;腿和脚饰有舞动中的胜利女神与人头

宙斯神像

狮身的史芬克斯以及希腊其他诸神装饰,底部宽6.55公尺、高1公尺,而神像约高13公尺,相当于四层楼高的现代建筑。神像身后挂着由耶路撒冷神庙劫掠得来的神圣布幔。菲迪亚斯更精密地规划四周变化,包括由神庙大门射向雕像的光线,为了令神像的面容更为美丽光亮,更于神像前建造一座极大而浅,里面镶了黑色大理石的橄榄油池,利用橄榄油将光线反射。矗立期间更有工人前来擦拭象牙,称为"菲迪亚斯抛光工人"。

宙斯像的构成材料,年代背景以及装饰用的雕像,都能详细说明,但是菲迪亚斯的作品风格却很难确定。根据古代文献记载,菲迪亚斯雕塑神像的技术达到巅峰,能使神像具有高不可攀的庄严气概。特别是宙斯像,能够在普通的宗教形象外,增添独特的性格。为了要找出这句话的真正涵义(菲迪亚斯神像雕塑的原

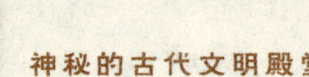

### 神秘的古代文明殿堂

作至今已全部遗失),多年来,专家学者曾对菲迪亚斯神像的复制品做过个别研究,希望能找出其中共同的特点。他们特别注意雅典帕特农神殿的装饰雕像,据说菲迪亚斯曾经负责监制这些雕像。当然,现在很难断定,菲迪亚斯曾亲手雕过哪一件雕像;因为他既要担任监制工作,而且要负责雕塑神殿内的阿西娜巨像,一定非常忙碌,不过,很可能所有雕像的设计和全部风格都由菲迪亚斯一人决定。最接近菲迪亚斯风格的作品,可能是庙内东边横饰带上的神像,只是规模不同而已。这些神像,在早期的严肃风格与后期轻松及精巧的风格之间,取得巧妙的平衡。

有一个有趣的传说,说在修建雕像的过程中,菲迪亚斯曾专程到奥林匹斯山,问宙斯对他的塑像是否满意。作为回答,天神降下了霹雳闪电,劈裂了神殿的走廊。看来,神仙也讨厌"形式主义"呢!

公元5年,宙斯神殿被一场大火摧毁。出于安全的考虑,幸免遇难的宙斯神像被运到了君士坦丁堡。可终归是厄运难逃,公元462年又一场大火,将宙斯神像彻底焚毁。今天,我们能看到的就只有奥林匹亚城宙斯神殿的断壁残垣了。

## 建造者之谜

在宙斯神庙建成后的许多年后,祭司们为了找到一位能建造一尊充分体现众神之王威严的雕像做了长时间的努力,最后,他们选择了一位雅典公民查姆迪斯的儿子菲迪亚斯来完成这项伟大的使命。

菲迪亚斯是古希腊著名雕塑家、建筑设计师,雅典人,主要活动时期在约公元前490~公元前430年,政治家伯里克利的挚友和艺术顾问,是当时最负圣名的艺术家。希波战争中,雅典受到严重毁坏,菲迪亚斯为雅典的重建做出了卓越的贡献。他擅长神像雕塑,主要作品有雅典卫城上的巨大的《普罗迈乔司的雅典娜》,《利姆尼阿的雅典娜》,奥林匹亚的《宙斯》和《帕提农的雅典娜》等。另外著名帕特农神庙的的装饰性雕塑,也是在他的领导、设计和监督之下完成的,其中,最著名的作品是《命运三女神》。很可惜的是他的作品均已亡佚,我们能看到只有收藏在大英博物馆里的一些雕像碎片。

在接受宙斯神像雕塑这项使命以前,菲迪亚斯已经完成了两件著名的作品。一个是雅典娜青铜巨像,雕像高近10米,高高耸立的巨像带给人们无限遐想的空间。另一件作品是帕特农神庙中一尊雅典娜神像。

古代学者认为菲迪亚斯的艺术风格是姿态宁静而高贵,表情肃穆而温雅。对

## 惊魂的谜团

此,后人称为"神明的静穆"。菲迪亚斯塑造的奥林匹亚的宙斯之美不仅使传统的观念益增光辉,而且同神庙的自然也相宜不悖,这正是他崇高艺术的精华。菲迪亚斯胜过一切希腊雕刻家而为后代人怀念和赞美的,正是他身上体现的希腊艺术的精髓:忠实于自然,善于净化自然;模仿自然,同时又善于在模仿中驰骋想象力,表现理想。菲迪亚斯正是理想化的巨擘,在他的生前死后,古典风格的特性一直支配着希腊雕塑艺术。

菲迪亚斯的雕像虽然被后人所敬仰,但他本人在公元前438年或437年却因藐视他在帕特农神庙设计的雅典娜像而被驱逐出雅典。他的一名叫梅农的伙计,指控他贪污了用于建造雕像的金子,菲迪亚斯由于不能提供建造这尊雕像各个部分所用黄金的准确数字,他自己也情愿流放以免受公众羞辱。

后来,有人指出菲迪亚斯是沾了他政治家朋友伯里克利的"光"。伯里克利对平民的理解和个人威望是在重建公元前被波斯人毁坏的雅典光荣史中建立起来的。伯里克利的政敌想方设法地诋毁他的朋友,以达到诋毁他的目的,菲迪亚斯就是受害者之一。

尽管受到这种指控,但其后不久菲迪亚斯就来到了奥林匹亚,开始他的这项伟大的创作,菲迪亚斯被赋予了建造宙斯神像的重任。这也表明了奥林匹亚议会对菲迪亚斯的信任,也表明了菲迪亚斯的无辜。还在雅典时,菲迪亚斯就发明了一种

宙斯神像建造过程猜想

建造大尺寸黄金、象牙雕像的技术。首先,在建像的地方竖起一个木制框架,其大小与要完成的雕像外部尺寸相同。象牙薄片被雕刻成用来装饰头、足、手的饰品,贵金属片则做成衣饰和其他装饰,以后这些饰品也被用来装饰神像外部的其他地方。每件饰品之间都要衔接好,每个衔接处都要经过仔细装饰,最后表现一个有着坚固外形的雕像。

菲迪亚斯没有留下任何材料来告诉人们他是怎样拟定及实现这一件令人惊

## 神秘的古代文明殿堂

讶不已的工程的。在公元97年的奥林匹克运动会上,就如演说家狄俄·克里索斯托姆应邀在宙斯神庙发表演说时所说:"就如菲迪亚斯本人所说的那样,这件作品与其所要表现得宙斯是极为吻合的。"有一个流行的传说:当菲迪亚斯的一位亲属兼合作者巴拿恩乌斯问到他是怎样构思出宙斯的神像时,菲迪亚斯引用了诗人荷马史诗中的一段话来回答,该段描绘了一位庄严的宙斯,他摇摇头就引起了整座奥林匹亚山的震动。

狄俄·克里索斯托姆从修辞学的角度解释说,这一段描绘使人联想起一切所知的宙斯的名称:"父亲与国王、城市的保护者、友谊之神、祈祷人的保护者、好客之神、增产丰收的赐予者……"他说,宙斯的所有这些不同的特性都能从神像上得到体现,并且它还体现了菲迪亚斯所要表现得众神之王的各种本质特性。

公元前1世纪,著名的罗马演说家西塞罗指出,在菲迪亚斯头脑中"有着一个非常美好的宙斯的形象,以致驱使这位艺术家能创造出一个栩栩如生、和蔼可亲的众神之王的形象"。在这里,众神之王的威严表现在神像头部的各个方面,使得每一个相信自己来到了宙斯身边的人从心底里产生一种敬畏感。

菲迪亚斯是一个谜一样的雕塑家,尽管他的作品没有一件留在世上,但他仍旧是人们心目中的最伟大的雕塑家。

### 复原宙斯神像

多年以后,人们发现伊利斯城曾经把巨大的宙斯神像作为硬币的设计图案。并且,这个著名的雕像除了硬币外,再也没有别的能精确地表现它的艺术作品留存下来,哪怕一个小小的复制品也没留下。但是,关于这尊神像却留有大量的文字描述,据此,人们能够很细致地复原这尊神像。

公元1世纪早期的地理学家斯特拉伯写道:这尊神像用象牙制成,因为尽管神庙本身很大,但神像尺寸太小,雕刻家似乎因没有判明合理的比例而受到批评。塑造的宙斯是坐着的,而他的头几乎已碰到了房顶,这使人容易产生这么一个印象:宙斯如果站起来,他将会穿透神庙屋顶。按照斯特拉伯的观点,在这个空间内,神像太大因而产生一种不舒服的感觉。另有一颗现存的罗马宝石,也表现了宙斯处于这样一种不舒适的位置之情形。

神像建成大约200年后,凯尔利玛切乌斯(前305～前240年)写了一首诗,从中人们能知道神像的大概尺寸。神像的长度和宽度能根据发掘的神庙尺寸来判断。其基座约6.65米宽、10米深、1米多高,神像本身有13米高,大约有四层

## 惊魂的谜团

楼高，占据了神庙的两端，使人产生一种要穿透整座神庙的感觉。

公元2世纪的希腊人波萨尼亚斯对神像有更详细的描述。他旅行到伯罗奔尼撒并写下了关于他所到之处的遗址和建筑的游记。他留下了大量的见闻，尤其对发掘者发现的已遭毁坏的旧址，如奥林匹亚的描述，有无法估量的价值，但在今天要对那些已不存在的某些事物做出解释却是很困难的。

波萨尼亚斯对宙斯神像的描述是这样的：神像头戴橄榄枝花环，右手握着象牙黄金制成的胜利女神像，……左手握着一柄镶嵌着多种金属的权杖，权杖的顶头栖息着一只鹰。神像的长袍和便鞋由黄金制成，外衣上雕刻有动物和百合花，

宙斯神像位置复原图

御座则由黄金、宝石、乌木和象牙装饰起来。

公元174年，正好在这座主神庙围墙外，在神庙西面的一幢建筑物被波萨尼亚斯认定为是菲迪亚斯的工作室，这尊巨大的神像就是在那儿诞生的。1958年德国考古研究所的考古发掘以一种有趣的方式证明波萨尼亚斯提供的消息是正确的。在那里找到了两座砖瓦废墟堆，可以肯定这都是从这座建筑物中扔出来的垃圾。他们还找到了一些做工用的雕刻工具、丢弃的象牙、金属及玻璃片，甚至还有一些用来制作衣饰用的赤陶模具。经测定这些东西不会早于公元前430年，毫无疑问这些废物都是从这间产生了一个黄金和象牙制成的雕像的工作室里扔出来的，这尊雕像就是菲迪亚斯制作的宙斯神像。假如还需要更多证据的话，那里还发现了一个破碎的大壶，上面详细地刻有公元前15世纪的字样："我属于菲迪亚斯。"

要在如此一间工作室中全部建好这样的神像，然后运往神庙显然是不可能

## 神秘的古代文明殿堂

的。虽然发掘者们开始有这么一种看法,但工作室的地板显然是支撑不住如此一尊完整的雕像的。拆除和运送这样一个复杂的建筑物困难肯定是很大的,更进一步说,为了最后在神殿中组装好雕像,对每片料都需要事先计算好,并在工作室中做好。那些模具证明所加工的金属片非常之小,制作它们必须非常小心,尽管这种细心的工作态度菲迪亚斯已在雅典卫城的帕特农神庙的工作中有过充分的表现。

波萨尼亚斯是一个充满激情的旅行家。他的眼光倾注在菲迪亚斯的这个杰作的每个细节,并且还在他的游记中做了忠实的描绘。令波萨尼亚斯印象最为深刻的是神像的宝座,这可能因为菲迪亚斯对它倾注了他的全部雕刻技艺,当然也可能是因为在神庙内部的阴影里,宝座是最容易看到的物体。尽管建筑物的顶上装有能微弱透光的大理石瓦片,但要仔细辨认宙斯像的上部可能仍是较困难的。

舞动着双翅的胜利女神,背靠背地装饰着宝座的腿,表现"被斯芬克斯女妖抓获的底比斯孩童"的塑像设置在两只前脚上。斯芬克斯,这个带翼狮身女妖,常常杀害古希腊一些不能回答她的怪谜的底比斯年轻人。仔细观察刻在硬币上的宙斯像,可以看见那只悬空的胳膊是由一个坐着的斯芬克斯用她在宙斯肘部下面的翅膀支撑着的。在埃菲索斯发现的一组关于一个被斯芬克斯抓住的小孩子的塑像正如菲迪亚斯所雕刻的雕像,从这个塑像上人们可以看得更为清楚。

在斯芬克斯像下面有一幅阿波罗神和他的妹妹月亮女神阿尔忒弥斯以及被箭射死的可怜的尼俄柏的孩子们的背景。尼俄柏曾因子女多于阿波罗和阿尔忒弥斯的母亲勒托而骄傲,但为此她付出了代价。这幅背景画被刻在宝座的侧面。从最近发现的幸存在俄罗斯南部巴斯基的红彩陶花瓶上也能看到这幅画的踪迹,而且从中可以看出这个公元前5世纪的罗马复制品其主题的产生也是来源于宙斯神像。从其他几个花瓶和浮雕上也能看到这些画像。阿波罗和阿耳忒弥斯被安置在宝座各边的前端,射杀着尼俄柏的孩子们,而尼俄柏则表现出在公元前5世纪时很流行的一种极为悲痛欲绝的扭曲着身体的姿态。波萨尼亚斯描绘得非常详细,表现了作为希腊神话宝库的这座雕像。从延伸在宝座前脚的充满装饰的支柱上,他注意到少了一件雕刻品,谁也不知道它是怎样丢失的。在同一支柱的这幅雕刻的另一面,在他的头发上有一段得胜的勋带,据说这是潘特瑞克斯——一位来自伊斯的年轻人、菲迪亚斯的崇拜者放的。他赢得了86届奥林匹克运动会(前436年)的男子摔跤桂冠。潘特瑞克斯的这种举动非常清楚地告诉人们,菲迪亚斯曾在奥林匹亚工作过。

## 惊魂的谜团

亚历山大港的基督教作家克莱门特的一个故事说，在宙斯雕像的指甲上刻有"潘特瑞克斯非常漂亮"的字样，即暗示年轻的潘特瑞克斯是菲迪亚斯的恋人的带色情语调的粗话。所有这些事实，包括菲迪亚斯与潘特瑞克斯关系密切的故事都强有力地证明了，在工作室发掘过程中所出土的文物，表明菲迪亚斯从雅典出来后确实建造过宙斯神像。

波萨尼亚斯继续写道："在宝座的另一支柱上，刻有赫拉克勒斯和他的朋友们正与亚马孙（希腊神话中一个族的女战士）女战士战斗的场面"，他说，29幅图分为两组，对这些支柱进行了完整的雕刻装饰。大力神和亚马孙女战士战斗的主题是赫拉克勒斯的第九项英雄业绩，在这次战斗中，他受阿尔戈斯国王欧律斯透斯的派遣，夺取亚马孙女王希波吕忒系的"国王之女"金腰带，这是和生活在黑海岸的女战士的竞争，随之而发生的战斗是古希腊的雕刻，绘画中非常常见的题材，一个著名的例子是从离奥林匹亚不远的阿卡迪亚的巴赛的阿波罗神庙之中楣上可以看到的，这是由雅典帕特农神庙的建筑师伊克蒂诺设计的。这段中楣的年代大约在公元前425年，即约与宙斯神像差不多的时期雕刻的，那栩栩如生的活动场面、缠绕在战斗者身上的衣饰，充分表现了菲迪亚斯精美雕刻的特点。

除了对宝座的四条腿外，波萨尼亚斯还仔细描绘了支撑宝座的另外四条横柱。在那些小小的硬币仿制品上没有这些横柱，也许它们本来就不是菲迪亚斯的原始设计。在座椅下面可以看见宝座里面这四根横柱，它们支撑住整尊神像的重量。宙斯的左手握着他的长权杖，右手托着一尊尺寸很小的飞舞着双翼的胜利女神像，这些重量是由搁在宝座上的手臂支持着的。宙斯的双脚搁在一块巨大的垫脚石上，垫脚石两边各蹲着一只用黄金铸的石狮子，在这里，波萨尼亚斯又一次提到了亚马孙女战士，这次是和雅典本地英雄特修斯一起提到的。支撑雕像的巨大基石是用蓝黑色埃莱夫西斯的大理石制作的，上面用黄金精工雕刻有希腊传说中的众神浮雕如：战车上的太阳神赫立俄斯；宙斯和他的王后赫拉；爱神厄洛斯迎接着刚从海里升起的"爱与美"神阿芙罗狄蒂，骑在马上的月神及其他神像。基石的黑色背景衬托着运动的画面，产生了一种静态动感，这种运用色彩的方法也曾在雅典厄瑞克特翁庙的柱头上使用。

波萨尼亚斯关于神像的极为有趣的描述也许是他对由帕奈尔乌斯画在防止人们靠近宝座的屏风上的画，人们很容易忘记，这件远古时期的艺术品和文艺复兴时期的艺术品一样重要。到过庞贝或锡拉岛上的晚期米诺斯·阿克罗梯里的旅游者都知道画在私人住宅中的壁画的戏剧性效果，然而非常不幸的是我们没有

## 神秘的古代文明殿堂

人能从古希腊时期幸存至今,因此,人们也不能分享那在远古时期的这种壁画带来的喜悦之情。

帕奈尔乌斯是古希腊时期的一位著名画家,波萨尼亚斯称他是菲迪亚斯的兄弟,称斯特雷波是他的侄子。无论他们是什么关系,可以肯定,在菲迪亚斯的许多主要工程上他们都曾密切合作过。

屏风上有9幅画,也许是按宝座的各侧面由单幅画组成,宝座的背面就依靠神庙的墙作保护,各个画面的主题之间没有什么联系,但其中有几幅却很明显是表现了装饰神庙外部墙上的建筑雕像,两幅表现了装饰人字墙(即在人字形屋顶和底墙之间的三角形空间)的雕饰。西面人字墙雕饰的主题是希腊北部色萨利的拉庇泰国王庇里托俄斯的婚礼。这位国王曾被邀请参加深居在深山荒野的半人半马怪的宴会,当这个怪物喝醉酒时,他会强奸妇女,甚至企图劫持庇里托俄斯的新娘。菲迪亚斯曾用这个题材装饰帕特农神庙外面的排档间饰上的雕刻建筑板。

帕奈尔乌斯的另一幅作品取材于与奥林匹克运动会有关的希波弥亚的故事,这在神庙东边的人字墙雕饰中是很有名的。这项需花费巨大精力的工作在帕奈尔乌斯的3幅作品中都有表现,并也被这些建筑学家用作神庙周围墙上的雕刻饰板中楣上的主题。帕奈尔乌斯还把许多关于赫拉克勒斯的传说中的一则故事雕刻在希波达弥亚的画像之下,表现了赫拉克勒斯参与泰坦营救受人尊敬的普罗米修斯的活动,普罗米修斯因把火种给了人类而受到宙斯的惩罚,他被锁在岩石下,一只鹰每个白天都要吃掉他晚上所长起来的肝脏。这样的画面与演说家狄俄·克里索斯托姆关于宙斯"宽大慈祥的"描述形成了鲜明的对照,从而肯定也引发了5世纪的宙斯崇拜者赋予宙斯控制雷电权力的可怕形象。

帕奈尔乌斯最为有趣的作品之一,取材于希腊中部和南部联合击败了强大的波斯帝国的一次战役的史实。这是公元前480年发生在靠近雅典的色拉米斯岛的一场海战,在这次战役后仅隔几年,位于奥林匹亚的宙斯神庙就开始动工兴建了。帕奈尔乌斯在雅典著名的"绘画拱廊"圣地,还有一幅描绘马拉松战役的名画。在公元前490年的这场战斗中,弱小的雅典军队击败了相当强大的大流士一世的波斯军队,并且和色拉米斯战役一样,都被认为是希腊人战胜东方野蛮人的胜利。

这些绘画的最后几笔都用于对宙斯像的修饰。这似乎说明菲迪亚斯看到了他的杰作的完成,尽管在开始这项工作时他已经50岁了。据说菲迪亚斯于公元

## 惊魂的谜团

前432年回到了雅典，后来被他的政敌所谋杀。如果假设整个工程需5年完工，人们必然会认为菲迪亚斯有一个自己的雕刻队，就像他在雅典帕特农神庙工作时那样。

雕像前方的所有地板都铺着黑色的大理石，没有白色的，边角上镶有半圈浮起的帕罗斯大理石，这也被用来盛倒在雕像上的橄榄油的油盒。

波萨尼亚斯就这样结束了他对这座雕像的生动描绘。

### 宙斯神像的消失

从这座雕像建造完起，它就被称作为古代雕塑黄金时代的杰作。对雕像的保护据说是由菲迪亚斯的后代来负责的。倾倒橄榄油的奇怪风俗，按波萨尼亚斯的说法，可能是因为神庙潮湿的环境引起象牙的严重开裂，这样可起到防裂作用。到公元前2世纪中期，情况变得特别糟糕了，于是南部迈锡尼城的雕塑家达摩芬农应聘修理这尊雕像。据说他干得很漂亮，可能就在此时安放了四根圆柱放在座位下面，以便撑住下面的雕像，使其不致因太重而倒塌。

大约与此同时，即在公元前167年前，塞琉西王国国王安条克四世献给宙斯神庙一块"用亚述的编织花样和腓尼基骰子装饰"的羊毛帘幕。这块源于近东的帘幕可能挂在雕像的背后，其重要性已足以使波萨尼亚斯对它作出评论了。正是这位安条克，他掠夺了耶路撒冷的所罗门神庙并且下令将它改名为奥林匹亚的宙斯神庙。在安条克从所罗门神庙中掠夺的财宝之中，一定有可能在室内张挂一巨大幔帐。因此，断言这就是安条克献给他的奥林匹亚的众神之王的帘幕并不需要太多的想象力。

雕像一直引起那些崇拜宙斯的人们的敬畏与惊叹。它建成之后过了450多年，罗马帝国皇帝卡利古拉按照那些劫抢希腊艺术珍品的罗马征服者的习惯，渴望在罗马拥有该雕像。工匠们被派去设计运输此雕像的方案，但雕像"突然发出的大笑声震塌了脚手架，工匠们也被吓得四散而逃"。卡利古拉传记的作者苏埃托尼乌斯喜欢把他所热爱的这位皇帝的故事与仇恨交织在一起。但这座雕像却不能永久保持不受亵渎，公元391年，基督教会赢得胜利，牧师们说服罗马帝国皇帝狄奥多西一世禁止异教徒举行朝拜宙斯的仪式并关闭了神庙，奥林匹克运动会也被勒令停办，奥林匹亚的这座伟大的圣殿也被弃之不用。

这尊有800多年历史的供朝拜的雕像最后被从神庙运送到了君士坦丁堡以装饰一所宫殿，菲迪亚斯的工作室也被一座基督教堂所取代。大约在公元425

神秘的古代文明殿堂

年,神庙因大火而受到严重损害;公元6世纪,阿尔菲奥斯河改变其航道,整个奥林匹亚地区也遭到了山崩、滑坡、地震和洪水的破坏。1000多年中,该遗址被厚厚的泥沙、碎石掩埋了。迁移到君士坦丁堡的雕像虽幸免于这些灾难,但在公元462年,君士坦丁堡一场凶猛的大火烧毁了收藏宙斯雕像的宫殿。当奥林匹亚的这所圣殿受到冷落而毁于伯罗奔尼撒之时,这尊非凡的雕像,已知的古希腊雕刻中最伟大的作品也在博斯普鲁斯海峡岸边被毁坏了。

雕像没有复制品幸存下来,以便人们看得更仔细些。在利比亚的昔勒尼,有个很大的复制品用作当地宙斯神庙的朝拜塑像,这复制品的底座已发掘出土,但没有更多的发现。雕刻家们看来像是不可思议地难以加工出菲迪亚斯的不朽作品的复制品,甚至哪怕是一个小小的微缩品。但人们确实是幸运的,能够通过像波萨尼亚斯这样的作家对雕像生动的描述来领略它的风采。在奥林匹亚,也许贵金属都被掠走了,但一些残片仍能幸存下来供人们欣赏的可能性是存在的。

## 阿尔忒弥斯神庙

### 神庙建造缘由

以弗所城像许多古老而神奇的城市一样历尽沧桑。19世纪后半叶人们的一次偶然的发掘才使它重新为世人所知晓。考古学家们用刷子而不是铁铲在这里工作了多年,才终于确认这就是《圣经》里曾经提到过的那座著名城市以弗所的遗址。传说圣母玛丽亚在耶稣被钉死在十字架上之后,由圣保罗及耶稣的门徒带领来到以弗所附近的山上安度晚年。时间大约是在公元34~45年间。

以弗所,这座小亚细亚西岸的滨海城市大约在公元前11世纪由来自古希腊的爱奥尼亚人所建,是一座典型的古希腊殖民城市,后来它在众多的殖民城市中脱颖而出,成为古希腊工业和文化中心之一。到公元前6世纪时成为雄霸小亚细亚西部大片土地的吕底亚王国境内的工商业中心。此后饱经战火蹂躏,先后被波斯、马其顿、帕加马和罗马所占领,到中世纪渐趋衰落,成为一片废墟。

现在,呈现在人们眼前的除了残垣断壁什么也没有,那个在古希腊时期盛极一时的城市早已被时间蚕食,它的肢体像一具远古生物残缺不全的骨骼化石,散落一地。而当年,这座临海依山的港口城市曾是多么的美丽和富庶,那绮旎的风光使它成为一座著名的旅游城市,无数的观光客慕名从各地赶来一睹它的美丽

226

## 惊魂的谜团

景色,同时也朝觐和贸易,给它带来源源不断的财富。经济实力的增强使城市规模不断扩大,人口也逐年增加,最强盛的时期,居住在以弗所城里的人口达到了30万之多。想想当年,这里该是何等的繁华,海面帆影点点,港口万船待发,大街小巷车如流水,马似游龙。

总的说来,以弗所是经济发达,文化繁荣,宗教兴盛。在遥远的古代,人们不管富裕还是贫穷,都有着共同的精神追求,那就是对神的信仰与敬畏。因此修建一座大型的神殿用以祭祀人们心中至高无上的神灵便成为这座城市的人们急切的渴望。

阿尔忒弥斯神殿就在这样的背景之下应运而生了。当各地前来朝觐的人们络绎不绝、与日俱增的时候,以弗所人终于发现他们原先建造的那座圣坛已经远远不能满足人们祭祀的需求了。因为虔诚,因为争先恐后,香客之间还会不时发生一些摩擦,因此修建一座大型神殿成为当务之急。很快,修建神殿的计划就得到了吕底亚王国克罗伊斯国王的支持,这位财富如山的君王远近闻名,他一向热心宗教事业,为此他慷慨解囊。希腊的建筑师和艺术家们也因此获得了一个一展身手的大好机会,于是一座希腊艺术与亚洲财富相结合而孕育的建筑杰作诞生了。

阿尔忒弥斯神庙

那是大约公元前550年的事情,以弗所人在他们原先建造的那个简陋的圣坛的位置上开始了这座被称为阿尔忒弥斯神殿的大型工程的建设。神殿由希腊建筑师车西夫若恩设计,当时希腊著名的雕刻家菲迪亚斯、坡留克来妥斯和克列休拉斯等也参与到了这一宏大的工程当中,神殿中的许多技艺精湛的青铜雕像和阿尔忒弥斯神像也出自这几位艺术家之手。

神秘的古代文明殿堂

### 巨大的石块如何搬运

从风格上看,阿尔忒弥斯神殿属于柱式建筑,柱式建筑发源于古希腊,爱奥尼和多立克两种柱式代表着古希腊建筑最成熟的风格。18世纪德国艺术史家温克尔曼在谈到希腊艺术杰作的普遍优点时曾经说,它"在于高贵的单纯和静穆的伟大"。而柱式建筑确实最能体现这一优点。阿尔忒弥斯神殿也属此类建筑,具有柱式建筑的基本特性。

那么,说到这里似乎需要自说自话地来一个设问,以便回答这样一个问题:在当时的技术条件下神殿建造者是如何将那些巨大的石块抬起并放置到预定位置上的?

事实上,早在公元前515年,希腊建筑师就已经在建筑工程中大量使用起重设备了,但在阿尔忒弥斯神殿的建造过程中这些起重设备却毫无用处,因为这座建筑的规模是前所未有的,它所使用的石块体积和重量都远远超过了以往任何一座大型建筑,这使建筑师受到了前所未有的挑战。这里有一则记载中的故事可为佐证。神殿最早的建筑师伽尔瑟夫农在接手这项工作后一直是信心十足,他夸口说他要建造一座流芳千古的伟大建筑,但当工程进展到要将入口处的大门楣抬起到设计高度的时候,他才发现他所有的

阿尔忒弥斯神殿雕像

经验和设备都不足以完成这项工作。他必须在最短的时间内想出一套行之有效的办法来解决这一问题,否则工程无法推进。据说,伽尔瑟夫农为此数日寝食难安,彻夜不眠,却依然一筹莫展,精神几近崩溃,甚至到了想要自杀的地步。

但不久之后,一个灵感在他就要结束自己生命的时候从他脑海中一闪而过,聪明的伽尔瑟夫农尝试着用沙袋垒起一道斜坡,使其达到比石块将要安放的预定位置略高的地方,然后将巨大的石块顺斜坡向上拉牵,当石块被拉上坡道,到

## 惊魂的谜团

达适当位置之后，就将底层的沙袋逐渐掏空，这样，斜坡将作为一个整体缓慢下降，放置在斜坡之上的石块也同时随着斜坡的下降而下降，直到石块准确地安放到需要安放的位置上。这和埃及人筑造金字塔时使用的起重方法十分相似。

伽尔瑟夫农实在是一个了不起的人物，他不仅是一位出色的建筑师，还是一位天才的发明家。他灵机一动，又一个十分棘手的问题迎刃而解了——工程所需石材需要从11公里外的采石场搬运过来，而那些石材一般重量都在40吨左右，如此长距离的运输，光靠人力和通常使用的运货马车是根本无法完成的。这还不光是马车运载能力有限的问题，事实上，普通的马车根本就无法承受如此巨大的重量，那些巨石刚一放上去马车就立即散了架。这时，伽尔瑟夫农的新办法显示了他超凡的智能，他将开采出来的圆形石柱固定在两个近似于轮子的圆形木架的中轴上，在畜力或人力的牵引之下两个圆形木架会像两个超大的滚轮一样地转动，这样就可以很轻易地将那些巨大的石块搬运到施工现场了。后来，伽尔瑟夫农的儿子梅塔杰尼斯又对其进行了进一步的改造，使父亲的这个聪明的办法更加完善。梅塔杰尼斯将一根开采出来的长条石块的两端装进巨大的木轮中央，使长条石块直接充当两个木轮之间的中轴，这样，不仅圆形石柱，就是方形横梁也可以用同样的方法进行搬运了。

### 神庙的兴衰

阿尔忒弥斯神殿是古希腊最大的神殿之一，其规模超过了雅典卫城的帕特农神庙，也是最早的完全用大理石兴建的建筑之一。它以建筑风格的壮丽辉煌和规模巨大而跻身于"古代世界七大奇迹"之列。它还一度享有对逃亡者的"庇护权"，其地位之显赫，由此可见一斑。在建成后的近200年时间里，它巍然屹立在以弗所东北郊的一座高山之上，迎接着摩肩接踵前来朝觐的人们，它很快成为爱琴海诸岛和小亚细亚西海岸希腊移民城邦的香客们向往的圣殿。

但不幸的是，公元前356年7月21日的深夜，这座壮丽的神殿在一场大火中变成了废墟。据说这场火灾是一个名叫希罗斯特图斯的纵火狂所为，这个家伙长期以来寂寂无为，急于想通过实施一项能引起轰动效应的举动使自己万古留名。他非常清楚，能够让人青史留名的好事不是谁都能做，那就干点坏事也成。于是，火光中，神殿坍塌了。

传说就在那天晚上，一个不平凡的生命降生了，这个人后来在这个世界上建立了惊天动地的霸业，他就是马其顿国王亚历山大大帝。后来，一位名叫普卢塔

## 神秘的古代文明殿堂

克的历史学家在他的著作中写道：女神"太忙于照料亚历山大的出生了，以至于无法营救自己受到威胁的神殿"。

这座神殿在人们心中的地位实在太重要了，没有了它，人们的灵魂也仿佛无所归属。后来，人们又在神殿的原址上按原样重新建起了一座神殿，比原来的神殿更加富丽堂皇，成为当时世界上最大的大理石建筑，其占地面积达到了6050平方米，比一个足球场还要大。神殿内外都用铜、银、黄金和象牙制成的精美浮雕加以装饰，而神殿中央则设有一个呈"U"字形的祭坛，供奉着阿尔忒弥斯女神的雕像。这座重建的神殿在此后连绵不断的战火中傲然挺立，直到公元262年哥特人入侵时遭逢了厄运，那帮强盗将神殿内的财宝悉数劫走，神殿也在这次劫掠中惨遭破坏。

重建的阿尔忒弥斯神殿

重建之前的阿尔忒弥斯神殿其规模已是相当宏大，底部最上层台阶长约100米，宽约55米，神殿三面环绕着两排共计127根巨大的圆柱，每根高达18米，它们支撑着上面巨大的屋顶。神殿重建的时候，其高度还略有增加，同时在底座平台的四周还增建了数级阶梯。神殿中心的神龛上部没有加盖屋顶，这样人们在神殿内也可以仰望蓝天，他们的心愿和灵魂也可以从这里直达天堂，与神同在。神殿正门入口处立着36根刻有装饰性浮雕的柱子，这些柱子上刻有40～48道浅凹槽。神殿四周的柱子上也环绕着一条装饰雕刻的中楣，同时还有狮头形状的喷水器。屋顶的三角楣饰也相当精美，具有很高的艺术价值。两根柱子之间的跨距通常超过了6.5米，而神殿中长于8米的石块也随处可见。所有这些，无论从建筑的设计还是工程技术上讲都具有相当大的难度，这座神殿称得上是当时最高水准的建筑精品。

重建这座巨大神殿所耗用的时间现在我们已经无可稽考，但它遭逢厄运的

## 惊魂的谜团

时间我们却大抵清楚。公元262年,哥特人的悍然入侵使神殿遭到了严重的破坏。后来,以弗所人曾试图再次重建神殿,但由于耗资巨大而难以实施,重建计划无奈搁浅。但这个愿望一直深埋在一代又一代以弗所人的心中,从未改变。

然而,公元4世纪,基督教在小亚细亚的落地生根使这一愿望最终化为了泡影。基督教强大的势力逐渐改变了人们的信仰,后来以弗所人也大多改信基督教了,神庙的重建自然变得不合时宜。公元5世纪初叶,以弗所为东罗马帝国所占领,奥德修斯二世将神殿视为异教徒的聚集场所,下令彻底拆毁。从此,这座伟大的建筑奇迹便从世界上永远地消失了。今天,我们只能从作为文物的以弗所人的钱币上看到这座神殿大致的模样。

# 充满问号的文明古城

## 来无影去无踪的玛雅古城

### 从天而降的文明

玛雅文明,这个在公元前1000多年以前,由简朴的农渔社会发展出辉煌的文化,又在不知名的摧残下,沦于衰亡的民族,究竟得自什么力量,能在石器时代创建出傲世的文化?又遭遇何种苦难,神秘地消失在中美洲的热带雨林区?

玛雅人居住的领域包括中美洲的心脏地带,横跨危地马拉、贝利兹、墨西哥、洪都拉斯和萨尔瓦多部分地区,分别以三个互相隔离的区域为中心——齐阿巴斯和危地马拉高原的南部高地、太平洋潮湿的沿海平原与萨尔瓦多西部、墨西哥湾伸到贝利兹一带及洪都拉斯的热带雨林区。主要人口则集中在今天危地马拉的佩登省和北犹如敦矮岩密布的低洼地区。

1983年,一位英国画家在洪都拉斯的丛林中发现了一座城堡的废墟。

当然这座城堡里没有沉睡的美丽公主,只有灌木丛生的断墙残垣。坍塌的神庙上的一块块巨大的基石,无不刻满精美的雕饰。石板铺成的马路,标志着它曾

## 神秘的古代文明殿堂

经是个车水马龙、川流不息的闹市。路边修砌着排水管，又标志着它曾经是个相当文明的都市。石砌的民宅与贵族的宫殿尽管大多都已倒塌，但依稀仍可窥见当年喧杂而欢乐的景象。

所有这些石料，无不苍苔漫漶，或被荒草和荆棘深深掩盖，或被蟒蛇一般行走的野藤紧紧缠裹。从马路和房基上破土而出的树木，无情地掀翻了石板，而浓荫逼人的树冠，则急不可待地向废墟上延伸，仿佛急于掩盖某种神秘的奇迹。

玛雅古城遗址

如此荒蛮的自然景象与异常雄伟的人工遗址，形成巨大的反差，而令人们久久激动，不能自禁。丛林中发现的这个城市披露之后，举世震惊。20世纪以来一批又一批考古人员来到洪都拉斯，随后他们又把寻幽探胜的足迹，扩大到危地马拉、墨西哥、秘鲁以及整个南美大陆。

无数的奇闻轶事随着考察队的到来，纷纷传出：玛雅人的金字塔可与埃及人的金字塔媲美，危地马拉的提卡尔城内的那座金字塔高达70米，墨西哥的巨石人像方阵令人困惑不解，特奥蒂瓦坎的金字塔其雄伟和精美，堪称奇绝……

在墨西哥丛林中，有9座金字塔。塔中存放着精致的凹凸透镜、蓄电池、变压器、太阳系模型的碎片。塔内有一种空间形态能，可以使刀刃锋利起来，使有机物发生脱水反应。1927年，美国探险家马萨斯在一具棺椁底层的陪葬品中发现了一具水晶骷髅，它发出耀眼的七色异彩，具有麻醉般的催眠作用。然而，水晶的高级制作技术是1947年才开始的。根据以上事实，人们认为贮藏物不是地球上人类的作品。

不过金字塔出于玛雅人之手已无争议了。为了建造这9座金字塔，玛雅人跋涉于太平洋和哥第拉之间，把所需的石料运往墨西哥的丛林中，但是在通往金字

## 惊魂的谜团

塔的途中没有任何道路、建筑和车轮的痕迹,他们是使用什么工具把那些石料和塔中物品运过去的呢?人们猜测可能是飞船。

据统计,各国考察人员在南美洲的丛林和荒原上,共发现废弃的古代城市遗址达170多处。它为人们展示了一幅玛雅人约在公元年前1000年到公元8世纪时,他们北达墨西哥南部的尤卡坦半岛,南达危地马拉、洪都拉斯,直抵秘鲁的安第斯山脉广阔的活动版图。它告诉人们玛雅人于3000年前,就在这块土地上过着安定的生活。

没有巨大的精神和物质力量的保证,即使受到来自其他星球智能生命的启发,美洲人也无法创造出这种奇迹。考古学家证实,在创造这一系列奇迹时,玛雅人已进入富足的农耕社会,并独立创造了属于自己的文字。

进一步的研究并没有使人解开美洲如何和为何建造金字塔之谜,反而让他们更感到迷惑不解——玛雅人拥有不可思议的天文知识,他们的数学水平比欧洲足足先进了10个世纪,一个以农耕为唯一生活来源的社会,居然能有先进的天文与数学知识,这的确令人怀疑。

**玛雅古城遗址**

还有,当我们面对着玛雅遗址异常灿烂的古代文明,谁都会情不自禁地问:这一切是怎么来的?史学界的材料表明,在这些灿烂文明诞生以前,玛雅人仍巢居树穴,以渔猎为生,其生活水准近乎原始。有人甚至对玛雅人是否为美洲土著表示怀疑。因为,没有证据表明,南美丛林中这奇迹般的文明,存在着一种渐变,或称过渡阶段的迹象。没有一个由低而高的发展过程,难道玛雅人的这一切是从天而降的吗?

的确,这一切是从天而降的。地面考古没有发现文明前期过渡形态的痕迹,

## 神秘的古代文明殿堂

分析在此之前的神话传说,也无线索可言。玛雅文明仿佛是一夜之间发生了又在一夜之间轰轰烈烈地向南美大陆扩展。

奇怪吗?是有点儿奇怪。除了"神灵"之外,谁还有这等魔法?不幸的是玛雅人的神话恰恰说明他们的一切都是神灵所赋予的。流传在特奥蒂瓦坎附近的神话告诉人们,在人类出现以前,众多的神灵曾在这里聚会过。

说玛雅文化从天而降似乎有些神乎其神了,但是它带给人们的思索却有很多,自从玛雅文明被发现以来,关于史前文明的讨论就变得异常热烈。当我们探寻玛雅文化的同时,又该如何书写人类的历史呢?

### 玛雅文化的突然消失

玛雅人既然在许久以前就创造了灿烂的人类文明,那么现代的人类文明为何又失去了玛雅人的行踪呢?玛雅人这种"从天而降"的文明现象,为何像一场刚刚上演序幕就已结束的历史剧呢?玛雅人为何突然背弃文明,又回归原始呢?确实是个谜。

公元 830 年后,科班城浩大的工程突然宣告停工。公元 835 年,帕伦克的金字塔神庙也停止了施工。公元 889 年,提卡尔正在建设的寺庙群工程中断了。公元 909 年,玛雅人最后一个城堡,也停下了已修建过半的石柱。这情形令我们联系到复活节岛采石场上突然停工的情景。

玛雅文明遗址

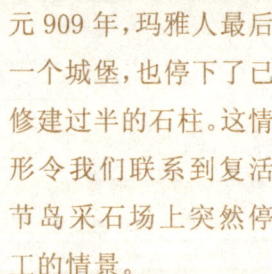

这时候,散居在四面八方的玛雅人,好像不约而同地接到某种指令,他们抛弃了世代为之奋斗追求,辛勤赶筑起来的营垒和神庙,离开了肥沃的耕地,向荒芜的深山迁移。

现在我们所能看到的玛雅人的那些具有高度文明的历史文化遗址,就是在公元 8 世纪至 9 世纪间,玛雅人自己抛弃的故居。如今的游客徜徉在这精美的石

## 惊魂的谜团

雕和雄伟的构架面前，无不赞叹、惋惜，而专家学者们却陷入深深的困惑之中。

玛雅人抛弃自己用双手建造起来的繁荣城市，却要转向荒凉的深山老林，这种背弃文明，回归蒙昧的做法，是出于自愿，还是另有其他原因？

史学界对此有着各种解释与猜测。譬如说：外族侵犯、气候骤变、地震破坏、瘟疫流行，都可能造成大规模的集体迁移。然而，这些假设和猜测都是不具备说服力的。首先，在当时的情况下，南美大陆还不存在一个可以与玛雅人对抗的强大民族，因此，外族侵犯之说就站不住脚。气象专家几经努力，仍然拿不出公元8世纪至9世纪间，南美大陆有过灾难性气候骤变的证据，同样，玛雅人那些雄伟的石构建筑，有些已倒塌，但仍有不少历经千年风雨仍然保存完整，因此地震灾难之说可以排除。至于瘟疫流行问题，看来很有可能。然而，在玛雅人盘踞的上万平方公里的版图内，要大规模地流行一场瘟疫，这种可能性是很小的。再说玛雅人的整个迁移，先后共历时百年之久，一场突发性的大瘟疫，绝无耗时如此长久的可能性。

有的人根据祭祀雕像被击毁，统治者宝座被推倒的现象上，做出阶级斗争的推测。阶级斗争的确在玛雅社会中存在并出现过，但这种情况是局部的，只在个别地方和城市发生的，而玛雅人的集体北迁却是全局性的。

有人试图从生态角度解开玛雅人大迁移的谜。譬如认为玛雅人采取了某种不恰当的耕种办法，破坏了森林，土地丧失了地力等等，造成生存的困境被迫再迁移。可是不少学者在考察中发现，玛雅人在农业生产上却表现出颇为先进的迹象。他们很早就采取轮耕制，出现了早期的集约化生产，这样既保证了土地肥力不致丧失，又提高生产效率。

学者们认为玛雅人的农业在当时已相当发达。美国研究美洲大陆的权威麦克尼什认为，在公元前2500年左右时，内地人口大量增加，并从事着谷物、豆类、瓜类的种植。由于大型哺乳动物的灭迹，人们更多地转为以种植庄稼为生。美国国家航空和航天局的一个原定用作探测金星的雷达系统，发现了玛雅人1000多年前修建的沟渠网，这些古代沟渠是藏在危地马拉和贝利兹热带雨林底下的。它们是用来排水、灌溉开垦出的适于耕作的土地的。这项发现足以解释玛雅人在公元前250年至公元900年之间，是怎样在密林深处开垦土地以养活大约20多万人口的。可见，玛雅文化的泯灭并非食物来源的溃乏所造成。

因而，试图从这个角度解开谜题的尝试也是行不通的。

还有一些专家的思路更新奇，他们认为要寻找玛雅人搬向深山的原因，可以

## 神秘的古代文明殿堂

先反过来看看他们怎样选择自己定居的故土。我们已知的这些玛雅人最古老的城市,都不是建设在河流旁。

埃及和印度的古代文明,首先发祥于尼罗河与恒河流域,中国古代文明的摇篮则在黄河和长江流域。河流不仅给这些早期的都市带来灌溉和饮水方面的便利,同时又是人员与商品交往最初的通道。从各民族的早期历史看,他们的文明都离不开河流。

玛雅人却偏偏把他们那些异常繁荣的城市,建筑于热带丛林之中,这是颇有意味的。

以提扎尔为例子。从这个玛雅人的城市到洪都拉斯海湾的直线距离仅为175公里,距坎佩坎海湾仅259公里,到太平洋的直线距离也才380公里。玛雅人对海洋是十分了解的,在他们的城堡废墟和文化遗址上,大量的珊瑚、贻贝和贝类动物制品,可以证明这一点。那么,他们最初的城市为什么不修建在河流边,或者海滩旁,而要选择与世隔绝的丛林莽障之中?他们的大迁移,不向河流沿岸和海边转移,偏偏要移至更为荒凉的深山之中?这的确令人费解。

玛雅文明古城遗址一角

提扎尔就是一个位于深山中的城市。为解决这个人口众多城市的饮水与灌溉农作物的需要,他们被迫在城周修建了13个水库。这些水库的总容量达214500立方米,在古代修建这样的工程,其艰难是可以想象的。但让人难以想象的是,这些聪明绝顶的玛雅人为何必须在这种条件艰苦的地方安邦筑城,而不去寻找一处较为方便,更符合生活逻辑的地方?

这虽然包括那些后来匆匆停下进行过半的工程,仓促地收拾行装,扶老携幼,举族迁移的玛雅人。他们历经长途跋涉之苦,最终只得绝望地在北方建立一

## 惊魂的谜团

个新王国。他们再次按照历法预先规定的日期,重新开始修建他们的城市、神殿和金字塔,而绝不重返故土。

有的学者认为玛雅人定居在贫瘠的不毛之地,既得不到食物,也捕获不到野兽;而且大多住在城市里,再加上玛雅人有吸毒的习惯,因而灾荒、瘟疫、战争等便很快地导致了玛雅文化的衰亡。

还有的学者认为,由于印第安人造船业的发展,船舶代替了小舟,经由海路的贸易取代了河上的交易。在森林深处依赖着小舟贸易的玛雅城市,这时失去了它原有的作用,迫使玛雅人离开了森林,另谋出路,导致了玛雅社会的没落,使玛雅文化走上了绝路。

以上诸说,各有其道理。但玛雅文化究竟是怎样泯灭的,至今仍是个不解之谜。

### 玛雅人的历法

人类的文化都可从它本身发展的历史长河中找到渊源,而唯独高度文明的玛雅文化例外,它的历法数系、纪年和医术在地球上难以找到可以实际运用的印证。玛雅人有两个历法,一个是太阳历,计算出一年有362.420日,远远精确于欧洲人使用的恺撒历;一是传统的历法,规定每月20天,一年有13个月。这个传统历在地球上毫无用处,为什么玛雅人却代代相传?难道他们过去在某个地方就用传统历?

玛雅人的纪年体系也不同于世界上的其他国家。它一共分9段,最高一个阶段是最低的一个的230.4亿倍,这样天文般的数字对于丛林中的土著居民显然是无用的,而只有在宇航时代,在星际交流中才会运用到。而且其纪年起点有过几次,每次新的起点都始于一次毁灭性的破坏之后,最后一次纪年始于公元前3113年,是他们在中美洲定居下来的日子。1969年前苏联科学家发现了一具据测定是100000年前的骷髅,经研

考古学家发现玛雅文明遗址

## 神秘的古代文明殿堂

究认为,玛雅人对此人生前做过一次成功的胸外科手术。考察者还在秘鲁发现一幅石画,外科专家称它为玛雅人时代的"胸透"。

玛雅人创造出了一套精巧的数学,来适应他们按年记事的需要,在决定播种和收获的时间,对于季节和年度中雨水最多的时间,准确地加以计算,以期充分利用贫瘠的土地。他们对数学应用的技巧,在古代原始民族中,真是高明得令人吃惊。

玛雅人除对地球历法了解得十分精确之外,他们对金星的历年也十分了解。金星的历年就是金星绕太阳运行一周所需的时间,玛雅人计算出金星历年为584天,而今天我们测算金星的历年为584.92天,这是个非常了不起的数字。几千年前的玛雅人能有如此精确的历法这意味着什么?

在社会和生产的实践中,绝大多数民族根据手指的数目,创造了十进位的计数法。而玛雅人非常古怪,他们是根据手和脚20个指头的启发,创造了20进位的计数法;同时,他们兼而还使用18进位计数法,这个计数法受何启发,根据何在?没有人能够回答。

还有玛雅人是世界上最早掌握"0"概念的民族。要知道数学上"0"的被认识和运用,标志着一个民族的认识水平。玛雅人在这方面的才能比中国人和欧洲人都早数千年。

玛雅人依照自己的历法建造的金字塔,实际上都是一种祭祀神灵并兼顾观测天象的天文台。

位于彻琴的天文台是玛雅人建造的第一个,也是最古老的天文台。塔顶高耸在丛林的树冠之上,内有一个旋梯直通塔顶的观测台,塔顶有观测星体的窗孔。其外的石墙装饰着雨神的图案,并刻有一个展翅飞向太空的人的浮雕。这一切,令人遐思万千。玛雅人在当时的情况下竟然知道天王星和海王星的存在,他们的彻琴天文台的观天窗口不是对准最明亮的星体,而是对准银河系之外那片沉沉的夜幕。

他们的历法可以维持到四亿年之后,其用途究竟有何用意?另外,他们是从何处获悉并计算出太阳年与金星年其差数可以精确到小数点之后第四位数字的?

很明显这一切知识已经超过了农耕社会的玛雅人的实际需求,而令人不可思议。

既然超出他们的需要,就说明这些知识不是玛雅人创造的。那么,又是谁把

238

## 惊魂的谜团

这些知识传授给玛雅人呢?在那个全世界各民族仍处在蒙昧的年代,又有谁掌握如此先进的知识呢?

### 玛雅人的血腥祭祀

人类历史上最血腥,最不可思议的事,大概就是拿活人献祭了。人类学家研究证明,这一风俗的历史相当古远,也相当普遍,许多民族曾流行这种做法。玛雅人和整个新大陆印第安人都有进行活人献祭仪式的历史。祭祀活动对于古代玛雅人来说,有着远比呼吸空气还重要的意义。其中繁琐的礼仪、庞杂的祭品、浩大的场面与他们贫乏的物质形成了不可思议的对照。他们认为太阳将走向毁灭,必须通过做一些自我牺牲来保留太阳的光芒四射,阻止它灭亡。他们这种认识导致了以人心和血来喂养太阳。玛雅人以被用做祭祀为荣,奴隶主、奴隶的心挖出献给太阳,于是为此死亡的人越来越多。据说,16世纪西班牙人在祭祀头颅架上发现了13600具头骨!当时的人,为了庆祝特偌提兰大金字塔落成,在四天的祭祀中,奴隶主竟杀了360000人!

人祭的方式多种多样,最常见的是剖胸挖心。作为牺牲的人,先是被涂成蓝色,头上戴一尖顶的头饰,然后在庙宇前的广场或金字塔之巅受死。他被仰面放倒在地,身子下面压着凸起的祭坛祭案,这样使得他胸腹隆起而头和四肢下垂,以便于开膛剖胸的"手术"。四个祭司分别抓住他的四肢,尽量把他拉直。"刽子手"是祭仪主角,他准确地在牺牲者的左胸肋骨处下刀,从伤口伸进手去,抓出跳动的心脏并放在盘子里,交给主持仪式的大祭司。

后者则以娴熟的手法,把心脏上的鲜血涂在神灵偶像上。如果是在金字塔顶巅进行祭仪,那么祭祀的尸体就会被踢下,沿着台阶滚落到金字塔脚下。职位较低的祭司就把尸体的皮肤剥下,除了手脚以外。而主持祭祀的大祭司则郑重其事地脱下自己的长袍,钻到血淋淋的人皮中,与旁观者们一道煞有介事地舞蹈。要是这位被杀的祭祀者生前恰好是位勇猛的武士,那么,他的尸体会被切分开来分给贵族和群众吃,手脚归祭司享用。

假如献祭牺牲者是个俘虏,那么他的几根残骨会被那个抓获他的人留下,以纪念战功。妇女和儿童经常被作为牺牲而献祭的对象。这种致命的方式并不是最通行的,常见的做法是把血液奉献出来,他们用石刀或动物骨头、贝壳、荆棘等锋利尖锐的东西,给自己放血。割破的部位遍及全身,因人而异,有时是额头、鼻子、嘴唇、耳朵,有时又是脖子、胸口、手臂、大腿、小腿,直到脚背,甚至还割破阴部取

## 神秘的古代文明殿堂

血。在亚克齐兰遗址极其精致的雕刻横楣上,表现出一名女子正在拉动一根穿透她舌头的带刺绳索,血液滴在她身旁盘子里的树皮纸上,这张血迹斑斑的树皮纸将要献给神灵;现保存在宾夕法尼亚大学博物馆的一只陶瓶上画着一排蹲着的男子,每人手持一件精锐的锐器,正在刺穿自己的阴茎。

除了流血献祭,玛雅人也用别的途径宣泄着他们对鲜血的渴望。例如:残忍地屠杀战俘。波南帕克壁画就忠实记录了这一血腥的场景。该壁画全部位于一座较简单的三厅神庙之内,三个厅堂的壁画互相呼应:左厅表现盛典准备,以放松和期待的情调为主;中厅是征服敌人、屠戮战俘的激烈场面,强调着生死巨变、悲欢离合的人生主题;右厅表现庆典大功告成,更在热烈欢快气氛之中显出庄严隆重。此庙也因而得名"画庙"。其中中厅壁画的描绘尤为触目惊心。画面的最下一列是举着枪矛和各种族徽、图腾等前来观看、庆祝这场充满血腥的审判的本邦人,中间一列是那些命在旦夕、正待处决的俘虏。

壁画最上层的台阶上,国王雍容华丽,盛气凌人,右手持长矛、头戴羽冠、身着虎皮甲胄,威严无比;在他对面,左边一排站着四位贵族,他们头戴标志部落图腾的各种奇形怪状的兽头盔,身披虎皮战袍和绣有象形文字的衣衫,还有玉佩、玉饰、羽毛工艺品挂满全身。台阶下正待处决的俘虏死囚,赤身裸体,跪在国王面前哭诉求饶,他们脚旁已有一个被砍下的头颅,另一个俘虏已全身瘫软,昏倒台阶上。死囚的痛苦绝望与王侯的趾高气扬形成了鲜明的对比,造型精确生动,感人至深,展现了玛雅写实艺术的极深功力。

一个现代读者看了这些内容,难免要心惊肉跳并且感到不解:玛雅人为什么会做出这些凶残恶劣的事呢?事实上,玛雅人并不见得是特别凶残,中国人的祖先也曾这样做过,金发碧眼的白种人也有过这样的过去。我们尽可把问题放到人类的大背景上,看看血祭对我们人类的生存和发展是否必要。血,成了他们的文化激励机制!并不是他们的神灵偶像需要鲜血来增强能力,而是他们自己需要经常地目睹和参与血淋淋的事件。文化是一种隐喻象征的机制,作为文化的献祭仪式活动具有潜移默化的教育功能。杀人献神活动,除了隐含教人服从、敬畏、认同等意义之外,主要是教人敢于战斗、敢于死亡,甚至还象征性地让人宣泄杀人的欲望,获得替代的满足。

这跟现代人从暴力影片中获取感官刺激本质相同,正像现代人会模仿暴力片中的行为从而导致刑事案件增多那样,玛雅人从定期举行的人祭活动场景中也会学到不少对他们有用的东西。我们今天所担忧的影视凶杀镜头,倒正是古玛

## **惊魂**的谜团

雅人希望看到的。说到社会内部紧张压力的宣泄，参与凶杀是一种办法。社会寻找一个"替罪羊"让群体一道"过一把瘾"。中国西南佤族就有让全体男子放纵凶杀一条活牛的仪式，大家一哄而上，在几分钟内把一条活牛生吞活剥吃个干净；西方人熟知的"酒神节"原型也是疯狂的撕碎活牛，不过参与者换成是平日里受压抑的妇女。玛雅人给他们的"替罪羊"、"宣泄物"——活人牺牲——戴上尖顶头饰，这是多么明显的暗示。玛雅人的血腥人祭还有更说明问题的例子：他们把戴着尖顶头饰的活人绑住双手做靶子，姿势与十字架上受难的形象恰巧相同。

众人先围着牺牲跳舞，这个程序看来很有必要。舞蹈动作能够激发情绪，能够使人亢奋起来，人祭活动也正是为了这个目的。他们先用弓箭射击牺牲的阴部，假如懂得一点儿精神分析学派的人类学理论，那就对其潜意识一目了然了。然后他们逐一向牺牲的胸部射箭，让每个人都经受一次血腥的训练。所谓鲜血能使神灵获得强大生命力的说法，真是自欺欺人。究竟是谁想见一见鲜血，不是很清楚吗？玛雅人在其和平发展的古典时期黄金时代里，没有外部威胁，也就并不需要尚勇尚武。10世纪以后频繁的战事，才促使他们感觉到"嗜血"的必要，才使他们非要用血与火的洗礼来保证民族生存发展的竞争活力。

受玛雅文化影响很大的阿兹特克人，有一个绝妙的事例。他们甚至与邻近部族专门缔约，定期重开战端，不为别的，只为了捕获俘虏用作人祭的牺牲。这真是形同儿戏！玛雅人的"儿戏"更加形式化，他们建造了许多"篮球场"，用球赛的胜负决出人祭牺牲的对象。一切的一切都是为了民族生命力的强旺。于是，血，成了主题词；红，成为主色调。当欧洲人初次见到这些印第安人时，竟把他们看成了红种人。虽说这些原属蒙古种的黄皮肤们在美洲的土地上偏得了太阳神之赐，但他们之所以被看成红种人大概主要还是因为他们给自己身体涂上了红颜料，那是血的象征。对血红生命力的渴望，应该成为一个民族文化中合理的追求，只要不是追求血腥本身。

# 源远流长的罗马古城

## 罗马城徽之谜

　　罗马城,意大利首都。古罗马帝国的发祥地和国都,欧洲最古老的城市之一,位于台伯河下游的平原上。因城池建在七个山丘上,故有"七丘城"之称。曾几何时"罗马"这个象征着权力、荣耀和伟大艺术创造的名字,在世界各地传颂。罗马文明和希腊文明一样,其丰厚的遗产滋养了无数文化和艺术的发展、成长和壮大。说到罗马人们首先想到的是一座"露天历史博物馆",想到的是一座文艺复兴时代的艺术宝库,想到的是古罗马那些歌颂权力、表彰功绩和炫耀财富的大空间、大体量的公共建筑、祭神建筑和市政建筑等,同时也会想到与那些壮丽恢弘的建筑关系密切的雕塑。在众多杰出的雕塑作品中,罗马城最为著名的艺术雕刻是作为罗马城象征的雕塑——母狼哺婴像,因为它背后有一个动人的传说,因为它传诵着罗马城神话般的起源。

母狼哺婴像

　　当年迈锡尼王阿伽门农统帅的希腊远征军,最终以"木马计"攻陷小亚细亚北部古城特洛伊城。该城的神话英雄爱神维纳斯之子伊里亚带着父亲和一些幸存下来的士兵,乘船逃向茫茫大海。历经千难万险,终于来到意大利西海岸的拉齐奥地区。当逃亡的人看到台伯河畔美丽的风景时,决定在此休整。当地的土著居民,处于战神马尔斯之子福那斯的统治之下。福那斯与伊里亚相处得非常融洽,将自己的千金许配给伊里亚,还给他们一大块土地。伊里亚带着士兵们动手建造了一座新城,取名阿尔巴尤伽。

## 惊魂的谜团

很多年过去后,阿尔巴尤伽的老国王普罗卡病逝前,将王位传给长子侬多米尔。侬多米尔为人温和治国有方,一时可谓国泰民安。不幸的是他的弟弟阿木留斯生性残暴野心勃勃,对哥哥当上国王耿耿于怀,伺机收买国王的亲兵首领,发动了宫廷政变,囚禁国王自己当了国王。篡权成功后,国王的一儿一女又成为阿木留斯的心头之患,他派人残忍地杀死自己的亲侄子,又逼迫侄女西尔维亚出家当女祭司,他以为祭司不能结婚,不会生孩子,就不会留下威胁他的祸根。可是战神马尔斯非常同情西尔维亚的境遇,俩人暗结珠胎,西尔维亚生下了一对孪生兄弟。阿木留斯听说后,为斩草除根又派人抢走孩子,令一女仆把孩子扔到台伯河淹死。女仆提着装有孩子的篮子来到河边一个叫帕拉丁的山冈上,看到河水正在泛滥,大水汹涌猛涨,巨浪滔天,天空乌云密布,似乎暴雨顷刻就要降临。女仆低头看看篮子中熟睡的孩子,实在不忍心扼杀无辜的生命。她见这里河边树丛较多,很多树枝低低地垂向水面,可以挂住篮子,就对监督她的阿木留斯的亲兵说,她害怕这种天气不敢再往前走了。那些亲兵心里也有些害怕,就命她赶快将孩子扔进河里。女仆乘机将篮子放到水中,并偷偷用树枝挂住。

好在河水很快退了下去。两个孩子醒来后饿得哇哇大哭。一只到河边喝水的母狼,听到哭声后迅速跑到篮子旁,一看到孩子顿时露出母性的温柔目光,小心翼翼地将篮子移到高处,用舌头舔干孩子的身体,然后用自己的奶水喂孩子。两个饿极了的孩子拼命吮吸着狼奶。这一母狼哺乳人婴的奇景被牧羊人法乌斯看到,他待母狼喂饱孩子恋恋不舍地离开后,将孩子抱回家抚养。后来他和妻子分别给他们取名为罗姆洛和雷默斯。

兄弟俩长大后,仪表堂堂,行侠仗义。一次他们与另一群牧人发生冲突,弟弟雷默斯被对方抓送到一位老者处,老人觉得雷默斯面熟,就仔细询问他的家世,当他听说雷默斯在台伯河畔被母狼救起的经历后,顿时昏死过去。原来这位老人就是被阿木留斯囚禁后又逃出来的老国王侬多米尔。兄弟俩知道了自己的真实身世,怒火中烧,立即组织人马围攻阿尔巴尤伽王宫,正在寻欢作乐的阿木留斯被罗姆洛一剑刺死,背叛国王侬多米尔的亲兵首领被弟弟雷默斯杀死。兄弟俩杀死仇人帮助外公夺回王位后,决定在母狼哺育过他们的地方帕拉丁山冈建造一座新的城市。但在新城用谁的名字冠名上,兄弟俩争执不下,最终酿成兄弟相残的人间悲剧。哥哥罗姆洛最后杀死弟弟雷默斯争得城市的最高统治权,并以自己的名字命名新城为"罗马"。据说,此事发生在公元前753年4月21日,罗马人将此日作为他们的开国纪念日。

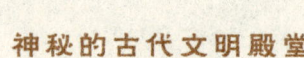

## 神秘的古代文明殿堂

当然，近现代考古学和历史学的研究成果表明，这种关于罗马城起源的说法不太牢靠。罗马的真正起源应该大约在公元前1000年到前800年间，属于印欧语系的拉丁人来到这里定居，他们在台伯河沿岸的七个山丘上建立村落聚居地，后来又联合附近几个山丘上的部落居民，逐渐发展成罗马城。

不论真实性如何，流传千百年的母狼哺婴与罗马建城浑然天成的传说，是那么曲折动人，充满人文色彩。人们宁愿相信罗马城的建造者就是传说中母狼哺育过的婴儿，因为这赋予了罗马城神秘而鲜活的生命力。罗马人始终感念那只富有人情味的母狼。早在公元前6世纪，古罗马雕刻家用青铜塑造了一尊高85厘米，题为《母狼》的铜雕。16世纪，为纪念两个大难不死的罗马城建立者，人们又在母狼的腹下雕了两个正在吮奶的婴儿。母狼垂着两排饱满的乳房，歪着头立在那里，仿佛正耐心等待两个孩子吃饱喝足。

作为罗马城徽的母狼哺婴像，保留了两个男孩在母狼腹下吃奶的形象，使得母狼那种一向被研究罗马历史和艺术的专家们视作"严峻而冷酷的罗马鲜明形象"，染上一些温情色彩。到了当代，母狼哺婴的艺术形象，不仅是罗马城市的象征，而且在当地工艺品、旅游纪念品中颇为常见。罗马市政府经常以各种材质雕制的母狼哺婴像，赠送前去罗马访问的外国贵宾。

### 大竞技场之谜

中世纪英国有位诗人贝达曾经说过："圆形竞技场崩溃时，就是罗马灭亡之时。"圆形竞技场（科洛塞穆竞技场），位于意大利首都罗马市中心的威尼斯广场南面，古罗马市场附近。它是迄今遗留下来的古罗马建筑中最卓越的代表，也是古罗马帝国永恒的象征。罗马人曾经扬言"科洛塞穆永不倒"。科洛塞穆竞技场究竟是什么样的建筑？他真的永不倒吗？

科洛塞穆竞技场原名"弗拉维奥露天剧场"。其地基原是古罗马帝国有名的暴君尼禄皇帝的金宫中的一个小湖。公元72年，维斯帕西安皇帝为取悦凯旋而归的将领士兵和赞美伟大的古罗马帝国而建造的。至公元80年由蒂托皇帝完成，历时八年之久。由于修建竞技场的两个皇帝以及后来完成竞技场最后一层建筑的皇帝都属于弗拉维奥家族，即弗拉维奥皇朝时期，故称"弗拉维奥露天剧场"。

在拉丁语中，"科洛塞穆"的意思是"巨大的"，因此人们又称其为大角斗场或者圆形竞技场。它的主要用途就是角斗表演，准确地说，它是一个多功能的体育场。令人难以想象的是，它的牢固耐用的内部结构、精美宏伟的外部设计，即使在

## 惊魂的谜团

现代化的今天，用先进科技建筑的体育馆都难以与之媲美。

古罗马大竞技场外观呈正圆形，俯瞰实为椭圆形。整个建筑物占地面积2万平方米，大直径为188米，小直径为156米，圆周长527米，围墙高57米，均用淡黄色大理石砌成。可容纳观众8.7万人。围墙共分四层，一、二、三层均有半露圆柱装饰。第一层的圆柱为粗犷质朴的多古斯式，第二层圆柱为优美雅致的爱奥尼亚式，第三层圆柱为雕饰华丽的柯林斯式。每两根半露圆柱之间为一长方形拱门，一、二、三层共计80个拱门。第四层外层表面装饰较简单，由长方形窗户和长方形半露方柱构成。在该层的2/3高处，设有等距离的支架，供举行盛会时，固定圆顶上方的天篷，为观众遮阳。据说，在古代的时候，第二、三层每个拱门洞中有大理石人物雕像一

罗马古城大竞技场遗址

尊作为装饰，其姿态各异，英武豪俊，使建筑显得既宏伟又不失灵秀，既凝重而又空灵。

竞技场内为阶梯形看台。据资料记载，当年竞技场的看台分为三个区：底层为第一区，是皇室、贵族、骑士阶层的座位；二层是第二区，为市民席；最高层即第三区，是平民区。第三区上部还有一层，是专为妇女们保留的，其座椅为木制。再上面为一个较大的平台，此处可供观众随意站立观看表演。为了安全，看台前专门建有高高的栏杆护墙，与表演区相隔。第一区的第一排是皇帝及其随行人员的专座，用整块大理石雕琢而成。该区的其他作为则为元老院议员、祭司、法官、贵宾，以及后来的主教所设。竞技场还专门为观众进出建有四座大型拱门。当然，皇帝进出自有专设之门，该门位于竞技场东北部第38和第39两门之间，较之其他门要宽得多且带有一框。

## 神秘的古代文明殿堂

竞技场全用砖石、水泥建筑，底下两层用巨型石柱和石墙，可以承担巨大的压力，拱顶用水泥和砖，牢固耐磨，上面两层全是用水泥，外表再用华石进行装饰。重量自下而上逐渐减轻，下层最牢固，但上层也很坚实。所以才会有"科洛塞穆永不倒"的谚语。

当时，罗马建筑已经充分地运用希腊古典柱式的技巧。由低到高，由坚实到轻巧富丽，建筑本身的功能和装饰的节奏便得到了很好的配合。第四层的墙端立柱增加了外观的美感，使建筑虚实相间的配合显得更有气韵。

竞技场中央是一个椭圆形的角斗场，长约86米，最宽处为63米，是斗兽、竞技、赛马、歌舞、阅兵和进行模拟战争的场所。当时为观赏水战，可引湖水进场淹灌成池。虽然昔日76米长、46米宽的大舞台已不复存在，呈现在人们眼前的只是过去供演员化妆、角斗士做竞技准备和关闭野兽的地下窑室，但如果仔细分辨，仍可使人领略2000年前建筑师们的科学设计。

历经2000多年风霜雨雪的侵蚀，多次遭到天灾人祸破坏的大竞技场，其高耸的围墙已经残缺不全，角斗士与猛兽生死搏斗的舞台和罗马市民贵族的座席也已破败不堪，但仍不失其雄伟壮观的气势。

### 古罗马火灾之谜

古罗马是世界文化发源地之一，各种建筑堪称一绝，但是，大火却给这个城市带来了巨大的灾难——公元前390年，高卢人入侵罗马，撤走时在全城放火，古罗马的早期建筑及档案资料、文物书籍大都被毁；公元64年，又遭大火，延烧7天；公元80年再遭火劫，延烧3天，给这座古城造成毁灭性灾难。古罗马时期的讽刺诗人朱未那尔曾写过这样的讽刺诗："罗马何处无火情，使我得以安心生存？何处无长鸣火灾报警，使我深夜能够安静？"古时罗马城曾有"教堂两千多"之说，后来只剩下300多座。为了避免火灾，古罗马造了一个叫伏尔甘的火神，说是各种灾难都是伏尔甘降临的，因此，每年8月22日古罗马人都要举行伏尔甘节，燃起熊熊火堆，投掷小鱼等物品，祈求伏尔甘免除火灾。

在几次火灾中，以公元64年的火灾损失最大。公元64年7月18日夜晚，罗马城发生了大火，大火从罗马城的科洛塞穆竞技场燃起。顺着当日的大风，迅速蔓延，整整烧了一个星期。城中14个区有三个全部烧光，七个严重毁坏。在罗马城的历史上这是被记入史册的一次空前灾难。大火吞噬了无数的生命财产，许多宏伟壮丽的宫殿、神庙和公共建筑物付之一炬，同时遭到这场浩劫的还有在无数

## 惊魂的谜团

战争中掠夺来的财宝和艺术珍品。这场大火到底是什么原因引起的,一直是人们心里的谜。

一份拉丁文的编年史用非常简洁的语言这样总结道:"尼禄继承了他的母亲,然后吃掉了她;他强奸了他的妹妹;烧掉了罗马的12个街区;处死了赛内卡;在拉特兰呕吐出青蛙;把圣彼得钉死在十字架上;砍了圣保罗的头;统治了13年零7个月;最后被狼吃掉了。"从这本编年史推断是尼禄纵火烧了罗马,下面我们先看一下尼禄其人其事。

公元37年,尼禄出生在罗马附近繁华的海滨城市安齐奥。他的父亲是罗马帝国的一个劣迹昭著的官员,曾杀死过许多无辜的百姓。尼禄3岁时父亲死去,母亲是喀里古拉皇帝的胞妹,叫阿格里庇娜,是一个美如天仙毒如蛇蝎的女人。她专门以杀戮折磨他人为乐,后来和克劳第厄斯皇帝结婚。她先说服了克劳第厄斯立尼禄为嗣,后来又劝说他让尼禄代替他自己亲生儿子布里坦尼克斯继承王位。趁克劳第厄斯没有改变主意之前,阿格里庇娜就用一盘有毒的蘑菇把他毒死了。她又用一大笔钱收买了宫廷卫队,然后正式宣布16岁的尼禄为新的罗马皇帝。

年轻的尼禄一登上王位后,就开始担心14岁的异母兄弟布里坦尼克斯会要求得到其父的王位,在那个曾帮助其母制备毒蘑菇杀死尼劳第厄斯的毒品专家洛卡斯帮助下,尼禄得到了一种烈性毒药。在一次宫廷宴会上他把毒品放进了布里坦尼克斯的酒中。席间,当这个14岁的小孩饮进毒酒痛苦地痉挛时,尼禄一边津津有味地继续吃饭,一边若无其事地解释说,这只不过是在发癫痫病,使在场上的人都目瞪口呆。这是他开创的第一个杀人纪录。

尼禄从小在母亲的管制下长大,连妻子也是母亲为他挑选的。尼禄一点也不喜欢她,反而喜爱一个美丽的女奴。这时,他觉得自己是皇帝了,他不在乎母亲的威胁:"我是皇帝,我可以决定一切。我喜欢谁是我自己的事,不用你管。"亚格丽庇娜悖然大怒:"放肆。别忘了是谁让你做皇帝的。我可以让你做皇帝,也可以不让你做皇帝。"尼禄吓坏了,因为他知道自己母亲的脾气。于是他先下手为强,动了杀母的念头,于是有了开始的那一幕。原来他想用沉船事件掩盖他杀母亲的阴谋,没想到她母亲居然没溺死,于是他干脆派出刽子手去杀死了自己的母亲。为了扫清想控制他的人,尼禄又勒令他的教师自杀,甚至打死了已经怀孕的妻子。这以后,尼禄就失去了任何节制,整天为所欲为,大肆挥霍,毫无顾忌地沉湎于看戏和游玩中。

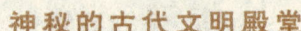

## 神秘的古代文明殿堂

公元64年发生的火灾，据说尼禄不但坐视不救，且涉嫌唆使纵火，因此被怀疑是罗马大火的纵火者而遭到众人的谴责。有些人甚至宣称看见他站在高塔上穿着戏装，面对下面一片火海，弹奏着里拉琴，演唱他那关于特洛伊陷落的民谣。火灾之后，尼禄大兴土木，为自己建造了金碧辉煌的宫殿。人们对他更加反对了。公开说他放火是为了自己建造皇宫。面对这种指责，尼禄选中了基督徒来承担责任，先是指控他们纵火，后来又指控他们"仇视人类"。因为当时这些基督徒大都是穷人、奴隶和异乡人，迫害他们最容易。但是尼禄残酷屠杀基督徒的行为最终引起罗马人民的反对。

但究竟尼禄是否就是罗马大火的纵火者呢？古今史学家对此意见很不一致。

古罗马史学家塔西佗认为放火焚烧罗马城的的确是尼禄，尼禄想利用罗马大火的废墟来建造一座新的宫殿。因为火是从埃米里乌斯区提盖里努斯的房屋那里开始的，这表明尼禄是想获得建立一座以他的名字命名的新首都的荣誉。塔西佗还描写道："当大火吞噬城市时，没有人敢去救火，因为许多不许人们去救火的人不断发出威胁，还有一些人竟公然到处投火把。他们喊着说，他们是奉命这样做的"。史家苏埃托尼乌斯的记述更为详尽："他（指尼禄）以不喜欢难看的旧建筑和曲折狭窄的旧街道为借口，竟然如此公开地点着了这座城市，以致几位前任的执政官在他们自己的庄园上发现尼禄的侍从拿着麻屑和火把时，竟然不敢拿捕他们。而在他特别想占用黄金房屋附近的一些谷仓时，是先用作战器摧毁后才付之一炬的，因为它们的墙壁是石头的"。许多后代的史家接受塔西佗等人的观点，比如美国学家杜兰·威尔就承认：塔西佗、苏埃托尼乌斯及加西阿斯都指控尼禄为重建罗马而纵火焚城。

前苏联学者科瓦略夫等则持反对意见。他指出："人民中间传说，城市的被烧是出于尼禄的意思，他仿佛不满意旧的罗马并想把它消灭以建造一个新的罗马。另外一个说法是，烧掉城市是为了使尼禄能够欣赏大火的场面并鼓舞他创造一个伟大的艺术品。显而易见，这些说法与事实不符，而火灾则是偶然发生的。特别应当指出，火灾是在七月中满月的日子开始的，而在那样的日子里，它的'美学'效果是最差的。"

然而，这一罗马城的灾难性事件到底是因何而起，是天灾还是人祸？仍然是个悬案，也许它将成为永远的谜，或者将来有一天人们会从历史的陈迹中找到新的线索，得以探明真相。

## 惊魂的谜团

### 古罗马帝国灭亡之谜

赫赫有名的罗马帝国不知是在什么时候，也不知是何种原因，这个强大的帝国灭亡了。到底是什么原因导致了古罗马的灭亡和古老文明的消失呢？

一些学者在发掘古罗马贵族、王公的墓葬时，发现这些千年古尸的尸骨上常有一些十分奇怪的黑斑。经分析，原来这是沉积于骨骼中的铅与尸体腐烂时产生的硫化氢生成的硫化铅黑斑。经考察，他们发现铅普遍存在于古罗马人的日常生活中。公元前2世纪，繁荣的希腊，由于不明的原因使统治集团体弱力衰，被强盛的罗马帝国征服，并于公元前146年并入罗马版图。随着希腊先进酿酒及烹饪技术的引入，一种新奇的金属制品也成为罗马贵族阶层的日用珍贵器具。它制作的器皿，光亮闪烁，不像铜器那样产生令人讨厌的绿锈；贵族们爱喝的葡萄汁中若加上这种金属粉，可以除掉酸味，还可使酒醇香而甜；有轻泻作用的蜂蜜在这种金属容器中加热，成了止泻剂；这种金属粉制成的化妆品，可让贵族夫人们的皮肤更白……这种金属就是铅。

这样，天长日久，罗马帝国普遍发生了铅中毒。铅中毒能引起死胎、流产和不育，即使生下的婴儿成活了，也往往是低能儿。据记载，古罗马特洛伊贵族35名结了婚的王爷，半数以上没有生育；其余的王妃虽然有喜，活着生下的只是少数几个低能儿，皇室几乎没有嫡生的子女。为此，安东宁斯皇帝提出了一项补救措施，选拔贵族中健康而又聪明的人为皇位继承人。这本是一项希腊早期贵族共和制的明智决策；可惜当皇位传到马康斯奥里利斯时，皇后生了一个白痴康美大斯，而昏庸的皇上让他继承了王位。从此破坏了选拔制度，统治集团的衰落，最终使罗马帝国灭亡。考古学家经过大量的理化分析，证明历史学家的论断是有一定科学道理的。

但另一些学者认为，疟疾的致命性爆发才是导致罗马帝国崩溃的真正原因。"疟疾"也就是我们所说的瘟疫，这个称谓来自意大利语，本来意思是指坏的空气，也称罗马发烧。疟疾是非常古老的疾病，史前人类就遭受过疟疾的袭击。现在，每年有三到五亿的人口由于疟疾而致病。在非洲、印度东南亚以及南美每年有数百万人死于疟疾。生物学家从DNA的角度提供了有关"古罗马毁于疟疾"这一说法的线索。在罗马的北部，考古学家发现了一具墓葬于一千五百年前古罗马时期的小孩尸骨，从小孩骨头中提取的DNA分析揭示出，小孩受到了能导致疟疾的寄生虫的感染。领导这项研究的曼切斯特大学的萨拉利斯博士认为，小孩死于疟疾是相当肯定的。研究人员指出，人类历史上第一次有了基因证据，表明古罗

马文明是因为遭到疟疾瘟疫的袭击而毁灭。更多的证据来自于史料的记载：

早在公元541年到公元591年期间，古罗马帝国就曾发生过四次可怕的瘟疫，《圣徒传》的作者兼历史学家约翰见证了第一次瘟疫，而教会历史学家伊瓦格瑞尔斯则亲身经历了这四次瘟疫。

在第一次瘟疫中，古罗马帝国的人口减少了1/3，在首都君士坦丁堡有一半以上的居民死亡。伊瓦格瑞尔斯记载到，"在有些人身上，它是从头部开始的，眼睛充血、面部肿胀，继而是咽喉不适，后来，这些人就永远地从人群当中消失了。有些人的内脏流了出来。有些人身患腹股沟腺炎，脓水四溢，并且由此引发了高烧。这些人会在两三天内死去。"约翰的记叙更为详细，《圣徒传》里记载瘟疫流行时，到处都是因无人埋葬而在街道上开裂、腐烂的尸体；四处都有倒毙街头、令所有的观者都备感"恐怖"与震惊的"范例"。他们腹部肿胀，大张着的嘴里如洪流般喷出阵阵脓水，他们的眼睛通红，手则朝上高举着。尸体叠着尸体，在角落里、街道上、庭园的门廊里以及教堂里腐烂。"在海上的薄雾里，有船只因其船员遭到了上帝愤怒的袭击而变成了漂浮在浪涛之上的坟墓"；"田地当中满是变白了的挺立着的谷物，却根本无人收割储藏"；"大群已经快要变成野生动物的绵羊、山羊、牛以及猪，这些牲畜已然忘却了耕地的生活以及曾经放牧它们的人类的声音"；在君士坦丁堡，死亡的人数不可计数，政府当局很快就找不到足够的埋葬地了。"由于既没有担架也没有掘墓人，尸体只好被堆在街上，整个城市散发着尸臭。""有时，当人们正在互相看着对方进行交谈的时候，他们就开始摇晃，然后倒在街上或者家中。当一个人手里拿着工具，坐在那儿做他的手工艺品的时候，他也可能会倒向一边，灵魂出窍"。"一个人去市场买一些必需品，当他站在那儿谈话或者数零钱的时候，死亡突然袭击了这边的买者和那边的卖者，商品和货款尚在中间，却没有买者或卖者去捡拾起来"。陆地的墓地用完之后，死者就被葬于海中。大量的尸体被送到海滩上。成千上万具尸体"堆满了整个海滩，就如同大河上的漂浮物，而脓水则流入海中"。虽然所有船只穿梭往来，不停地向海中倾倒它们装载的可怕货物，但要清理完所有死尸仍然是不可能的。因此，查士丁尼皇帝决定采取一种新的处理尸体的办法——修建巨大的坟墓，每一个坟墓可容纳七万具尸体。"由于缺少足够的空间，所以，男人和女人、年轻人和孩子都被挤在了一起，就像腐烂的葡萄一般被许多只脚践踏。接着，从上面又头朝下扔下来许多尸体，这些贵族男女、老年男女、年轻男女以及儿童和婴儿的尸体就这样被摔了下来，在坑底摔成碎块"。"每一个王国、每一块领地、每一个地区以及每一个强大

的城市,其全部子民都无一遗漏地被瘟疫玩弄于股掌之间"。

伊瓦格瑞尔斯说,"每个人感染疾病的途径各不相同,根本不可能一一加以描述……也有一些人甚至就居住在被感染者中间,并且还不仅仅与被感染者,而且还与死者有所接触,但他们完全不被感染。还有人因为失去了所有的孩子和亲人而主动拥抱死亡,并且为了达到速死的目的而和病人紧紧靠在一起,但是,仿佛疾病不愿意让他们心想事成似的,尽管如此折腾,他们依然如故。"约翰说:"用我们的笔,让我们的后人知道,上帝惩罚我们的数不胜数的事件当中的一小部分,这总不会错。也许,在我们之后的世界的剩余岁月里,我们的后人会为我们因自己的罪行而遭受的可怕灾祸感到'恐怖'与震惊,并且能从中得到启迪而变得更加明智,从而能将他们自己从上帝的愤怒以及未来的苦难当中解救出来"。

上面的描述,不禁让人心惊胆战,难到疟疾竟然到了可以屠城的地步吗?

以上两种说法都是对罗马灭亡的推测,目前还没有一种权威的令人信服的解释。我们只能继续疑惑:到底是天灾还是人祸,导致强大的罗马帝国灭亡?

## 被神秘遗弃的吴哥古城

### 神奇的吴哥古城

吴哥窟,柬埔寨的古都,在公元9世纪至15世纪曾长期为国都。古城约占地15平方公里,四周环以高墙,内有宫殿、庙宇、宝塔多处,是柬埔寨古代艺术的代表。其建筑之精细、浮雕之生动、设计之巧妙均堪称绝品。

早在1861年,法国的博物学家亨利·穆奥千里迢迢来到了柬埔寨。进入森

吴哥窟

## 神秘的古代文明殿堂

林的第5天,他和4名柬埔寨随从人员突然发现前面不远的森林里显露出5座高大的石塔,在蓝天白云的映衬下格外清晰美丽,尤其是中间的那座最高的塔尖,在夕阳的照耀下更是金光闪闪。

从此,这个被茫茫林海掩没而沉睡400多年的古都终于再次重现于世,焕发出独特的青春与活力。至此,吴哥古迹这一柬埔寨的象征、人类文化宝库的瑰宝,终于同埃及的金字塔、中国的长城、印度尼西亚的婆罗浮屠并列,被誉为"东方四大奇观"。

吴哥,在梵语中意为"城",它是公元9世纪至15世纪时吴哥王朝的都城,它主要是由公元9世纪至13世纪创建的一组石造建筑群和精美的石刻浮雕组成,又分为大吴哥和小吴哥。大吴哥又称吴哥通,"通"意为城;小吴哥又称吴哥窟,意为"首都的寺院"。时至今日,吴哥窟还保存完好。吴哥古迹总共有大小各式建筑物600余座,散布在约45平方千米的森林里。

吴哥古城远景

据记载,吴哥窟建于12世纪前半叶吴哥王朝全盛时期。当时信奉婆罗门教的高棉国王苏利耶跋摩二世,为了祭祀"保护之神",同时也为了炫耀自己的功绩,以及为供他死后做陵墓而专门建造了这座神庙。

吴哥窟的整个结构呈正方形:最外层是壕沟,中间是围墙,里面是3道回廊,层层相套,浑然一体。而中心建筑是大神殿,分为3层台基。位于最上层的是中央佛塔,离地高度达65米,其余4座较小的则位于第2层的四角。神殿各层皆环以圆柱回廊,墙壁上更是布满精美的浮雕和壁画。整个建筑象征着佛教传说中的宇宙中心须弥山。由于都是用巨石垒砌而成,因而显得格外整齐肃穆,和谐庄严。此外寺内还有图书馆一座和供饮用的蓄水池一处。

## 惊魂的谜团

与之相对应,吴哥通位于吴哥窟的北部,是苏利耶跋摩七世统治时期建造的新都。相比较而言,吴哥通规模宏伟壮观,它占地9公顷,城墙周长12千米,墙高7米,厚6米,周围环以相当宽的护城河,真可谓"固若金汤"。而且全城5道城门中,有4道通向市中心的巴扬庙,另1道通往皇宫。5个城门上方都建有巨大的石塔,塔的四面雕有佛的头像,高达2米多。

吴哥通的中心是巴扬庙,它是王城的主体建筑,高达45米,它和周围的16座中塔和几十座小塔,构成一组完美整齐的阶梯式塔型建筑群。据史书记载,这16座宝塔象征当时高棉的16个省。其中,被称为"吴哥古迹明珠"的女王宫,更是以它精美绝伦的石雕著称于世。这些雕像刻工之精细,线条之流畅,立体感之强烈,堪称石雕艺术的奇瑰宝石。

### 吴哥窟竟是皇陵

吴哥古迹最关键的命运,是出现了一位眼光独到的国王。他就是12世纪初的苏利亚瓦曼二世。苏利亚瓦曼二世臣服于中国宋朝,宋朝派出军队协助他攻打越南的回教蚕族,也帮他平定境内诸侯,当时高棉吴哥的国力到达顶峰。也就是这位国王,在吴哥城外西边,建造了这座如今被公认为世界奇景的吴哥窟,也有别称吴哥寺。

建造期间,苏利亚瓦尔曼二世出动了全国最好的工匠、彩绘师、建筑师及雕刻家,历时37年才完工。整座吴哥窟,以一块块精确切割的大石自然砌成,没用石灰水泥,更没钉子梁柱,其精准充分展示古人建筑力学的巧思。

吴哥古城废墟

宋代赵汝适著《诸蕃志》记载,当时的国都名字"禄厄"。禄厄来自梵文nagara,即都城。16世纪,此寺被称为"Angkor Wat";"Angkor",来自nagara,Wat是高棉语中的"寺庙","ngkor Wat"即"寺庙都城"。元成宗铁穆尔在元贞二年(1296年),派遣周达观出使真腊。使团取海路从温州

神秘的古代文明殿堂

开洋,经七洲洋(西沙群岛海面)、占城、真蒲、查南、半路村、佛村(菩提萨州),横渡淡洋(今洞里萨湖)至吴哥国登岸。周达观和他的使团驻吴哥一年。回国后周达观写了关于真腊风土民情的报告《真腊风土记》。《真腊风土记》称吴哥窟为"鲁班墓",又说国王死后,有塔埋葬,可见吴哥寺乃皇陵。

一些学者认为,吴哥窟是苏耶跋摩二世的皇陵,根据有三:一是与吴哥大多数其他寺庙朝东、面对朝阳不同,吴哥窟正门朝西,面向日暮;根据荷兰考古学家博施(Bosch)的研究,印度和爪哇的殡葬风俗,墓地一律朝西,祭祀的寺庙则朝东。二是画廊浮雕反时针方向排列,是印度教葬礼时在墓地巡行的方向;三是吴哥窟画廊中苏耶跋摩二世与毗湿奴神相貌相似,暗含日后升天成毗湿奴长驻毗湿奴神殿之意。

元代航海家汪大渊在 1330 年～1339 年间曾游历吴哥,他称吴哥窟为"桑香佛舍",这表明在 14 世纪中叶,吴哥窟已经改为佛寺。汪大渊还报告吴哥窟有"裹金石桥四十余丈",十分华丽,有"富贵真腊"之语。永乐元年(1403 年),明成祖派遣尹绶出使真腊。尹绶从广州出发从海道经占城,过淡水湖(今洞里萨湖)、菩提萨州、经吴哥窟抵达真腊。尹绶回国后将真腊国的山川、地理和吴哥都城所见,绘画成图上呈,明成祖大喜。暹罗破真腊国都吴哥,真腊迁都金边,次年,吴哥窟被高棉人遗弃,森林逐渐覆盖漫无人烟的吴哥。

## 吴哥城为何被遗弃

吴哥古迹,曾经完全被世人遗忘,默默无闻地掩埋在密林之中长达数百年。真正原因,仍只是推测。就连吴哥古迹本身,发现之后,整整过了一百年,世人才搞清楚它真正面积究竟有多大。

看到这片残垣断瓦,不少人会疑惑,吴哥王城是在什么情况下被放弃的?在这些寺庙废墟里,巨大无比的树木就生长在废墟的屋顶上,这倒说明了一点:它被掩埋前应该已全无人烟。不然的话,看到屋顶有掉落的种子长出小树来,没有人会不除去的。按说任何一个民族的文化都应有它的延续性,何况吴哥是一个曾经繁荣过 600 年的王朝,但它的文化竟一下子就忽然中断、忽然消失在历史的长河中了。

据考古学家考证,9 世纪初,柬埔寨人的祖先、高棉族的贾牙巴尔曼二世从东南亚来到了这里,统治了相当长一段时期;12 世纪初,苏利亚巴尔曼二世建了吴哥寺;12 世纪至 13 世纪,贾牙巴尔曼七世修建了方圆 12 千米的吴哥王城,并

## 惊魂的谜团

挖掘了两个灌溉用的蓄水池。据说东蓄水池宽 1.8 千米，长 7 千米；西蓄水池宽 2.3 千米，长 8 千米，是当时世界上最大的人工蓄水池。从吴哥王城的规模推断，这里最繁盛时期，至少住有 200 万人以上。

传说，公元 1171 年，吴哥遭到邻国洗劫后，国王耶跋摩七世对印度教主神的保护力失去信心，于是吉蔑人全体放弃了印度教，转而皈依佛教，采纳其放弃暴力、信奉和平的生活方式。这种宗教信仰的改变导致的结果是，泰族军队在公元 1431 年未遇任何抵抗便占领并洗劫了吴哥。

佛教传说，吉蔑国王被祭司之子触怒，便将其淹死在洞里萨湖中。天神愤怒而替祭司之子报仇，令湖水泛滥，因而摧毁了吴哥。

残存的吴哥古城

虽然这仅仅是神话传说，但洞里萨湖在季风季节确实容易暴发洪水，吴哥城被洪水毁灭的可能性极大。

有人认为，可能是当时流行鼠疫、霍乱之类传染病，没到一个月，200 万居民全部死绝。也有人说，由于发生了内讧，居民互相残杀，死伤殆尽，空留下这些伟大的建筑。还有人认为是敌军突然占领了全城，200 万人被悉数沦为奴隶并带走。

可是，即使如此，总该留下些痕迹吧？然而吴哥遗址并未见任何人为的破坏和毁灭，既没战争痕迹，也未见尸骨累累，一切都似乎消失于自然之中。

据专攻柬埔寨古历史的 G·克劳斯说："吴哥亡国原因在于奴隶的反抗。他们用各种办法杀尽了王公贵族及其子女，然后放弃了这块土地而转移到别处去了。"

以上的种种猜测，似乎都有道理，但每一个又没有确凿的证据。看来，吴哥古城之谜还要继续下去，或许又是几千年！

神秘的古代文明殿堂

# 沙漠中楼兰古城

### 遗梦黄沙

据《史记·大宛列传》和《汉书·西域传》记载，早在2世纪以前，楼兰就是西域一个著名的"城廓之园"，有人口14000人，士兵近3000人，可谓是一个泱泱大国。古楼兰又是古丝绸路上西出阳关的第一站，当年在这条交通线上是"使者相望于道"，交通繁忙，城市经济繁荣。其实，司马迁没去过楼兰，他是根据他同时代的大使节张骞的报告写的。张骞一生三次出使西域，历尽千辛万苦，很熟悉西域各国的情况。

楼兰古城遗址

可见当时，楼兰古国由于地处丝绸要道，加上水土肥美，曾经盛极一时。匈奴是汉朝西北最大的敌人。为争夺西域疆土，汉朝同匈奴进行了长达七八十年的战争，楼兰首当其冲。这种争夺曾一度白热化。直到公元前77年，大将霍光派傅介子刺杀了楼兰国王，另立其弟为王，迁都伊循城。楼兰古国改名为鄯善国。

此后，楼兰一直都是汉王朝的西域重镇。东汉，班超曾活动于此。三国，鄯善属魏。西晋，封鄯善王为归义侯。

五世纪，名僧宋云曾赴鄯善，城中住着吐谷浑的宁西将军。此后，古楼兰国消失了，它再也没进入任何文献记载。到了唐代，疆域空前辽阔，唐代大军到达西域时曾经寻找过楼兰，可是没有找到，它从此消失了，只存在于边塞诗人们的想象之中。

1274年，大探险家马可·波罗沿古丝绸之路东来，也没见过楼兰，看见的只有莽莽黄沙。

## 惊魂的谜团

时隔千年以后,经过历史学家和文物学家的不懈努力,楼兰古国神秘的面纱被撩开了——

昔日的楼兰城占地约10万平方米,在孔雀河下游。城正中是行政官署,官署由土坯砌成,有粗而高的门柱,有涂朱漆的雕梁画栋,这里是古城的权力中心,也是古城最豪华的处所。楼兰城中最显眼的建筑就是西南部的"三间房"遗迹。这是楼兰城中有土垒成的唯一现存的建筑遗迹。它位于城中偏西南,东北靠古渠。现存布局看似门形,东西两墙尚存红柳夹芦苇的墙壁和房基木。

城南是居民区,居住着大约14000人,残存的房屋显示出这里有中国宅院式建筑,分正房和厢房,屋后还有果园。

城东有一座高大的佛塔,5里外有一座佛寺,这可以窥见当年这里的宗教情况。城东北还有残存的土堆,这就是汉代的驿站遗址。

城西北和西南有茂密的胡杨林。城中街道纵横分明,还有一条河由西北向东南穿城而过。城周围有集中的墓地,这里可窥见当时的风俗人情。大量的文物再现了楼兰昔日的辉煌。城里发掘了大量的文书及木简;既有汉代的五铢钱,也有贵霜帝国的铜币;既有汉代的丝织品、绢网,也有波斯的壁画,甚至希腊、罗马以雅典娜为图案的工艺品;还有各国的陶器和漆器。这一切都显示了楼兰在中西方交通、文化交流及商贸上无与伦比的重要地位。

古丝绸之路西出长安,经著名的敦煌,再西行至楼兰。楼兰的确是中国对外交流的枢纽和前哨。它在当时,是一座颇具规模的国际性中转城市。中国客商到这里,便可选择不同道路前往世界各地,而世界各地的人员从四面八方汇集于此,

楼兰古城遗址

再前往长安。正如史学家孔拉特所说:"楼兰古城的兴衰,是一面世界史的纪念碑。"

让我们想想昔日楼兰的辉煌吧:不同风格的华丽的建筑比比皆是,街上人流

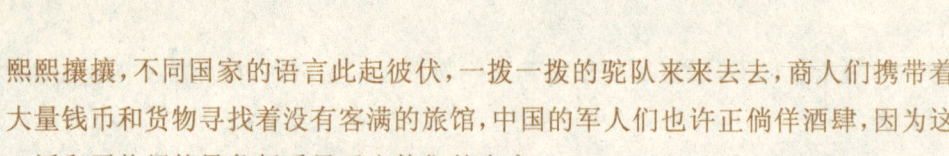

熙熙攘攘，不同国家的语言此起彼伏，一拨一拨的驼队来来去去，商人们携带着大量钱币和货物寻找着没有客满的旅馆，中国的军人们也许正倘佯酒肆，因为这一派和平热闹的景象似乎显示出他们的多余。

然而，这一切都去得那么仓促和突然，它似乎在极其短暂的时间内消失，消失得无影无踪，是什么使这个繁华的古城陡然之间变成了一座空城，随即被掩埋在厚厚的黄沙之下呢？

### 楼兰人到底源于何处

曾经是谁在楼兰这方神秘的土地上生息繁衍？又是谁的聪颖才智创造了灿烂夺目的绿洲文明？对于这个问题的研究一直都是引人入胜，扑朔迷离。

北京大学考古系教授林海村说："楼兰人使用中亚卢文作为官方文字；而楼兰本族语言却是一种印欧语系的语言，学术界称作'吐火罗语'。""楼兰人类学研究的结论和楼兰语言学研究结果再一次提醒我们，在遥远的古代，有一支印欧人部落生活在远离欧洲的楼兰。"因而，此书的观点认为，楼兰人是"漂泊东方的印欧人古部落"。

然而，"楼兰人到底源于何处"这一问题并没有取得一致的观点。有一种观点认为楼兰人属于雅利安人。中国社会科学院楼兰考古专家杨连讲，20世纪80年代他去楼兰，见到过一位30多岁的男子，身材很高，有2米左右。他特地为他拍了一张照片，和他站在一起的男孩才到他的胸部。

据近期我国某人类学家从基因学、器物学的角度所作的研究表明，楼兰人更接近于古代阿富汗人，这又是一个全新的论点。

楼兰出土的保存完好的女尸，浅色头发，眉弓发育，鼻骨挺直的形象，明显具有高加索人种特征。这与人类学家对墓地出土人骨进行体质人类学测量的结果完全吻合。到了汉代楼兰王国时期，楼兰居民的种族构成又有了新的发展。他们与高加索人种共生，其中还有蒙古人种的存在。亚欧旧大陆上的古代居民都曾把这片并非绿草如茵的土地作为过自己的驻脚点，希望能够在此营造美好的家园！

### 楼兰究竟是怎么消失的

楼兰一直是为中外考古学家、历史学家和地理学家们憧憬的神秘之地。这个显赫一时的古代商城为何会在极短的时间内消失得无影无踪？这其中到底隐藏着什么呢？

楼兰在毁灭的过程中，生态环境的破坏起到了不可忽视的推波助澜的作用。

## 惊魂的谜团

楼兰曾是个河网遍布、生机勃勃的绿洲。有人指出声势浩大的"太阳墓葬"却为楼兰的毁灭埋下了隐患。"太阳墓"外表奇特而壮观,围绕墓穴的是一层套一层的共七层由细而粗的圆木。木桩由内而外,粗细有序。圈外又有呈放射状四面展开的列木,井然不乱,颇为壮观,整个外形酷似一个太阳,很容易让人产生各种神秘的联想。"太阳墓"的盛行,大量树木被砍伐,使楼兰人在不知不觉中埋葬了自己的家园。据已发现的七座墓葬中,成材圆木达一万多根,数量之多,令人咋舌。

生态的破坏也不能仅仅归结于"太阳墓",各种因素的合成力量必然会导致生态的失衡。罗布泊是一个变化无常的湖泊,被称为"会迁徙的湖泊"。古代,罗布泊就在楼兰古城北,司马迁说楼兰古城:"临盐泽",就是指的罗布泊。专家们指出,孔雀河与车尔臣河汇入塔里木河,经库鲁克河流入罗布泊。罗布泊是古楼兰的生命之源,罗布泊的迁移,使楼兰水源枯

消失的楼兰古城

竭,植物死亡,导致了气候恶劣,楼兰人继续留在这里只可能坐以待毙,于是他们只好弃城别走,楼兰古城也就在历史上消失。

但是罗布泊为什么会迁移呢?专家们却又莫衷一是。有人认为是塔里木河携带大量泥沙,使罗布泊淤塞,湖底抬高,塔里木河只好改道他行,旧的罗布泊就干涸了;也有人认为是由于塔里木河在土质松软的谷地流淌,会自行改道,形成新的河床,造成新的罗布泊;还有学者认为,罗布泊的迁移是由于地质构造和运动表现不均衡的结果。

在出土的汉文简牍中,可以了解到楼兰士兵口粮减少的情况,从一个侧面反映出楼兰环境恶化后的困顿。

另外,战争直接导致楼兰古国的消亡也是完全可能的。我国古书记载楼兰古国的最后存在时间在东晋十六国时期,这正是我国历史上政局最为混乱的时期,北方许多民族自立为藩,相互战争。而楼兰正是军事要冲、兵家必争之地。频繁的

## 神秘的古代文明殿堂

楼兰古城遗址

战争、掠夺性的洗劫使楼兰的植被和交通商贸地位受到了毁灭性的破坏。

人类利益的驱动,也是一个导致环境改变的重要力量。公元4世纪时,楼兰逐渐废弃。其主要原因是:公元4世纪后,自敦煌进入西域的古道有了很大的发展,除了通过伊州(今哈密)一途外,还有新开拓、交通更为方便的大海道。交通路线变更,立即使楼兰丧失了在丝绸之路上的地位。

楼兰古城的消失是一个学术界至今争论不休的悬案。楼兰被遗弃的真正原因到底是什么?专家学者们还在探索。

**惊魂**的谜团

# 五、外星生命大悬疑

关于外星人旷日持久的争论
惊动军队的发现
最离奇的 UFO 事件
与 UFO 最惊心动魄的接触
枪击外星人
罗斯威尔坠毁事件
失踪 53 年的美国战机
神秘信号:"请指示我们到第四宇宙"
英国的机密档案
中央情报局的解释
地球人向外星人伸出了手
搜寻外星生命
UFO 绑架地球人
外星人长什么样
外星人的衣食问题
外星人的替身
外星人生命之谜将在 2020 年前揭晓

# 神秘的天外来客

## 关于外星人旷日持久的争论

根据美国当局在1997年进行的一次民意测验显示,68%的人相信确有飞碟存在,而有32%的人却认为上帝从来不会制造外星人,相信有外星人与相信人死后可以上天堂一样不可理解。为此,在美国国内还一度引发了一场大争论。

众所周知,在宇宙中至少有1000亿个银河系大小的星系,而银河系本身又有2000亿个太阳系。因此,其中一定会有与地球环境相似的星球,那么,那些星球上也应该与地球一样有着智慧生物。当然,并不是所有的外星智慧生物都能借助

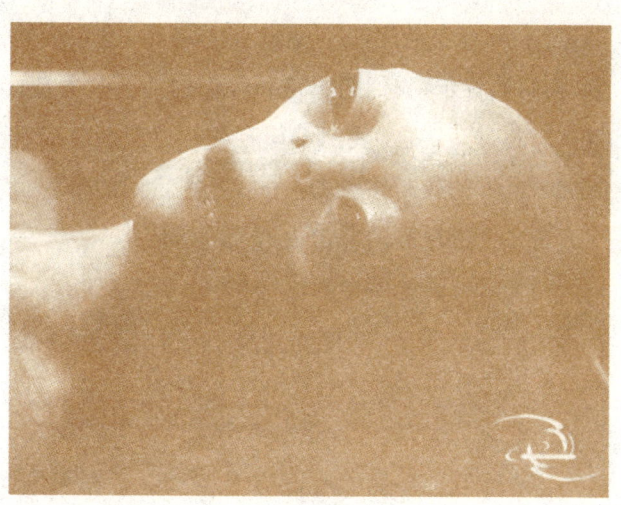

模拟的外星人

飞行器到达地球,但起码有少数外星球的智慧生物能做到这一点。

外星人造访地球有许多难题,那就是即使是银河系中离我们最近的仙女座M—31河外星系,距我们也有200万光年左右。假如真的曾有外星人乘飞碟来过地球,那么他们即使用光速飞行,时间也还是太长;除非该外星人长生不老,或者能活1万岁以上,或者飞碟速度是光速的100倍,但实际上这几点都是不可能的,尤其是后一点更让人难以置信,因为目前最快的宇宙飞船速度也只能是声速

## 外星生命大悬疑

的 2 倍,还不及光速的千分之一。况且,超光速造成的一个致命危险是"刹不住",即很容易与其他星球发生对撞,如此快的速度很容易导致双方同归于尽,就像两辆全速对驶的赛车相撞一样恐怖。

但是,尽管如此,依据爱因斯坦的相对论,这种超光速飞行在理论上仍然是可能的。因为当飞碟或宇宙飞船的速度接近或超过光速时,飞碟内流逝的时间便比正常时间慢许多,而且飞碟速度越接近或超过光速,其内部时间就流逝得越慢。就像传说中的"天上一日,人间一年",在超光速的飞碟内停留一天,在人间则已是百年千年以上。

也正是基于这一点认识,美国前总统吉米·卡特——一个狂热的飞碟迷,在他任总统期间,曾拨出近亿美元的巨资,建成一个"地球——外星人"联络中心,并于 1977 年向天外发射了一艘无人驾驶的"旅行者"号智能宇宙飞船。在飞船上,不仅标出了地球的位置,还特意画出了男人与女人的全身图,并伴有 28 首世界各地的名曲(其中包括中国 2 首古曲)。卡特的一段话也用 5 国语言录了上去:"这是来自一个遥远的小型世界的礼物,是我们的声音、我们的科学、我们的意念、我们的音乐、我们的思考和我们的情感的象征。我们正努力延续时光,以期能与你们的时光共融。我们希望有朝一日在解决了所面临的困难之后,能置身于银河文明世界的共同体中。这份信息把我们的希望、我们的决心和我们的亲善传遍广袤而又令人敬畏的宇宙。"

对于卡特总统所做的这一切,许多人都以为是痴人说梦,因为该飞船的速度并不比音速快多少,这样的速度,要飞出太阳系都需千年以上,更何况要飞越整个银河系了。但支持者仍然持乐观态度,说不定恰好有一群外星人驾着飞碟碰见了该飞船呢。

反对飞碟存在的人又提出了另一个观点,那就是:尽管飞碟之类的物体非常奇异,但一般目击者对外星人的描述太像人了。他们认为,虽然宇宙其他星球的生命形式可能也像人类一样由原子和分子组成,但进化过程中必定有着大相径庭的差异。因此,可以推断外星人应当与地球人完全不同。所以他们认为,目前世界各地的目击者对外星人的描述纯属虚构。

此外,持怀疑态度的科学家还认为:假如外星人能自由出入大气层,能实现惊人的飞行速度,征服时间和空间,那就说明他们的科技已达到了无所不能的地步,那么他们为什么不以更方便更有效的方式与人类接触呢?

264

**惊魂**的谜团

## 惊动军队的发现

从1989年11月开始,比利时军人就处于紧张备战状态,因为每天都有关于在领空发现飞碟的消息。

11月4日,有30组目击者,其中包括3个宪兵巡逻队,在几个小时内观察到三角形的奇怪飞行物无声慢速低空飞行。

比利时空军拥有在任何时间5分钟内可升空的超音速飞机。根据警报,两架载有火箭的单座F-16飞机两次升空,都是枉然!第一次,两架飞机什么都没有发现;第二次,只发现有彩色光点组成的夜空。

1990年3月30日夜,在接到多次警报其中包括宪兵巡逻队警报后,空军司令部决定进行仔细搜索。

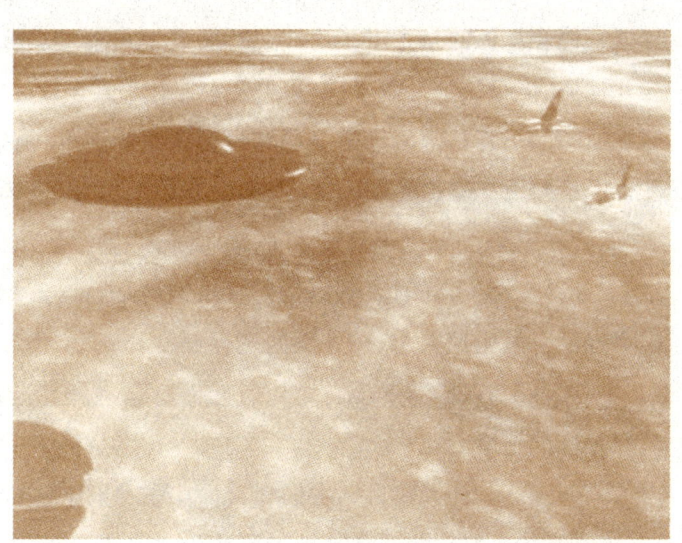

飞机跟踪不明飞行物

除许多飞碟目击者外,在布鲁塞尔东南方向上的哥隆市的两部雷达都捕捉到了飞碟信号,两部雷达作用半径为300千米,而且地形平坦,有充分条件控制200千米以上的空中飞行目标。为避免错误,空军司令部用50分钟时间进行了仔细检查。结果是,两部雷达所指示的目标处于同一位置,而且天空晴朗,排除了有信号干扰的可能。所有军用和民用飞机都配备了无线电雷达自动应答器,以迅速识别在雷达显示器上出现的信号。

两架F-16飞机终于重新接到跟踪"外来者"的命令。飞机雷达显示器上出现不明目标。驾驶员压住手柄,计算机锁定目标,显示器上的白点变成了菱形,指示出位置、距离、速度……。定位器自动瞄准了目标,测位器提供目标6秒钟。目

## 外星生命大悬疑

标速度从每小时 280 千米，1 秒钟内便达到每小时 1800 千米，而且从 3000 米高空一下子降到 1700 米。这种梦幻般的加速度会造成巨大超重。如果机舱里坐的是人，将不免一死。飞行物的飞行轨道让人咋舌，从 1700 米高空又急剧下降，降到 200 米以下时，F-16 飞机测位器和地面雷达都失去了目标。

F-16 飞机无论如何也无法在那么低追上目标，由于低空空气密度大，飞机每小时飞行不能超过 1300 千米。如果超过这个速度，由于发动机过热，涡轮机就会崩溃，而飞碟上显然有自己的一套系统。看样子，神秘飞行物有意摆脱战斗机。在后 1 小时内，神秘飞行物急剧升降两次。空军司令部在向布鲁塞尔研究宇宙特异现象协会提供的报告中指出："飞行员在测位器上曾 3 次捕捉到目标，每次持续几秒钟，但每次都导致飞碟行动的急剧变化。"飞碟确实在与战斗机捉迷藏，它向地面急剧下降是为了逃避侧袭和地面雷达的追踪，随后则以不大的速度拔高。

于是出现在雷达显示器上，接着又开始新的急剧机动。许多人，其中包括 20 名宪兵，都从地面看到了飞碟和 F-16 飞机在空中令人震惊的机动飞行，但在整个 75 分钟内，没有任何人听到任何冲击波声（通常，开始升降应伴随声响），任何破坏也没有发生。因为，按飞碟的飞行速度和高度，许多窗户应被震落。

在屏幕上，人们看到了雷达如何捕捉目标，显示器上显示飞碟的飞行参数和难以置信的速度变化。

了解到这些让人瞠目结舌的资料后，人们向作战处长提出了一连串的问题。

例如，这个目标会不会是地球探空仪？"绝不可能！目标的行动完全不受风向和气流的影响。此外，我们还认真研究了气象条件。我们未马上公布的原因就在于想要进行一切必要的核查。我们的国防系统没有对付这种现象的准备，需要时间对航空报刊等资料进行计算机分析。"

那么，这是否是某种自然现象或火箭残骸返回大气层？"不可能，陨星或火箭残骸呈'之'字形进入大气层。雷达记录表明不明飞行物不止一次变换方向。另外，大气条件也排除了任何电磁现象。"

那会不会是赫赫有名的美国 F-117A 隐形飞机呢？许多人都误认为其是飞碟。

"这种飞机根本不可能进行如此低空飞行，而且它的最小速度为每小时 278 千米，而我们捕捉到的目标则可降速至每小时 40 千米。F-117A 飞机没有装备牵引喷气发动机，因此不可能如此低速。何况，任何一架飞机都不可能在如此低密度的大气层中以每小时 1800 千米的速度飞行，并且没有任何冲击声响。"

266

## 惊魂的谜团

勃朗约上校还展开了一封美国大使馆武官给比利时空军的电传。电传确认，从来没有一架F-117A飞机部署在欧洲上空，并在其上空飞行。空军司令部的比尔·别季教授，曾在雷达站当过空军中尉，现任国家科研中心的业务经理，是著名的物理学家。他曾著有《飞碟研究》一书。他也参加了捕捉目标行动。他的语言很肯定："在现阶段，不存在拥有如此性能和无冲击声超音速飞行的飞机或火箭。我相信，在近30年里已不止一次这样用雷达捕捉飞碟目标，而借助现代化的工具，如F-16飞机所装备的和空军所用的，捕捉飞碟目标也有10多年历史。但是，有关国家的军事指挥机关将这些情报以绝密状态保存。为什么?是为了不引起居民的恐慌。""那为什么现在将这些资料公布于众？""我们生活在公开化时代。在

不明飞行物图片

柏林墙之后，沉默之墙也坍塌了。至于飞碟，我们已结束唯利是图和冒充内行的阶段，真正的学者正崭露头角。请看麦新教授的工程。参观布鲁塞尔宇宙特异现象研究协会，看到那是记载的1000多份有关飞碟出现在比利时领空的证据，我才真正意识到这无须震惊。"

1990年3月31日夜，布鲁塞尔宇宙特异现象研究协会总书记刘宪·科列勃罗、电影制片人巴特里克、导演费尔南德斯这三位被认为值得依赖的人在勃留塞尔东南30千米处先是看到在地平线上出现的光点，之后光点越来越大，越来越近。飞行物为三角形，有4个通亮的着陆灯，轮廓发出火光，直径比肉眼见到的月亮大6倍，从他们头上300至400米空中飞过。

巴特里克用高感光胶卷(1600ASA)拍了4张照片。为验证，几分钟后他用同样的光圈和曝光时间又拍了几张飞机飞行的照片。显影结果出乎意料。

外星生命大悬疑

照片上的飞机(飞行高度比不明飞行物大许多)信号灯形成3个光点,而发光更强的飞碟却很难看见。肉眼看得清清楚楚得飞碟,在照片上整个形状完全消失。

考虑到最平常的红外线也会影响正常摄影,麦新教授立即在实验室用一般棱镜对底片进行从红到紫全色光谱投影,并对底片底部进行红外线照射,显影后看到,未经红外线照射部分光谱清晰,经照射部分光谱极差。

麦新教授指出:"如果飞碟是真实物体,并放出红外线,那么拍摄飞碟的结果会令人大失所望。他们亲眼看见的飞行物在照片上居然什么都看不到,这说明了为什么飞碟照片十分少的原因。"麦新教授十分谨慎。在他看来,最主要是研究神秘问题。

"互不相关的问题不多了,应更大程度地相信目击者所谈的实际物理效果——许多目击者通告的消息有若干相同点,对他们的证言应持积极严肃态度。如果一切都是这些人编造出来的,说明这是值得研究的病态。空军的报告可以使特异现象接近于合理和科学的立场。"

在比利时,飞碟成了最热门的话题。首先,为什么恰恰在比利时,半年内为何会有数千目击者?过去几十年人们一直谈论飞碟着陆问题,为什么至今没有着陆?为什么飞碟为三角形(据90%以上目击者证实)?所有这些问题,暂时都没有答案。

## 最离奇的 UFO 事件

在挪威曾发生过一起最离奇的 UFO 事件。在这个事件里,有 67 名男女和儿童无意中登上飞碟,最后被全部放回。整个事件就像是外星人跟人类开了一个玩笑。

这件事发生在挪威最大的"胡夫科辛"游乐场,这里共设有 32 个大型游乐项目,每当休息日,总有许许多多前来放松和寻找刺激的人们。

有一天,游客们在游乐场里发现了一架发出彩色光芒的碟形飞行物,就把它当成了游乐场新开的一个游乐项目。直到他们登上飞碟以后,才发现他们弄错了;这时候,飞碟已将他们带上了天空,据负责调查这起事件的官方人士透露,如

### 惊魂的谜团

果飞碟上的生物怀有敌意，那么这67个人就可能再也回不来了。

调查人员查问了游乐场的主管。他告诉说他也不知道那个东西怎么会来到这里，他还说，他第一次见到它时，它正向天空飞走。当时，在他身旁的人都用手指指着天上的飞行物问："玩一次要多少钱？"

事件发生后，挪威当局曾警告所有登上该UFO的人，不要跟外界或新闻界谈及此事，可事件的真相还是被泄露了。

那是黄昏时分，一位游客在游乐场里看到了那架发出橙色和蓝色灯光的碟形物体，在入口处有一个金属吊梯。他走了上去，看到一个金黄头发、蓝眼睛、穿着一件银色紧身衣的孩子站在舱口，他接过了入场券，并指点那个游客进入舱内。

游客走进一间圆形房内，站在墙边，其他人也鱼贯而入，和他

UFO 记录图片

站在一起。他们开始还以为这是个类似大转盘的游戏，谁知当所有的人都走进来后，大门却关上了。紧接着另一个穿着银色服装的小孩走到房间中央，他向天花板上的一盏蓝灯望了一眼，人们就飞升到天空中了。开始大家还在谈笑，可是当飞碟升空以后，人们才感到有些不自然，每一个人都停止了说话，房间内一片沉寂。其中一位女游客向四周望了一眼，脱口而出："我们登上了一架UFO"这时，人们才隐隐约约地明白发生了什么事。

这次飞行大约持续了一分钟，最后，飞碟来到距离游乐场3000米远的草地上降落，并打开舱门让所有的人返回地面。然后，飞碟笔直地飞上天空，消失得无影无踪。

这件事很离奇，它证明了外星人对人类并没有恶意，但是，他们的目的是什么？没有人能说得清楚。就像下面所要记叙的另一例UFO事件，人们猜不透他们的动机。

## 外星生命大悬疑

那是1972年12月30日晚上10点20分左右,阿根廷特雷阿罗瓦什村的一位老人正坐在家门口听收音机。突然,收音机的声音神秘地消失了,这时,空中传来了像蜜蜂发出的嗡嗡声,老人抬头望去,只见有一个巨大的亮点悬在天空中。可以清楚地看出这是一个飞碟,在不断变换着光芒和色彩。飞碟的中间部位是一个带舷窗的圆形舱室,舱内有两个身着类似潜水服的人形生物,正用双眼凝视着他。

UFO 记录图片

老人正惊奇地观察着这架UFO,突然,从它内部射出一道强烈的光柱,正照在马塞拉老人身上,老人顿时感到身上又热又痛。随后,飞碟向东北方飞去,一下子就不见了。过了几天,老人惊喜地发现:他身上多年不治的病症居然全部不治而愈了。腿疼、头疼、腹泻、脱发等慢性病从此再没有复发,说话也流利多了,双眼也不再迎风流泪了。两个月以后,老人居然又长出一口新的牙齿和满头的黑发。事情过了几年,年已76岁的老人的身体却变得像中年人一样强壮有力,能干一些一般人承受不了的重活。

这是一位幸运的老人,飞碟中的天外客不但没有伤害他,反而用他们的高科技手段治愈了他的顽症,并赠予老人一件珍贵的礼物——健康。不过,这并不是飞碟所赠送的最珍贵的礼物,在风雪交加的喜马拉雅山,三位日本登山者曾收到过最珍贵的礼物,那就是生命。

那是一支由3个人组成的日本登山队,当时,他们正在喜马拉雅山上,一切进行得十分顺利。一天,他们离开了营地,准备攀上通往珠穆朗玛峰的最后一段路。

就在他们出发后不久,天色忽然大变,气温由原来的零下17度急剧降到零下31度,而且漫天风雪,叫人透不过气来。三个队员艰难地爬到一处较平的地

## 惊魂的谜团

方,扎起了一个小帐篷休息,希望能躲过暴风雨的袭击。随着时间慢慢流逝,他们都冻得手脚僵直不听使唤,登山队员们都觉得这次是死定了。

过了几个小时,其中的一位队员勉强爬出去,想看看天气如何,这时,一件令他毕生难忘的事情发生了。他看到一架巨大的圆形物体在他们头顶的上空。虽然当时风势很大,这个奇怪的飞行物却纹丝不动,就像是施了定身法一样。紧接着,它的一个舱门打开了,从里面飞出一架较小的碟形飞行物,慢慢地降落到三位登山者身边。

这时,几名队员都已爬了出来,他们看到小飞碟里走出了六个人形生命体。他们全都不超过1.2米,全身穿着一件银灰色的衣服。头特别大,有一对尖长的耳朵和一双又大又绿的眼睛。他们示意登山者们登上飞碟,随后飞碟开始上升,而在他们的四周,则发出万紫千红令人目眩的灯光。那些地外生物围着登山者,一边望着他们,一边用十分高声调的语言说个不停。过了不久,舱门又打开了,登山者们走出来,发现这是喜马拉雅山山脚下的一个小村落,他们刚刚离开飞碟,飞碟就悄悄飞走了。当地的村民们听到声音赶来,把他们三人送到尼泊尔首都加德满都的医院里救治,使他们恢复了健康。

在这些事例中,飞碟和它的乘客扮演了一个天使的角色。如果这些事是真的话,我们有理由相信,UFO并非怀有恶意的"鬼怪",在多数情况下,它们并不攻击人类,而是愿意友好地对待我们,就像对待陌生的异乡人一样。

## 与UFO最惊心动魄的接触

在所有与飞碟进行的接触中,第三类接触无疑是最惊心动魄的。有相当多的专家认为,地外生命对我们并无恶意;否则,凭借他们的科技水平完全可以征服地球上的任何一个国家。然而,飞碟或神秘的外星来客攻击人类的报告还是从世界各地传来。

官方公认的第一例"飞碟攻击案"发生在美国,那是1948年1月7日,美国上尉托马斯·曼特尔奉命从肯塔基机场起飞拦截一架不明飞行物。他向基地报告了这个物体的形状、质地后就开始跟踪。当跟踪到6500米高度时,无线电联系突然中断,接着人们发现了曼特尔所驾驶的飞机的残骸。专家们认为,这就是神秘

## 外星生命大悬疑

飞行物对飞机进行攻击所造成的可怕后果。

1978年，澳大利亚的一位年轻飞行员华伦也遭到了类似的命运。那是10月21日傍晚，华伦驾驭着轻型飞机在澳大利亚最南端的巴斯海峡上空飞行。他当时用无线电向基地报告，说有一个很长的绿色不明飞行物在他头顶上盘旋，那个飞行物的体积非常大，使华伦十分吃惊，正在他跟踪那个不明飞行物的时候，基地的领航员听到从无线电中传出了一阵连续不断的金属噪音，不一会儿无线电就中断了，从此再没有人见过华伦和他的飞机。

就在同一时刻，在巴斯海峡岛屿上有许多人看到天空中有一个绿光闪烁的轮状物体，那个物体体积很大，飞行速度也很高，瞬间就在墨尔本海岸的方向消失了。

UFO记录图片

华伦和曼特尔是否都遭到了UFO的攻击呢？我们还无法确定。不过，有一点都相同，那就是他们都是在跟踪一个不明飞行物，而这样的跟踪很可能对那个不明飞行物造成了威胁，使它动用了武力。这个猜测在另一个更具典型性的事例中得到了进一步的证实。

那是1974年秋季的一天，朝鲜半岛滨城海域浓雾弥漫。上午10点左右，一个幽灵般的物体从公海上空迅速飞来，闯入了滨城海岸的警戒系统。不一会儿，大家看清楚那是个椭圆形的金属物体，发出红黄两色的光线。进入640米范围后，它突然停住了，周围的光辉急速闪动着。基地指挥部仔细观察了这架飞行器，发现它上面没有任何标记，立刻断定这是一架怀有敌意的飞行器。第4发射台的上尉马上下令发射导弹，一枚隼式导弹立即腾空而起，直扑不明飞行物。这时，令人意想不到的情况发生了，导弹并没有命中目标，相反，一道强光准确无误地击中了运载火箭和弹头，转眼之间就把导弹熔化了，就在这时，那个不明飞行器骤然地加速，几秒钟内便从雷达荧光屏中消失了。

## 惊魂的谜团

很显然，这架 UFO 用激光之类的武器保护了自身，轻松地击溃了价值数百万美元的隼式导弹。从这个例子看来，对方并没有恶意，是人类自己的不友善行为酿成了不良后果。

1967 年 5 月的一天，巴西一位农民从林中打猎归来，在自己家附近，他看到一个碟状飞行物从天空降落到了他家的田园里。在飞行物附近，有 3 个巨大的人形生命体漂浮在空中。这个农民想都没有想就举枪射击，打中了其中一个人形生命体。这时，一道强光从地面上的碟状飞行物射出，击中了这个农民的肩膀。之后，三个巨大的类人生物立刻飘进他们的飞行物中，飞碟马上升空飞走了。那个农民回家后便卧床不起，他受到光击的那侧肩头上留下了一处直径达 15 厘米的灼痕，两个月后便死在家中。医学检查表明，他的死因是一种强烈的辐射破坏了他的红血球。在新西兰的奥克兰城郊外，一个正要接近 UFO 的农民也遭遇了同样的攻击，时间是 1963 年 2 月，他在受到来自 UFO 的怪光照射后，头部的一部分"融化"后当即死去。

1975 年 2 月 14 日下午 1 点多，法国青年安托万在珀蒂岛的卡尔韦山顶上看到了飞碟和外星生命，当外星人发现他后便用一束强光击倒了他，使他患上了一种怪病。当时，21 岁的安托万看到一架椭圆形的发光飞行器降落在山顶上，有三个奇怪的生物从飞碟里走出来。他们穿着银白色的衣服，只有 1 米左右高，每个人都背着一根天线。三个矮人下了飞碟后就开始采集土样，后来他们发现了正在偷看的安托万，就发射了一道强烈的闪光击中了他。当安托万醒来的时候，他感到极其疲乏、虚脱、恐慌，丧失了部分说话能力。

还有一些事例不属于出于自卫的攻击，而是地外生命主动攻击

UFO 记录图片

无辜的人类。这样的事件虽然较少,但却存在。

在巴西,发生过4起奇怪的案件,它们都与UFO有关,而且案情中有几个相似的疑点,令人百思不得其解。

第一起发生在1981年10月,巴西一座小镇的两个年轻人相约去森林里打猎。10月17日这一天,他们一起来到了猎物经常出没的地方,分别爬上一棵矮树。突然,一个像卡车轮子一样的飞行物向他们飞来,它向四周发出强光,把其中一个年轻人吓得从树上摔了下来。这时,一束光射在另一个年轻人身上,他尖叫了一声也掉了下来。没被光射中的青年吓得回身就跑。第二天,他带人回来寻找他的伙伴,却发现他已经死了。奇怪的是,他身上没有致命的伤痕,只是全身的血液都没有了,就像被一只巨大的吸血鬼吸干了一样。

10月19日,同样的事情发生了,另一个青年也在打猎时被强光击中后死亡,尸体里也没有鲜血。不久之后,一个在山顶干活的人被不明飞行物射出的强光击中,几天后在精神失常的情况下死去。接着另一个人又在狩猎时遭遇飞碟,被攻击后丧生。

这4起疑案发生后,警方对证人和目击者进行了测谎和调查,结果表明他们没有撒谎,UFO中射出的光线确实杀死了人类。

在其他攻击事件中,攻击方式依旧是通过神秘的光束。虽然这些攻击都给人造成了极大的伤害,但还都不能说明UFO是怀有恶意,因为这样的主动攻击案例在所有的飞碟案例中是微乎其微的。

## 枪击外星人

1955年8月21至22日,美国肯塔基州靠近克利的地方发生了一起与UFO遭遇的事件,是当代UFO第三类接触中有名的案例之一。艾伦·海尼克博士在他1972年出版的《UFO经验谈》一书中,曾用6页篇幅讲述此案。

事件发生在肯塔基州克利城郊的一个小农庄里。当时L·萨顿家共有8个成人和3个孩子。8月21日晚,天空晴朗,大约7点钟,萨顿的朋友比利·雷·泰勒匆匆忙忙地从井边回到家里,告诉在座的人,他看见了一个闪着亮光的飞碟。这个飞碟射出彩虹般的多色光,从天空飞过,降落在离这幢房屋12.19米远的水沟

## 惊魂的谜团

旁,萨顿一家人都不相信泰勒的话,认为他错把流星当成了飞碟。

半小时后,他们突然见家犬汪汪狂吠。不一会儿,家犬夹着尾巴跑进屋里躲了起来,于是,泰勒和萨顿两人走到院里,察看究竟是什么把狗吓成了这个样子。他们突然发现一个奇怪的发光体从田野朝房屋接近。当亮光移近时,他们才清楚地看到,这是一个类人生命体:他大概 0.9 米高,脑袋又大又圆;双目铜铃般大,发出黄光,他两臂很长,几乎垂到地面,手掌很大;他的整个身躯好像是由银色金属制成的。这个类人生命体向前接近时,双手举过头顶,像是在向目击者显示"在这里"。

模拟的外星人

泰勒和萨顿惊愕极了,急忙抓紧手中的手枪和来复枪,慢慢地退到房间里,埋伏起来,当那个类人生命体距大门仅 6 米时分别开了枪。枪响之后,类人生命体朝后一退,急忙跑开,消失在黑暗中。紧接着,他们又看到了另外一个(也许是同一个)类人生命体在玻璃窗外向里窥视。他们急忙对着玻璃窗,扣动扳机,他也即消失不见了。

他们确信子弹击中了他,于是出去寻找尸体。走在最前面的是泰勒,当他正要迈步向院里走去,突然发现一个类人生命体在门道的屋顶上伸出大手,来抓他的头发。这时,屋里的人赶紧把他拉回来,此刻,萨顿冲出屋,朝那个类人生命体开枪,把他从屋顶上打落下来。

可是在屋旁的一棵枫树上,他们又发现了另外一个类人生命体,萨顿和泰勒也同时朝他开枪。后者从树上掉下来,飘落在地上,然后飞快地走了。很快,另一个类人生命体(也许是从屋顶上掉下来那个)从房屋的一侧绕过来,几乎是冲着站在屋门口的人们走来。萨顿举起手枪,又对他平射。但仍无效果,他们只听到子弹像是射在铁桶上的声音,而他却安然无恙地跑开了。

## 外星生命大悬疑

他们注意到，这些类人生命体走路时，两腿僵直不弯，移动的动作几乎完全靠髋关节来完成。他们身躯直立，在逃跑时才弯腰，且借助两只垂地的长手臂移动，他们身躯飘浮的能力是很明显的。当其中一个从屋顶上被击落下来时，大约飘到了12米远的篱笆附近，在那儿他又被枪打中，顿时便不见了。他们的皮肤在黑夜中发着光，他们被击中或大声喊叫时，浑身就显得更亮。

兰克福德太太是这个家庭中的长者，她劝大家停止敌对行动。她认为，尽管开了数枪，但这些生灵并未做出过火的举动。夜里11点钟，他们仍然忐忑不安，于是便分乘两辆汽车急驶到靠霍普金斯维尔附近的警察局。

一个半小时后，警方人员陪同他们返回现场，进行调查。他们对房屋、院落和周围的建筑物进行了彻底的搜查，结果一无所获。搜查时，当有人不小心踏在猫尾巴上时，猫凄厉的叫声使大伙紧张到极点。搜索人员对周围的树林也进行了搜查，仍未发现任何踪迹。唯一的发现，是一个生灵被枪击中后留下的一小块发亮的东西。于是，搜查人员于凌晨2点15分离去。

萨顿一家开始熄灯就寝，兰克福德太太躺在床上，两眼望着窗外，突然，她看到一道神秘的亮光，这道亮光是其中的一个生灵双手扒着玻璃窗向屋内窥视时发出的。她非常沉着，悄悄地呼唤其他人。于是，萨顿提着枪，对准窗外的生灵开了一枪，结果依然无效。可以说，整个夜晚，这些生灵屡屡出现，但未做出过敌对的过火行动。他们最后一次看见生灵的出现，是在太阳升起前的一个半小时，约凌晨5点15分左右。

## 罗斯威尔坠毁事件

1947年7月，"罗斯威尔坠毁事件"为世人所震惊，据说在这次坠毁事件之后，美国空军不仅捡到了飞碟的碎片，还秘密解剖了外星人的尸体。

第二次世界大战前后，人们对不明飞行物的兴趣异常浓厚起来。从1947年5月到7月之间，共有12起见到"飞碟"的报道，其中最著名的就是"罗斯威尔坠毁事件"。

1947年7月4日，一个罕见的雷雨夜，49岁的农场主麦克·布雷泽尔听到了比雷声更大的爆炸巨响。第二天，他来到距离罗斯威尔西北部75英里远的福斯

## 惊魂的谜团

特牧场,发现那里散布着大约 400 公尺范围的金属碎片,他断定这种特殊的金属自己从来没有见过。

两天后,他将金属碎片转交给美国空军基地。

在《罗斯威尔每日纪事》当年 7 月 8 日的头条新闻里,引用了罗斯威尔陆军航空部队基地负责公共关系的军官的话说,该基地的杰西·马瑟尔少校从一位牧羊场工人手里得到了一个"飞碟",并把它送往空军第 8 军的总部。这则消息马上引起各界的好奇,然而,6 个小时之后,空军第 8 军总司令罗杰·雷梅发表的声明彻底推翻了马瑟尔少校之前的说法,他称马瑟尔少校得到的并不是飞碟,而是一个气象气球的残骸。7 月 9 日,另一篇报道则说农场主布雷泽尔既没有看到"飞碟"也没有听到爆炸声。军方前后矛盾的说法,使人们不禁怀疑其中另有隐情。

一直到 1993 年,美国空军迫于各方压力开始对"罗斯威尔事件"展开调查。

UFO 记录图片

1994 年 9 月 8 日,美国空军以负责内政安全和特别项目监理部长理查德·韦伯个人的名义,发表了题为《空军有关罗斯威尔事件的调查报告》。报告称:"在本次调查中,没有发现任何证据可以表明,1947 年发生在罗斯威尔附近地区的事件,和任何一种地外文明有关。"

令人意想不到的是,这份报告虽然推翻了"飞碟"的说法,但却首次透露了"罗斯威尔事件"与当时一项被视为高度机密的"莫古尔"侦察计划有关。

"莫古尔"计划是美国在 1947 年六七月间进行的一项绝密的军事试验,目的是放飞一些携带着雷达反射板和声音感应器的气球,利用这些气球探测苏联核子试验所产生的冲击波,以监视当时苏联的核子试爆。

1947 年 6 月 4 日,肩负着神秘使命的多个探测气球,在阿拉莫戈多陆军航空

## 外星生命大悬疑

兵基地以及怀特桑靶场悄悄地升上了天空。值得注意的是，在当时的资料里记录了这样一段文字："1947年6月，纽约大学的研究小组施放过一只代号'飞行器四号'的探空气球，事后没有进行回收。"

空军调查人员认为，正是那颗失踪的气球坠毁到了福斯特牧场上。

"莫古尔"计划中发射的探测气球是用氯丁橡胶制成的，有些探测器材外面包有锡箔，气球下方悬挂着一串酷似风筝的雷达靶标，便于美国军方追踪气球的位置。农场主布雷泽尔说，他发现的时候是一堆的锡箔、橡胶还有一些木棍。这些就应该是探测气球上的某些东西。

《空军有关罗斯威尔事件的调查报告》最后的结论是："所有可得到的资料显示，并没有涉及罗斯威尔事件本身，但是从罗斯威尔回收的残骸，极有可能来源于莫古尔计划所施放的气球。"为了使结论更加令人信服，美国军方在召开的记者招待会上展示了实物，所谓"飞碟"的残骸显然并不是什么奇怪的东西。

至此，被人沸沸扬扬研究了近50年的"罗斯威尔飞碟事件"，似乎已经揭开了神秘面纱。

从1947年到1994年，在近半个世纪的时间里，虽然美国政府反复强调"罗斯威尔事件"已经结束，但飞碟爱好者却拒绝让该事件成为过去，他们试图找到实实在在的证据。

飞碟爱好者们没有放过一点蛛丝马迹，却恰恰忽视了一个亲身经历过"罗斯威尔事件"的证人，那就是亲手从牧场主手里接过"飞碟碎片"的杰西·马瑟尔少校。

杰西·马瑟尔当时是美军509轰炸组的情报人员，509轰炸组是世界上唯一的原子弹投掷部队，马瑟尔的工作是调查飞机失事或者其他类似的事件，所以1947年，杰西·马瑟尔奉命来到福斯特牧场调查麦克·布雷泽尔的发现。

针对马瑟尔的特殊身份，头脑清醒的人很快提出了质疑，他们很难相信，一位参与了当时世界上唯一的原子弹工作的情报官员居然辨认不出残骸的质地来，而且气球上使用的屏蔽雷达的纸箔并不罕见。

在"罗斯威尔事件"过去31年之后，马瑟尔突然决定不再保持沉默。1978年，美国以猎奇闻名的报刊《全国探究者》刊登了一篇报道说，已退役的马瑟尔少校声称：他在1947年在罗斯威尔附近亲眼看见的并不是气球的残骸，而就是飞碟。

## 惊魂的谜团

马瑟尔少校的证明使有关这次事件的内容越来越丰富，说法越来越离奇，甚至有很多人称亲眼目睹了军方在野外搬运"外星人的尸体"。

就在人们围绕这一事件尽情发挥想象力的时候，另外一个人证词的离奇的程度，远远超出了所有猜测者的想象。

1989年，作为间接目击者的格棱·丹尼斯，向人们回忆了1947年他在罗斯威尔的亲身经历。

1947年，22岁的丹尼斯在罗斯威尔的一家殡仪馆做殡葬师，7月7日这天，丹尼斯接到了两个电话，都是罗斯威尔陆军航空基地打来的。

一个电话是询问儿童款式的棺材是否有货和如何保

UFO 记录图片

存残缺的尸体。而当时丹尼斯工作的这家殡仪馆还同时提供一些救护服务，所以稍后他又接到电话要他开着救护车去罗斯威尔一个交通事故的现场帮忙，受伤者是一位"空军军士"，丹尼斯将他送到了基地的医院。

当丹尼斯走进医院，遇到了一位他认识的名叫马里亚·塞尔夫的护士，告诉他留在这里会有麻烦，要他赶快离开，他还见到了一位跟他关系很好的儿科医生也在那里，但没跟他说话。丹尼斯问一位白人军官是否发生了空难事故，这位军官命令两位宪兵将他带出医院，一位黑人中士还警告他不准说出在医院里看到的情景。

第二天，他打电话约塞尔夫护士当天下午在基地的军官俱乐部见面。见面时，塞尔夫看上去心事重重，最后她歇斯底里地告诉丹尼斯，她被强迫参与了外星人的解剖，她还说尸体最后全部被运去了俄亥俄州的怀特基地。

这次会面之后，丹尼斯再也没有见到塞尔夫护士，他被告知塞尔夫在当天下午或第二天被调走了……

## 外星生命大悬疑

几年后，丹尼斯遇到了他在医院碰见的那位儿科医生，这位儿科医生已经退役，在新墨西哥的法明顿行医，他们讨论了在罗斯威尔发生的事故，儿科医生只简单地告诉他，他被请去会诊，但完全超出其专业范围。

对苦于寻找证据的飞碟爱好者来说，丹尼斯的证词无疑是一剂强心针，根据证词他们作出了一系列推断……然而，没过多久，研究者在丹尼斯证词的细节中发现了诸多疑点。

第一个疑点是经过调查发现，在美国军队的全部记录中找不到有一个陆军军人名叫塞尔夫。同样，军方的调动记录表明在1947年7月8日或9日，并没有护士或任何工作人员被从罗斯威尔基地医院调走，也没有人因飞机失事遇难。

难道塞尔夫这个人是丹尼斯虚构的吗？

这个问题使所有人感到困扰。直到20世纪90年代，美国空军才发现了新线索，有一位名叫范顿的护士曾在罗斯威尔基地医院任职，其身材、长相和丹尼斯描述的塞尔夫护士极其相似。这个女护士倒是曾经失踪过，失踪的原因是去治病，所以离开了罗斯威尔，但这件事根本就不可能发生在1947年，因为那个女护士是在50年代才到罗斯威尔工作的。

从事情一开始丹尼斯就一直声称，他有此奇遇是因为那次救护任务，送一名受伤的空军军士去医院，问题恰恰就出在空军军士上，"空军军士"这一军衔是1952年4月1日才开始设立的。这是丹尼斯证词的又一个疑点。

而丹尼斯还称在医院受到了一个黑人士兵的警告，说这个黑人士兵是跟随一个白人军官，在1947年有一种种族政策，黑人士兵是不可能去跟随白人军官的，在1949年以后，美国军队消除了种族隔离政策才有可能出现这种情况。所以从这些细节来看，都不可能发生在1947年。

丹尼斯又一次搞错了事件发生的时间。1996年美国空军发表了名为《罗斯威尔报告：结案》的一份报告，他们出示的证据表明，目击者在事隔多年回忆时，搞错了时间，把发生于50年代的几起事件移植到了1947年，让它们成了"罗斯威尔事件"的一部分。

至此，"罗斯威尔事件"演变成了一场闹剧。

1995年，英国飞碟研究会声称，在他们特别邀请的出席者中，一位名叫雷·山提利的英国商人将带来一部拍摄于1947年的纪录片，它记录了罗斯威尔飞碟坠毁和美国军方解剖外星人的全部过程。

## 惊魂的谜团

1995年，英国飞碟研究会向世界各地的飞碟专家发出邀请函，声称英国飞碟学会将在1995年8月19日和20日两天，在雪菲尔市的哈兰大学举行第8届国际UFO大会。邀请函发出后，立刻吸引了来自欧洲及美、日等多个国家的600多名代表前来参加，他们都被邀请函上注明的本次大会的重头戏吸引了，英国飞碟研究会声称，在他们特别邀请的出席者中，一位名叫雷·山提利的英国商人将带来一部拍摄于1947年的纪录片。

雷·山提利是英国莫林集团的总经理，1993年，山提利在美国研究音乐录像带的时候，一个偶然的机会，他从一位曾经受雇于美国军方的退役摄影师手里，得到了一部有关罗斯威尔事件的真实影片。这位80高龄的摄影师对山提利说，1947年，他奉命从华盛顿飞到罗斯威尔，拍摄了《罗斯威尔飞碟坠毁事件》的纪录片。这部影片全部时长91分钟，有14卷，是16厘米黑白片，每卷约7分钟，全部长达91分钟，但是声道空白。

UFO 图片

这部黑白纪录片的出现不仅在飞碟研究领域引起了轰动，甚至震惊了整个科学界。每个人都认为争议了50年的飞碟坠毁事件与解剖外星人之谜，将在20世纪末之前真相大白了。

然而，随着影片的播放，人们却对当中的许多细节产生了怀疑。

当时人们看了之后提出了一些疑点，在罗斯威尔就有军方的摄影师，而且是最早可以保守秘密的摄影师，为什么会在华盛顿再叫一个人过来呢，这没有必要。第二，美国当时尸体解剖都是用彩色电影来记录的，有声音。第三就是摄影师的技术很糟糕，根本达不到军方摄影师的水平。

本届国际飞碟大会的主办方英国飞碟研究协会，曾经在大会上郑重宣告，因为无法确定影片的真实性，愿意进一步地对其进行探讨，在大会上播放影片的目

的,就是要让它接受检验,所以,在邀请山提利讲述他如何拥有这部影片的经历之外,英国飞碟学会还邀请了各国的不同领域的专家对影片的细节进行分析。

而专家们的结论是,这部纪录片的真实性的确值得怀疑。

谁也无法想象,距这次大会11年后,这个谜团居然被一个意想不到的人公开了。2006年4月,全世界的媒体纷纷报道了一条惊人的消息:英国著名电视特技师哈姆菲雷斯首次向媒体承认,"解剖外星人"影片正是他和另外几名同行炮制的,这部轰动一时的黑白纪录片,并非是1947年在美国新墨西哥州罗斯威尔附近的沙漠上拍摄的,而是1995年在北伦敦卡姆登地区的一座公寓中拍摄的,发行商雷·山提利也是骗局制造者之一。

有关"罗斯威尔事件"的许多闹剧已经终结,但它的真正面纱仍然没有被揭开,显然,人们并没有找到关于事件的最终答案。

## 失踪53年的美国战机

1953年11月23日,美国密歇根州金罗斯空军基地的雷达控制员发现在美国苏·洛克斯上空的禁飞区域出现了一架不明飞行物。美国空军立即派出一架F-89"蝎子"战斗机升空进行调查。飞行员菲利克斯·蒙克拉和雷达观测员罗伯特·威尔逊驾驶战机向那个神秘飞行物追踪而去。

雷达显示,战机当时一直追踪UFO抵达美加边境的苏必利尔湖上空,并渐渐逼近UFO。然而接下来奇怪的事情发生了,战机和UFO融合在一起后从雷达屏幕上突然消失了。

UFO图片

## 惊魂的谜团

事后美国军方派出大量飞机和搜救队伍进行寻找,但始终没有找到失踪的F-89战斗机和两名机组人员的下落。调查人员唐纳德·凯霍尔说:"美国和加拿大的救援队地毯式地搜索了100英里(约160公里)宽的水域,但却没有找到F-89'蝎子'战斗机或UFO坠毁的任何痕迹。"

这架失踪的美军战斗机引发了许多阴谋论。有人称,当时战斗机追踪的是一架外星飞碟,由于它紧追不舍,可能已被外星飞碟绑架或摧毁。

失踪的F-89"蝎子"战斗机从此成了一个历史谜团。然而53年后的今天,总部位于密歇根州的北美五大湖潜水公司的潜水员和工程师们宣称,他们已经在苏必利尔湖底发现了当年失踪的这架美军战机。据悉,潜水员使用先进的声纳扫描仪器,在F-89战斗机最后失踪区域的湖底进行搜索,最终在大约150米深的水底发现了这架飞机的残骸。飞机的机鼻和一个机翼翼尖已经埋在了泥沙里,但飞机的左翼和一个水平尾翼却不翼而飞。

加拿大UFO专家戈德·希斯称,即使这架失踪50多年的美军飞机被找到,也并不意味着外星飞碟和它的坠毁事件没有关系。

## 神秘信号:"请指示我们到第四宇宙"

前苏联和美国两国科学家在研究一种来自外层空间的神秘无线电信号时透露这个信号是5万年前从某个星球发出的求救呼唤。

一位不愿透露身份的美国天文学家对说:"这是一个惊人突破,我们的电脑已成功地将这个无线电信号最主要的部分翻译了出来,大意是:请指示我们到第四宇宙,发生爆炸。我们处境十分危险。我们的位置在12银河系。"

这个奇异信息已由两国专家将其转换成人类可读的文字,但他们对此事却一直秘而不宣。

这位天文学家说:"十分简单,用数学计算,我们估计到这是一艘古代飞船,或是一个星球,它似乎正在寻找某些指引,以便帮他们脱离险境。这件事确实令人震惊。经过了努力,我们已经初步计算出那信息至少是5万年前发出的,也有可能更久。"

1924年8月20日下午1点50分至1924年8月23日晚上11点50分,进

## 外星生命大悬疑

行科学研究的阿姆哈斯特大学天文学教授迪皮德·特德博士要求在此期间所有发射强电波的电台临时停止广播。1924年8月22日晚7点至10点，乘坐英国军舰进行研究的特德博士发现：在火星最接近地球处（火星与地球间的距离为5600万公里），捕捉到了一种奇怪的电波。"这是怎么回事儿？会不会不是航天员发来的信号？"特德博士自语道。可是他始终未弄清这种奇怪的电波来自何方，表示什么意思。

1958年10月，人造卫星进入太空。在卫星上装置的大型电波跟踪装置也接收到来路不明、意思不清的奇怪电波。它使得美国和前苏联宇航基地的工作人员手足无措、大惑不解。

1974年3月12日，前苏联"火星6号"密封舱在火星上着陆，向地球发回了照片。从照片上可以清楚地看到了干裂的河床。这次调查否定了火星上存在高级生物、运河等推断，这也就否定了上述奇怪的电波来自火星的可能。

为什么在地球的这边才能收到外星的信息呢？

澳大利亚的无线电望远镜采用最先进的太空时代技术，有900万个频道。科学家们利用它收听到了外星播出的重复的高频率信息，在巨型天线使用不到几个小时，就收到了这些讯息。伯克雷斯博士回忆说："我们惊奇地听着那一连串的有音符的嘟嘟声。我们毫无疑问地确认，这是外星文明社会发给我们的信息。"

几天之后，无线电波突然改变了频率，嘟嘟声也中断了。寂静了不久后，接着传来了低沉的呻吟声。伯克雷斯博士说："那是外星人的声音，用的语言与我听到过的任何语言都不一样。那声音在不断地讲，中间偶尔出现嘟嘟声、咕噜声，好像他在清嗓子一样。我无法猜测他在说什么，但从那温柔的调子，我想他是在传递和平的信息。"

外星人的信息已被录音，并由世界各国专家们进行分析。在澳大利亚接收站，科学家夜以继日地工作，他们试图寻找到发出信息的那颗星球。

伯克雷斯博士说："一旦我们找到目标，我们会发出问候的讯息。"

如果真的有外星人存在，那么出于与我们人类同样的目的，他们一是会用无线电波联系，二是派遣飞行器出征，这也是情理之中的事。科学家们对此提出了以下的设想：假如外星人存在，那么外星人居住的行星较我们地球年长，其社会发展水平高于人类，他们能够制造出类似感染有机体的病毒那样能够进行自我繁殖和复制的机器。关于这一点是有科学根据的：人类已在20世纪90年代研制出第5

## 惊魂的谜团

代计算机——人工智能机，21世纪可采用生物芯片的有机计算机，之后，再发展到借助遗传工程技术，在分子范围内使计算机自我复制、自我组装。这时的机器人将具备高度的人工智能，能遵照人类的旨意完成各项任务。

因此，我们可以进一步假设，外星人已经掌握了计算机自我复制的技术，而且，由于科学技术的高度发展，外星人的寿命比人类的长，即使如此，外星人欲到其他星球去探索，仍将受到生老病死的限制，因此他们将委派机器人执行任务。

机器人从外星人居住地驾驶特殊飞行器出发，经过长途跋涉到达某个恒星系，并在那儿的行星上逗留，寻找智慧生物的踪迹，建立中转站，如果没有发现，再乘飞行器，飞向另一个恒星系。就这样一步步地调查，并随时将有关信息传递回去。由于机器人具有自我复制功能，因此能够自行修复，不存在机体损坏、智能衰退等弊病，而且能够产生新的机器人，它们或者留在中转站工作，或者开发行星再建造飞行器。

由此可见，当我们地球上接收外星人的讯息的时候，可能就是由这些正在工作着的机器人向大本营或相互之间进行联络呢。

1990年4月24日，美国发射了著名的"哈勃太空望远镜"，这个耗资15亿美元的太空望远镜是用来探索宇宙的，它的观测距离可达120至140亿光年，而目前地球上最好的太空望远镜只能观测到20亿光年距离的天体。

一位名叫海登·福斯特的高级飞碟专家说："无可置疑，这些外星人将我们对天体的观察看成是向他们领地进攻和最终攻占领地的第一步。因此，他们想将隐患扼杀在萌芽状态。"

哈勃望远镜在进入轨道不久，即发送回一组不明飞行物群朝地球飞来的照片。尽管美国政府最高层下令保持缄默，但是太空总署的几位高级官员还是证明了确有其事。

该望远镜共发现43架不明飞行物，它们编排成队朝地球飞来。一位不愿透露姓名的发射任务控制专家说："我们正想开始观察星系的不同部分，并试验望远镜各种设备工作情况时，突然发现43道强光，它们排列成三角形，情景十分恐怖。"这些不明飞行物形似铁钉，排成进攻队形，好像准备进行战斗一样。专家们估计，它们的飞行速度非常快，如果照这一航速飞行，用不了一年便能到达地球。但还不能肯定这些不明飞行物就是冲地球而来。假如是，它们的目的是什么？它们又从何而来呢？

外星生命大悬疑

## 英国的机密档案

　　英国曝光的一份叫做《神秘之光》的绝密报告,详细记载了驻英国东部皇家空军伍德布里奇基地的两名美军士兵1980年12月27日目击UFO的经过。据该基地副总指挥查尔斯·哈尔特中校报告,起初,执行任务的两名美国安全巡警发现基地后门外有"不寻常的光"。经上级批准,这两名巡警和另一名美军士兵开始对这一不明物体进行调查。

　　结果,"去调查的3人看到基地附近的树林里有一个奇怪的发光体,看上去是金属质地,呈三角形,边长2至3米,高2米。不明物体发出强烈的白色光芒,照亮了整个树林。它的顶部有规律地放射神秘的红光,底部则发出一片蓝光。但当3位士兵企图靠近时,不明物体突然转向,飞过树林后消失。当时,附近农场里的动物都

UFO 图片

狂躁不安。"但事情没有就此结束。一小时后,那个神秘飞行物再次回到了基地的后门处。更多的美军士兵目睹了这一奇异的场面。"树林上空又出现了太阳一般的红光,四处照射,然后静止。一时间,不明物体向四周发射出夺目的小光粒,接着分裂成5个白色物体,最后消失了。"

　　"刹那间,天空中出现3个星状物体,两个飞向北方,一个飞向南方,各在地平线上10度高处。这些物体都做快速的锐角运动,还发出红光、绿光和蓝光。通过电子透镜观察,这些物体均呈椭圆形,后来它们又变成圆形。飞向北方的物体在空中停留了一个小时左右,而飞往南方的物体在两三小时内一直清晰可见。"

　　当时,美国空军士兵曾试图用照相机将这一奇景拍摄下来,但后来发现胶卷

似乎出了问题,都无法成像。而且,基地的雷达竟然没有任何反应。

第二天早上,官兵们在不明飞行物出没的地带发现了3个圆形凹陷痕迹,显然是飞行物降落时造成的。经测量后发现,凹陷处的辐射量为0.1毫伦琴,比当地正常值高出10倍。

虽然美国媒体曾经有所报道这一被称为英国境内最著名的UFO目击事件,但是整个详细的目击档案一直存放在英国国防部,外界知者廖廖。

其实,对不明飞行物事件进行冷处理是英国政府特别是国防部的既定政策。在国防部看来,这些所谓的UFO,要么是附近活动的军机和雷达干扰设施造成雷达误判,要么就是人类自己的飞机,所谓的眩目光束不过是飞机机身对地面活动或太阳光的反射光。

英国政府一直将UFO的目击报告列为最高机密,国防部更是对UFO光临英国领空事件进行新闻封锁,并规定有关信息在30年后才能向公众公布。多年来,有关UFO的机密档案都存放在英国国防部一个鲜为人知的部门——2a秘书处。这是直属英国政府白厅下的一个秘密部门,其主要职责是收集所有不明飞行物飞越英国领空的报告,并将相关报告进行比较甄别,以从中找出不明飞行物的出没规律,并最终查出事件真相。

2000年,英国政府通过了新的《信息自由法》,对政府各机构公开政府信息做出了规定。英国政府开始对1980年UFO目击事件的绝密档案进行解密,并将信息在网上公布。可能还会有更多的UFO目击事件档案将在世人面前揭开其神秘面纱。

## 中央情报局的解释

近来,美国中央情报局自曝家底,终于向世人揭开了关于UFO的鲜为人知的真相。海恩斯是专门研究美国侦察机的历史学家,在翻阅了20世纪90年代中情局所有关于UFO的秘密内参后称,"1950年至1960年间,超过半数所谓的UFO实际上是有人驾驶的侦察飞机"。

海恩斯解释道,"当时的美国一方面假借UFO的报道来安抚民众对于前苏联空中入侵的恐慌,另一方面以此来麻痹被侦察国的防空警报系统,以达到混水摸

外星生命大悬疑

鱼的效果"。真可谓一箭双雕。

可是冷战思维的说法似乎并不能让人满意,实际上这其中还有诸多隐情,那就是美国当时有充分的理由让民众相信那些异常明亮的不明飞行物原来是非地球生命,这几乎已经是公开的秘密。美国政府之所以将UFO蒙上一层神秘的面纱,是因为美国当时最机密的两样情报收集"宝贝"A-12和SR-71,在飞临敌方上空时时刻受到致命的威胁。中情局于是想出释放UFO这枚"烟雾弹"来为其护航。

这场针对公众的欺骗开始于20世纪50年代的早期。这不得不从当时被视作绝密、直到现在还鲜为人知的A-12飞机说起。如果你在某个航天和航空博物馆里看到了一架貌似黑鹰SR-71的飞机,那么你实际上看到的可能只是A-12。

UFO 图片

早在1954年,当时的中央情报局负责人爱伦·杜勒斯就已经对这种性能先进的飞机做出了构想。根据研究美国航空史的史学家波尔·克里斯摩尔的说法,这项秘密计划的目标就是建造一种比U-2飞机飞得更高更快的侦察机。这项秘密计划最初被称作"感光板",然后是"兴趣",再后来是"牛车",直至第一架A-12模型出炉。

A-12之所以会在1959年与UFO结下"不解之缘",全有赖于大名鼎鼎的洛克希德公司的"功劳"。当时它建立了从加州帕尔梅拉到内华达州格罗姆湖的飞行试验基地。这就是被那些UFO迷称为"51区"的秘密军事基地,这个前飞行秘密测试基地位于美国内华达州的拉斯维加斯北部的100英里。A-12模型当时深藏在沙漠之中,四周又被核武器所包围。在经历了一系列严格苛刻的测试来检验其反射和吸收雷达波的能力之后,中央情报局对检测结果非常满意,当即订购了12架。

## 惊魂的谜团

洛克希德公司创造了令世人叹为观止的飞机，其卓越的性能在任何时代都傲视群雄。但要想飞机起飞，它需要强有力的发动机将其推至 3.2 马赫的初速度和 97600 英尺的高度。在 1962 年 2 月，Pratt & Whitney 宣布自己无力马上交出性能卓著的 J58 发动机产品。作为权宜之计，他们提供了一种功率较小的 J75 发动机，它可以将 A-12 推到 50000 英尺的高度，速度达到 1.6 马赫。中情局的工程师们在做了这样一个计算之后接受了这个提议，那就是一架装备了一对 J75 发动机的 A-12 战斗机，飞行速度应该可以快于 2 马赫。F-117A 和 SR-71 造型古怪，可以反射雷达波，人们常常因为它们怪异的长相而将其误认为 UFO。

为了安抚那些掌管着设计小组"钱袋子"的头头们，洛克希德试飞员比尔·帕克冒着生命危险以史无前例的 2 马赫的速度向下俯冲。尽管还是没有达到预计速度，但多少减轻了设计小组承受的压力，同时还翻开了"UFO"历史上新的篇章。

那些神出鬼没的"UFO"最令所有专家困惑的一大特征就是它们可以突然来一个向下俯冲，盘旋一阵之后，又以惊人速度昂首笑傲蓝天。这个被称作"深海遨游"的飞行动作只不过是 A-12 和 SR-71（以及其用 J58 发动机装备后的改进机型）在做一次例行表演罢了。

前美国空军第九战略侦察大队的一名军官曾写了一本名为《SR-71 揭秘》的书。书中详细披露了这招"深海遨游"。在飞机的加力燃烧室开始燃烧之后，飞行员首先爬高到 30000 英尺。爬至大约 33000 英尺的高度，飞机的速度达到了 0.95 马赫。这时灵敏的"嗅觉"告诉他，自己的上方有敌机出没。于是，他就以 30 度的倾角和每分钟 3000 英尺的速度向下降落。大约 10 到 20 秒之后，飞行员又迅速将飞机拉起，转而以两倍于音速的速度直冲云霄。

SR-71 的另一个与 UFO 十分相像的特征就是：其尾气周期性地呈现出绿色。SR-71 燃烧的是经过改进后的耐高温、高燃点的燃料。克里斯摩尔回忆道，"早期的一种绰号为'饱嗝'的低燃点燃料，使得 J58 发动机无论如何都发动不了。"这个难题的最终解决是由于后来引进了一种只有接触大气才会爆炸的化学物质。格兰汉姆说，这种化学物质对于发动机起动是不可或缺的，对于加力燃烧室来说，同样如此。每当在空中为高耗能的 SR-71 补给燃料时，它就使人误以为这是 UFO 在闪闪发亮。

这种绿色的闪光以及"深海遨游"，从几英里之外就可以被观测到。如果敌方知道它是侦察飞机的话，地面上的目标有足够的时间来隐藏那些侦察飞机感兴

趣的军事目标,以防其偷拍。

令人惊奇的是,UFO 在美国西南部的来去行踪与秘密侦察飞机的活动惊人地"巧合"。UFO 活动最频繁的时候恰好是 F-117A 秘密侦察飞机在"51 区"的测试最密集的时候。也许这诸多"巧合"背后隐藏着许多未解之谜的答案。

# 到底有没有外星人

## 地球人向外星人伸出了手

1959 年,英国焦德雷尔班克无线电天文观测台台长伯纳德·洛弗尔先生接到一位瑞士同行的来信。这位美籍教授科科尼在信中向他阐述了宇宙中到处都有生命存在的理由。教授写道:"在某些星球上很有可能存在着比人还要先进的动物。"几乎与此同时,剑桥大学霍伊尔教授于 1960 年也发表谈话说:"不应当把谋求同外星文明取得联系的努力看作是科学家们的心血来潮,而应当把它看做是我们人类文明正常发展的前景。"科科尼教授在这方面起了带头作用。他制定了世界第一个科学计划,准备记录外星文明向深邃的宇宙中发射的智能信号。美国弗吉尼亚州的格林·班克无线电天文观测台对此计划非常重视,当时探测可能住有居民的只是 10 个星系,科学家们设想这些星系都有自己的"太阳"。科科尼选择的探测目标是两颗星:10.7 光年远的 Tau Ceti 和 10.9 光年远的 Epsilon Eridani。这两颗星,其特点很像我们的太阳:旋转慢(这表明它们周围可能会有行星存在)和年龄相同(约 50 亿年)。由于这些星体离我们地球较近,因此天体物理学家对它们的认识较全面。一些大胆的科学家们还设想,在这两个星系里可能存在着神一般的同形同性的智能。在承认宇宙里还存在着别的生命的同时,一般人又无意识地认为"他们一定与我们一样"。鉴于这种原因,科科尼感到有必要到其他"太阳系"里去探索。

科科尼接着在《自然》这个最优秀的科学杂志上发表了自己计划的细节,当

## 惊魂的谜团

即得到了美国的弗兰克·德雷克和威廉·沃尔特曼两位博士的支持，他们迫切希望尽快落实这项鼓舞人心的"奥兹玛计划"。他们获准可在短时期内利用美国格林·班克射电望远镜，对那两颗星体进行测听。弗兰克·德雷克和威廉·沃尔特曼满怀激情地日夜守在仪器旁，聚精会神地一连听了3个月，但希望破灭了，热情冷下来了，他们什么也没有收听到。外星人并不住在这两个星体上，或者虽住有外星生命，但他们较为低级，还不知道如何发射无线电信号。当然，也许他们是十分高级的动物，发射的是我们的技术无法收到的另一种信号。还有一种可能性是，他们所选择的波长是德雷克和沃尔特曼博士所不能收到的。

有一个困难是很难解决的，即收听外星人的信号时应该用怎样的波长。举个具体例子来说，1997年，巴黎的一些生态学家在调频时发现了一些从未听到过的电脉冲。这些好奇者只知道事件发生在18时左右，但不知道波长是多少。他们不得不一再旋转旋钮，希望能再次找到先前听到的那个电波。可是这些好奇者没有成功……上述两位美国天文学家3个月的经历也许与这些巴黎的好奇者一样吧。他们根据科科尼的建议，决定采用21厘米的波长——即氢波长，来收听外星文明的信号。可是这一点真有把握吗？两位美国博士已经听了3个月，"奥兹玛计划"已遭失败。因此，一些科学家拒绝科科尼的建议，主张使用21厘米的半数（即10.5厘米）或双倍数（即42厘米）的波长来测听，认为这样的成功几率最高。

在1960年5月至7月进行的"奥兹玛计划"——第一个测听外星人文明信号的计划——失败以后，世界各国的科学家又进行了多次尝试。

1976年4月6日，全世界的宇宙探索者汇集到了巴黎，专门讨论与外星文明通讯联系的问题。与会者们对"奥兹玛计划"以来16年的探索进行了回顾。在法国航空和航天协会的提议下，大家就"塞蒂"——即同外星智能取得联系问题展开了热烈的讨论。

这次会议是人类在探索外星人的征途上迈出的新的一步。众所周知，1953年斯坦利·米勒做的"原汤"实验是这方面的第一步，"原汤"经过化学演变创造出了氨基酸这一生命的要素；1957年10月，人类破天荒第一次冲破了地球的引力，把第一颗人造卫星送入轨道，这是探索宇宙的第二步；第三步就是"奥兹玛计划"，以及承认宇宙间另一些行星上可能存在着智能生命，我们希望与这些智能生命发生接触，哪怕是单方面的联系也行。这一次，1976年4月6日的巴黎会议，全世界的科学家改变了过去独立研究的局面，济济一堂，共商"塞蒂"大计。

外星生命大悬疑

科学家们在"塞蒂"问题上的另一个重大变化是由被动转向主动：先前只是被动地收听别的世界可能发来的无线电信号，而现在已是主动地向太空发射电波了。这可以说是地球人探索宇宙生命的第四步。且1974年11月16日，在美国的波多黎各岛，世界著名的强大的阿雷西博射电望远镜向Messier-13星团发射了一束无线电信号，共有1679个双重符号，分为73行，每行23个符号。其中有一组符号是一个男人和一个女人，女人身边还有一个孩子。

这些符号在广阔无垠的太空中实在渺小得可怜，而且我们在宇宙中的形象一定会发生变形，可能，谁也不会收到它。然而，这是我们地球人对外星人的第一声问候。这个创举在心理上起着决定性的意义：从此以后，人们再也不会忽视星际通讯的尝试了。从前，我们总是沾沾自喜地认为地球是宇宙万物的中心，但此后，人类对自己在宇宙空间所占的位置以及自己在万物生灵中所占的地位开始有一个恰如其分的估计了。"奥兹玛计划"似乎已是十分遥远的过去了。从那以后，美国人和前苏联人又组织了七次大规模的监听活动，监听的波长各不相同，所用的仪器越来越精密高级。其中有五个监听计划现在还在实施之中。

直到1977年，全世界计有70多位著名的科学家致力于星际无线电通信的研究工作。就目前来说，星际通讯网已经建立，只是还没有与外星人联系上……

## 搜寻地外生命

远离扰乱视线的城市灯火、炫目光辉和黄色烟雾，夏威夷岛上海拔4205米的冒纳凯阿火山的顶峰直插云霄。因为夏威夷岛被温度变化非常稳定的海洋所包围，所以冒纳凯阿火山的顶峰得以沐浴在清洁、平静、干燥的空气中。对于天文学观测来说这是一个十分理想的环境——十余个世界上最好的望远镜架设在这里。

其中特别重要的是WM凯克观测台，它由两台安装了直径达10米的巨大反射镜的天文望远镜组成，其中每台都有8层楼高、300吨重。这两台分别于1993年和1996年安装完成的凯克望远镜一直在帮助主要的行星搜寻者——加利福尼亚大学的保罗·巴特勒和卡内基学会的杰弗里·马西探测太阳系外行星。

在过去的5年时间里科学家总共发现了大约40颗围绕着遥远的恒星旋转

## 惊魂的谜团

的太阳系外行星,其中 25 颗是巴特勒和马西发现的。这些太阳系外行星中的大多数是像木星一样被气体包围着的巨大行星,它们的运行轨道与其中心恒星的距离非常近,而且这些行星太大、太热,就我们所知,任何生命形态都无法在这样的行星上维持生存。但是 2001 年 3 月 29 日,巴特勒和马西报告说他们发现了两颗体积比土星还小的行星——这是朝着发现像地球一样适于居住的太阳系外行星迈出的重要一步。

因此,这两位行星搜寻者不仅在天文学界享有很高的声望,而且任何对于"地球是不是宇宙中唯一有生命存在的星球,或者宇宙中是否有其他的生存形式存在"这样的问题感兴趣的人都

宇航员登月

知道他们的鼎鼎大名。凭借自己丰富的想象力和不辞辛劳的工作,他们找到了一种方法来确定有可能产生生命的行星的位置,从而将上面提到的这个问题从人们的推测变成了科学。他们的努力已经使人们对于地外生命存在的可能性产生了很强的信心,以至于一个全新的科学领域——天体生物学(研究宇宙生命的科学)迅速发展了起来。

目前,科学家还无法对太阳系外行星进行直接搜寻。恒星发出的光芒使科学家不可能看到任何也许正在围绕它们旋转的天体。巴特勒和马西发明了一种极具独创性的方法——多普勒技术,这种方法的工作原理与多普勒效应(当汽车或火车从你身边经过时它们发出的声波听起来好像一直都在改变频率)的原理一样。

多普勒效应在天文学上的对应现象被称为红移。从 1987 年开始,巴特勒和

## 外星生命大悬疑

马西花了 8 年时间全力研究红移现象。他们认为,如果一颗恒星周围存在着一颗围绕它旋转的行星,那么这颗行星的引力就会使恒星出现轻微的"摇摆",就像地球和太阳系中的其他行星使太阳发生摇摆一样。这种摇摆会使恒星的光波在恒星朝向地球和背离地球的摇摆运动过程中在光谱的蓝端与红端之间交替运动。他们认为,如果你可以测量到这种红移和蓝移现象,那么你就可以发现太阳系外行星的存在,而且利用这些数据你甚至可以分析出它们的质量和运行轨道。

但是,这种红移和蓝移现象在穿过遥远的宇宙空间之后会变得非常微小——如果你从 30 光年以外的地方观察太阳,它的周期性摇摆的弧形角的大小将只有七百万分之一度。为了利用多普勒方法对恒星及其行星进行准确地分析,必须使恒星摇摆速度的测量结果精确到 10 米/秒以内。

马西和巴特勒是在 1995 年 12 月 30 日发现第一颗太阳系外行星的。那时马西已经回到他加利福尼亚伯克利的家中,和他的妻子一起准备新年前夜的聚会。巴特勒还在办公室凝视着计算机屏幕上显示的看起来好像是一些随机数据点的东西。他正在寻找一种预示这项试验成功的数据点模式——一条将所有的数据点连接到一起的蛇形曲线,就像心脏监护示波器上显示的心跳曲线一样。只有这样的曲线才可以证明他们正在寻找的摇摆,进而证明太阳系外行星的存在。

当计算机软件显示出这样一条曲线时,屏幕上的每个数据点都正好位于这条曲线上或者与这条曲线非常接近。计算机屏幕上没有一个远离这条曲线的数据点。这正是巴特勒和马西 8 年来一直在梦想能够找到的数据点模式。

这些太阳系外行星使天文学界感到震惊并且动摇了所有现存理论的主要原因是它们的运行轨道都呈现出非常明显的椭圆形。太阳系的大多数行星都在沿着近似于圆形的轨道运动,当你考虑到行星很可能是在圆形的原行星气体、冰和尘埃组成的盘状物(就像我们在猎户座星云中看到的圆盘一样)中形成的时候,你就会觉得行星沿着圆形的轨道运动是很有道理的。那么太阳系外行星的运行轨道为什么会呈现出明显的椭圆形呢?

巴特勒和马西指出,解释这一现象的最佳线索来自彗星。彗星形成时的运行轨道是圆形的,但是如果它们从距离行星很近的地方经过,彗星的运行轨道就会在引力的作用下迅速变成非常明显的椭圆形——这就是为什么我们很少在内太阳系看到它们的原因。

这一理论还可以解释为什么科学家目前发现的太阳系外行星中有许多是被

## 惊魂的谜团

气体包围的巨大行星,而且它们的运行轨道与其中心恒星的距离近得令人难以置信。任何体积与地球相当的行星如果与其中心恒星过于接近都很有可能被其强大的引力甩出该行星系。

巴特勒和马西指出:"我们的银河系中一定存在着数以万亿计、体积与地球相当而且正在四处闲逛的行星——它们是一些毫无目的在星际空间中游荡的阴暗的巨型岩石。"他们得出结论认为,太阳系可能是一个比较少见的行星有序排列的例子,八大行星静静地运行在各自的圆形轨道上,而且在这一过程中奇迹般地避免了任何形式的碰撞。

但是,天体生物学家们并不希望听到太阳系可能是一个反常的完美特例的说法。运行轨道呈现明显的椭圆形的行星不可能成为生命的避风港——行星与其中心恒星距离的变化引起的巨大温度波动会敲响代表死亡的丧钟,甚至连最顽强的生物化学分子也无法幸免。同样,这些巨大的被气体包围的行星的运行轨道与其中心恒星的距离如此之近,以至于在某些情况下它们的公转周期只有3天,而1500°的表面温度对于任何生命来说都实在是太高了。

但是这并不等于说地外生命存在的希望已经完全破灭。为什么只有一些巨大的行星在与其中心恒星距离非常近的轨道上运行?到目前为止,科学家们已经发现这可能只是因为它们是最容易发现的行星。

这就是为什么人们对于巴特勒和马西发现的两颗比土星还小、围绕鲸鱼座79(也被称为HD 16141)和HD46375(这两颗恒星与地球的距离均为大约110光年)运行的行星会感到如此兴奋的原因。

尽管巴特勒和马西认为有许多行星被其所在的行星系甩了出来,但是他们对于适合生命生活的理想行星(被称为"金发女郎"行星)的存在仍然充满了信心。巴特勒指出:"银河系中的2000亿颗恒星中大约有10%拥有巨大的、很容易发现的行星。看起来很有可能其余恒星中的大多数周围也有行星存在,但是我们目前还没有掌握探测这些行星的技术。"

在这些统计数字的鼓舞下,美国航天局现在对天体生物学事业充满了信心,以至于它已经建立了一个被称为"起源"的大型研究计划,该计划在未来的20年时间里将把更为精密复杂的天文望远镜送入太空,以便对那些拥有适当的条件、可以维持生命存在的行星直接观测。

科学家对于生命存在到底需要哪些条件仍然争论不休。因为目前我们对于

## 外星生命大悬疑

可以维持生命存在的行星只掌握着唯一的一个例子——我们自己的地球——所以我们几乎没有办法知道答案。巴特勒指出:"(宇宙其他地方的)生命很可能必须建立在碳和水的基础上。不然的话,我们所有的推测就都会失去依据。"因此,一颗"金发女郎"行星的运行轨道必须是圆形的,而且它与其中心恒星的距离应该为大约一个天文单位,这颗行星的表面温度必须使水可以以液态形式存在。

哥白尼、牛顿和开普勒等天文学家通过计算行星围绕太阳运动的规律改变了我们对于自己在宇宙中位置的看法,而这些行星搜寻者通过发现宇宙中其他的行星正在造成同样的影响,他们发现类似地球的天体以及我们最终确定地球生命是否是宇宙中唯一的生命形态只是个时间问题。

## UFO 绑架地球人

尽管我们无法推测 UFO 访问地球的真正目的是什么,但 UFO 的确给曾接触过他们的地球人带来许多的烦恼和痛苦。不少与 UFO 接触过的人都把这种接触称作被绑架。

据一位研究 UFO 的荷兰科学家史信尔博士说,每年地球上有上万人神秘地失踪,这些人大都被外星人掳掠而去。

1975 年 1 月 5 日凌晨 3 时,南美洲阿根廷拜亚布兰加市一名男子从餐厅走出来,他名叫卡罗斯·阿尔贝特·狄亚斯(28 岁),在这家餐厅当侍者,从晚上 8 时工作到翌晨 3 时,当天有个慈善团体举办宴会,刚刚才把工作忙完。他有一妻一子,虽然年纪还轻,但收入不错,家庭也很美满。

狄亚斯提着装侍者服装的手提包,腋下夹着刚买的报纸,像往常一样搭乘巴士回家,大约 3 时 30 分在自己住宅附近的站牌下车。附近漆黑,他快步走回家。

当他走到距家大约 50 米处,突然有一道闪光照亮周围。狄亚斯最先以为是闪电,但光线却一直没有消失,而且久久没有雷声响起。狄亚斯心觉诧异便停下来,环顾一下周围,竟然发现有一道圆筒状的光柱如笼罩他一般由上方垂直照射下来!

狄亚斯惊恐不已,想拔腿逃回家,但全身宛如中了定身符一般,僵硬无法动弹。这时他听见一阵蜜蜂般的嗡嗡声,而他的身体便开始向上浮起来。

## 惊魂的谜团

狄亚斯吓得想尖叫,但不知为什么却叫不出声音。他只记得被吸离地面 50 厘米,以后他便不省人事了……

狄亚斯醒过来时,发现自己一丝不挂仰面躺在床上,那种床上有点像医院的手术台。

这是一间奇怪的房间,呈半球形,好像倒扣着的碗,墙壁是半透明的……好像是塑胶的,室内直径 2.5 米,高约 3 米,但没有家具,也没有照明器具、机械装置。但室内却一片通明,是的,墙壁好像散发淡淡的光线……地板有一些孔,也许空气就从那儿流进来的……"这是什么地方?"

狄亚斯整理朦胧的记忆,追忆了好一会才想起他刚才快到家时所发生的可怕遭遇。

"是的,我被那个光筒掳来这儿的!"

他感到强烈的恐惧与不安,吓得全身直发抖,然而更可怕的事情还在后面。

三个有点像人的奇怪生物不声不响进入室内。狄亚斯第一眼看见他们时几乎昏过去。他们虽然形状像人,但没有头发,而且是连眼睛、鼻子、嘴巴都没有的"蛋脸",头与脸是绿色的,身高大约 180 厘米,但脸孔只有人类的一半,身穿乳白色像是橡胶制的罩衫,身材高瘦,手臂也有两条,但没有

外星人绑架人类

手指,前端圆圆的,像木棒一样,看来令人作呕。皮肤部分是光滑的,连一根毛也没有。

狄亚斯以为是幻觉或者做噩梦,便睁大眼睛凝视,但三个怪生物的确就在那

## 外星生命大悬疑

儿,不仅如此,其中一个还走近他身边,伸出他那野兽般的手臂。

狄亚斯以为对方要杀他,不禁喊叫起来,但怪生物只是拔下他一根头发。狄亚斯镇定下来,但怪生物又伸出魔手,再次拔下他一根头发,怪生物一再地重复这个动作。狄亚斯想反抗,但不知为何却全身僵硬,手脚完全无法移动。

怪生物那木棒般的手臂前端似乎长有吸盘之类的东西,只要按在狄亚斯头上就可轻易地拔下他的头发,而且不可思议的是,狄亚斯一点也不感觉疼痛。一会儿,轮到他的胸毛,并且像在观察狄亚斯一般缓缓绕着床边走。

"我也许会被杀掉。"狄亚斯意识到,他再度感觉意识蒙眬,最后完全昏迷了。狄亚斯再度恢复意识时,发现自己躺在草地上。夜色已经消失,阳光灿烂耀眼。不远处传来汽车来来往往的声音,狄亚斯转头一看,原来是高速公路,但周围的景色他却很陌生。

好像逃过一劫了,狄亚斯先是一阵安心,然后看看自己的周围。他离开餐厅时携带的手提包、在餐厅入口处购买的报纸就摆在他身边的草地上。

"我在做噩梦吗?我从来不喝酒喝到醉倒野外的。况且,我还清楚地记得走下巴士,快到家……我又如何躺在高速公路旁的呢?那个时候可是深夜的3点半……"

狄亚斯连忙看一看手表,指针停在3时50分。他突然感到身体不舒服,想作呕,一会儿又瘫倒在地。

数分钟后,一位开车经过高速公路的男子发现倒在地上痛苦挣扎的狄亚斯,便送他到布宜诺斯艾利斯的中央铁路医院。到达医院大约是5号早晨8时。

医生诊察狄亚斯,最先以为他头部受到严重撞击而发生记忆错乱,因为狄亚斯最先昏迷的地点与被人发现的地点相距800公里之遥,除非乘坐高性能直升机,否则实难在如此之短的时间内移动800公里。而且,这位奇怪的患者满口胡言乱语,荒谬绝伦。

狄亚斯受到该医院46位医师长达四天的轮流质询与诊察,结果发现他有多根发毛与胸毛脱落,另外查出目眩、胃肠不顺、食欲不振等症状。与此同时,医生们对他进行了彻底的脑部检查,但却找不到任何异常。

住在美国纽约郊区的哈德逊也遭到过飞碟的劫持,外星人还对他进行各种身体检查、测试,最后将一个小圆球植入他的额头里,这个小球用x光透视看不出来,如果采用磁力图像法是可以发现的。

## 惊魂的谜团

美国秘密文件记载,在他之前,地球上至少有四个人身上被植入外星人的微型仪器装置。例如在1971年的一天晚上,美国俄勒冈州有一位妇人,在睡前突然感到头盖骨产生奇异的感觉,原来是两位外星人在动她脑部骨头的手术,她总觉得有件东西被深置在头盖骨下,当她一恢复知觉后,就入睡了。

事后,她请一位神奇通灵的人,为她回忆。结果发现,她的脑部被动过手术,外星人在她的脑中放了一个宇宙无线电接受器。

一般认为,外星人这样做,可能有以下原因:

(1) 监视地球人的生理机能。

(2) 为了让人履行他们的命令的接受器,属通讯装置。

(3) 可能为进行某种遗传基因工程而植入。

(4) 也许为了掌握被选定为实验目标的人,用于跟踪的仪器。

## 外星人长什么样

"绿色小人"身材不高,一颗硕大的光头,眼睛是一对乌黑的外斜视小坑,几乎没有耳朵,尖下巴,有一张小嘴和一个小鼻子。斯蒂文·斯皮尔伯格在1977年的电影《第三类亲密接触》中,第一次将外星人的形象带入人们的视线,如今大家都已看惯了这副模样。他们的样子有些像畸形人,但不让人觉得反感。这是为什么呢?因为他们身上有很多人性的东西?

据说在"飞碟"里停留过的人所描述的外星人都是这样一副模样。

目前,各国的不明飞行物专家都掌握了一些可靠的有关外星人的目击报告。从这些目击报告来看,人们所见到的外星人大致可分成以下3类,即:

(1) 矮人型类人生命体;

(2) 蒙古人型类人生命体;

(3) 巨爪型类人生命体。

矮人型类人生命体——矮人型类人生命体也被我们叫宇宙中的侏儒。他们的身高从0.9米至1.35米。同自己矮小的身躯相比,他们的脑袋显得很大,前额又高又凸,好像没有耳朵,或者说他们的耳朵太小,目击者很难看清。

他们目光呆滞,双目圆睁,说明其双眼对光线几乎毫无感觉。他们的鼻子很

像地球人的鼻子,但有些目击者说,他们所见到的矮人的鼻子是在面孔中间的两道缝。矮人型类人生命体的嘴象一个没有嘴唇的口子一样,或者是一个非常圆的、有奇怪皱纹的孔。他们的下巴又尖又小。他们的两只手臂挺长,脖颈肥大。然而,他们的双肩却又宽又壮。

电影中的外星人的模样

据目击者说,这些矮人型类人生命体都身穿金属制上衣连裤服或是潜水服。有人曾看到过一小群这样的矮人,当时目击者还认为他们是外形丑陋的类人猿。这些矮人的两侧好像并不对称,他们身躯的左部似乎比右部肥大些。

蒙古人型类生命体——这种类人生命体的身长在1.20米至1.80米之间。从总体上看,他们各个部位之间都很协调,没有任何丑陋的地方。他们的形态在各个部位都与地球人相近。如果要把他们与地球上的某个民族相比,他们很像是亚洲人。他们的肤色黝黑黝黑的。

1954年10月10日,马里尤斯·德威尔德先生发现了一个不明飞行物停在他家附近,尔后从这个飞行物中走出来一个类人生命体。德威尔德先生说:"我所看到的这个类人生命体戴着透明的、柔软的头盔。尽管天色有些黑,我还是看清了他的脸、耳朵和头发。这个'人'看上去很像亚洲人,面部像蒙古人,他的下巴宽宽的,高颧骨、浓眉毛,双眼呈栗色,很像那种有蒙古褶的眼睛。他的皮肤很黑。"

至于服装,他们穿的是很贴身的上衣连裤服,就像宇航员的宇宙服一样。

从专家们收集到的有关类人生命体的报告来看,这一类最常见。

巨爪型类人生命体——这种类人生命体在50年代发生的世界性第一次不

明飞行物风潮之后就再也没人看到过。专家们说，人们主要在南美洲的委内瑞拉发现过爪型类人生命体。

据目击者们讲，这些类人生命体都赤身裸体，不穿任何衣服。他们的身高在0.60至2.10米之间不等。他们的手臂特别长，同其身躯相比极不相称。手是巨型的大爪子。

1958年11月28日凌晨2点，两名加拉加斯市（委内瑞拉）的长途卡车驾驶员看到了一个巨型的、闪闪发光的圆盘在地上着陆，尔后从圆盘中走出了一些巨爪型的类人生命体。他们先看到的外星人是一个浑身发光、头披长发的侏儒，这个侏儒一步一步地朝他们走来。当侏儒逐渐离他们非常近的时候，一个司机朝侏儒扑了过去，企图把他逮住。这样，司机就与外星人搏斗起来。侏儒力大无比，一下子就把司机打翻在地，接着就向圆盘跑去。此刻，其他类人生命体从圆盘中出来解救自己的伙伴。尔后，他们都消失在圆盘中。由于目击者是在近距离看到类人生命体的，所以他告诉调查这次事件的专家们说，这个侏儒有像爪子一样的手指，他的手是有蹼的。1954年12月10日，在阿根廷的奇科；同年12月16日，在阿根廷的圣卡洛斯都曾发生过类似的事件。

## 外星人的衣食问题

美国一些专门研究不明飞行物的科学部门，电脑里都储存着有关光着身子的外星人的事例。多数目击者报告指出外星人基本上都是穿戴整齐，而且多数人相信这些穿戴并非为了御寒，更不是出于遮羞的目的，这些衣服无疑是抵御放射线或防止污染的，也许还能防热。而在有些目击事例中，外星人告诉目击者：他们害怕太阳，总要以保护肢体为主要目标。从已掌握的信息看，除个别情况外，外星人的衣服几乎是千篇一律的，用整块料子制成的上衣连裤服，没有缝制的痕迹，也没有口袋或纽扣之类的东西，区别在于衣服的颜色，有白色、灰色、金属色、红色、蓝色，大部分飞碟乘员衣服的颜色和所乘的飞碟外表的色泽相一致。有些外星人衣服上有某种标志或其他附属物，有的胳膊上有金属板，似乎用于电子通信。例如，1965年8月，美国拉克德福勒斯案例中就有这类情况。1957年10月16日，巴西圣佛朗西斯事件中发现的外星人胸前有反光镜。另外，1979

## 外星生命大悬疑

年6月28日,巴西米拉索金案件中,飞碟上乘员的身体前部都挂着一个金属十字架。1978年1月20日,巴西库依巴事件中,飞碟上外星人身前都挂着金属圆环。这些十字架和金属圆环都闪着金属的光泽,有些类似我们古代的铠甲。当然,它们完全可能是别的什么东西,只是其真正的用途还不详,也许是某种外星宗教的标志……

有的外星人左臂上有一只展翅欲飞的鸟。此类现象罕见,只发现一例。1967年5月,马达加斯加岛上的居民目睹几个站在飞碟旁的外星人左臂上都有一只展翅欲飞的鸟。还有的外星人腰带上挂着一个星型饰物、发光的椭圆物,或发光的环形物,这类现象倒有不少。有人见过的外星人头上有斗篷,这斗篷与上衣连裤服是连在一起的。有的外星人戴着面具,最常见的是戴着一顶宇航员那样的头盔。不过它与地球人的头盔不同,这些头盔通常

外星人图片

跟背部的一个盒子相通,它可能是有特殊用途的。

也有的目击者报告说,外星人上衣连裤服是深蓝色的、彩虹色的,都是发光的,有的甚至发金属光泽。也有穿着发光的黑色衣服,都是整块料子制成的,没有缝接的地方。看来,外星人的穿着十分考究,可谓"天衣无缝"。

有的报告说,外星人的腰带、靴子也发光,有的腰带很宽大。

一些专家认为,外星人的穿戴是不尽一致的。从表面看来,大部分外星人有一种上衣连裤服,全身没有一点空隙,类似地球人的太空服。外星人可能没有地球人这种无线电,他们用的是遥感等先进技术之类的替代物。从一些报告事例来

## 惊魂的谜团

看,外星人没有温度概念,无须穿衣服保暖。完全不用地球上太空人那一套装备。还有其他格式的奇装异服及其相关的科学解释,千奇百怪,不一而足。当然,这些显然是他们外出时穿的,他们平时在家里穿什么没人知道。

另外,人类对外星人的饮食就知道得很少了,因为没有人看到过他们进餐,甚至也不知道他们是否吃饭。而从外星人的解剖数据来看,我们对他们的消化系统的研究只是使我们更加茫然。只有一次例外,外星人送给了地球人一块饼。1961年4月,在美国威斯康星州,一个外星矮人走下飞碟,来到目击者面前,拿出一个有两个把手的瓦罐,做出喝水的样子。目击者给他倒了水,作为报答矮人给他一块饼,后经实验室化验、分析,这块饼的成分是地球上没有的。

## 外星人的替身

有关外星人替身的说法,专家一致认为,他们由某种同人类相近的生物改造而成,或者属于模拟人体制造的生物机器人或被改造了身体的外星人。

他们有超常的能力,更能适应非同寻常的宇宙航行以及各种不同星球的生活环境,他们是受来自外星基地、外星母船或母星本土所遥控的。

外国有的人自称是火星人,有的说是金星人,甚至有的说自己来自于昴宿星团等等……都说明外星人替身的说法是千真万确的,只因地球人文化落后,尚未达到认识的地步。

外星人将地球人的躯体留下,替换为外星人的神经、大脑和思维,和地球人生活在一起,但为外星人服务。

外星人利用生物遗传工程或人工合成地球人的机体外壳,安装上外星人的大脑、神经、思维。制造一种地球人的躯体、外星人头脑的族类,担负着外星人特殊的使命。

很多迹象表明,他们这样做,不单纯是为了便于考察活动,还有不为人知的企图和目的……

有的目击者在被飞碟外星人绑架后,许多年还说心中闪现着过去的生活情景,还有一些人发现自己在过去的生活是外星人。

而这种再生的概念总是和接触飞碟外星人并存,可见他们之间确实存在着

## 外星生命大悬疑

一种不为人知的边缘关系。

实际上他们都是受控于外星人的,在很多的绑架事件中,有的就属于他们的替身。在地球人听来,可能感到很惊奇,但他的存在是肯定无疑的。许多专家学者,都做了不同程度的论述,并且提出了更确切的、富有说服力的证据。

外星人将自己丑陋难堪的外形,改造成和地球人相同的模样,主要的目的,可能是为了便于考察、探索地球,研究地球上的人类……这样才不会引起地球人的反目与惊恐,有利于他们宇宙考察的工作。不过我们完全相信,在那样先进文明的国度里,回到本土后他们还会恢复本来面目的。

有人推测到22世纪有可能组合成特定遗传结构的复制密码,将其发送至遥控的宇宙星球上去,在新的星球上复制或发展成新的人类种族,在入境的108种外星人当中,有的外星人就属此类。

其实宇宙外星人早就实现了这个目标,而且有的外星人根本就不是胎主,有的纯属是人工合成的族类,在飞碟、外星人案例中已经得到证实。

有个外星人替身叫鲁卡特。鲁卡特是a6号星上的外星人替身。20年前,a6号星上的飞碟带走了一个秘鲁人鲁卡特。他们把自己的内脏器官装到鲁卡特的身上,作为替身,派到地球上来,以便考察地球。

此后,鲁卡特用传感信息,将地球上的研究资料和一切信息发送给a6号星飞来的飞碟。在古巴、日本这样的人,也有发现。

美国好莱坞曾来过一位外星人替身。美国在拍摄反映宇宙太空战争的影片,招聘特技演员,其中一位神奇的应聘者,在试验镜头时,他神秘地按一下自备的微型传真机键盘,顿时摄影棚里显示出繁星点点,一艘巨型的太空飞船与太空宇宙人迎面而来,屏面上的外星人拥有绿色的面孔、数不清的牙齿和面部的皱纹,甚至体内流动的液体依稀可见。有人认为,他是一位外星人的替身。

后来警方将他拘捕关押起来,顿时好莱坞所有制片地区,都突然像地震一样晃动起来,人们惊恐万状。有悟性灵感的导演,发现这是奇人魔力造成的,当他来到监狱看他的时候,应聘的奇才早已消失。不知去向……

**惊魂**的谜团

## 外星人之谜将在 2020 年前揭晓

  一场由科学家们唱主角的寻找外星生命的竞争已经悄悄打响。这项竞争之所以对科学家们极具诱惑力，无外乎两个因素：一是每个参与竞争的科学家都在冲向完全不同的终点线；二是不管研究的手段如何多种多样，其结果可能每个人都是最终的胜利者。

  由于人们在火星陨石中找到了微生物化石，再加上大量的外星人造访地球的报道，不少民众认为外星生命存在的事实已经无须质疑了，但是不甘心的科学家则对现有证据持怀疑态度，因为这些证据实在不足以证明外星生命的存在。

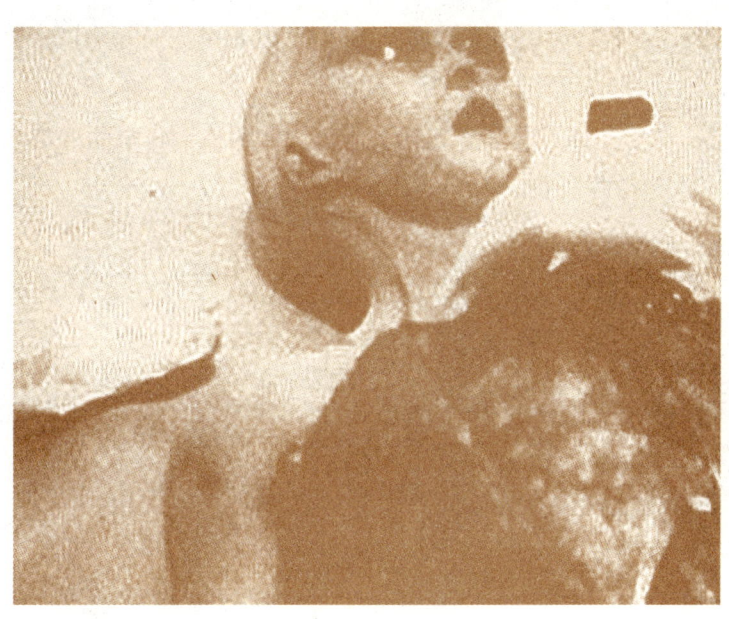

怀疑为外星人的遗体

  那么，竞争者们计划怎样一步一步部署他们的竞赛工作呢？他们首先要向最有生命存在可能的火星和木星"欧罗巴"卫星发射宇宙探测飞船以寻找太阳系中的简单生命形式。妇孺皆知，火星是离我们最近且与地球条件最相似的星球。尽管火星的表面看起来并不那么舒适，但是其地下很可能存在液体水以及有生命的生物体，在太空作业的"奥得赛"号宇宙飞船即是为证实这一推测进行着调查研究。科学家已发射出宇宙探测飞船对火星进行考察，但是人们最快也要到 2014 年或 2016 年才能知道火星是否有生命存在以及这些生命是死是活。

  科学家们紧接着要做的一项工作就是对冰川覆盖的木星卫星"欧罗巴"进行

## 外星生命大悬疑

探测。"欧罗巴"卫星宇宙探测飞船计划于2010年发射,它将使用高度计和雷达以确定卫星地下是否有一片广阔的海洋以及其位置,为最后登陆"欧罗巴"卫星寻找生命遗迹做准备。

前两项工作进行完后,科学家要开始寻找和探测与地球大小类似的其他星球,分析被其大气反射的光线以期寻找氧气、水蒸汽或者沼气等生命赖以生存的物质。这项计划最早也要在2011年实施。

科学家要做的最后一项工作就是对外星智能的探索。被誉为"世界上用于搜寻银河系中其他文明最有力的工具"的艾伦望远镜阵列已于2005年开始这项工作,预计到2020年它可以完成对100万颗星球的探测任务。

大量的研究者正在为寻找各种简单的、复杂的、附近的和遥远的生命而努力着。人们可以期待在未来的二十年内听到他们传来的好消息。无论如何,他们每个人都是胜利者。

**惊魂**的谜团

# 六、最受关注的庞然大物

是什么成就了恐龙霸业
恐龙为什么有那么多种类
中生代谁在海洋称大王
敢对恐龙说"不"动物
谁是霸王龙的"接班人"
天空霸主"翼龙"
为什么有些恐龙个子长得那么大
恐龙都是呆头呆脑的吗
恐龙是怎样武装自己的
恐龙怎样生儿育女
霸王龙短命之谜
恐龙消失的秘密
恐龙是"冷血动物"吗
恐龙死亡姿势之谜
恐龙是怎样分享食物的
恐龙的饭量有多大
恐龙为什么连石头都要吃
恐龙"一日三餐"都吃些什么
霸王龙是食腐动物吗

**惊魂**的谜团

# 恐龙进化之谜

## 是什么成就了恐龙霸业

大约在2亿年以前,地球遭遇了一次生命大浩劫。到底持续了多长时间,已经无从考察。能确认的就是许多物种都消失在这次浩劫中,但是恐龙却幸运地逃脱了灾难。经过若干年的繁衍,恐龙家族就像现代的人类一样,成为地球的统治者。究竟是什么成就了恐龙的霸业呢?科学家们一直不懈地探索着这个古老的问题。随着现代科技的不断进步,他们发现越来越多的证据表明,很可能是一枚彗星或小行星撞击地球造成了这场中生代三叠纪末期的浩劫。

距今2.5亿年前,一块巨大陨石撞击在地球表面,造成了地球历史上5次物种大灭绝中最为严重的一次。从那时起,地球进入了多姿多彩的三叠纪,生物进化的历史揭开了新的篇章。大约2.3亿年前,最早的恐龙出现在地球上。它们由古老的爬行动物进化而来。当时,恐龙有很多的竞争者。然而在三叠纪晚期,各式各样的爬行动物都神秘地消失了。海洋中的情况更为糟糕,无数海洋生物灭绝,蛤类和珊瑚的数量急剧减少。

正是在那个时期之后,失去了竞争者的恐龙才逐渐主导了生物界。三叠纪晚期的恐龙大多是体型较小、双足行走的捕猎者。人们所熟悉的雷龙那样的庞然大物都是在此后的侏罗纪和白垩纪才出现的。在白垩纪末期的另一次天体大碰撞中,恐龙却失去了这样的好运,剧烈的气候和地质的变化让它们成为了历史,哺乳动物从此走上地球生物界的中心舞台。

长久以来,有一种理论认为,数百万年间气候和海平面高度的逐渐变化使大多数生物失去了生存空间。但是新的证据表明,这场大灭绝几乎是瞬时来临的,更多的专家认为是一次巨大的碰撞引发了全球生态危机。

最受关注的庞然大物

持此观点的科学家们怀疑，加拿大魁北克省巨大的马尼夸根火山口就是当年那颗彗星或小行星触地的地点。但是最近的年代检测却显示，火山口大约是在2.14亿年前形成的，比大灭绝的时间早了1400多万年。但是有关专家认为，由于受撞击的岩石本身年岁已经很久远，其中含有多种放射性物质，因而在岩石融化时，各种成分混在了一起，给现在准确测定时间带来了巨大的麻烦。化石记录也显示在2.14亿年前地球生物圈中没有异常现象，这足以证明当时并没有发生过能够形成这种火山口的碰撞。另一线索是所谓的"震激石英"。这种岩石只有在瞬间高压的条件下才会产生，地球上能发现它的地方就只有外星体撞击点。在意大利，科学家已找到了与三叠纪同侏罗纪交界期年代相符的"震激石英"踪迹，但仍未证实。

从目前的调查研究来看，地球曾经遭受过外星球的碰撞，从而导致恐龙家族的崛起，是最合理的解释。但这一观点还需要更多的证据。

## 恐龙为什么有那么多种类

大约在2.3亿年前，恐龙在地球上出现了，这种新生动物并不起眼，它是爬行动物的亲属。长的更像现在的鳄鱼，种类也很单一。但后来，通过亿万年的演化，恐龙家族不断地涌现出面貌各异、怪头怪脑的新种类。真奇怪，它们是怎么演变出来的呢？

根据生物学家的研究，动物用不同的生活方法生活，结果就会产生不同的动物。

所谓生活方法就是捕食或取食的方法。方法不一样，不同物种之间在形态上就造成了较大的差异。

恐龙最初都是吃肉的，后来迫于形势的变化，大部分吃肉的恐龙改为吃植物，这样恐龙就有了肉食恐龙和草食恐龙之分，它们的形态上逐渐拉开了距离。

肉食恐龙中进一步分化，一部分凶猛，一部分温顺。凶猛的专吃大动物，享用的是大油大荤，个个生得五大三粗，凶恶强悍；温顺的专吃小动物（如昆虫、蜥蜴、哺乳类）和某些植物，吃的是小荤小素，个个生得体态纤小，敏捷机灵。

吃植物的恐龙，由于吃不同的植物（高大或低矮的植物、柔嫩或粗硬的植物

惊魂的谜团

等),也就产生了不同的种类。有的脖子长,有的脖子短;有的是大个子,有的是小矮子;有的长着鸭嘴,有的则长着鹦鹉嘴。

吃植物的恐龙光顾自己填肚皮还不行,还得提防不要糊里糊涂地被别

食草恐龙

人吃了,它们分别根据各自所处的环境及本身的情况,大力发展防御设施。有的偏重于武器的"研制",在头上、尾上、手上有特殊的"武器";有的偏重于逃避的战术,功夫在腿上;有的偏重于情报信息的迅速获取与传递,在视觉、嗅觉、发声上提高灵敏度……

这么一来,恐龙的种类怎么会不多呢?

生物演变的基本方式就是占领环境、瓜分食物。在这个过程中,生物为了适应新环境就必须对自身进行改造,否则就要被淘汰。漫长而连续的进化结果便产生了新的物种。

## 中生代谁在海洋称大王

中生代的陆地上,是形形色色的恐龙们在那里耀武扬威,称王称霸。它们在竞争中协同进化,不断发展壮大。

当时的海洋就不同了,那里并不见恐龙的踪影,但也有群龙在争霸。海洋中最有名的龙是鱼龙、沧龙。它们是恃强凌弱的"恶霸",当然,实际上它们是维护生态平衡的卫士。

生活在海洋中的龙虽然也叫龙,但却不是恐龙家族的成员,而是另外一些种类的爬行动物,是与恐龙血缘关系较远的亲戚。从进化的角度讲,它们比恐龙落

后，是典型的爬行类动物；而恐龙虽是爬行类出身，但它们与真正的爬行动物已大大的不同了。

早先，各海龙的祖先也是陆地上的动物。后来为了谋生它们下了海。那时海洋里的食物丰富，生存竞争不太激烈，下海生存比留在陆地上要相对容易些。

最初，它们只是经常在海岸上和近岸浅水域里栖息和捕食，然后渐渐下海，并不同程度地适应了海洋生活。这种适应是通过长时间的演化才完成的。其最终的结果是，它们的体型与其祖先越来越不同。

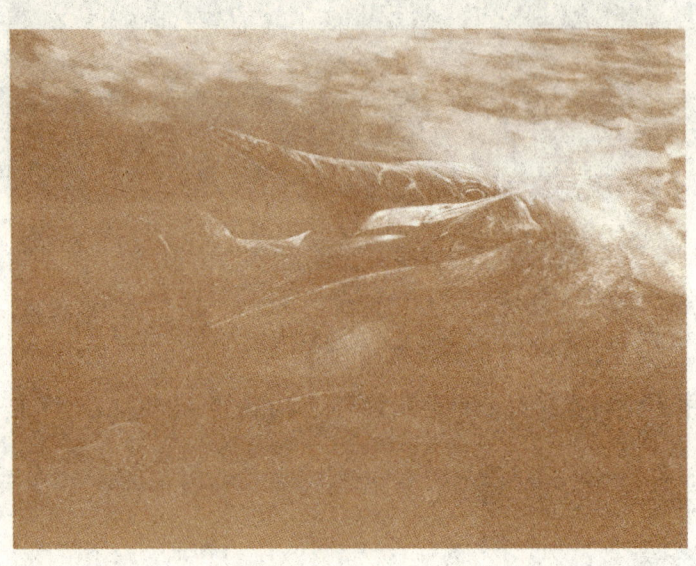
鱼龙捕食

鱼龙早在三叠纪的中期就出现了，它与恐龙是同时代的动物。三叠纪鱼龙类大量发展，从巢湖龙到萨斯特鱼龙，两千万年里鱼龙都是海洋的霸主，而平克山大鱼龙（最长可达25米）的出现，标志着鱼龙最辉煌时代来临了，它们成为中生代海洋的统治者，这些动物威严而缓缓地游荡着，没有生物可以威胁它们。

从我国安徽巢湖发现的世界上最古老的鱼龙化石形态可以看出，它窄长的身体更像鳄鱼，而与后来的鱼龙相去甚远。后来，鱼龙的体型变成了完美的流线型，与海豚十分相像。以前可在陆地上爬行的四肢，演变成海豚那样的鳍，背上还长了一个三角形的鳍，尾巴则像鲨鱼的尾巴。然而，尽管鱼龙的外观已像鱼的模样，而且一刻也不能离开海洋，但它的骨骼构造仍然保留着爬行类祖先的特征。

侏罗纪时伪龙类和板齿龙类都已绝种，但鱼龙、蛇颈龙存活了下来，生活在浅海中的动物还有一群四肢已演化成鳍形肢的海鳄类和硬骨鱼类。到了晚期，鱼龙和海鳄类逐渐步向衰亡。

侏罗纪晚期出现了一种长达20米的海怪——滑齿龙，它们庞大的身影在四

## 惊魂的谜团

片巨型桨鳍的驱动下,威严地划破浅海水域,宣泄着无形的霸主气势!滑齿龙的长颚里长满尖锐的牙齿,在这样一台吞噬机器前,鳄鱼、利兹鱼、鱼龙都要退避三舍。

沧龙是由下海的蜥蜴演化而

沧龙捕食盾齿龙

来的,外形像一条长长的鳗鱼,祖先给它的能走路的四肢变成了四鳍。跟鱼龙一样,沧龙也变成了彻底的海洋动物,不过在进化程度上,比鱼龙还"稍逊一筹"。由于有海水浮力的帮助,它们的身躯要比陆地上的蜥蜴大多了,体长6~8米,最大的可达14米。

白垩纪时,沧龙类大量发展,并捕食海洋中任何生物白垩纪中期开始已没有任何生物可与沧龙对抗,小至菊石、角石等小型鱼类,中至剑射鱼、扁鳍鱼龙、巨鱿、海龟、海鳄、角鲨、白垩刺甲鲨、小型上龙,大至薄片龙皆是巨型沧龙的食物。

## 敢对恐龙说"不"的动物

在中生代的陆地上,恐龙是一种占绝对优势的动物。而它的那些爬行动物亲戚们,最有本事的大概就要数鳄类了。

自古以来,鳄类的身材一般说是不怎么大的。三叠纪晚期有一种鳄叫普里斯托鳄,体长达5米,算是中生代时鳄类里的巨兽。现代的鳄鱼,最大的是生活在澳大利亚的咸水鳄,一般个体最大的雄鳄,体长不过4米。个别的咸水鳄可长到5米,最高纪录为8.63米,这已属凤毛麟角的偶然现象。

## 最受关注的庞然大物

20世纪60年代在美国得克萨斯州白垩纪晚期的地层里发现的"恐鳄"(又译作怖鳄),体长达10米,但仅有头骨化石。长时间以来,恐鳄一直被认为是恐龙时代长得最大的鳄鱼。直到数年前,恐鳄创下的纪录才被打破。

2000年,美国古生物学家保罗·塞利诺在西非尼日尔的沙漠中,发现了"帝王鳄"的化石,共挖到占全身50%的化石骨骼,仅头骨就长达2米。经研究者与现代美洲鳄比较,按比例关系加以换算,得到帝王鳄的体长是12米余,体重是10吨左右。

帝王鳄的头骨形状比较狭长,长相最像印度的恒河鳄。

这种巨大的鳄鱼之王生活在1.1亿年前的白垩纪早期。化石出土地原本是一片生机盎然的绿洲和沼泽,是恐龙和鳄鱼等动物的天堂。那时帝王鳄经常潜伏在水边,伏击前来饮水的大型恐龙。大多数情况下,它主要的袭击目标是植食性的恐龙,但大型的肉食性恐龙来了,它也不会客气。关键是要一口将猎物咬住,并迅即拖下水可谓手到擒来。

得克萨斯的恐鳄,可能主要袭击鸭嘴龙,在挖掘其化石的时候,旁边发现有鸭嘴龙的骸骨。

那是恐龙当道的时间,敢对恐龙说"不"的,大概也只有巨型鳄鱼了。

尽管鳄鱼敢于向恐龙叫阵,但在恐龙时代,它们充其量也只能算是二等公民。因种种原因它们未能成为陆地的主宰,但在河、湖、沼泽地带,鳄类也算得上是一方霸主。

鳄鱼在水里确实相当厉害,但一旦离开了水,它便退让三分,不敢主动攻击恐龙了。

## 谁是霸王龙的"接班人"

大家都知道,在恐龙时代的末期,霸王龙坐上了食物链顶端的头把交椅,是陆地上最大、最厉害的掠食性动物。霸王龙下台不久,竟有一种动物接替了它的位置,神气活现地在地球上横行了数百万年之久,才被更厉害的竞争对手从王位上赶了下去。它就是赫赫有名的恐怖鸟!

恐怖鸟是一种不会飞的鸟,有许多种类,小型的约一米高,巨型者身高可达

## 惊魂的谜团

3米。头大赛马头(足有3米长),那上面长着带钩的巨喙,一口足能吞下整只山羊。两条长腿粗壮而有力,跑起来健步如飞,时速可达70千米。一对小小的翅膀显得可怜巴巴的,与巨大的身躯极不相称,显然不能用来飞翔,只能向两侧伸展开去,以便保持躯体的平衡和机动。

恐怖鸟是已知最为可怕的巨型不会飞的食肉鸟类。它飞快地追上猎物后,先用一只大爪子一下子把它踢倒,然后用巨喙叼住猎物在地上猛力一阵摔打,直到那动物不能动弹为止。接下来它稍息片刻,便开始用餐。小的猎物囫囵吞下,大的猎物便用钩喙撕成小块吃掉。恐怖鸟扑食、进食的样子很像肉食恐龙。

霸王龙模型

化石证据表明,恐怖鸟在五千多万年前就已在北美洲和欧洲出现了。科学家认为,这种可怕的动物恐怕在六千多万年前就已演化出来了。因为五千万年前的它们,其身体结构的进化程度就已经与最晚的成员一样大了,想必它们起源的时间还在化石记录中它们首次出现之前。这说明,恐龙灭绝没多久恐怖鸟就出现了。也可能霸王龙在世时,它们就已存在了,只是没发现它们的化石而已。

恐怖鸟在霸王龙退了位,而哺乳动物又成不了气候的这段时间,成为了陆地上的霸主。那时的恐怖鸟天下无敌,数量上也占优势,欧洲、亚洲、北美洲、南美洲、西南极洲都在它的统治之下。

当年,恐怖鸟专吃哺乳动物。原因是,早期的哺乳动物相当弱小,无法与恐怖鸟抗衡。只是随着时间的推移,当哺乳动物变得更加强大,特别是大型食肉猛兽进化出来之后,恐怖鸟的地位便动摇了。特别是这类动物中的大型猛兽,它们一出场,就与恐怖鸟为争夺食物和地盘干上了,而且恐怖鸟的蛋和幼雏也变成了它们的点心。

恐怖鸟哪里是这些猛兽的对手?它们节节败退,地盘日益缩小。早先它们在

霸王龙与三角龙在争斗

世界上许多地区都有分布,如在欧洲、亚洲、北美洲、南美洲、澳洲、南极洲都发现过它们的踪迹。后来就只能在南美洲苟延残喘了,因为这里猛兽出现得很晚。所以,南美洲的这类大鸟自6200万年前出现后,直到250万年前才消失;而北美洲、欧洲和亚洲的恐怖鸟早在4000多万年前就被哺乳类猛兽灭绝了。

## 天空霸主"翼龙"

恐龙时代的另一位鲜为人知"风云人物"就是翼龙。它们比鸟类早7000万年就飞上了天空!在恐龙主宰陆地的时候,它们是骄傲的空中霸主!

1784年,德国的索伦霍芬发现了世界上第一块翼龙化石,但化石上那个奇怪的生物到底是什么?是鸟和蝙蝠的过渡类型?还是某种海洋生物?也许,它就是中国传统文化里的凤凰!德国的解剖学家布鲁门巴赫说这是一种古代的水禽,而他的同行策墨林则认为这是古代的蝙蝠,并给它起名"鸟头蝠"。但这两位学者都没有说对。

翼龙的真实身份困扰了人们17年之久,才揭开了谜底。法国著名的解剖学家居维叶最终鉴定出:这是一类会飞的爬行动物,并取名为翼龙。

和爬行家族的其他成员比起来,会飞的翼龙实在是一个另类!这完全是造物主突发奇想的一笔:——它把肩负飞行的重担落在翼龙的第四个手指上,这个飞行手指加粗,而它的长度足有其他手指的20倍!一大片柔软轻薄的皮膜附着在

## 惊魂的谜团

飞行指上并延伸到腿部。而翼龙就靠着这样的翼膜成功地飞上了天空！翼龙的飞行可能和今天的鸟类一样：小型翼龙振翅而飞，而大型翼龙凭借暖气流，滑翔着升高，甚至翱翔于天际！

世界上第一块翼龙化石发现后的 200 年里，相继而出的化石几乎都来自欧洲和南美洲的海岸边。难道，称霸天空 1 亿多年的翼龙，从未向深远的内陆拓展过自己的领空？

1963 年，中国内地首次发现了翼龙的化石骨骼！它的翼展宽度达 3 米，和今天最大的鸟类的翼展一样大！最为独特的是：它们长着一个向上翘起的嘴巴！它被命名为魏氏准葛尔翼龙。而它的发现地——新疆准葛尔盆地，在当时，完全是一个内陆湖泊！

翼龙

这就意味着，翼龙有着更为广阔的生存空间！它们不仅在漫长的海岸线，同时也在广袤的大陆留下了自己的足迹！

翼龙的飞行能力一直以来很受专家们的质疑。有人认为翼龙只能滑翔，不能振翅翱翔；也有人认为翼龙是飞行高手，但翼龙的飞行能力显然不如鸟类。翼龙自从出现后，为了适应飞行生活，身体的形态结构不断地发生着变化。早期的翼龙颈部很短，尾巴很长；后期的翼龙颈部变长了，尾巴却变短了，甚至消失了，有的连牙齿都退化了。

6500 万年前，一场空前的大灾难，结束了翼龙一亿多年的飞翔传奇！大自然创造了一代天空霸主——翼龙，却又亲手将自己的杰作付之毁灭！

最受关注的庞然大物

## 为什么有些恐龙个子长得那么大

尽管恐龙并不都是彪形大汉,但有很多恐龙确实大得吓人。著名的霸王龙,从头到尾长达 15 米,站起来有 6 米高,差一点有两层普通楼房那么高了。真是一个可怕的庞然大物!其实在恐龙家族中,霸王龙只能算是中等身材。真正的庞然大物是蜥脚类恐龙,它们包括马门溪龙、雷龙、梁龙、胸襟龙等,体长 20－30 米平平常常,抬头 5－6 层楼的高度也不足为奇。最大的蜥脚类——震龙长达 42.67 米,重约 80 吨。

科学家一直迷惑不解,为什么有些恐龙长得那么大?这对它们的生存到底有什么帮助?有人认为,爬行动物与哺乳动物的生长方式不一样。哺乳动物快速长到成年阶段后,就不再长了,往后就是逐渐衰老直至死亡。它们的寿命比较短,个头一般都不大(这里说的是陆地上的哺乳动物)。但大型爬行动物却具有无限的生长力,只要它们不死,一辈子都在慢慢地长个子。作为大型爬行动物的蜥脚类恐龙估计能活 200 年,200 年不停地生长,个头自然就会长得很大。

最高的腕龙

那么,躯体庞大在生存上是否有好处呢?人们对此也是各有各的认识。有的说,在中生代这种特定的环境中,体大对生存竞争是有利的。例如,蜥脚类恐龙的庞大身躯,本身就具有防御功能。另一种观点认为,动物躯体太大并无好处可言。体大的动物,需要许多食物,一旦环境变坏,食物缺乏,首先受到威胁的就是大动物。

## 惊魂的谜团

恐龙为什么长那么大,目前还没有一个令人信服的说法。不过有一种解释比较合理:

中生代时,地球气候温暖湿润,植物生长茂盛,食物非常充足,这种优越的自然环境,对恐龙向大个子演化十分有利。现在地球气候已非恐龙时代可比,所以现在没有体形很大的动物。

## 恐龙都是呆头呆脑的吗

看着巨型恐龙那臃肿的身体,许多人猜测恐龙一定非常愚笨。巨型蜥脚类恐龙的智力确实比较低下,这可以从它们脑颅相对身体的大小推断出。

有学者用计算恐龙"脑量商"的办法来测量恐龙的智力水平。"脑量商"是根据恐龙的体重、脑量及现生爬行动物的脑量大小按一定公式算出来的。被测的恐龙脑量商越大,它就越聪明;脑量商越小,它就越蠢笨。经测量,马门溪龙等蜥脚类恐龙的脑量商最低,只有 0.2～0.35,智力最差。人们普遍认为,它们是一类行动迟缓、笨手笨脚、灵活性比较差的动物。敌人来了,它们无法逃避,还好他们有庞大的身躯可以倚仗。

后来的研究表明,蜥脚类恐龙虽然笨拙,但它们也会进行一定程度的自卫,如用巨大的躯体冲撞、甩动长尾巴抽打、高抬起柱子似的前脚踩踏,这几下子也足够让敌人胆战心惊的。

剑龙

甲龙和剑龙的脑量商为 0.52～0.56,它们虽说不上有多么聪明,但却不像蜥脚类那样蠢笨低能。掠食者靠近时,它们会让它们尝尝尾刺或尾锤的利害。

## 最受关注的庞然大物

角龙类的脑量商在 0.7～0.9 之间，在植食龙当中算是较有心计的一员。大敌当前，它们敢于针锋相对，发起冲锋，拼命一搏，而且行动神速。

在草食性恐龙中最有智慧的当属鸭嘴龙。它们的脑量商为 0.85～1.50。这类恐龙虽然没有能打击敌人的武器，但嗅觉灵敏，视力强，非常机警，发现敌情能迅速逃避。就是靠这点"小聪明"，鸭嘴龙与不共戴天的宿敌——霸王龙周旋了一代又一代。

鸭嘴龙

大型肉食性恐龙霸王龙和它的同类，脑量商在 1～2 之间。显示出肉食性动物天生比草食性动物聪明的本性。

小型肉食性恐龙中的恐爪龙，脑量商略超过 5，比霸王龙大。恐爪龙比霸王龙小得多，但却机敏灵巧得多，杀起猎物来也格外凶猛、残暴。

不过，科学家们发现一些小型的兽脚类恐龙有很高的"智商"。有人研究了一种叫伤齿龙的小型猎食龙的智力水平，发现这种恐龙非常聪明，并以此推测如果恐龙没有在 6500 万年前灭绝的话，可能会进化成一种叫做"恐人"的高智商动物。当然，从科学的角度讲，这种假说是不成立的。有些小型恐龙虽然很聪明，也只是相对而言。它们的智力水平还没有超过鸟类，更不用说人类了。

恐龙的智力各不相同，主要由脑量商的大小决定。它们中有比较愚笨的，也有比较聪明的。在中生代的地球上，它们都有自己的生态位置，按各自的生活方式生活。

**惊魂的谜团**

## 恐龙是怎样武装自己的

在恐龙称霸的那个年代，各种恐龙之间的斗争也是非常激烈，正所谓弱肉强食，在生存竞争的压力下，各类恐龙就拼命地搞起了"军备竞赛"。

兽脚类恐龙搞的是进攻性武器，它嘴里的尖牙利齿就是它的常规武器。霸王龙把这种武器发展到了极致，它那一口令人生畏的大牙，可说是天下无敌，一口咬下去，连肉带骨头一起咬断。异龙的牙齿也很厉害，但比不上霸王龙的，它的牙齿只能咬穿肉，却咬不穿骨头。异龙和霸王龙由于武器精良，体形巨大，一个得以在侏罗纪称王，一个得以在白垩纪称霸，都是当年恐龙王国风云一时的"头面人物"。

小型兽脚类恐爪龙及其家族的成员也不示弱。它们除了常规武器外，还在后肢开发出了镰刀似的夺命大爪子，左右脚各一个，能上下转动，猎物被踹上一脚，立即肚破膛开，一命归西。有学者说，恐爪龙有可能比霸王龙还要凶残。

草食性恐龙着力发展防御性、自卫性的武器。它们对付肉食性恐龙各有奇招。有敌来犯，长着飞毛腿的恐龙会采取"三十六计，走为上计"的策略，赶紧溜

食蜥王龙

之大吉，这是似鸵龙类的拿手好戏。能爬树的恐龙立即上树躲避；水性好的恐龙马上跳入水中。对动物来说，逃跑也是一种武器。

有些恐龙如甲龙类，身覆坚硬、厚重的铠甲，号称"小坦克"。敌人来了，它只需匍匐在地一动不动，即能克敌制胜。因为它们有铠甲护身，掠食者无法下口。有些甲龙类尾巴上还武装着骨锤，如果敌人敢于趋前翻转它们的身体，妄图啃咬它们没有铠甲保护的腹部，那就让它们尝尝骨锤的厉害！

剑龙是一种智力不高,笨手笨脚的草食性恐龙,可别小看了它,它"研制"的武器水平可不低呢。它们在尾巴上"安"了两对长长的骨刺,敌人敢靠近的话,尾巴一甩,立即使对方皮开肉绽,血流如注!

禽龙的武器是它那像钉子一样的大拇指,短兵相接的时候就会突然亮出来,刺向来犯者的脖子,一瞬间就将敌人置于死地。

蜀龙(发现于四川)尾巴上生有骨质的锤状物,可以用来打击来犯的掠食动物。有些蜥脚类(如梁龙类)尾巴像鞭子,朝着敌人猛抽一鞭,杀伤力也不可小视。

专家指出,蜥脚类恐龙的四肢就像柱子一般粗壮、沉重,前脚还生有一个很大的、锋利的拇指爪。还有,蜥脚龙庞大的身躯本身也是一种防御性的武器,不仅在感官上具有很强的震慑作用,而且还可用它冲撞来敌。

说到草食性恐龙的武器,人们普遍认为进步的角龙类(三角龙、独角龙、戟龙、五角龙、厚鼻龙等)最为先进。在它们的颈部都有骨质的颈顿保护,眉骨上或鼻骨上则武装着数量不等的尖角,样子十分威武、凶猛。角龙们的主要对头是霸王龙,不过它们并不惧怕。如果霸王龙前来侵犯,它们会扬起四蹄发起冲锋,往往将对手下退。

"军备竞赛"使恐龙的武器越来越先进和多样,使一些种类的草食性恐龙身躯越来越大,与此同时,有些肉食性恐龙也逐渐往巨型发展。

## 恐龙怎样生儿育女

通过对大量恐龙蛋化石、脚印化石及蛋巢遗迹的研究后,古生物学家说:恐龙也有一颗慈爱的"天下父母心"。在每年的繁殖季节,雌雄恐龙交配后,雌恐龙就开始忙碌了。首先是要精心选择一个好的产卵的地方。这地方应该是阳光普照、地势较高,并且土质松软、干燥,另外还要比较安全。这样的地方恐龙世世代代都作为产卵宝地,堪称它们的"妇产科医院"。其次,就是刨坑筑巢。雌性恐龙在选好的地方,刨一个园坑,坑的边缘垒上一圈土,以防雨水漫进坑内。或者是先用土堆起一个土包,再在土包上刨个圆坑,这样"产房"就算做好了。

接下来就是产卵。雌性恐龙把身体后部靠近土坑,开始向坑内一圈圈地生蛋。每下完一圈,就用土盖好,接着又下一圈,又用土盖好,最多可达四圈,也就是

## 惊魂的谜团

四层,蛋的数量多达数十个。蛋在窝里大都按放射状排列,也有前后排列或不规则排列的,因恐龙种类不同蛋在窝里的排列方式也有区别。所有的蛋在窝里都不重叠,以便最大限度地吸收太阳光的热量。

窝里的蛋主要依靠阳光的热量来孵化。在孵化期间,恐龙会守护自己的蛋,以防窃贼掠食。但小宝宝快要出壳的时候,恐龙妈妈要帮助它们弄破蛋壳,好让其顺利出生。此外,也有证据表明,有的恐龙是要孵卵的,就像母鸡孵蛋一样。

恐龙的一窝蛋是一次下成的,还是分几次下成的呢?

在我国安徽发现的恐龙化石表明,恐龙一窝几十个蛋可能是分多次、多日下成的,它一次最多下两

恐龙蛋化石

个蛋(恐龙有两个输卵管,一次能产一对蛋)。是否所有的恐龙都这样,还需要更多的化石来证明。

一般认为,恐龙不像鸟类那样自己孵蛋,而是借助阳光的温暖来自然孵化。但有些恐龙可能要守护自己的蛋,以防捕食者光顾。是否所有的恐龙都会守护自己的蛋窝,目前还不清楚。

人们都知道,所有的鸟都是自己孵蛋,那么有没有自己孵蛋的恐龙呢?

现在已确切地知道,有一种小型兽脚类恐龙——窃蛋龙是自己孵蛋的,因为在蒙古和我国的内蒙古都发现了正在孵蛋的窃蛋龙化石。窃蛋龙孵蛋的姿势与母鸡孵蛋姿势完全相同。据专家推测,窃蛋龙宝宝出世后,妈妈或爸爸还会抚育它们一段时间。

身体大的恐龙是不可能伏在窝上孵蛋的,那样会把蛋压碎。推测只有那些小恐龙才像鸟类那样孵蛋。

在美国曾发现过慈母龙(一种鸭嘴龙)繁殖后代的地方,那里有许多窝迹、蛋

最受关注的庞然大物

壳和多种年龄段的慈母龙化石。研究者推测,慈母龙产下蛋后,并不亲自伏在窝上孵蛋,但它会一直在一旁守护着。当宝宝要出壳的时候,恐龙妈妈会帮助宝宝弄破蛋壳,以便让它们顺利出生。宝宝出世后,恐龙妈妈会衔来鲜嫩的植物给它们喂食。直到宝宝能够独自觅食了,恐龙妈妈才带着它们离开繁殖地,参加到慈母龙群体中去。

有些种类的恐龙,可能把蛋产下来以后就不再过问了,任自己的后代自生自灭。不过这类恐龙的宝宝们都很能干,一出壳就能自己去觅食,不需要父母的照料。在慈母龙的繁殖地曾发现过一些伤齿龙的窝迹,研究表明,伤齿龙的宝宝就是这类能干的小家伙。

对恐龙生儿育女的情况,到目前为止,只有慈母龙和窃蛋龙较为清楚,其他的恐龙情况不明,只能做一点推测。

## 霸王龙短命之谜

霸王龙学名 Tyrannosaurs Rex 的意思是暴君蜥蜴,是肉食性恐龙中出现最晚,也是最大型、最孔武有力的品种。霸王龙可能是地球上有史以来最大的陆生肉食动物,6500 万年前灭绝,结束在白垩纪。霸王龙的头部非常巨大(长约 1.2 米)。强而有力的颚部上长有锯齿边缘的牙齿,庞大粗壮却像鸟类的脚趾,指头长有强壮锋利的爪子。和粗壮的脚比较起来,霸王龙的手臂小得很,根据古生物学家认为,这可能由于霸王龙只用口捕猎,前肢绝少使用,因而渐渐变短变小,也因此演变成由后肢站立,前肢退化及后肢成为武器,因而演化成这种奇异的身体结构,霸王龙虽然身躯庞大,骨骼却是空心的,而且头颅中有一些大而中空的洞,因而使得体重减轻,便于行走和捕猎。体长 14 米,身高约 5.5 米,体重达 7 吨,霸王龙的尾巴长又粗,看来是一个强而有力的攻防武器,大概常以后肢及尾巴为重心,因此推测后肢和尾部肌肉相当结实,破坏力比龙卷风还强大!

霸王龙可谓是恐龙家族中的王者,但却是出了名的短命。近日,美国的古生物学家埃里克森在对霸王龙生命周期的研究中,又得出新的结论,那就是青春期正是它们大好年华结束之日。那么"恋爱"对于霸王龙到底是不是个危险的游戏?经历了早期残酷的生存考验的霸王龙为何过不了青春期求偶恋爱这一关?

## 惊魂的谜团

霸王龙大约在 14 岁的时候，进入性成熟期，开始了自己青春期的危险之旅。埃里克森领导的研究小组，在研究恐龙生命史的过程中发现，进入青春期的霸王龙死亡率每年超过 23%，只有很少的霸王龙能活到 28 岁。对于深陷于欲望和义务之中的公霸王龙和母霸王龙来说，恋爱有着致命的危险，成熟和繁衍后代的代价也很高。

虽然现在还没有任何恐龙求偶的化石记录，但是根据现今类似动物的行为，我们可以想象霸王龙当时的求偶行为。母霸王龙一般有自己清楚的领地，在进入性成熟期后，母龙担负着交配繁衍后代的重任。这个时候，母龙要在自己的地盘上筑巢准备孵卵，而且在孵卵期不能离巢寻找食物，食物上的压力和精神上的焦虑可想而知。公恐龙也不能独自清闲，它们为了赢得母恐龙的欢心，要在求偶时献上自己的聘礼，也就是所谓的"爱情筹码"，通常是一只庞大的三角龙，一方面给母恐龙补充食物和营养，另一方面也避免母恐龙迁怒自己，在身躯比自己还要庞大的母恐龙面前，公恐龙只能小心翼翼了。

霸王龙

当然，雄性的霸王龙之间也会为了争夺配偶而互相残杀，霸王龙本身就是攻击性很强的动物，对恐龙化石研究发现，成年恐龙之间经常彼此打斗，厮咬对方。霸王龙的下颌特别强壮，咬力惊人，可以咬断骨头，霸王龙的口也可以被看作"终极碎骨器"。成年的霸王龙多会死在为交配繁衍后代而进行的自相残杀中。

新的研究数据表明，霸王龙的平均寿命只有 16.6 岁，也就是说很少有霸王龙能尽情享受性成熟期的"美好时光"。当一头正处于生命顶峰期的霸王龙在同性残杀或是"斋戒"孵卵中倒下时，它脑中闪过的一生也许是短暂的，但却是平静多过风浪。幼年的霸王龙在 2 岁到 13 岁进入青春期之前，过着舒适安逸的生活。

因为，这个时候的霸王龙已经长成了"王者"身躯，而且又具备良好的听觉、嗅觉和攻击能力，它可以轻松的获取食物，或是躲避可能的攻击。对它们来说，灾难性的日子也许就是两岁之前还未"称王"的日子。那时幼小的霸王龙，要独自存活实在不易。

## 恐龙消失的秘密

恐龙的消失是生物进化中最大的秘密，上千个物种突然全部灭绝了。之所以这样说，是因为地质学家在岩石中发现的恐龙化石都是6500万年之前形成的，而在此后却再也没有挖掘到一块恐龙骨头。

在中生代，地球曾经是一个恐龙主宰的世界，无论是平原、森林还是沼泽，到处都可以看到恐龙的身影，最大的食肉恐龙"霸王龙"更是天下无敌。它们在地球上一共生存了1.3亿年，但为什么这么强大的动物竟然在6500万年前突然灭绝了呢？

科学家们经过不懈的努力，分析研究了到目前为止可以发现的所有线索，提出了解释这一大灭绝现象的各种理论。如小行星撞击理论、最新理论——大规模海底火山爆发、繁殖受挫理论及其证据、气候骤变论、大气成分变化论、免疫缺陷、彗星撞击论等等众多理论，但是至今，关于这场大灭绝的原因仍然没有找到一个百分之百正确的答案。

有的科学家认为恐龙的灭绝是由于气候变冷。在白垩纪末期6500万年前，整个地球发生了广泛性降温，日温差增大，冷热季节交替明显。使习惯热带环境生活的恐龙，不能像蛇、蜥蜴那样进行冬眠，又不像毛皮动物那样躲进山洞里避寒。恐龙是温血动物，没有御寒的外表和生理机能，因而无法抵抗和适应寒冷的袭击，最后被大自然毫不留情地消灭了。

有的科学家断言恐龙灭绝是地壳运动的结果。大约在7000万年前，地球发生了一次强烈的地壳运动，使一些盆地隆起，浅丘开始出现，因而造成水枯林竭；同时海底变化，海平面下降300多米，亚洲、北美洲之间的陆地开始连接起来，大量动物迁移到恐龙栖息处，使食物供应发生困难，以至恐龙处于"断粮"地步，在严重的饥饿中逐渐死亡。

## 惊魂的谜团

也有的科学家提出恐龙的灭绝是星球碰撞爆炸引起的。在白垩纪后期,有一颗直径约 10 公里的小行星,猛烈与地球相撞。撞击时速度为每小时约 10 万公里,撞击时扬起了惊人尘土,尘埃飘浮在大气中,以至遮蔽了阳光,使地球上在一段时间内一片黑暗,气温聚降,植物的光合作用停止,植物枯萎,使"食物链"中断,恐龙纷纷死去。

1980 年在一个科学讨论会上,美国地质学家阿尔瓦雷茨等人根据他们的研究成果,形象生动地宣讲了一段发生在距今 6500 万年前的惊心动魄的故事:一个阳光灿烂的下午,烈日照耀下的热带灌木林中,许多不同种类和形态的恐龙平静地像往常一样或在湖边漫步,或在水中觅食;在森林的边

模拟小行星撞击地球

缘,一只刚刚孵完卵的鸭嘴龙正在蛋巢边来回踱步;在一片开阔的原野上,一只霸王龙正准备扑向一只巨大的三角龙……

突然,一声从来没有听到过的巨响打破了这个宁静的世界。一个直径几公里的流星猛烈地撞到地球上,相当于几万个原子弹威力的爆炸在顷刻间发生。这是一颗不期而至的小行星,与地球碰撞后一个卷着尘埃的巨大的蘑菇云迅速升起,直冲天空,而后弥散开来,最后把整个地球都笼罩在里面。很快,恐龙就彼此看不见了,因为黑云遮天蔽日,白天也没有了阳光。这种恐怖的状况持续了一两年。植物的光合作用中断了,因而大量枯萎、死亡。吃植物的素食恐龙因此相继死去。后来,肉食的恐龙也由于失去了食物而灭绝了。

这段故事是小行星撞击地球造成恐龙大灭绝学说的精华。后来不断地被许多科学家给予支持。有些科学家甚至认为地球在这个时期不仅经历了一次较大

## 最受关注的庞然大物

的行星撞击,而且还接连受到了许多次小一些、但是依然严重威胁生命的小行星撞击,其中可以证实的是在加勒比海和美国的衣阿华州还发现了行星撞击的痕迹。这一假说的证据还有来自于在世界各地发现的6500万年前的沉积物中存在的一种氨基酸。这种氨基酸含有大量的铱元素,大量地存在于某些天体里,在地球上却根本不应该存在。这层富含铱元素的地层在北美洲、欧洲和澳大利亚的许多地区都被先后发现,在我国西藏的冈巴地区几年前也发现了含铱层。

有的科学家认为,这次爆炸使所有恐龙都灭绝了。但是也有一些科学家认为,只有70%的恐龙在当时灭绝,其他的一些恐龙种类则勉强地躲过了劫难,可是在随后的几百万年里又逐渐灭绝了。这后一种说法并不是没有道理,因为在6500万年前的这次事件以后形成的地层里,仍有一些恐龙骨骸被发现。例如,美国新墨西哥州6000万年前上下的地层中就曾经发现了恐龙的残骸。在阿拉斯加新生代的冻土带里,也发现过三角龙的化石。这些现象似乎说明,在这次小行星撞击地球引起的大爆炸以后,仍然有一些恐龙挣扎着生活了几百万年的时间,最后才因为不适应新的气候和新的环境而最终相继灭绝。

迅猛龙与对手争斗的化石

还有的科学家推测,恐龙是吃了有花植物中毒而遭到灭绝的。恐龙生活在中生代,植物界的蕨类、苏铁、银杏、松、柏等裸子植物占统治地位,在这些植物中含有许多单宁酸,这些对恐龙并无损伤。但是,在1.2亿年以前,最早的有花植物出现了,这些有花植物组织内常常含有作用强烈的生物碱,对恐龙的生理产生不利的影响,有的生物碱——如马钱子碱等具有很大的毒性,恐龙大量吞吃了生物碱,毒素反应引起其严重的生理失调,导致死亡。

## 惊魂的谜团

种内竞争——这是另外一些科学家的认识。一种生物的活动,往往直接或间接地危害到另一种生物的生存,因而出现直接或间接的竞争,这种竞争称为"种间竞争"。如肉食兽与草食兽之间的竞争。在恐龙时代,出现繁殖力极强、大脑发达的肉食类动物,它们大量偷吃恐龙下的蛋,因而导致恐龙断子绝孙。我国内蒙古、山东、广东等地均发现有恐龙蛋化石。特别是粤北始兴县发现世界上目前数量最多,保存最好、分别为34或35枚一窝的恐龙蛋化石,并发现有恐龙化石群。同种类生物为了生存,互相攻击、吞噬为"种内竞争"。如霸王龙,是恐龙家族中的恶霸,它的头就有1.5米长,血盆大口长有利剑般的牙齿,能随意地吞噬其他草食性恐龙。恐龙有草食性和肉食性之分,有大小之分,大的长度达20多米,如在美国发现的恐龙长27米、中国四川发现的马门溪龙长22米、重四五十吨;中国云南发现公鸡大小的恐龙,重则以两计。这种"一物降一物,弱肉强食"的现象,导致了恐龙的最终灭绝。

以上种种说法虽都有一定道理,但每一种说法又不能自圆其说,得不到科学界的完全肯定。如"恐龙吃了有花植物中毒而灭绝",那么空中的翼龙、水中的鱼龙等,根本不吃陆地上的有花植物,为什么与其他恐龙同时灭绝呢?而鸭嘴龙、角龙等类群则在有花植物出现后反而更加繁盛了呢?总之,这些生物进化史上的奥秘,至今还没有完全被揭开。

最受关注的庞然大物

# 恐龙的日常生活

## 恐龙是"冷血动物"吗

根据一些生物物理学学家的推算结果,长期以来关于恐龙像爬行动物一样是冷血动物,还是像我们人类一样是恒温动物的争论终于可以得出最后结论了。根据高级生物物理学,恐龙是冷血动物还是恒温动物——由它们的个头大小决定。

鉴于恐龙的身体构造与爬行类相似,所以学者们最初假定它们是冷血的,就像现今的爬行动物一样要通过晒太阳和躲避太阳来控制体温。但是随着近来,根据恐龙解剖上得出的详细的资料,一些学者反对这种假设,他们认为就像现今的哺乳动物一样,恐龙也有积极的调节体温系统。

板龙

现在,美国佛罗里达大学的杰米·基努利和他大学的同事则认为,前面两批学者的观点可能都对。

所有生命共有的一些重要的生物化学反应的反应速率取决于温度。基努利

## 惊魂的谜团

的小组知道这个方程有一定的价值，在这个方程的作用范围内，我们就可以解释温度、新陈代谢（成长速率）和身体组织的关系。而且这个方程的作用范围包含很大一部分的生物，小到浮游生物，大到蓝鲸。

他们决定将这个方程式应用到8种体重从12千克到13吨的恐龙中。首先他们需要这些恐龙成长速率的资料，这些资料已由其他研究人员通过测量恐龙骨头的年轮和估计恐龙在不同年龄段的身体组织得出。根据这个方程，结合这些恐龙成熟个体的身体组织，再结合成长速率就可以计算出它们的体温。

结果表明，恐龙的体型越大，体温越高。其中小型恐龙的温度就和现在的爬行动物一样是25度，和周围环境温度一样。

但是随着恐龙体型增大，它们的体表面积与体积的比率就会变小，更不利于散热，特别是体重超过600千克的。而13吨重的迷惑龙（原名雷龙）体温更是达到41度。相比于人类37度的体温来说41度是非常热的。

这项研究中最大的恐龙是波塞东龙，体重达到60吨，它的体温可以达到47.78摄氏度，这个温度要比绝大部分动物的体温都要高。同时，研究员们还指出，过高的身体温度可能是唯一限制恐龙继续往大长的原因。

科学家认为，恐龙随着年龄的增长体温也在上升，一只661磅的成年恐龙的体温可能要比一只青年的恐龙高出2.78摄氏度。长颈龙在这种差异上或许更大，一头27吨的成年长颈龙的体温要比青年恐龙高出20摄氏度。

## 恐龙死亡姿势之谜

现存许多恐龙化石典型的姿势是嘴大张，身体向后反折，四肢收缩，多年来令众多古生物学家颇为困惑。有古生物学家日前提出新说：这一姿势显示它们很可能因脑部损伤和窒息而死亡，过程痛苦而漫长。

据美国《每日科学》网站报道，美国加利福尼亚大学伯克利分校古生物博物馆馆长、综合生物学教授凯文·帕迪安和落基山博物馆辛西娅·福克斯在《古生物学》季刊上提出新观点：这一姿势显示这些恐龙死得很痛苦。

帕迪安说，这一姿势在始祖鸟化石身上反映得很明显。始祖鸟生活在约1.5亿年前，而"几乎所有现存始祖鸟完整标本都保持着这样一种姿势，头后仰，嘴巴

大张,背部和尾巴向后弯折,四肢收缩"。

古生物学界原来的普遍解释是,恐龙死于水中后,尸骨遭水流冲击成这一姿势。

帕迪安和福克斯认为,恐龙可能因中枢神经系统受损而死,呈现出这样一种死亡姿势。神经学者通常把它叫做"角弓反张",由小脑受损所致。小脑负责指挥部分肌肉运动,比如保持头部挺直的肌肉。当小脑停止工作,这部分肌肉失去控制,就会全力拉直,使得头部和尾部向后弯折,嘴巴大张,四肢收缩。对人类和动物而言,小脑损伤的原因可能是窒息、脑膜炎、破伤风或中毒。所有

恐龙化石群

"角弓反张"的恐龙化石都保存得十分完好。这说明它们的尸体没有长期暴露在野外,否则食腐动物很快会分解恐龙尸体。

帕迪安和福克斯认为,某些"角弓反张"的动物有可能在火山爆发时因为大量火山灰窒息死亡。而这一推断与另一事实吻合:许多化石的发现地点就是火山灰沉积处。除此以外,它们的死因可能是疾病,例如脑部损伤、严重失血、缺乏维生素 B1 或中毒。

帕迪安还说,需氧量大的动物可能会死得比较痛苦。"角弓反张"姿势仅在恐龙、翼龙和哺乳动物身上出现,这些动物通常被认为新陈代谢比较旺盛,需氧量较大。

## 恐龙是怎样分享食物的

"物竞天择,适者生存"这句话用来形容恐龙的生活再合适不过。尽管在两亿年以前,恐龙已经成为地球上的霸主,但种类繁多的恐龙家族如何管理这个星球呢?大家有什么样的分工?如何来分享食物呢?

中生代是爬行动物的时代,它们对地球上的生活环境、美味食物毫不客气地进行了瓜分。

当时恐龙的亲戚——各种鱼龙们分得了海洋,恐龙的另一类亲戚——翼龙们霸占了天空,而恐龙占据了美好的陆地。

恐龙在刚刚演化出来的时候,全都是吃肉的动物,它们以吃外族的爬行动物为生。起初它们是求生存的"小角色",后来才成了陆地上占绝对优势的动物。由于先前吃植物的外族爬行类动物大量灭绝,地球上植物就有了很大的剩余,使一部分吃肉的恐龙由吃荤改为吃素。于是恐龙才有了肉食与草食之分。

吃肉的恐龙主要以捕食吃植物的恐龙为生,前者是少数,后者是绝大多数。不同的食肉龙,"伙食"也有区别,跃龙主要吃蜥脚类恐龙。霸王龙主要吃鸭嘴龙。小型食肉龙吃小型的爬行类、哺乳类及昆虫等,个别的专门吃富有营养的恐龙蛋。吃植物的恐龙数量最多,它们分享食物也各有原则,据研究,它们主要按自己的身高取食:大个子的蜥脚类恐龙觅食高度在10米或10米以上的植物;鸭嘴龙以消耗3～4米高的植物为生;弯龙的取食高度在2米或2米以下;角龙与弯龙的取食高度差不多,它还能推倒小树,吃树冠上的嫩枝叶;甲龙是小矮子,只能享受1米高的植物,或啃地上的草。

"开饭"的时候,大家各自吃自己该吃的那一份食物,不争不抢。但草食恐龙须时时提防:不要成了肉食龙的美餐。然而草食恐龙之间在分享食物时,有时也会产生一些摩擦。美国学者发现,年幼的蜥脚类恐龙吃食的高度与鸭嘴龙和剑龙相似,这样就会闹矛盾。为了解决矛盾,其中一方做出了让步,另找个地方吃食。有趣的是,鸭嘴龙、剑龙总是让步的一方。年幼的蜥类依仗着它们庞大的身躯,特别是父母的袒护,在食物的分配上总能占到一些便宜。

恐龙就餐的情况虽是科学家的推测,但并不是毫无根据的。今天非洲热带草原上动物群对食物就是这样瓜分的。

最受关注的庞然大物

## 恐龙的饭量有多大

大家看了大个头的恐龙,都会产生一个疑问:这家伙一顿要吃多少东西啊!一般来说,哺乳类动物每天的食物摄入量大概为体重的10%左右。这些食物将转化成必要的能量,以维持体能和体温。但是变温动物就不同了,一条蛇一次吞下的食物可以相当于它的体重,当然,在余下的很长一段时间内,它也可以不吃不喝地平安度日。

那么,恐龙的饭量如何呢?就我们现在知道的事实,有些恐龙的体重可达几十吨甚至上百吨,如果它每天的饭量也按体重的10%来计算的话,岂不是每天要消耗数吨乃至十几吨食物!计算下来,肉食性恐龙大概每天要击杀一条小型恐龙,而食草性恐龙似乎每天要横扫一大片草原或者森林,否则,连苟延残喘都很困难。

最长的恐龙梁龙

事实当然不会是这样。据计算,食草性恐龙每天的食量大概是其身体重量的1%。差别怎么会那么大呢?原来,秘密就在于它庞大的身躯。哺乳类或者鸟类频繁地进食,是因为它们本身的储能少,不这样做,身体的能量供应就会接不上;而恐龙身体中固有的能量多,进食只要维持基本需要就可以了。

对于霸王龙这样的肉食性恐龙来说,情况可能与现在的狮子、老虎或者龟、蛇差不多,只要成功地狩猎一次,几天没有食物也不至于挨饿。

那么,科学家把恐龙分成草食性和肉食性,这种分类的根据又是什么呢?主要依据的是粪便化石。

**惊魂的谜团**

古生物学家拿到粪便化石后，就把它们切开来，放在显微镜下观察。如果其中含有茎或者叶，那么，就可以判定这是草食性恐龙的粪便化石。如果再与植物学家配合研究，连恐龙吃的究竟是什么种类植物也可以知道得清清楚楚。

至于这些粪便化石究竟来源于哪一种恐龙，这是一个综合性的问题，不过专家们也有办法，因为在粪便化石出土的同一地层中，一定有恐龙化石出土，根据各种恐龙化石的多少和粪便化石的数量，大致可以推测出哪一类恐龙产什么粪便。这样，恐龙的饮食结构也就能大致了解了。

以上的解释只限于草食性恐龙，至于肉食性恐龙的食性，到现在为止大家还只是猜测。因为即使恐龙的胃中残存着一些骨头，也是一些碎片，根本就不能据此得出什么结论。所以，我们说霸王龙如何穷追猛打、生吞活剥它的猎食对象，充其量也只是大胆的想象。

在多数草食性恐龙的胃中存有几十颗石头，大小不一，小到鸡蛋样，大至拳头般，我们称之为胃石。在美国新墨西哥州侏罗纪地层中挖出的一条地震龙的肋骨间，科学家竟然找到230颗胃石，真是骇人听闻。

胃石在恐龙消化食物的过程中起什么作用呢？原来，恐龙不能分解食物的纤维素，它必须依靠消化道中的微生物来分解这些纤维素。为了更有利于消化吸收，恐龙就要把食物弄得碎一点、再碎一点。于是，它对食物建立了两道加工工序，第一道是牙齿，每一次进食时恐龙都是细嚼慢咽；第二道就是胃石，可把磨得还不够碎的食物在胃里再次处理。经过这样两道工序，留给微生物的工作就轻松得多了，而恐龙也达到了将食物转化成能量的目的。所以，当你发现恐龙的胃中有大量石头时，一点也不要奇怪，这是它们赖以生存的一种工具。

## 恐龙为什么连石头都要吃

90多年前，美国的中亚考察团，曾在蒙古和中国的内蒙古交界地带发掘出大量的恐龙化石。

有一天，考察队员在一具鹦鹉嘴龙骨架的胃部，意外地发现了112颗小石子，这些小石子已被高度磨光了。发现者推定，这些石子可能是在这条恐龙活着的时候，被吞进胃里去的。它们长时间待在胃里并随着胃的蠕动与食物一起搅

拌,渐渐地石头就被磨光了。

恐龙为什么要吃石头呢?专家很快就找到了正确的答案。

原来恐龙一般都没有咀嚼食物的白齿,或者有但不发达,因此往往食物根本未嚼或未嚼烂就下肚了,这样就很不利于食物的消化和身体对营养的吸收。时间长了,肯定会得消化不良症,并且还会威胁到生命。如果经常吃一些小石块,石块就能帮助把食物磨烂,有利于营养的吸收和身体的健康。以腕龙为例,腕龙每天大约会吞下1500公斤食物,但它的牙齿的结构显然不能把那些坚硬的植物咀嚼成碎末,这就要靠强有力的胃来磨碎硬的食物。所以它是有意吞下石头,以便帮助胃磨碎坚硬的叶、茎和松果球。通过胃的蠕动,吞下的石头能起搅拌作用,很快就将植物磨得粉碎,最后变成柔软的糊状物而被消化吸收。

古生物学家称这些石块为"胃石",它们有时会同骨架化石一同被发现。例如,在美国蒙大拿州富含恐龙化石的白垩纪早期的地层中就发现了上千块胃石。目前除发现有鹦鹉嘴龙的胃石外,还有腕龙和剑龙的。在泰国还发现了霸王龙的胃石。

胃石是外来之物,但实际上却是恐龙的消化器官的一个重要组成部分,是不可缺少的东西。其实,现在地球上的动物中也有经常吃石头的。鸡就常常吞食一些沙石,鳄鱼吃石头更是家常便饭。它们吃石头都是为了帮助消化。

胃石往往被磨得圆溜溜的,看起来跟河中的卵石相似。不久前,美国科学家发明了用激光技术鉴别胃石的方法,能将胃石和卵石区别开来。这样,胃石就不易被随随便便扔掉了。

胃石是恐龙留下的档案材料之一。胃石不易磨碎或风化,保存为化石的机会比骨骼多。在地层中,只要发现了胃石,就是没有发现其他化石,古生物学家也能知道恐龙曾在这儿生活过。

## 恐龙"一日三餐"都吃些什么

恐龙可以分为肉食恐龙和素食恐龙两大类。还有一部分恐龙原先是肉食者,后来演变成杂食,荤的素的都吃。同现在生物一样,吃肉的恐龙数量少,吃植物的恐龙数量多,而且占绝大多数。

## 惊魂的谜团

肉食恐龙中最有名的是霸王龙,此外还有跃龙、恐爪龙、永川龙等。大型的肉食龙的主要捕猎对象是大型的植食恐龙,例如梁龙、雷龙、马门溪龙、鸭嘴龙等。在美国曾发现有肉食龙追逐雷龙的化石足迹。更有趣的是,在一块雷龙的化石骨骼上发现食肉龙啃咬时留下的牙印,并在附近发现了跃龙掉落的牙齿。这些都证明,大型蜥脚类恐龙,曾是跃龙的主要猎食对象。

霸王龙在位的时候,蜥脚类恐龙已经衰落,鸭嘴龙家族极为繁盛,于是鸭嘴龙肉便成了大王的主食。古生物工作者常可在鸭嘴龙的骨头上看到霸王龙的齿痕,而在三角龙、甲龙的骨头上,大王的齿痕就少见得多了,可见大王还是比较挑食的。不过有专家指出,霸王龙喜食鸭嘴龙多半是因为这类恐龙没有武装,比较好对付;三角龙、甲龙就不同了,它们都有"尖端"武器,而且极富攻击性,吃它们的肉风险太大。有一种比较流行的观点认为,异龙、霸王龙并不是顿顿自己捕食新鲜的恐龙肉下肚,有时也捡拾腐肉充饥。猎杀活动物是很费劲的事情,特别是当这些杀手上了年纪的时候。

有的恐龙是专门吃腐肉的。专家从双脊龙比较孱弱的颌骨和牙齿上看出,它不是那种本事很大的凶猛掠食动物。有趣的是,在我国的云南,还曾发现过双脊龙吃恐龙腐尸的化石呢。

小型的肉食龙吃小动物,如小的爬行类、昆虫及哺乳类。一种体型轻巧的小型肉食龙,以偷吃其他恐龙的蛋为生。在蒙古曾发现过它的化石,是在一个恐龙蛋的窝里发现的。

有的恐龙可能专以蚂蚁为食,像现代动物中的食蚁兽一样。通常肉食龙的前肢均很短小,但在蒙古发现的巨手恐龙,其前肢竟达 3 米长,而且还长有巨大的前爪。有人认为巨手恐龙可能以白蚁为食,巨大的前肢及爪是掏白蚁窝的工具。

吃植物的恐龙有丰盛的食物可以享用,松柏、银杏、苏铁、蕨类等植物,可以满足不同恐龙的不同口味。至于各类恐龙具体吃些什么,学者们还有不同的看法。

根据恐龙存活的时间和环境,食草性恐龙吃不同类型的东西。大型的兽足类——

梁龙的牙齿指示它们能够将枝条上的叶子撕下来。

禽龙无齿的角质啄似乎用来撕碎叶子。

剑龙可能吃蕨类,苏铁的嫩叶,一种矮小,像棕榈的植物,是中生代最广泛分

布的树种。

鸭嘴龙吃叶子、树枝、松针及松子等。"一具鸭嘴龙化石被挖掘出来,专家经研究发现,它刚刚享用了这些丰盛的晚餐之后死亡。这显示了,鸭嘴龙并非如以往所相信的生活在水中,仅仅吃柔软的水生植物而已。"

腕龙是另外一种恐龙曾经一直被认为生活在水中,食用水生植物,但是现在科学家非常肯定这大型的巨兽生活在陆地上,它长长的脖子适于食用树枝顶梢的嫩叶。

不幸的是,古生物学家可能永远无法确定哪种植物是那些恐龙食用的,他们更确定不会知道那一种植物是它们的最爱。成为化石的胃部中的物质极为稀罕,即令他们发掘到之后,古生物学家也无法确知这些就是恐龙的正常食品。

## 霸王龙是食腐动物吗

霸王龙原来并没有我们想象得那么可怕。据外国媒体报道,研究人员发现,一直被我们认为是恐龙王国里最可怕凶猛的霸王龙原来只是笨拙的食腐动物。

在好莱坞的电影中,我们总可以看到凶猛的霸王龙能快速地奔跑。但恐龙专家研究发现霸王龙的生理结构决定它不能奔跑,而只能以不超过每小时40千米的速度大步行走。人类旋转45度大约需要二十分之一秒,而霸王龙却需要2秒,因为它有一条长而大的尾巴。而它的猎物,包括三角恐龙在内,在速度和灵活性上也存在着这个问题。

研究人员利用计算机模拟和对霸王龙化石的生物力学计算得到了这项发现。皇家兽医学院的研究员约翰·哈钦森说:"我们现在知道霸王龙其实笨重而且行动缓慢。"它并没有我们想象的那么灵活和凶猛。

生物力学专家认为像霸王龙这样个头的重量应该是用直腿走路的,与现代的大象走路方式有点像,它身体的重心刚刚在膝盖之上。

霸王龙跑得也很慢,科学家认为它不应该是可怕的狩猎者,而是食腐动物,不过这仍然具有争议。也有人认为,霸王龙能短距离快速冲刺追捕猎物。在美国曾发现由大量的爱德蒙顿龙(一种鸭嘴龙)的遗骨构成的化石层。研究表明,它们不是被食肉动物杀死的,而是死于洪水、干旱等原因。然而在它们的骨头上却发

## 惊魂的谜团

现了霸王龙的齿痕,此外化石层中还发现有霸王龙的断牙残齿,证明这家伙曾在这儿狼吞虎咽,大快朵颐。不过下肚的不是鲜肉,而是腐肉,因为这些恐龙已死亡多日。

据研究,许多掠食性的动物(如异龙)有时也吃腐肉。狮子、老虎有时也会捡食腐肉吃,因为鲜肉不是唾手可得的。

恐龙专家研究发现,霸王龙颅骨中的嗅球(大脑主管嗅觉的部分)相当大,有葡萄柚那么大,但主管视觉的部分却不大。这表明霸王龙视觉不怎么样,但却具有非常灵敏的嗅觉,而嗅觉灵敏往往是食腐动物的一大特点。专家据此断言,霸王龙很可能是食腐动物。

对大王比较有利的研究结果也是有的。

美国一科学家发现,他研究的一具鸭嘴龙的尾椎骨上缺了一大块,仔细一看,骨上有霸王龙的齿痕,还有它的断牙嵌在骨中,原来这一口是霸王龙咬的。再一看更加神奇,被咬的

霸王龙化石

地方又长出了一些新骨。这表明被咬的鸭嘴龙逃脱了,它大难不死,养好了伤,又活了许久才因其他原因死去。

研究者推测,当时霸王龙是从后面追咬鸭嘴龙的,一口咬去,没咬到要害部位,结果让猎物给跑掉了。这具化石为大王的掠食行为提供了重要的证据。

在评价霸王龙的时候,有一点是必须要考虑到的。

霸王龙口中武装有60多颗巨大的尖牙利齿,最大的长度超过18厘米,呈锥状,横切面为椭圆型,与十字镐的上端相似。这种牙齿厉害无比,一口咬下去,连肉带骨一大块就咬下来了。在霸王龙的粪便化石里,常含有鸭嘴龙、三角龙的残骨,即是证明。而牙齿也很厉害的异龙类,它们的大牙比较扁平,像两侧锐利的尖刀,只能咬穿肌肉,不能咬穿骨头,不如霸王龙的牙齿坚固。

## 最受关注的庞然大物

据研究，霸王龙的双颚非常有力，啮咬力是动物界的冠军，比狮子强3倍，超过了咬啮力也极厉害的鳄鱼。

霸王龙的牙齿上半部分微微弯曲，齿尖指向口部中央，猎物一旦被咬住，很难挣脱。单从这口牙齿来看，足以显出大王的超级杀手本色。若仅是腐肉拣拾者而不是凶猛的捕猎者，生这口大牙岂不是多余吗？

有些科学家认为，霸王龙的食物大体有三个来源：一是自己猎杀一些新鲜野味；二是找些腐肉充饥；三是厚着脸皮去抢夺别人的猎物。这应当说是一种比较客观的评价。

但现在还不清楚，霸王龙是以捕食为主还是以食腐为主，这会大大影响它在生态位置中的地位。若以捕食为主，大王位居食物链的顶端，王位名正言顺；若以食腐为主，大王的王位就有些不保了。